中日间的思想
以东亚同时代史为视角

赵京华 著

Copyright © 2019 by SDX Joint Publishing Company.
All Rights Reserved.
本作品版权由生活·读书·新知三联书店所有。
未经许可,不得翻印。

图书在版编目(CIP)数据

中日间的思想:以东亚同时代史为视角/赵京华著.—北京:
生活·读书·新知三联书店,2019.7
ISBN 978 – 7 – 108 – 06441 – 7

Ⅰ.①中… Ⅱ.①赵… Ⅲ.①思想史-中国-文集②思想史-日本-文集 Ⅳ.① B2-53 ② B313-53

中国版本图书馆 CIP 数据核字(2018)第 303331 号

责任编辑	叶　彤
装帧设计	蔡立国
责任校对	常高峰
责任印制	徐　方
出版发行	生活·讀書·新知 三联书店
	(北京市东城区美术馆东街 22 号 100010)
网　　址	www.sdxjpc.com
经　　销	新华书店
印　　刷	三河市天润建兴印务有限公司
版　　次	2019 年 7 月北京第 1 版
	2019 年 7 月北京第 1 次印刷
开　　本	635 毫米 × 965 毫米 1/16 印张 31.5
字　　数	352 千字
印　　数	0,001 – 5,000 册
定　　价	68.00 元

(印装查询:01064002715;邮购查询:01084010542)

目 录

代序 世界政治秩序的重组与东亚现代性问题 …… 1

    引言 …… 1

    （一）世界政治秩序的重组与日本现代性的叙述 …… 5

    （二）"近代的超克"座谈会的主要议题 …… 10

    （三）战后日本有关"近代的超克"论的解读史 …… 17

    （四）日本"脱亚入欧"的国家战略与东亚现代性问题 …… 22

    （五）东亚的未来在于走出"脱亚入欧"模式 …… 27

    （六）简短的结论 …… 31

上编　日本与亚洲—中国

一　福泽谕吉"文明论"的等级结构及其源流 …… 36

    （一）问题的所在及其观察视角 …… 36

    （二）欧洲中心文化传播主义与福泽谕吉的文明论 …… 38

（三）《文明论概略》在战后日本的解读史 …… 46
　　（四）《文明论概略》在中国的传播 …… 54
　　（五）全球史视角与对文明等级论的批判 …… 60

二　近代日本有关"中国"和"东洋"的知识生产 …… 62
　　（一）近代日本有关"中国"的知识生产与橘朴的位置 …… 63
　　（二）橘朴研究中国的理路和方法论特征 …… 69
　　（三）核心概念：通俗道教、官僚阶级统治与乡村自治体论 …… 73
　　（四）橘朴的王道自治论与东洋共同社会论 …… 82
　　（五）简短的结语 …… 93

三　社会革命与亚洲改造的大视野 …… 95
　　（一）如何解读尾崎秀实的中国论述 …… 95
　　（二）社会革命与亚洲社会主义大视野 …… 100
　　（三）中国"民族问题"的根本在于社会解放 …… 111
　　（四）对国民政府的观察与敏锐的战况跟踪剖析 …… 124
　　（五）综合动态的中国社会论——《现代支那论》…… 133
　　（六）"东亚协同体"论辩与帝国主义批判 …… 143
　　（七）中日"农业革命"并行论与国际主义理念 …… 151
　　（八）尾崎秀实中国论的历史地位及其遗产的价值 …… 160

四　战后日本的中国革命及鲁迅论述 …… 167
　　上篇　作为"同时代史"的中国革命 …… 167
　　下篇　活在日本的鲁迅 …… 179

五 在东西两洋之间重述"亚洲—中国" …… 192

（一）如何认识近代日本的中国学 …… 192

（二）两个七十年：从东洋学到中国学的历史转变 …… 195

（三）在东西两洋间定义"亚洲"、重述"中国" …… 201

（四）另一种世界、亚洲视野下的中国论述 …… 205

（五）简短的结语 …… 213

六 另一时代语境下的日本亚洲主义 …… 215

（一）冷战体制、《旧金山和约》与日本战后的吉田茂外交路线 …… 216

（二）20世纪50年代至60年代：日本对东南亚的"赔偿/经援外交" …… 225

（三）20世纪70年代：日本对东亚的关系正常化与"贷款外交" …… 229

（四）战后日本：对苏联外交的曲折与东北亚问题 …… 238

（五）20世纪80年代：日本"文化外交"的可能性 …… 243

（六）简短的结论 …… 249

下编　中国与亚洲—日本

七 "亚洲主义"思潮在中国的消退及其后果 …… 254

（一）19世纪区域主义的潮流与日本的亚洲主义 …… 257

（二）晚清至"一战"前中国人的亚洲意识 …… 262

（三）日本"大亚细亚主义"论在中国的反应 …… 269

（四）李大钊世界革命视野下的"新亚细亚主义" …… 278

（五）亚洲意识在中国的消退及其启示 …… 285

八 在东亚历史剧变中重估鲁迅传统 …… 290

（一）历史剧变与现代东亚复杂的结构关系 …… 291

（二）鲁迅的仙台记忆与东亚意识在中国的消退 …… 294

（三）鲁迅在战后东亚成为文化英雄 …… 302

（四）体现于鲁迅身上的20世纪东亚精神之一侧面 …… 306

九 "五四"时期有关"道教中国"的认识互动 …… 310

（一）橘朴对鲁迅的访谈——有关科学与道教迷信的思考 …… 313

（二）"中国根柢全在道教"——鲁迅与橘朴道教观的同异 …… 321

（三）"比我们中国人还了解中国"——橘朴中国研究的总体风貌 …… 327

（四）后期橘朴的政治歧途与鲁迅的"相忘于江湖" …… 335

十 国民时代的中国文学史编撰体制之创建 …… 340

（一）国民时代之"文学"历史主义研究的发生 …… 340

（二）鲁迅与盐谷温学术交往始末 …… 347

（三）《中国小说史略》在日本的译介传播 …… 354

（四）文学史编撰体制的建构及其两人方法论上的同异 …… 358

（五）政治上的不同道 …… 367

（六）鲁迅与日本战前的中国文学研究 …… 377

十一 普罗文学的政治性和世界性 …… 380

 （一）重返世界普罗文学运动的历史现场 …… 380

 （二）作为"科学世界观"的马克思主义与日本普罗文学的兴起 …… 383

 （三）《蟹工船》对资本主义结构性批判的政治深度 …… 387

 （四）20世纪30年代中日两国普罗文学的世界性 …… 391

 （五）《蟹工船》在中国的传播及普罗文学的国际主义 …… 398

 （六）质疑"审美优先"论与新国际主义的建构 …… 404

十二 游走于中日间的文化人的宿命 …… 408

 （一）观察周作人民族国家意识的视角和方法 …… 408

 （二）"爱国心"与"乡土爱"的区别：基于个体独立的国家意识 …… 413

 （三）外部民族国家的存在与周作人国家意识的形成 …… 418

 （四）对政治国家的失望与对文化民族的退守 …… 426

 （五）如何面对代表全国民的"国家之大法" …… 437

 （六）简短的结语 …… 441

外 编

我观"骡子文化" …… 446

灾难共同体与文化国家的选择 …… 454

 管理社会的结构性问题 …… 454

  新型共同体的建构 …… 457
  文化国家的可能性 …… 459

鲁迅后期的国际主义问题 …… 465

被遗忘的那一代学人 …… 475

后记 构筑中日间的东亚同时代史 …… 487

代序

世界政治秩序的重组与东亚现代性问题
——以日本"近代的超克"和"脱亚入欧"论为例

引言

世界体系理论创始人伊曼纽尔·沃勒斯坦（Immanual Wallerstein）依据个人的经验指出，"二战"前后广为流行的"现代性"一词包含着两种明确的含义。一个是指最先进的技术，且强调技术的不断创新。这种现代性通常表现在有形的物质上，具有更多的积极性和前瞻性。另一个是指反对中世纪，强调理性和社会的进步、解放、革命而具有更多否定性和战斗性以及意识形态性的概念。这两种现代性大不相同甚至完全相反，而在历史发展进程中又密切相关，因而产生了严重的混乱，致使人们失望幻灭。[1] 沃勒斯坦的上述理解与雷蒙·威廉斯（Raymond Williams）所著《关键词》对"现代的"一词之解释基本一致。[2] "二战"以后，特别是20世纪70年代西方

---

[1] 伊曼努尔·华勒斯坦等：《自由主义的终结》，郝名玮等译，北京：社会科学文献出版社，2002年，第126—127页。

[2] 雷蒙·威廉斯：《关键词——文化与社会的词汇》，刘建基译，北京：生活·读书·新知三联书店，2005年，第309页。

有关现代与后现代的论争,又使现代性的内涵变得更为扑朔迷离。然而需要指出的是,沃勒斯坦等人乃是基于世界中心国家即现代性起源地西方的历史经验做出上述定义的,它与非西方的边缘或后发展地区如东亚在一百五十年来的现代化历史进程中体验到的"现代性"多有不同。

1934年,日本文学家谷崎润一郎是这样描述他的"近代"[1]体验的:"既然日本已经沿着西洋文化发展之路迈出了第一步,那么便只好抛下老人勇敢地向前迈进。不过我们还必须觉悟到,限于我们肤色的无法改变,我们将永远背负着本民族文化之损失走下去。"[2] 1942年,京都学派哲学家高坂正显则强调是西方"把我们拖入了这个近代'世界',而且与原来各自的意图相反,使我们不得不回归到东洋自身的立场上来,这里存在着世界理性的狡狯"。[3]科学哲学家下村寅太郎指出:"虽然近代来自欧洲,但事实上也已成为我们自身的近代了,还包括我们获得了近代这种状况,都说明近代具有世界性。……近代便是我们自身,近代的超克也便是对我们自身的超克。"[4] 1948年,反欧洲现代性的思想家竹内好则给"东亚之近代"以如下定义:"抵抗的历史便是近代化的历史,不经过抵抗的近代化之路是没有的。欧洲通过东洋的抵抗,在将东洋包括到世界史中

---

[1] 笔者按:英语的Modern在中国大陆译为"现代",在日语中则是"近代"。目前学术界也有"现代""近代"并用的情况。为在书名、固有名词上保持日语的原貌,本文在引文和转述日本学者观点时采用"近代"一词,其余部分则用"现代"表述Modern的意思。

[2] 谷崎润一郎:《阴翳礼赞》,东京:中央公论社,1975年,第52页。

[3] 参见高坂正显:《民族的哲学》,东京:岩波书店,1942年。

[4] 河上彻太郎、竹内好编:《近代的超克》,东京:富山房百科文库,1979年,第112—113页。

来的过程中,确证了自己的胜利。……而通过抵抗,东洋使自己近代化了。"[1] 1994年,思想史学者子安宣邦在反省战争与日本知识分子的现代化论时指出:"近代便是我们自身。"这个认识不仅在那次座谈会上是个例外,即使在近代主义话语支配着言论界的战后,依然是一种例外。就是说,战争诱发下出现的现代化论所暴露出来的视角,或者观察"近代"的认识架构,基本上在战后被继承了下来,或者依然在时代转化的今天被不断再生、反复着。[2]

作为在非西方地区首先实现现代化并成为世界霸权体系中的一员而于1945年又迎来了帝国之决定性毁灭的日本,上述文人知识分子对现代性的感受不仅显出严重的混乱和矛盾,而且更流露出对于因被动现代化而将丧失自我主体(东洋)的危机感。他们明显地感受到在西方现代性之外存在一个东洋的现代性,或者说东亚的现代性是在被动接受了西方现代性之后才产生的,两者在时间上先后有别而在关系上主动与被迫分明,并且,他们把现代化本身等同于西方化。如果说,在西方对现代性理解的混乱来自沃勒斯坦所谓物质技术的现代性与作为意识形态之现代性这两者间既联系又矛盾的关系,那么,非西方国家或地区如日本所感到的混乱,则主要是由西方的现代性与东亚自身的现代性两者之间既同一又矛盾对抗的关系造成的。从宏观的人类历史和现代资本主义世界体系的角度讲,这个"东亚现代性"真的存在与否可能还是一个问题,这里暂且

---

[1] 竹内好:《近代的超克》,孙歌编,李冬木、赵京华、孙歌译,北京:生活·读书·新知三联书店,2005年,第186—187页。
[2] 子安宣邦:《近代知识考古学——国家、战争与知识人》,东京:岩波书店,1996年,第155—156页。

不论。如果将上述日本人的体验放到明治维新以来的历史脉络中观察，会发现它常常导致"脱亚入欧"与"回归东亚"两种交替起伏或往复运动的思想心理趋向，而它在日本国家富国强兵的现代化国策中则体现为"欧洲原理"和"亚洲原理"的分而用之，即面对欧洲要求其承认日本在东亚的"霸主"地位时采用后者，而在面对亚洲主张驱逐欧美旧殖民势力并承认日本之"盟主"地位时则依据前者。笔者认为，这个"脱亚入欧"路线，不仅可以用来说明日本的现代性内涵，同时它也能够呈现出"东亚现代性"的某些结构特征。

鉴于现代性概念的异常混乱和复杂，与其讨论它的规范内涵，不如通过历史去了解它在不同地区人们实践中的经验，从而达到认识我们自身的目的。在一百五十年的现代化进程中，日本曾经有过光荣的成功和悲惨的失败。新兴国家日本经过明治维新实现了现代化，又在两次世界大战之间的"二十年危机"时期，即旧的世界霸权结构分崩离析、国际政治秩序发生重大重组的时代，作为帝国主义霸权的一极深深介入到以殖民侵略的方式称霸世界的历史进程中。与此相呼应，日本知识精英阶层就现代化与现代性、物质技术进步与精神文化危机、西洋与东洋等议题，发表了深浅不一而极具现代性后发展地区和国家特殊历史经验的见解。这些深浅不一、纷繁复杂的见解集中而凝缩地体现在1942年于京都召开的"知识合作会议"，即被命名为"近代的超克"之座谈会中。这个座谈会的议题不仅传达出了"二战"前日本人对现代性的矛盾体验，还在"二战"以后每当世界政治秩序发生重组和日本内部出现社会变动的时刻一再被提起和重述。然而，这个"近代的超克"论式的现代性叙述，一方面代表了几代日本知识者的思考而成了思想史的标本，另一方面由于它并没有跳出叙述对象所规定的现代性思维范畴，因此未能对日本一百五十年的现代化道路给出根本性的反思和批判。本文以"二战"前后日本"近代的超克"论之话语史为分析对象，在解构和反省内在于这一话语的东西方二元结构论弊端的同时，关注与此互为表里且更具政治实践性格的"脱亚入欧"日本国家战略，通过对其成功经验和失败教训的分析，进而尝试思考"东亚现代性"的问题。

（一）世界政治秩序的重组与日本现代性的叙述

最近，日本批评家柄谷行人通过重新解读马克思的《路易·波拿巴的雾月十八日》，提出了一个观察世界现代史周期反复结构的分析模式。他认为，《路易·波拿巴的雾月十八日》由于对历史采取了"结构性"的分析方法，发现1848年革命到波拿巴登上皇帝宝座的过程乃是对六十年前拿破仑通过法国大革命而当上皇帝的历史的重演。受此启发，柄谷行人认为可采用六十年一个周期的长时段视角来观察世界现代史的结构性演变过程。[1]这样，我们可以发现从19世纪70年代世界进入帝国主义时代到20世纪30年代的晚期资本主义阶段再到90年代的全球化新自由主义时期，世界现代史的变迁的确有一个大致遵循60年一周期而变化的情况。另外，早在柄谷行人之前，沃勒斯坦也曾依据周期大循环的长期波动说分析过帝国主义的时代

---

[1] 柄谷行人：《定本柄谷行人集5 历史与反复》，东京：岩波书店，2004年，第1—37页。

特征。他认为，如果说自由主义时期是有霸权国家存在的时期，那么帝国主义阶段则是原有的霸权国家走向没落、新兴的霸权国家还没有确立起来，两者正处在相互抗衡状态的阶段。这段时间大约六十年，它基于经济循环的长期波动周期。[1]

介绍柄谷行人和沃勒斯坦两位学者的六十年历史周期说，不仅是为了了解20世纪世界政治秩序和霸权结构变化与重组的历史脉络，同时也是要在此基础上进一步思考有关现代性的论述与这种变化重组的密切关系。我注意到，以日本为例，其有关现代性的讨论往往是在世界政治秩序和霸权结构发生变动并影响到日本国家走向的时候形成高潮或发生论争的。比如，下面要集中讨论的"近代的超克"座谈会就发生在"二战"爆发后不久的1942年，而1959年竹内好等思想家、学者重提"超克"这个论题，是在世界冷战体系迅速形成、日本国家面临着如何在新的世界格局中定位自己之际；思想史学者子安宣邦对"近代的超克"所代表的现代性叙述展开激烈批判的1995年前后，也正是冷战结构的崩溃和日本昭和时代的终结促使人们反思现代化道路乃至国家未来走向的时刻。[2]

---

[1] 伊曼纽尔·沃勒斯坦：《现代世界体系》第1卷，尤来寅等译，北京：高等教育出版社，1998年。

[2] 可将视野扩大到日本以外的东亚。中国早在20世纪30年代前后发生过"东西方文化论战"和"中国社会性质"的论争，它们实际上也是在帝国主义进入晚期资本主义阶段而世界政治秩序发生大变动背景下出现的有关中国现代性的讨论；20世纪60年代的中苏论战以及对"第三世界"和"反霸权"原则的强调，亦可以视为冷战时期"紧张与缓和"此消彼长结构之下发生的中国社会主义现代化论；而20世纪90年代由现代化转到现代性的大论争，则更明显地反映出了中国试图重新定位自己在全球化时代国际政治秩序中的位置这样一种欲望。（转下页）

代序 世界政治秩序的重组与东亚现代性问题

　　1942年召开的"近代的超克"座谈会，直接以1941年日本对英美开战即太平洋战争的爆发为背景，但实际上早在20世纪20年代就开始出现了反思、批判"现代性"的思潮，如日本无产阶级文化运动中接受了马克思主义的作家和学者们对帝国主义时代之资本主义现代性的批判，以及后来出现的有关日本资本主义社会性质的论战（劳农派与讲座派之争），还有京都学派的哲学家和以《文学界》为中心的自由主义文学家等对西方现代性的反思，等等。这种思想潮流当然与第一次世界大战之后欧洲对"现代性危机"的反思有一种呼应的关系，但更深刻的社会背景在于20世纪20年代之后伴随着日本工业化的完成，人们获得了对现代都市生活的实际感觉，也由此产生了对"故乡消失"的感伤和对都市现代性的怀疑。而更为直接的政治背景则在于当时的日本国家正处在努力挤进世界霸权体系之中并参与其秩序重组的阶段，有关"现代性"的讨论亦是日本人定位自身并确认日本国家在世界史中之位置这样一种欲望的反映。从政治社会学的角度讲，也可以将这种现代性叙述视为在思想文化领域重建政治秩序和道德秩序的一种努力。

　　沃勒斯坦所谓"帝国主义阶段则是原有的霸权国家走向没落，而新兴的霸权国家还没有确立起来，正处在相互抗衡状态

（接上页）台湾地区的情况比较特殊，50年日据时期在殖民主义压迫下难有真正的公共讨论空间，但20世纪70年代之后发生的"乡土文学论战"是不是也可以视为一种反思本土现代性和重新思考"脱亚入欧"路线的现代化论呢？韩国的情况与台湾地区相近，始于20世纪60年代的大规模的民主化和社会抗议运动，其反"独裁开发型"之经济政治体制的指向与"现代性"议题密切相关。而作为冷战下以美国霸权为首的西方阵营的成员，台湾地区和韩国这种持续到20世纪80年代之后的"现代性反思"运动，也可视为呼应世界冷战格局变化而出现的动态。

的阶段",应该是指1914年至1945年世界普遍危机和战争的时期。众所周知,这个时期中发生了史无前例的两次世界大战。如果说第一次世界大战预告了"欧洲之世纪"的结束、传统国际关系中的势力均衡逻辑开始失去作用,那么,第二次世界大战则宣告了《凡尔赛条约》秩序的彻底失败并促成了美国霸权的诞生。而两次大战之间的"二十年休战"乃是"一战"后欧洲经济衰退和资本主义发生信用危机(大萧条)的时期,同时也是世界政治秩序和霸权结构变动重组的阶段。其中,一个重要的趋势便是经济的区域化和军事政治上地区性国家集团的出现。比如,20世纪30年代以后出现了以英国贸易形态为基础的英镑圈、以法国为首的金本位制国家集团、美国主导下的美元集团和依赖于日本的远东日元圈,以及独立于世界资本主义体系之外走"一国社会主义"道路的苏联新经济体,等等。[1]在军事、政治上谋求区域霸权并试图挑战现有国际秩序的国家,在欧洲有意大利和德国。自奉行国家社会主义的希特勒1933年上台到1938年大战即将爆发时德国势力范围的扩大达到了顶峰,它不仅吞并了奥地利而且抢占了捷克的苏台德地区,从而使中欧成为德国的经济军事控制地带,且这一地带迅速东扩;20世纪30年代的意大利则在法西斯主义领导者墨索里尼的一党独裁制下推行"协同组合主义",国家资本主义经济和军备得到强化,开始积极干涉周边乃至整个欧洲的事务。

与德国、意大利势力的迅速崛起遥相呼应,在亚洲,则是新兴日本帝国悄然展开的另一个区域主义运动。这个区域化过

---

[1] 参见鲍尔·肯尼迪:《大国的兴亡》日文版,铃木主税译,东京:草思社,1998年。

程大致有三个阶段：第一个阶段始于"一战"，在此阶段，日本以军事工业为动力逐渐完成了国内的工业化，同时在1925年通过颁布《治安维持法》和《普选法》以及对共产党左翼势力的血腥封杀，逐渐确立起法西斯军国主义的国家体制，为下一步夺取地区霸权建立了稳固的国内基础。第二个阶段始于1931年侵占中国东北三省并制造"满洲国建国"事件，到1937年挑起中日全面战争为止。一般认为，日本不顾国际社会的反对，蓄意挑起"满洲"事件，意味着其帝国性质的根本转变。作为第一次世界大战参战国的日本通过战争获得了诸多实际利益，它为战争提供军火，有力地推动了国内工业化的发展，战后的分赃又为其在远东扩大势力范围提供了机会。然而，当时的日本帝国的野心还主要停留在争夺德国在远东的权益上，"满洲国"构想的出笼则标志着建立区域经济共同体以称霸世界的帝国战略基本成形。1933年日本高调宣布退出国际联盟，则反映了20世纪20年代与欧美协调合作的外交战略被军国主义之国防优先战略所取代。[1]"满洲国"的设计者们如石原莞尔、板垣征四郎等强调的"满蒙生命线"说，更暴露了日本帝国以中国东北为中心构筑包括朝鲜半岛和台湾地区在内的区域化经济军事"基地"的战略。第三个阶段则是自1937年中日战争到1941年太平洋战争爆发的时期，在这一时期，帝国日本不仅走出"满洲国"把军事侵略的暴力扩大到中国全境，而且开始迅速向"南方"即东南亚和南亚推进。不久后的1938年，近卫内阁终于抛出"东亚新秩序"声明和臭名昭著的"大东亚共荣圈"构想，

---

[1] 参见入江昭：《日本的外交》，东京：中央公论社，1966年，第104—114页。

至此，日本帝国主义已然堕入争夺霸权之世界大战的不归路。

正是在上述历史语境之下，伴随着帝国日本成为世界霸权的挑战者和国际政治秩序重组的主要成员，自20世纪30年代开始，日本思想文化界出现了反思、批判现代性的论述，而且它是与一般社会中对"消失的故乡"之怀念与对"亚洲"之大众消费式的憧憬情绪纠缠在一起的。"近代的超克"座谈会，不过是这一历史背景下的现代性叙述中浓重的一笔而已。

（二）"近代的超克"座谈会的主要议题

"近代的超克"座谈会由同人杂志《文学界》于1942年7月组织召开，次年，其发言纪要及与会者准备的论文合二为一，出版了名为《近代的超克》的单行本。座谈会的人员组成比较复杂，有《文学界》杂志同人龟井胜一郎、林房雄、三好达治、中村光夫、河上彻太郎、小林秀雄，音乐家诸井三郎，电影界人士津村秀夫，神学家吉满义彦，哲学家西谷启治，历史学家铃木成高，科学哲学家下村寅太郎，物理学家菊地正士。大致来讲，这些与会者可以划分为三类，即具有"日本浪漫派"倾向的《文学界》成员，属于京都学派的西洋哲学史研究者和与现代科学技术相关的学者、文化人等。座谈会的宗旨，在于讨论日本知识分子如何面对太平洋战争的时局和道德秩序重建的课题，以确立新的思想目标。其中，批判西方现代性文化的危机与弊病，反省明治维新以来"文明开化"式现代化道路，重估东洋文化，并以东洋精神文明克服和超越西洋物质文明的危机，乃是一个依稀可见的总议题。不管自觉与否，"近代的超克"座谈会隐含着一个为日本的"大东亚战争"提供思想依据和正当性基础的主旨。因此，直到1945年战败，"超克"一词仿佛一个象征符号式的"咒语"（竹内好语）迅速扩散，其中既包含着那个时代知识分子对"现代性"问题的思考，同时也带上了明显的战争意识形态色彩。"二战"以后，人们每当提到这个座谈会时，往往要冠以"臭名昭著"的字样。

座谈会历时两天，分别就西方现代性（第一天）和日本"文明开化"式现代化道路，以及当时的日本、日本人如何定位的问题（第二天），展开了激烈的讨论。座谈会主持人河上彻太郎在会后的"结语"中这样写道：

> 此次会议是否成功，我还不十分清楚。不过，这是在开战一年来的知性战栗之中召开的会议，这是不容隐藏的事实。的确，我们知识人因为始终在作为知识活动的真正原动力之日本人的血和一直以来硬把它塞进体系里去的西欧知性之间相生相克，故即使在个人方面也无法心悦诚服。弥漫于会议全过程的那种异常的混乱和分歧的状态便源于此。这是鲜血淋漓的战斗之忠实的纪录。
>
> 从大东亚战争开始之前，有关新日本精神之秩序的口号，便在大部分国民之间得到了同声齐唱。在这同声齐唱的背后，一切精神上的努力和力量被竭力掩盖了。……我们愤然而起，为的是打破此种安逸的无力状态。[1]

这个"结语"直言不讳地道出了座谈会的现实背景、政

---

[1] 河上彻太郎、竹内好编：《近代的超克》，第166—168页。

治目的和未能达到预期结果的事实。第一,"开战一年来"即1941年12月8日太平洋战争的爆发直接促成了座谈会的召开,这场被称为东洋对西洋之战的战争,使日本知识分子一时产生了亢奋状态,他们不仅再次明确意识到西洋这个"他者"的压迫,而且还仿佛看到了"超克"此"他者"的希望之曙光。在此,西方现代性(西欧知性)与日本精神(日本人的血)的矛盾冲突被刻意凸显出来,成为座谈会的基本主题。第二,开战以来,重建"日本精神之秩序"还停留在国民大众在口头上"同声齐唱"的层面,召开座谈会的政治目的则在于从思想和学理上为这种道德秩序的重建提供理论根据。第三,从结果上看,这场座谈会并没有达到预期的效果和一致的结论,"异常的混乱和分歧"源自"西欧知性"与日本精神相生相克的矛盾关系。如上所言,与会者分别属于不同派别,其思想立场、知识背景的迥异造成对"现代性"认识的混乱,也是在所难免的。那么,与会者都涉及了"现代性"的哪些侧面与问题点呢?

首先,"西方近代"是与会者共同关注的一个焦点。铃木成高认为,始于法国大革命的欧洲近代本来是有问题的,但却在晚近的一百年间支配了世界,大东亚战争就是要颠覆这个欧洲近代一统天下的局面。他强调,"欧洲近代"应当包括启蒙思想、工业革命以及市民社会的形成,而其中一个重要的特征就在于学问之独立和科学方法的确立。"学问不但是真理还规定着文明与社会的性质,于此出现了科学文明这一全新的文明形态。"这个完全非人格的"科学精神"与源自文艺复兴的人文主义大不相同,它所导致的"机械文明"造成了人道主义的危机。如果说大东亚战争要颠覆欧洲近代对世界秩序的外在支配,那么,"近代的超克"则应该是针对内在秩序的变革,即人类精神的变革。[1]西谷启治认为,我们应当"超克"的是西方的"历史主义",特别是进化论的思考方法。在西方近代,宗教与科学的对立是一个根本的问题,其解决之道在于从"无我的主体性"出发,化解两者的矛盾。[2]吉满义彦也强调"进化论"不适合于精神领域,要改变西方近代物质技术文明造成的"文化与精神"秩序的紊乱,就需重建"普遍统一的原理"即宗教的普世原理,用"绝对无"的观念重估宗教真理。[3]而津村秀夫则认为,美国那种发达的物质文明恐怕难以"超克",建立能够统御这个物质文明的更高之精神理念,才是唯一的正道。[4]

其次,与京都学派和有科学知识背景的学者关注欧洲现代本身的问题不同,《文学界》的同人作家们更注意通过批判明治维新以来的"文明开化"来否定西方的现代性,其道德秩序重建的替代方案则是树立"日本精神"。龟井胜一郎认为,"近代"最大的问题是信仰的丧失,自文明开化至今成长起来的日本人因受到西式文化教育的毒害成为"失掉了神的日本人",这造成了当今日本的混乱与悲惨。而唯一的解决之道在于回归神佛信仰、再造日本精神。[5]中村光夫强调,"近代"的特征在于强使人们的精神陷入未知的秩序当中,因而产生了各种各样的混乱和不安,它源自近代之永无休止的求变求新。[6]林房雄则明确表示已经厌恶了进化论式的世界观,世界万物中既有变化之物,

---

[1] 河上彻太郎、竹内好编:《近代的超克》,第175—180页。
[2] 同上书,第191—199页。
[3] 同上书,第195—198页。
[4] 同上书,第259—260页。
[5] 同上书,第233—234页。
[6] 同上书,第166—168页。

也有永恒不变之物，而进化论已然成为一种迷信，文明开化乃是明治维新以后接受并屈服于欧洲的结果，其实用主义的倾向导致了"文化之根"的丧失。眼下的大东亚战争将一举结束这种实用主义的文明开化，而寻找未受西方污染的永恒不变之"日本精神"则是在思想上"超克"近代的途径。[1] 小林秀雄在质疑西方近代的发展史观的同时，批判了现代人对古典的蔑视态度，强调理解古典之美需要"超克"西欧的近代思想。[2] 他试图以美学的方式看待历史，以此来对抗进化论史观。

第三，值得注意的是座谈会上研究西方思想的学者和强调"日本精神"的文学家们在对现代性的认识上多有意见分歧，各方的讨论未能对接起来。而科学哲学家下村寅太郎提出的"近代便是我们自身"的观点，则与整个座谈会的东西方现代性二元对抗的基调大异其趣。下村寅太郎在事先提交的论文中指出：

> 虽然近代来自欧洲，但事实上也已成为我们自身的近代了……总之必须承认因其具有世界性故得以成为历史基础全然有别的我们的近代。如果说结果与在欧洲一样，我们这里也呈现出了近代性的病症，那么就不能只批判欧洲，同时也必须对我们自身予以批判。近代便是我们自身，近代的超克也便是对我们自身的超克。若只批评他人则过于草率了。[3]

---

[1] 河上彻太郎、竹内好编：《近代的超克》，第239—240页。
[2] 同上书，第222—223页。
[3] 同上书，第112—113页。

这不能不说是一个难得的相当冷静而深刻的认识,然而,遗憾的是,在充满自大狂式的忙于声讨西洋现代性的座谈会上,下村寅太郎的观点根本没有成为话题。小林秀雄虽然在发言中曾表示:"从我们的立场来思考近代的超克,所谓近代不是那种因为不好就可以随便用别的什么来替换的东西,近代人要依靠近代来战胜近代。"[1]但这也只是在艺术家如何创作的话题下对此有所涉及而已,并没有上升到质疑"超克"论本身的高度。

纽约大学教授哈利·何路途尼安(Harry Harootunian)在其著作《基于现代的超克——战争期间日本的历史、文化与共同体》(Overcome by Modernity: History, Culture and Community in Interwar Japan)中,对"近代的超克"座谈会给出这样一个结论:

> 作为一个事件的座谈会并没有在现代的外部获得一个批判性的空间位置,它只不过是在现代进程的内部出现的一个插曲。因此,这个座谈会成了以往那些反现代的现代主义者之表态,并提供了一个抵制最终之超克而使现代得以延续的意识形态。所谓的现代已经是一种超克了。而任何一种要描绘"超克"这一事态的尝试,都只能得到使现代的过程再次被肯定的结果。如此始料未及的反讽,在梦想现代之超克的日本人那里是绝难理解的。这正是对现代之历史的忘却。现代主义者的历史忘却给日本资本主义社会政治秩序提供了难以超克资本主义现代化发展的永恒

---

[1] 河上彻太郎、竹内好编:《近代的超克》,第253—254页。

表象。[1]

这种"历史的忘却"导致了座谈会主题的杂乱无章和未能形成统一的思想与结论，正所谓"以思想形成为指向却以思想之丧失而告终"[2]。因此，战后日本思想界在重提这个"近代的超克"论时，往往不得不参照当时另外一些思想史"事件"。例如，竹内好在1959年主要是通过对日本浪漫派的解读来呈现这个座谈会的思想倾向的；广松涉在1980年则侧重讨论了竹内好未能深入辨析的京都学派特别是哲学家三木清的思想，以此来深入观察座谈会与会者刻意遮蔽战争之侵略性质而努力为帝国主义战争辩护的志向；子安宣邦在1995年更进而引入了当时另一个名为"大陆政策十年之检讨"（1941）的座谈会，通过比较阐释了"近代的超克"座谈会与会者对亚洲特别是中国认识的缺乏，以及东西方现代性二元对抗模式如何给认识日本现代史带来了障碍。也正因为如此，我们看到，以太平洋战争下"近代的超克"论为核心议题，在日本战后几代思想家、学者不断扩展开来的阐释过程中，逐渐形成了一个现代性叙述的话语史。这个话语史随着岁月的变迁不断累积着丰富的思想史资源，如今已成为我们了解日本知识分子现代化论的极好标本。

---

[1] 哈利·何路途尼安：《基于现代的超克——战争期间日本的历史、文化与共同体》日译本，梅森直译，东京：岩波书店，2007年，第102—103页。
[2] 竹内好：《近代的超克》，孙歌编，李冬木等译，第305页。

（三）战后日本有关"近代的超克"论的解读史

如前所述，"二战"前后日本思想界围绕"近代的超克"论展开的现代性叙述，往往发生在世界政治秩序和霸权结构出现变动并影响到日本国家走向的时候。有关现代性的讨论不仅是日本知识分子对现代化经验的学理性探讨，同时也是重新定位个人和国家未来发展方向的极具思想史意义的知识活动。1945年的战败给曾经不可一世的帝国日本以毁灭性的打击，战后数年间的被占领使日本国民有史以来第一次体验到被征服的屈辱，1952年《旧金山和约》的签署生效，虽使日本国家主权得以恢复，但在知识分子和部分国民看来，同时签署的《日美安全保障条约》无疑意味着日本将长期处于受美国掌控的类似殖民地的状态。1960年当《新安保条约》生效之际，日本社会内部曾发生有近六百万民众参与的大规模反抗运动，其社会动员的范围之广可谓史无前例，原因就在于日本国家已经丧失了主动参与世界秩序重建的政治主体性和民族独立性，而两极对抗的冷战格局又迫使每个民族国家必须做出归属于哪个阵营的抉择，这再次促使知识分子去思考明治维新以来的现代化道路，以确立个人和国家的未来目标。另一方面，进入20世纪90年代后，随着冷战体制的崩溃，日本国家又一次遇到如何在世界政治秩序中定位自身的问题，而冷战体制下被长期遮蔽的对东亚之殖民侵略的历史也再次浮出地表，于是在来自亚洲民间的谴责声浪中迎来战败50周年的1995年前后，日本思想界开始出现新一轮重估现代化包括战争历史的议论。换言之，他们再次面临着"近代的超克"这一棘手的问题。限于篇幅,在此笔者只重点分析以下两位战后日本思想家、学者——竹内好和子安宣邦的"超克"论。

在安保斗争走向高潮的1959年,竹内好发表了著名论文《近代的超克》。他的基本立场是:为了形成新的思想传统,反思日本和亚洲的现代性,必须批判地吸收遗产,哪怕这遗产是负面失败的遗产。他认为1942年的"近代的超克"论虽因与大东亚战争一体化而臭名昭著,但"依然有许多可以拯救的余地"[1]。"超克"论试图要解决的课题,如日本的现代化、日本在世界史上的地位等,依然是当时的日本人面向未来为自己制定生存发展目标时需要解决的。他认为,"近代的超克"乃是日本现代史中难以逾越之难关的凝缩,强调"复古与维新、尊王与攘夷、锁国与开国、国粹与文明开化、东洋与西洋,这些在传统的基本轴线中所包含的对抗关系,到了总体战争的阶段,面对解释永久战争理念这一思想课题的逼迫而一举爆发出来的就是这个'超克'论。"[2]

竹内好论文的主要部分通过分析大东亚战争的性质而得出以下结论:"近代的超克"论的最大特征在于以思想之形成为志向却以思想之丧失而告终,它在当时并未能充当法西斯战争的意识形态,然而又确实与大东亚战争结为一体,发挥了一种象征符号的功能。这是为何呢?竹内好解释说,当时的日本知识分子无法认识到战争的二重结构性,即1931年以来对中国大陆推行的战争是一种侵略和殖民战争,而1941年的对英美

---

[1] 竹内好:《近代的超克》,孙歌编,李冬木等译,第313页。
[2] 同上书,第354页。

宣战则是帝国主义战争。直至看到东京审判中印度法官巴尔（Pal,Radhabinod）的法庭陈述，他们才得以知道这种战争的二重结构性和帝国主义战争无法制裁帝国主义的道理。竹内好进而指出，这种战争的二重结构性源自近代日本国家对外决策上采取的双重原理，即在采用亚洲原理对抗西方的同时，又以西方帝国主义霸权逻辑对待东亚而实行殖民侵略。这也正是日本最后陷入战争深渊的主要原因之一。[1]

竹内好的思想方法比较独特，他本人又与日本浪漫派乃至京都学派有微妙的关系，因此这篇论文既有深刻独到的思想阐发，也包含着如"战争二重结构"论等引起争议的问题。因此，在后来的"超克"论解读史中，此文也成了一个必须提及的历史性文本。例如，哲学家广松涉在《"近代的超克"论——昭和思想史之一视角》（1989）一书中就认为，竹内好所谓"超克"论未能成为法西斯战争意识形态和当时的知识分子不曾意识到"战争二重结构性"等观点是错误的。将"战争二重结构性"自我内在化后于意识形态上显示出"统一"来，这正是"超克"论的最大特征，因此也才给知识分子支持战争体制提供了理论上的根据。从京都学派的言论可以得知，他们是意识到了对中国的战争和对英美的战争之不同的，只是在意识形态上刻意掩盖甚至强词夺理罢了。这种自我欺骗来自极端民族主义式的蔑视亚洲的傲慢。[2]

而在冷战结束之后的20世纪90年代，对竹内好上述"超

---

[1] 竹内好：《近代的超克》，孙歌编，李冬木等译，第322—325页。
[2] 广松涉：《"近代的超克"论——昭和思想史之一视角》，东京：讲谈社，1989年，第178页。

克"论特别是其中的"战争二重结构"说提出严厉批评的,是一向以批判尖锐著称的思想史学者子安宣邦。他的《近代知识考古学——国家、战争与知识人》(1996)中有一章集中讨论了战争期间的"近代的超克"座谈会,而且是直接从"日本的现代化论"这个视角切入的。子安宣邦在中村光夫的发言中观察到一个"反省日本近代性的模式",即与会者关心的不是"近代性"本身而是肤浅地接受了西方文化后导致的日本近代社会的畸形与混乱。他们所指陈的"近代"或成为批判与"超克"对象的"近代"乃是西方的"近代",而受到这个的侵犯并陷入混乱和苦难的则是近代日本。就是说,座谈会上人们口口声声要"超克"近代,却几乎无人意识到正是将"近代"化为己有而成功实现了"近代国家化"的日本,其所奉行的帝国主义逻辑才导致了那场战争的爆发。他们不具备"近代便是我们自身"这样一种认识视角,因此其批判只是针对西方近代的抨击而无以成为对日本近代的反省。[1]

在子安宣邦看来,更为严重的问题还在于这样一种缺乏"近代便是我们自身"意识的现代化论在战后的日本思想界不仅没有得到清算,反而被竹内好、丸山真男等批判知识分子继承了下来。例如,极具思想深度的竹内好在《何谓近代》(1948)中,曾远比萨义德深刻得多地意识到了东洋的存在有赖于西洋的东方主义,因抵抗而节节败退才使日本产生了对"东洋的近代"的自觉。然而竹内好要强调的是:东洋只有在不断抵抗、不断使之感到败北的过程中才能找到自身的主体性。由此看来,当

---

[1] 子安宣邦:《近代知识考古学——国家、战争与知识人》,第151—156页。

他痛斥对西方现代性毫无抵抗的日本时,其现代性反思中也没有"近代就是我们自身"这样一种认识视角。子安宣邦指出:竹内好试图颠覆以资本主义经济和生活方式为基础的文明欧洲先进于亚洲的历史构图,期待败北而抵抗的亚洲从深层建立起使"东洋的近代"成为可能的"自我",结果"现代性"问题被抽象化为"主体"问题了。也因此,他后来对于"超克"论的批判,最终并没有达到深刻反省"现代性"本身的思想境界。这从一个侧面反映了战后日本现代化论,或曰现代性叙述的重大缺失。[1]

与此相关联的另一个更为复杂的问题,是如何理解竹内好 1959 年所著《近代的超克》论文中提出的"战争二重结构"说及其所倡导的"亚洲原理"。这也正是子安宣邦的另一本著作《何谓"近代的超克"》(2008)所要讨论的核心问题。该书首先对 1942 年的座谈会做了这样一个定性:当太平洋战争的爆发使"近代的超克"成为座谈会的主题时,这个"近代"已是外在于日本而必须克服的欧美世界秩序之构成国的"近代",而明治维新以来日本通过接受西方文化实现了"近代国家化",即"近代便是我们自身"这一事实,则被忘得一干二净。结果,在日本讨论"近代的超克"只能成为一种反讽式的现代性叙述。[2]其次,子安宣邦认为,竹内好的"超克"论属于一种大东亚战争论,其"战争二重结构"说是一个错误的判断,它与战时日本帝国对于侵略战争的辩解之词如出一辙,只能将人们

---

[1] 子安宣邦:《近代知识考古学——国家、战争与知识人》,第 180—191 页。

[2] 子安宣邦:《何谓"近代的超克"》,东京:青土社,2008 年,第 31 页。

引导到自我辩解式的右翼靖国史观上去。不过，将"战争二重结构"说推至日本现代史的整个过程而构筑起来的"亚洲原理"或"东洋的近代"，则是竹内好为对抗"欧洲原理"而画出的一条思想抵抗线。竹内好所谓的"东亚"是无法实体化的方法论概念，即在世界史上持续地画出一条抵抗的亚洲线，立足东亚转守为攻地去革新和发展源自欧洲的现代价值。这是竹内好最值得继承和重构的思想遗产。[1]

（四）日本"脱亚入欧"的国家战略与东亚现代性问题

　　以上就1942年"近代的超克"座谈会的主要议题以及战后日本思想界对该"超克"论的解读史，做了简要的梳理和辨析。从中我们可以看到，战后日本知识分子曾对此进行了多种多样的反思与批判，尤其以子安宣邦的观点最为深刻，他指出，日本的现代性叙述缺乏对"近代便是我们自身"这一历史事实的认识，由此导致一个重大的缺失：无法获得从"现代性"思维的外部来观察现代性这样一种批判视角。在我看来，也正是因此，座谈会当初所设定的在东西方二元对立结构中讨论现代性问题的方式一直未能得到突破，这严重阻碍了人们对日本现代化历程中那个更为根本的"脱亚入欧"的国家战略的彻底反省。今天，回顾战争期间日本知识分子抛出的"近代的超克"论以及该议题在战后一再被重新提起的过往历史，目的就

---

[1] 子安宣邦：《何谓"近代的超克"》，第250页。

在于通过反思它的缺失,并将其缺失作为进一步推进思考的起点,加深对于现代性的认识。

以下将改换一个视角,从现代化进程中国家战略的层面对诞生于明治日本且贯穿其近代史全过程的"脱亚入欧"模式,进行结构性分析与反思,进而触及东亚现代性问题。如果说,"近代的超克"论是20世纪20年代以来在日本知识阶层和舆论界逐渐流行起来的一种反西方现代性的意识形态话语,那么,"脱亚入欧"则是日本国家自明治维新后极力推行的更具政治实践性质的现代化方案或国家理念。从表面上看,虽然两者对西方的态度时有不同甚至背反,但从"近代的超克"论并未跳出现代性的逻辑思维架构从而获得真正的批判性视角这一点观之,它与"脱亚入欧"国家战略的关系实乃一个硬币的两面,它们的最终目标都在于重新确立日本国家在世界史和霸权结构中的地位。因此,关注"脱亚入欧"问题时,可以将"近代的超克"论进一步置于政治实践的层面和日本现代化整体的历史进程中,来考察其问题的所在。

作为后发展地区和国家实现现代化的方案,"脱亚入欧"乃是在明治维新初期伴随着"文明开化"运动而出现的,它最初的原型包含在启蒙思想家福泽谕吉的《文明论概略》(1875)以及稍后的《脱亚论》(1885)之中,后来才逐渐成为日本国家的现代化战略。因此,有必要通过对福泽谕吉著作文本分析来观察其内涵。我认为,"脱亚入欧"在结构上具有以下几个相互关联的逻辑层面。

第一,作为非西方的后发展地区和国家,在追求现代化的过程中首要的问题是完成"一国之独立"以免除被殖民地化的危机,这是19世纪后期帝国主义殖民时代的国际环境所决定的。"脱亚入欧"现代化战略的最直接也是最迫切的逻辑归结和政治目标,就是要建设现代主权国家。现代主权国家主要的特征是对"内与外"做出明确的区分:对于国内主要依靠"民事"法规保障市民和平而有秩序的活动,推动商业发展以繁荣国民的生活;对于国外则依靠"军事"力量保障国家的独立与主权不受侵犯,甚至以武力去扩大本国的利益。现代国家间的战争正源于此,而避免被别的主权国家掠夺和压迫的唯一办法,就是自己首先成为主权独立的国家。福泽谕吉《文明论概略》的最后一章《论我国之独立》就强调:

> 然而,从目前世界的情况来看,没有一个地方不建立国家,没有一个国家不成立政府的。如果政府善于保护人民,人民善于经商,政府善于作战,使人民获得利益,这就叫作"富国强兵"……换句话说,现今的世界,可以叫作贸易和战争的世界。[1]

可以说,福泽谕吉的所谓文明论其最终的关怀亦在于如何实现"一国之独立",这实在是19世纪帝国主义时代的国际关系和霸权结构(殖民扩张)所使然。

第二,"脱亚入欧"的一国之独立指向,虽然源自19世纪的世界大势,但福泽谕吉更赋予了它一个文明史发展的必然逻辑依据,这就是《文明论概略》开篇所阐述的"以西洋文明为目标"。福泽谕吉指出:"现代世界的文明情况,要以欧洲各国

---

[1] 福泽谕吉:《文明论概略》,北京编译社译,北京:商务印书馆,1994年,第174页。

和美国为最文明的国家,土耳其、中国、日本等亚洲国家为半开化的国家,而非洲和澳洲的国家算是野蛮的国家。"人类文明的历史既然是"变化和发展着的东西,就必然经过一定的顺序和阶段,即从野蛮进入半开化,从半开化进入文明。……现在的欧洲文明,仅仅是以现在人类的智慧所能达到的最高程度而已。所以,现在世界各国,即使处于野蛮状态或是还处于半开化地位,如果想使本国文明进步,就必须以欧洲文明为目标"。[1]在此,可以清晰地看到,与19世纪后期殖民主义扩张的理论如出一辙,福泽谕吉也是以进化论之历史主义和文明同化论的逻辑来论证"一国之独立"的,在这个过程中,非西方后发展地区和国家的现代化方案完全将"先进"之西方帝国主义的逻辑内在化了。而福泽谕吉在这个"文明与野蛮"二元关系中突出了"半开化"一项,并以此为核心构筑了一个"文明—半开化—野蛮"的三极结构。他解释说:

> 像以上这样分成三个阶段,就可以划清文明、半开化和野蛮的界限。但是,这些名称既然是相对的,那么,在未达到文明的时期,也不妨以半开化为最高阶段。这种文明对半开化来说固然是文明,而半开化对野蛮来说,也不能不谓之文明。[2]

在此,福泽谕吉为如何定位日本这个国家而苦心孤诣的神情已经跃然纸上。面对当时的日本无论如何也无法称为文明一

---

[1] 福泽谕吉:《文明论概略》,北京编译社译,第9、11页。
[2] 同上书,第10页。

等国的现实，福泽谕吉用"半开化"（在最高的文明境界没有出现之前，这是无限接近于文明的状态）这项标准来定位日本，从而达到使之与"野蛮"划清界限的目的，其用心之良苦当然不难理解。但必须指出，这个三级结构内含着一个歧视和宰制的机制，即如果没有"野蛮"的衬托就无法映照出文明，因此，必须不断地发现别的"野蛮"从而忘却自己的"野蛮状态"。有日本学者称这种思想心理造就了后来日本人的"殖民主义无意识"[1]，而在我看来，它更昭示了福泽谕吉不久之后提出"脱亚论"的必然性。

第三，"脱亚入欧"最深层的逻辑依据乃是以西方为中心的文明与野蛮二元对立之文明论，这个文明论使原本以"一国之独立"为志向的"脱亚入欧"国家战略最终变成了由老牌帝国主义殖民逻辑衍生出来的另一个掠夺与宰制的现代化方案。今天看来，它与人类平等和文明共存的正义观念无疑是背道而驰的。在《文明论概略》中福泽谕吉强调，文明乃相对于野蛮而言的。文明社会史即是相对于野蛮社会史、停滞社会史的历史叙述。子安宣邦尖锐地指出：福泽将欧洲文明史作为自己的文明论乃至文明史叙述的背景，意味着其叙述同样具有欧洲文明史的结构性特征，即以文明史的方式来叙述人类社会，这样必然要去发现和叙述出一个原始野蛮社会来。[2]认识到这一点非常重要，因为这个文明与野蛮二元对立的思维模式，不仅是造成福泽谕吉文明论或文明史叙述的根本矛盾所在，而且牵扯

---

[1] 小森阳一：《后殖民》，东京：岩波书店，2001年，第44页。
[2] 子安宣邦：《福泽谕吉〈文明论之概略〉精读》，东京：岩波书店，2005年，第199页、289—290页。

着他的另一个重要议题——"脱亚论"。正如西方人的文明史叙述必定伴随着对非文明乃至反文明的东洋史的叙述那样，如果说黑格尔乃至马克思等通过"先进"的欧洲看到的是"落后"的印度及中国，那么，在福泽谕吉那里其反文明的亚洲则意味着专制王国中国和古代的专制日本。就是说，只要以文明论的方式叙述历史，而且是以欧洲为文明史的基准和楷模，那么，这种历史叙述就必然要创造甚至捏造出一个对立面即落后野蛮的存在；以这样的叙述为根基所设计出来的有关日本国家独立和富强的现代化方案，在逻辑上也就必然要导致"谢绝亚洲东方的恶友"而步入"进步"的欧洲这样一种"脱亚论"路线。

从后来日本帝国主义一步步由殖民大陆到挑起世界大战的半个世纪之历史观之，就会清楚这个以西方为中心的文明论叙述，作为一种现代性的意识形态，不仅推动了日本的民族国家建设，更导致了对19世纪西方帝国主义殖民逻辑的模仿和复制，而这种模仿和复制一旦完成，日本就会以同样的逻辑向世界中心国家的位置进军，在参与世界秩序的重建和要求霸权的过程中不惜挑起战争。而20世纪前期日本帝国对周边国家所进行的殖民和侵略战争给东亚地区和世界带来的灾难已成为人所共知的历史事实。

（五）东亚的未来在于走出"脱亚入欧"模式

那么，源自福泽谕吉的文明论式现代性方案，或者日本国家"脱亚入欧"之现代化道路与"东亚现代性"问题是否有关联？如果有，又是怎样一种关联呢？众所周知，东亚地区内部

中日间的思想

曾经存在着以"汉字—儒教"为中心的具有历史和文化总体同一性的传统,只是到了19世纪中叶,东亚各国由于西方列强的威逼而被迫"开国",又在应对西方冲击的过程中显出差异,因此产生了各自不同的现代化道路。其中,最先实现了现代化的日本,对本地区的影响至关重要,无论是在积极的还是消极的方面。综观一百五十年来的东亚现代史,可以说至少有日本式的对西方模仿和复制型的现代性、中国大陆革命型的现代性、以及台湾地区和朝鲜半岛的殖民地现代性(包括"二战"以后"脱亚入美"型的现代化道路)。而于现代性的发源地西方之外被迫尝试现代化从而构成各自的现代史,在这一点上,毋宁说整个东亚地区又是相同的。在此,作为后发展地区和国家实现现代化的"脱亚入欧"方案,特别是其中强调通过"文明开化""殖产兴业"以实现"一国之独立"从而避免被殖民地化的危机这一"模仿与复制"的文明国家化逻辑思路,曾给东亚地区以极大的影响。

当然,相比而言,中国大陆的现代化历程最为复杂。针对以往人们习惯以"革命范式"来解释中国的近现代史,近年来出现了一些新的阐释视角。比如,汪晖曾提出"反现代性的现代性"概念,用以解释毛泽东领导的中国革命乃是另一种特殊的现代民族国家建设模式。[1]而在日本也有学者跳出"革命范式"和"现代化范式",从20世纪"中华民族式民族国家凝聚力"的角度重新观察中国政治史及其现代性问题。例如,西村成雄不仅在国民党的国民政府体制和共产党领导的人民共和国体制中看到了"党

---

[1] 参见汪晖:《去政治化的政治——短20世纪的终结与90年代》,北京:生活·读书·新知三联书店,2008年。

国体制"这一特殊的中国现代民族国家建制上的同一性和连续性,更参照沃勒斯坦世界体系理论中的"中心—半边缘—边缘"三级结构说,对20世纪中国政治的发展与其在世界体系中的位置做了如下概括:在20世纪第二个二十五年期间,即国民党统治下的国民政府时代,中国被动地包含在世界资本主义之中,从其在政治经济上所处的从属地位来讲,它依然是一种边缘性的存在。只是到了20世纪40年代,特别是参加"开罗会议"之后,中国获得了对战后世界秩序具有一定影响力的能动性地位;在进入20世纪第三个二十五年后,中国开始脱离世界资本主义体制而获得了社会主义体制中一员的地位,但相对于苏联而言依然处于从属地位;到了20世纪60年代核试验的成功则表现出向半边缘地位上升的志向,通过脱离资本主义民族国家体系而取得了政治上的独立自主;而在20世纪最后二十五年时间里,则可以说又成功地实现了向世界资本主义体系的回归,尤其是20世纪80年代以后在全球化背景下完成了与世界经济的主动对接,并逐渐走向这个经济体系的中心。[1]

1840年以来中国的现代化运动虽然经历了多次战争与革命的暴风雨,其历程迥异于东亚的其他国家和地区,但是作为同样的后发展国家,其现代性的形成中依然隐含着一个从边缘向中心或半边缘地位移动的模式,它与日本的"脱亚入欧"特别是其第一个层面的结构逻辑有重叠的地方,虽然"一国之独立"的现代民族国家建设过程更为缓慢,成熟度也依然不够。而台湾地区和朝鲜半岛在1900年至1945年的被殖民期间,其现

---

[1] 西村成雄:《20世纪中国的政治空间》,东京:青土社,2009年,第88页。

代化的发展基本上是笼罩在日本帝国主义"脱亚入欧"战略之下的。1945年至今台湾地区和韩国则在世界冷战格局下作为西方民主资本主义阵营的一员,明显地走过了一条"脱亚入欧"的现代化之路,在20世纪60年代以来亚洲新经济体的形成过程中,成为世界资本主义体系的重要成员。可以说,"脱亚入欧"也体现了台湾地区和朝鲜半岛(主要是韩国)的现代性结构模式的某些重要方面。

我的问题意识是,作为非西方后发展地区和国家的现代化模式,"脱亚入欧"可能是一个更有普遍性的结构逻辑,在日本之外的东亚地区乃至世界各地找到它的影子并不困难,对它的采用也无可厚非,甚至可能有不得已的历史和现实理由。但是,鉴于日本一百五十年的现代史,特别是20世纪30年代之后帝国主义扩张及其惨败的历史教训,应该思考如何解构和剔除这个模式深层的结构性症结——在模仿和复制西方发达资本主义主权国家体制的同时,也将其帝国主义殖民时代弱肉强食的歧视与宰制的逻辑内在化,从而在世界政治秩序重组的游戏中酿成新的压迫与宰制!20世纪前期的东亚各国曾经遭受过日本帝国主义的压迫和欺凌,在现代化的发展道路上多受其影响,同时也因日本的压迫和制约而避开了"脱亚入欧"模式深层结构中的那个歧视和宰制的逻辑,这或许是不幸中的幸运。然而,在据说是"亚洲时代"的21世纪,在如今又一次面临世界政治秩序重组和霸权结构变动的危机时代,东亚地区特别是曾经拥有中华帝国记忆的大陆中国,能否于发展的同时有效抑制19世纪以来霸权结构中那个谋求中心国家地位的欲望,能否从总体上超越源自西方的现代性而另寻一条生存发展之路,能否真正致力于文明多元共生的世界政治生态之达成,这恐怕将是21世纪最大的政治哲学课题。

（六）简短的结论

以上，通过回顾20世纪30年代至90年代世界政治秩序重组背景下日本"近代的超克"论的话语史，探讨了东亚现代性中那个"脱亚入欧"方案的问题所在。归纳起来，可以得出如下结论：

第一，日本"近代的超克"论其最主要的缺失是始终没有清醒意识到"近代便是我们自身"这一重要的事实。日本乃至东亚虽然属于现代性起源地之外的非西方后发展地区和国家，但是在19世纪以来的资本主义世界化过程中早已被深深拖入到这个现代性运动之中，无论是在经济、政治、军事等国家制度层面，还是在日常生活和思想意识形态层面，现代性的政治和道德秩序都已经内在于我们自身了。因此，任何试图在现代性的内部"超克"现代的欲望都将成为一种反讽，如鲁迅所言，乃是抓住自己的头发欲离开地面而不得的滑稽行为。在现代性和资本的逻辑已经渗透到世界每个角落的今天，任何区域主义的现代性理念都不能真正达到"超克"具有世界性的资本主义体系的目的。我们应该摆脱那种以特殊性对抗普遍性的幻想，努力从总体把握世界资本主义体系的层面去寻找克服其弊端的根本性解决方案。日本战争期间出现的"近代的超克"论，其刻意强调东西方现代性的二元对抗并追求以地区性的东亚来挑战西方，最终反而成为支持帝国主义战争之意识形态话语，这个历史教训，亦可作为今天的参考。

第二，最初由启蒙思想家福泽谕吉提出而后成为日本追求现代化的国家战略之"脱亚入欧"方案，比之作为意识形态话语的"近代的超克"论，具有更广阔的社会历史背景和政治实践的性格，两者的关系虽时有矛盾，但在把西方作为现代性楷模并努力谋求日本国家的现代化和重新定位其在世界史中的位置这一点上是互为表里的。"脱亚入欧"的现代化方案，其成功的经验与失败的教训，也折射出了"近代的超克"论之重大缺失。与此同时，东亚现代化过程中那个具有一定普遍性的"脱亚入欧"模式，在今天也应当引起我们的再次关注和反省。其中，通过殖产兴业和富国强兵来实现"一国之独立"的国家主导型现代化模式，曾经是东亚地区各民族的样板，作为后发展地区和国家的现代化路线，这恐怕是一条不得已而又行之有效的途径。但是，如福泽谕吉当初所设计的那样，对"脱亚入欧"理念背后那个文明论或文明史叙述的逻辑——以西方为"文明"而将其他地区视为"野蛮"的等级结构，必须予以彻底的清除和排斥。因为这个文明与野蛮的二元对立结构，不仅可以推动后发展国家和地区迅速实现现代化，同时也为其进一步的扩张和称霸提供了逻辑依据。以"文明"征服"野蛮"，乃是二百年来帝国主义殖民体系的理论核心和正当性逻辑基础，对这个充满血腥和暴力的逻辑需要不断地反省和批判，因为虽然今天殖民主义体制已经退出世界历史舞台，但其意识形态和思维方式依然阴魂不散。

总之，日本一百五十年的现代化道路已然证实，"脱亚入欧"的现代化战略未能真正"超克"那个千疮百孔的"现代"。1945年帝国日本的土崩瓦解，乃至当今的日本国家依然被死死地绑在超级霸权——美国的世界战略战车上，这些曲折的命运都在告诫人们：非西方后发展国家和地区现代化运动中的那个"脱亚入欧"模式是一条荆棘丛生的道路！因而，未来"东亚现代性"的发展需要另寻他途。

（原题为《"近代的超克"与"脱亚入欧"——关于东亚现代性问题的思考》，载《开放时代》2012年第7期）

上 编

日本与亚洲—中国

一

福泽谕吉"文明论"的等级结构及其源流

——从全球史的视野出发

(一)问题的所在及其观察视角

在世界进入帝国主义时代而日本正处于现代化发展历史抉择关头的19世纪70年代,福泽谕吉(1834—1901)以《劝学篇》(1872)和《文明论概略》(1875)等著述影响及于广大国民,有力地发挥了开启民智,推动日本国家走上文明开化、富国强兵乃至海外雄飞(殖民扩张)之路的作用,因而被誉为近代黎明期最重要的启蒙思想家。然而,正如非西方后发展国家和地区的现代化变革不同于西方发达国家,必须在追求独立个体之解放的同时去谋求国家和民族的独立以避免被殖民、被征服的命运一样,其启蒙思想家大多亦兼具自由主义倡导者和国家主义(民族主义)鼓吹者的两面。福泽谕吉也不例外。如果说《劝学篇》旨在提倡"天不生人上之人,地不生人下之人"的天赋人权和个体解放,那么,《文明论概略》则意在论述如何提高民众智德、经文明开化而实现"一国之独立"。两者之间的思想逻辑关系最初在福泽谕吉那里实在是合二而一的,正如《劝学篇》中强调的"一人独立,方能一国独立"一样。而无论是民权思想还是国权主张,其理论的根基都建立在同一个更深层的文明论或者文明史叙述的逻辑结构之上。这便是《文明论概略》中着力阐发的文明、半开化、野蛮之三段式文明等级论,以及由此延展开来的"以西洋文明为目标"而谋求个体和"一国之独立"的文明化预设方案。

福泽谕吉的时代,距今已经有了一个半世纪的悬隔。在这一百五十年的时间里,他的思想和主张得到了广泛的传播,在中国和东亚都有其影响的痕迹留存下来。而在日本,他的启蒙主义民权思想于明治时代出色地完成了开发民智并促使国民个体实现独立的使命,而在昭和时代前期(1926—1945)日本帝国主义和殖民战争全面展开的过程中,他的国家主义主张包括"国权论"和"大陆发展论"等,则不仅在社会大众层面被大规模地消费,而且在国家意识形态上遭到刻意的强调(甚或挪用)。"二战"以后,日本社会发生了天翻地覆的转变,福泽谕吉的时代已然过去,其影响也便大大削弱,但是在思想文化和学术领域,他依然受到或肯定赞扬或批判否定等种种不同的关注,俨然形成了一个颇有思想脉络可循的解读史。在中国,我们从晚清梁启超等启蒙思想家那里可以看到福泽谕吉民权思想和文明论的影响,因为那个时代的中国也处在除旧布新的历史大变局中。中华人民共和国成立后,20世纪50年代也曾出现了一个介绍和研究福泽谕吉的阶段,而20世纪90年代以来随着丸山真男和子安宣邦等学者的研究著作的引进,中国开始出现了对福泽谕吉具有批判性和反思性的多元化理解。

然而,无论是在日本还是在中国,有关福泽谕吉的文明论尤其是其背后所隐含的文明与野蛮等级化的逻辑理路乃至文明史叙述中的欧洲中心文化传播主义，还远远没有得到有力的反省和清算。第二次世界大战之后，随着世界范围内的民族独立和殖民地解放运动大潮的兴起，帝国主义殖民体系及其制度安排在道德伦理和社会实践层面遭到否定而逐渐退出了历史舞台，但殖民主义的思想无意识及其西方文明观依然没有从人们的思想观念中彻底清除出去，不管是在西欧还是在东亚。因此，今天依然有必要从道德、法和观念意识层面对这种文明论加以持续的批判性省察。

这里，以福泽谕吉的文明论为主要讨论对象，在全球史视野和欧洲中心文化传播主义批判的理论观照下，我将重点考察其文明三段论的形成机制和结构性病理，同时，概述他的思想观点在日本和中国被接受的过程，以透视欧洲中心文化传播主义在东亚的流布及其负面影响。福泽谕吉是一位杰出的日本近代启蒙思想家，我们反思他的文明论并非要否定或掩盖其思想光辉和历史作用，而是要以此为一个具有普遍性的个案，在将其重新置于当时的历史场景和思想脉络中去的同时，反省我们的现代知识尤其是建立在19世纪整套欧洲殖民学基础上的人文社会科学及其隐蔽的起源和遗留问题。

（二）欧洲中心文化传播主义与福泽谕吉的文明论

美国芝加哥伊利诺伊大学地理学教授J.M.布劳特在其《殖民者的世界模式——地理传播主义和欧洲中心主义史观》（J.M.Blaut, *The Colonizer's Model of the World: Geographical Diffusionism and Eurocentric History*, The Guilford Press, 1993）

一　福泽谕吉"文明论"的等级结构及其源流

中,通过调查19世纪以来通行于欧美的大量地理和历史教科书发现:

> 如果在一百五十年前,也就是19世纪中期,你进入欧洲的或者英语区的美洲学校,你学的是一种非常稀奇古怪的历史。人类发生的所有重要事件,其发生地点将是所谓"大欧洲"的某一地区,也就是欧洲地理上的大陆,加上向(仅就古代而言)它的东南方向的扩展,即"圣经地带"——从非洲北部到美索不达米亚——加上(仅就现代而言)欧洲海外移民国家。你受到的教育是,上帝在这一地区创造了人:关于这一时期的典型世界历史教科书将会提到,伊甸园是人类历史的起点。……
>
> 有些教员将会声称,只有这个地区的人才是真正的人类:似乎上帝把其他地区的人创造成为不同的、非人的或类人的人种。而且所有教科学的老师也和教历史的老师一样说,欧洲人以外的人不像欧洲人那么聪明、那么忠诚,(就大部分而言)不如欧洲人那么勇敢:上帝把他们创造成为劣等人。……
>
> 如果你是在19世纪中期学习地理和历史,你将会学到欧洲以外的东西。生活在非洲和亚洲的人们不仅被描述为劣等人,而且在一定意义上被描述为妖魔。他们拒绝上帝的恩惠,因而,失去了上帝的恩宠。因此,非洲人是残酷的野蛮人,他们的最好命运就是去做有益的工作并信奉基督教。由于某种不可知的原因,中国人和印第安人建立了他们的野蛮文化。但由于他们不是欧洲人,也不是基督徒,他们的文化在很久以前就开始停滞不前和倒退。而且,尽管曾经一度辉煌,他们的文化从来就不是真正的文化:只是野蛮的"东方

39

专制主义"。只有欧洲人懂得真正的自由。[1]

布劳特将这种历史地理观称为"欧洲中心传播主义的意识形态信仰"。这一信仰还可以叫作：欧洲文化传播主义、欧洲历史优越论或欧洲优先论。它的理论基础和逻辑结构是进步观念和文明等级论。我们今天称之为"欧洲中心主义"的，实际上是一个"殖民者的世界模式"，它涵盖了19世纪以来的历史、地理、心理、社会和哲学等分科理论而总称为"文化传播主义"。随着始于1492年的"地理大发现"，欧洲经历了三百余年殖民扩张的经验积累，包括传教士和殖民地行政官员所收集到的有关欧洲以外地区非常片面甚至有意识歪曲的知识信息，逐渐形成了上述被欧洲社会普遍接受和认可的历史地理学观念。而时至19世纪中叶，在欧洲思想精英那里，"经典文化传播主义"的信念得以形成。布劳特明确指出："最晚到了19世纪70年代，文化传播主义的中心命题，也就是进步，在欧洲（或西欧）中心地带自然地、不断地从内部发生，这样一种思想牢固地树立起来。它的真理性不再受到主流思想家的真正怀疑。"[2]

福泽谕吉作为幕府使节团随员赴美国和欧洲共有三次，分别是在1860年、1862年和1864年。尤其是第三次的赴美，他利用官府发放的旅费购置了大量英文书籍，包括历史、地理、经济、法律、数学等，以及各类辞典和中学教科书，这些书籍是最早带入日本的西方原典（《福翁自传》）。依靠这些书籍，福

---

[1] J.M. 布劳特：《殖民者的世界模式——地理传播主义和欧洲中心主义史观》，谭荣根译，北京：社科文献出版社，2002年，第3—4页。
[2] 同上书，第25页。

泽谕吉不仅编译了《西洋事情》等著作而成为明治初期"洋学者"中的佼佼者，而且奠定了其《文明论概略》中文明史叙述的基础。以往，人们只是注意到他参照了伯克尔《英国文明史》和基佐《欧洲文明史》，而实际上可能正是这些中学教科书中的欧洲中心文化传播主义式的叙述，更直接地促成了他的文明比较论的形成，因为这些通俗的教科书更容易理解接受。[1]

《文明论概略》共十章。卷首的"序言"首先确定了自己的文明论"是探讨人类精神发展的理论"，而其内涵"不在于讨论个人的精神发展，而是讨论广大群众的总的精神发展"。就是说，福泽谕吉的文明论目的在于关注群体社会的发展和进步，最终为处于现代化转型期的日本寻找一条"文明国家化"的道路。这与此前的《劝学篇》以讨论国民个体独立自由的启蒙议题明显有别，因此，该书最后的第十章归结到"论我国之独立"。而与这个第十章紧密呼应的是第二章"以西洋文明为目标"和第三章"论文明的含义"，它们是讨论日本国家走"文明开化""富国强兵"之路的文明论基础和判断标准的部分，最能显示出当时福泽谕吉的文明观和文明史叙述的等级化结构。

我们先来看福泽谕吉基于对19世纪帝国主义时局的判断而做出的"一国之独立"主张：

> 然而，从目前世界的情况来看，没有一个地方不建立国家，没有一个国家不成立政府的。如果政府善于保护人民，人民善于经商，政府善于作战，使人民获得利益，这就叫作"富国强兵"。不仅本国人引以自豪，外国人也感到

---

[1] 此处得到了刘禾教授的指教，特此致谢。

羡慕，而争相仿效其富国强兵的方法。这是什么道理呢？这是由于世界大势所趋，不得不然，虽然违背宗教的教义。所以，从今天的文明来看世界各国间的相互关系，虽然在各国人民的私人关系上，也可能有相隔万里而一见如故的例子，但国与国之间的关系，则只有两条。一条是平时进行贸易，另一条就是一旦开战，则拿起武器厮杀。换句话说，现今的世界，可以叫作贸易和战争的世界。[1]

作为文明落后的地区和国家，在追求现代化的过程中首要的问题是完成国家的独立以免受被殖民和被征服的危机，这是19世纪后期帝国主义殖民时代的国际环境所决定的。福泽谕吉的文明论最直接也是最迫切的逻辑归结和政治目标，就是呼吁建设现代主权国家。但是我要强调，他的上述观点乃是其文明论的一个预设结论。这个预设结论既是其审时度势对帝国主义争霸世界的现实的一个直接观察，同时又是他接受当时流行的西方文明论特别是欧洲中心文化传播主义的一个理论逻辑归结。这就要回过头来仔细观察《文明论概略》第二章是如何套用西方的文明论和文明史叙述结构的，包括是怎样将诞生于欧洲的地区性理论转化为具有普世性的观念的：

> 现代世界的文明情况，要以欧洲各国和美国为最文明的国家，土耳其、中国、日本等亚洲国家为半开化的国家，而非洲和澳洲的国家算是野蛮的国家。这种说法已经成为

---

[1] 福泽谕吉：《文明论概略》，北京编译社译，北京：商务印书馆，1959年，第174页。

> 世界的通论,不仅西洋各国人民自诩为文明,就是那些半开化和野蛮的人民也不以这种说法为侮辱,并且也没有不接受这个说法而强要夸耀本国的情况认为胜于西洋的。……所以,文明、半开化、野蛮这些说法是世界的通论,且为世界人民所公认。[1]

这是第二章开头的一段,福泽谕吉明确开列出当时流行于西方的文明等级论最一般的模式。在这种模式里,人类社会被分为"野人"(savage)、"蛮人"(barbarian)、"半开化"(half-civilized)、"文明"(civilized)及"开化"(enlightened)。而"文明"和"开化"有时并用。从18世纪末到整个19世纪,欧美人的文明等级论始终把中国、日本和其他亚洲国家划入"半开化"的社会阶段。在此,福泽谕吉只是如法炮制而已。问题是这个起源于欧美的文明等级论或者文化传播主义,在东亚的文明论者这里是怎样摇身一变而成为普遍适用的逻辑或价值标准的呢?福泽谕吉给出了两个理由:一个是这已经成为"世界的通论,且为世界人民所公认",即基于事实确认法则或循环论证而得出的理由;另一个是进化法则或称阶段论的进步史观:

> 文明并不是死的东西,而是不断变化发展的。变化发展着的东西就必然要经过一定的顺序和阶段,即从野蛮进入半开化,从半开化进入文明。现在的文明也正在不断发展进步中。欧洲目前的文明也是经过这些阶段演变而来的。现在的欧洲文明,仅仅是以现在人类的智慧所能达到的最

---

[1] 福泽谕吉:《文明论概略》,北京编译社译,第9页。

高程度而已。所以，现在世界各国，即使处于野蛮状态或是还处于半开化地位，如果想使本国文明进步，就必须以欧洲文明为目标，确定它为一切议论的标准，而以这个标准来衡量事物的利害得失。[1]

在此可以清晰地看到，这些说法与前面所引布劳特关于19世纪欧美中学地理和历史教科书中的文明论话语，亦即殖民主义文化传播理论如出一辙，也是以进化论之历史观和文明同化论的逻辑来论证人类社会必然经过的发展阶段，而这个阶段性发展模式背后正隐含着等级化的逻辑结构。他在为非西方后发展地区和国家的日本所提出的文明化方案中，完全将"先进"之西方殖民主义的等级论逻辑内在化、普世化了。而特别之处在于用这种"文明—半开化—野蛮"的三级结构巧妙地论证出同是东亚地区处于"半开化"阶段的日本与中国的微妙的差异，这是第二章接下来的后续内容。福泽首先以"像以上这样分成三个阶段，就可以划清文明、半开化和野蛮的界限。但是，这些名称既然是相对的，那么，在未达到文明的时期，也不妨以半开化为最高阶段。这种文明对半开化来说固然是文明，而半开化对野蛮来说，也不能不谓之文明"为由，把日本定位于"半开化"的位置上，从而达到使之与"野蛮"划清界限的目的，其用心之良苦当然不难理解。

那么中国呢？从当时的情况来说中国正处在被西方列强所威逼而不得不启动"洋务运动"的初期，何况曾经有过统摄东亚文教的古老文明，按照福泽谕吉的三级结构论，也只能落实到

---

[1] 福泽谕吉：《文明论概略》，北京编译社译，第11页。

"半开化"的位置上，但他进而通过将"文明"定义为有形物质和无形精神这两个方面，而强调"所谓文明的精神"（自由的风气）为最后的衡量标准，最终阐释了日本和中国的不同。即中国属于"纯粹的专制政府或神权政府"，它"把君主尊贵的道理完全归之于天予，把至尊的地位和最高的权力合而为一，以统治人民"，结果除了周朝末年出现过百家争鸣的自由思想时代以外，完全是专制主义的一统天下。而日本则不同，虽然古代也是以神权政府的意旨统治天下，然而"到了中古武人执政时代，逐渐打破了社会结构，形成了至尊未必至强，至强未必至尊的情况"，故而"产生一种自由的风气"。结论是："如果从这个问题来讨论文明的先后，那么，中国如果不经过一番变革就不可能达到日本这样的程度。"[1]

福泽谕吉的上述分析，或许符合事实且具有启发意义。不过，这里要关注的是其文明论中的"方法"或逻辑结构。正如西方19世纪文明等级论的内在逻辑一样，文明发展的三级结构论是一个彼此对照、互为证明条件的差异化方法。其中，内含着一个对他者歧视和宰制的机制，即如果没有"野蛮"的衬托就无法映照出文明，因此，必须不断地发现别的"野蛮"，从而忘却自己的"野蛮状态"。实际上，在整个《文明论概略》的世界文明比较中始终贯穿着这样一种等级化＝差异化的叙述逻辑，而且它也是福泽谕吉后来视朝鲜和清朝中国为不事改革坚守"固陋"儒教的"野蛮"之国，而支持日本发动对华甲午战争和对朝征韩行动，并提出影响深远的"脱亚论"之逻辑依据。

我曾经指出：从后来日本帝国主义一步步由殖民大陆到挑

---

[1] 福泽谕吉：《文明论概略》，北京编译社译，第16—18页。

起世界大战的半个世纪之历史观之，就会清楚这个以西方为中心的文明论叙述，作为一种现代性的意识形态，在推动了日本的现代民族国家建设的同时，更导致了它对19世纪西方帝国主义殖民逻辑的模仿和复制。而这种模仿和复制一旦完成，日本就会以同样的逻辑向世界中心国家的位置进军，在参与世界秩序的重建和要求霸权的过程中不惜挑起战争。而20世纪前期日本帝国对周边所进行的殖民和侵略战争给东亚地区和世界带来了灾难已成为人所共知的历史事实[1]。当然，这是文明论在国家战略层面上所导致的一个悲剧。我想，这样的结果也是作为启蒙思想家的福泽谕吉所始料未及的。

（三）《文明论概略》在战后日本的解读史

以"文明"之名试图通过"解放亚洲"而与西方文明一决雌雄的日本，其现代化的国家战略遭遇到了1945年历史性的挫败，福泽谕吉的文明等级论曾经被国家意识形态所"征用"，从而成为新兴帝国主义日本发动殖民侵略战争的推手，这恐怕也是他本人始料未及的。日本政治思想史学者丸山真男在1971年一次题为《福泽谕吉的人与思想》讲座中曾提到他写于1947年的一段话：

> 在这次大战之中，福泽言说中的"国权论"和"大陆发展论"得到强调，而战后其自由主义和民主主义的一面

---

[1] 参见本书代序《世界政治秩序的重组与东亚现代性问题》。

得到了肯定。这种倾向如果存在,即战争期间所宣传的国权论和大陆发展论到了战后则一转而开始强调其自由主义、民主主义的一面,这恐怕与福泽的精神正好相反。

当然,这些人的意图并非不可理解,但长眠地下的福泽一定不会喜欢的。如果福泽有生,他一定会在战争中坚持一身独立才有一国之独立、主张如果没有源自底层的个人自由之自发性的支撑就不会有国家的发展。而战后的今天,他也会激烈地论辩说如果自由主义、民主主义、文化国家等美名充斥于世而无民族独立气概,有的只是对世界局势左顾右盼、谄媚于国际上强者的奴隶根性,那么,个人的自由和民主主义也将成为无意义的胡说八道。我相信,这才是一生贡献于独立自尊之斗争的福泽的真精神。[1]

在此,作为一个始终把福泽谕吉的思想当作"精神食粮"而迷恋了一生的研究者,丸山真男对他的辩护是可以理解的。然而,从反思19世纪以来起源于西方的文明等级论及其知识建构问题的角度出发,我们通过作为日本近代早期的启蒙思想家和"脱亚入欧"国家战略设计者的福泽谕吉,来考察其文明论背后压迫与宰制的等级化结构乃至负面的殖民学思想逻辑,又是必要和正当的。尤其是在21世纪的今天。这里,便涉及福泽谕吉的思想在日本和东亚的传播,尤其是在战后日本如何被解读的问题。

丸山真男一生不断关注福泽谕吉,从他的著作集中可以发现,自1942年发表《福泽谕吉的儒教批判》到1991年为自己

---

[1]《丸山真男集》第15卷,东京:岩波书店,1996年,第320页。

的中文版文集《福泽谕吉与日本的近代化》作序为止,半个世纪以来,他撰写了不下十数篇的相关文章(重要的如:《福泽谕吉所理解的秩序与人》,1943;《福泽谕吉的"实学"转向》,1947;《福泽谕吉的哲学》,1947;《福泽谕吉选集第四卷 题解》,1952;《关于福泽谕吉》,1958;《福泽谕吉的人与思想》,1971;《福泽的惑溺》,1987;《福泽谕吉的"脱亚论"及其周边》,1990;等等),还包括三卷本的专书《读〈文明论概略〉》(1986)。然而,正如上面引文所显示的那样,丸山真男在战后日本始终刻意强调福泽谕吉批判传统儒教而主张个人独立自由的启蒙主义思想一面,或者以西方市民社会的标准为比照来肯定其社会文化改造的主张,同时不断地为其国家主义色彩浓厚的文明论、脱亚论乃至"脱亚入欧"观辩护,甚至不承认这些导致日本走向殖民战争的意识形态理论与福泽谕吉有什么关联。考虑到丸山真男是一位现代主义价值观的坚定信仰者,他对福泽谕吉的辩护可能也自有其道理。但我们又不能不说,他上述影响广泛的福泽谕吉论刻意回避甚至严重遮蔽了其文明论或文明史叙述的问题,不利于人们反省日本近代历史的思想工作。这里,试举例来看丸山真男为福泽谕吉所作的辩解。

例如,1952年在为平凡社《世界历史事典》所作的"福泽谕吉"词条中,丸山真男在承认其"国权论"特别是"对外主张"实际上"迎合了日本帝国的大陆进出冲动和步调",而福泽谕吉在中日甲午战争中更是强硬的主战派之后,却强调:"必须说福泽对后世的最大遗产不在此种政治的归结,相反在于对日本人的思考方式和日常生活态度的透彻批判。"[1]就是说,丸

---

[1]《丸山真男集》第5卷,东京:岩波书店,1995年,第332页。

山真男自战后开始便强调福泽谕吉作为启蒙思想家反封建儒教而提倡个人独立的一面,但对其文明论、"国权论"与日后日本帝国主义海外扩张的直接关系,却尽可能地予以否定和澄清。到了《读〈文明论概略〉》出版的1986年,这种态度依然没有任何改变。而晚年,他更一再强调"脱亚"只是福泽谕吉偶尔使用过一次的词语,其《脱亚论》(1885)一文乃不足三页的短文,不能代表其思想的本质。[1]至于"脱亚入欧"的成语,更非福泽自身的用语。1992年,丸山真男在《〈福泽谕吉与日本的近代化〉序言》中,还向中国读者语重心长地解释:《脱亚论》的背景在于作者愤慨或焦虑于当时朝鲜李氏政权的改革失败和清朝中国的保守落后,其抨击的对象是两国的政府而非人民。至于"脱亚入欧",他说:

> 在日本,"脱亚入欧"这一成语仿佛福泽自己造的词一般被宣传利用,甚或作为福泽思想的关键词,不仅在学术界甚至在一般新闻媒体的世界里流传,乃是相当晚近的现象,充其量是20世纪50年代以后的一种倾向。……
>
> 那么,为何在20世纪50年代以后的日本,"脱亚入欧"这一成语会急速地与福泽谕吉的名字连在一起,并作为否定性的福泽意象而得到广泛的流传呢?这个问题本身是涉及战后日本思想史的非常有趣的题目,只好等待个别专门研究的出现。作为著者我在此序言中提及"脱亚入欧"这一极具象征性例子的原因,如上所述,在于希望中国读

---

[1] 参见丸山真男1990年在日本学士院所做的论文报告《福泽谕吉的"脱亚论"及其周边》,收《丸山真男讲话文集》第4卷,东京:岩波书店,2002年。

者讨论福泽的时候不要为日本流行的意象所影响而妨碍对其思想做出客观理解。[1]

在此，丸山真男要为福泽谕吉与"脱亚入欧"的日本国家战略撇清关系的急切心情，已跃然纸上。他的本意或许是纯正的善意的，但其态度的确不利于人们对有关"脱亚论"中文明等级论乃至欧洲中心文化传播主义因素的讨论。从战后日本思想界基本上是现代主义观念占主流地位，有关文明论的批判始终未能超越现代思维的范畴来说，丸山真男的立场具有代表性。这个问题在日本被提上日程并展开深入的讨论，是自20世纪90年代开始的，即在以反省和颠覆现代主义之"启蒙理性"的后现代主义思想及后殖民批判理论出现之后。这主要体现在子安宣邦和小森阳一的著述中。

子安宣邦于2005年出版了极具批判深度的《福泽谕吉〈文明论之概略〉精读》一书。无论是在解读方法还是在看待日本现代化历程的基本立场上，这部著作都与丸山真男的《读〈文明论概略〉》构成了鲜明的对照。作为不同时代的学者，子安宣邦在对抗丸山真男那种认同式解读的同时，提出了经典阅读的批判性视角，并将这种批判性的阅读与对现代性，特别是对"文明与野蛮"二元对立文明史叙事的反思结合起来。他的著作始终贯穿着一条由"后现代"特别是知识考古学、亚洲视角所构成的思想史批判方法。因此，如果说丸山真男代表的是战后民主主义那一代学人以近代性思想资源为前提和基准来审视日本的倾向，那么，子安宣邦则反映了在20世纪80年代以来的后现代社会中，

---

[1]《丸山真男集》第15卷，第218—220页。

一　福泽谕吉"文明论"的等级结构及其源流

特别是从超越民族国家构架的立场出发，借鉴西欧反思现代性的理论资源来看问题的新一代知识分子的立场。

与丸山真男视福泽谕吉的《文明论概略》为"近代日本的经典"，而自己以江户思想家那样的"经典注释"方式来阅读之，从而增长自己的"教养"[1]不同，子安宣邦首先将《文明论概略》视为"近代日本黎明期的著作"而采取了一种可谓"重叠阅读"的战略。所谓"近代日本黎明期"，即19世纪亚洲与日本共同面临剧烈变动的转折时期。在这个大变局的时代，作为亚洲之一国的日本有着现代化设计上多种选择的可能性。而《文明论概略》中提出的只是有关日本国家走向的文明化方面的一个设计方案。就是说，该书的诞生是个思想史"事件"，是在与多种可能性设计方案相抗争过程中所明确提出的一个设计方案。重要的是，这个文明论式的现代化设计方案——以西方文明为典范，通过"脱亚入欧"以实现日本一国的独立和富强，基本上也是近代日本所选择的国家战略。不幸的是，这个国家战略在它的文明论设计方案提出后不到八十年的时间里，却遭遇到了1945年的惨败。这样一来，将其定位为"近代日本黎明期的著作"，就使该书成了反思日本现代化历程的一个重要思想资源，而不再仅仅是"古典""常识"和"教养"性的著作。而"重叠阅读"的战略就是穿越一百五十年的历史时空悬隔，把写作《文明论概略》的亚洲大转折时代与当今21世纪新的转折期重叠在一起，通过对历史文本的解读从起源上反思19世纪以来的现代化路线，以及由帝国主义和民族国家独立而引发的战争与革命的惨痛教训。这样，作为一百五十年前日本近代黎明期

---

[1]　丸山真男：《读〈文明论概略〉》序言，东京：岩波书店，1986年。

最初的文明国家化设计方案，《文明论概略》在理论上的结构性症结和文明史叙述逻辑上的矛盾，就会通过1945年这一历史镜像呈现出来，成为我们思考当下时代课题的一个参照物。

　　正是由于采用了这样的批判性视角，子安宣邦得以通过"精读"而对《文明论概略》中文明等级论的政治性和文明史叙述的逻辑症结给出如下深刻的揭露和批判：

> 　　我在精读《文明论概略》最后一章的结论部分这样写道：福泽将"文明"化为"一国独立"的手段，也就意味着积极地把日本置于走向西洋近代主权国家的道路上。这只能是脱亚入欧之路。……
>
> 　　以西洋近代文明为目标的福泽文明论，将"一国之独立"设定为目的。当采取视"国权论"为正当的对外主张之际，亚洲新兴的国家日本也便开始效仿以"商贸和战争"两大原则来律定国际关系的先进欧美各国而走上了近代主权国家之路。以西洋文明为目标的福泽文明论或文明化主张的结构具有相当的激进性，仅此其文明论所提示的日本近代化的路径也便带来了以西洋为目标的激进性格。它并非仅仅是由于认识到19世纪后期亚洲所面临的危机状况，才导致日本走上近代主权国家的道路的。以西洋文明为目标的文明化论本身，便是建立在将世界于历史和空间上划分为"文明"和"野蛮"的二元关系上，而志在脱离"野蛮"走向"文明"。正如我们读《文明论概略》时所看到的，文明史和关于文明社会的叙述必然伴随着对野蛮的史前史和野蛮社会的叙述。那个停滞的专制国家"支那"，正是在"文明"与"野蛮"的对比之下通过积极地走向文明的"日

本"而被描绘出来的。因此,"脱亚论"绝非明治十八年(1886)的福泽一时的言论。它实在是以西洋文明为目标的文明论乃至文明化论自身所具有的逻辑性格。[1]

在此,我们终于看到具有批判性的日本知识分子对福泽谕吉文明论的深度反省。它不仅有利于反思日本现代化的百年历史,也将对我们重估现代知识的深层结构性病理提供有益的参照视角。

在日本,除子安宣邦之外,小森阳一的《后殖民》(2001)一书也涉及了对福泽谕吉"文明三级结构"的批判,值得一提。小森阳一是从反省日本现代化历史总体和"文明开化与殖民地无意识"的角度,来重新审视这个问题的。他认为,福泽谕吉用"文明国"一方为了正当化其殖民主义而编制出来的《万国公法》逻辑,来对还不是"文明国"的日本做有利解释,而写作了《文明论概略》。参照拉康的镜像理论可以看到,福泽谕吉的"文明三级结构"尤其是其中的"半开化"一项具有这样的功能:在作为他者的"文明"中映照出自己,同时为了自己不至于堕落为"野蛮"或欧美列强之奴隶的境地,必须创造甚至捏造出另一个作为他者的镜像即"野蛮"来,从而确认自己属于"文明"的阶段。而在做出这种确认的一瞬间,自己有可能被视为"野蛮"的恐怖心理就会在对新发现的"野蛮"进行殖民地化的过程中得以忘却。在此,小森阳一进而结合明治前期日本国家对琉球实行"废藩置县"和对北海道"阿伊奴族"进行文明化"开拓"的内部殖民化行径,证实了福泽谕吉的理论

---

[1] 子安宣邦:《福泽谕吉〈文明论之概略〉精读》,第289—290页。

实乃"开国后日本殖民地无意识和殖民主义意识的原型"。[1]这种批判和反省,无疑加深了人们对福泽谕吉"文明论"与日本帝国殖民主义内在关系的认识。

(四)《文明论概略》在中国的传播

作为日本现代化早期重要的启蒙思想家,福泽谕吉包括文明论在内的思想学说也曾在中国得到传播,并对知识界产生了一定的影响。这大致可以分为三个时期。即戊戌变法前后通过流亡日本的晚清改革家和启蒙论者如梁启超等而传入中国,这是第一个时期;第二个时期是在20世纪50年代,在中华人民共和国成立后开始有计划地翻译介绍西方包括日本的思想理论学说的时期,福泽谕吉的著作被系统翻译并在大学中得到了学术性的研究和关注;第三个时期则是20世纪90年代以后,随着中国人引进外来思想学说热潮的高涨,包括日本学者如丸山真男和子安宣邦在内的有关研究著作的翻译出版,对福泽谕吉的文明论和启蒙思想的认识开始形成了多元化的趋势。仅就"文明论"一个方面而言,福泽谕吉在中国的传播和影响并没有预期的那么大,这恐怕有着复杂的历史原因,涉及中日近代殖民与被殖民、压迫与被压迫的国家关系,以及"东学"在"五四"运动之后逐渐走向衰落等因素。毋宁说,直接来自西方的文明等级论或文化传播主义对中国现代思想和知识的建构,影响更大、更为深远。

---

[1] 小森阳一:《后殖民》,东京:岩波书店,2001年,第18—19页。

一 福泽谕吉"文明论"的等级结构及其源流

关于梁启超与福泽谕吉《文明论概略》的关系,中日两国学者已有相当深入的研究,如郑匡民《梁启超启蒙思想的东学背景》、石云艳《梁启超与日本》、狭山直树编《共同研究:梁启超——西洋近代思想的受容与明治日本》等。[1]人们注意到,梁启超介绍西学的大量文字中,也包含了一些关于日本思想家、学者的部分。特别是在戊戌变法前后主持《时务报》和流亡日本时期,他已经对福泽谕吉有了相当的了解,称其"著书数十种,专以输入泰西文明思想为主义。日本人之有西学,自福泽始也;其维新改革之视野,亦顾问于福泽者十而六七也"。[2]而发表于1899年8月23日《清议报》上的《文明三界之别》,则直接源自福泽谕吉《文明论概略》的文明发展三阶段说。

> 泰西学者,分世界人类为三级:一曰蛮野之人,二曰半开之人,三曰文明之人。其在《春秋》之义,则谓之据乱世、升平世、太平世。皆有阶级,顺序而升,此进化之公理,而世界人民所公认也。其轨度与事实,有确然不可假借者,今略胪列之如下:
>
> 第一,居无常处,食无常品;逐便利而成群,利尽则辄散去;虽能佃渔以充衣食,而不知器械之用;虽有文字,而不知学问;常畏天灾,冀天幸,坐待偶然之祸福;仰仗

---

[1] 郑匡民:《梁启超启蒙思想的东学背景》,上海:上海书店,2003年;石云艳:《梁启超与日本》,天津:天津人民出版社,2005年;狭山直树编:《共同研究:梁启超——西洋近代思想的受容与明治日本》,东京:美铃书房,1999年。

[2] 梁启超:《论学术之势力左右世界》,收《饮冰室合集》文集之六,北京:商务印书馆,1989年,第116页。

人为之恩威，而不能操其主权于己身。如是者，谓之蛮野之人。

第二，农业大开，衣食颇具；建邦设都，自外形观之，虽已成为一国，然观其内，实则不完备者甚多；文学虽盛，而务实学者少；其于交际也，猜疑之心虽甚深，及谈事物之理，则不能发疑以求真是；模拟之细工虽巧，而创造之能力甚乏，知修旧而不知改旧；交际虽有规则，而其所谓规则者，皆由习惯而成。如是者，谓之半开之人。

第三，范围天地间种种事物于规则之内，而以己身入其中以鼓铸之；其风气随时变易，而不惑溺于旧俗所习惯；能自治其身，而不仰仗他人之恩威；自修德行，自辟智慧，而不以古为限，不以今自画；不安小就，而常谋未来之大成，有进而无退，有升而无降，学问之道，不尚虚谈，而以创辟新法为尚；工商之业，日求之扩充，使一切人皆进幸福。如是者，谓之文明之人。[1]

梁启超不仅相信"论世界文野阶级之分，大略可以此为定点"，甚至反躬自问"我国民试一反观，吾中国于此三者之中居何等乎？可以懼然而兴矣！"。可见这样的文明论带来的印象之深和冲击之激烈。这段文字的前面称此种分类法来自"泰西学者"，但看下面的文字则可以明白基本上是出自福泽谕吉《文明论概略》第二章"以西洋文明为目标"。其实，梁启超不只这篇文章，还有《自由书》中的《自由祖国之祖》《近因远因之说》等文，也有直接来自福泽谕吉的段落。对此，石云艳的

---

[1]《饮冰室合集》专集之二，北京：中华书局，1989年。

《梁启超与日本》一书有细致的比较分析。另外,德智进步是文明的主要指标这一福泽谕吉"文明开化"的思想主张,还是梁启超"新民说"的理论依据。因此,有学者甚至认为:流亡日本一年后的梁启超大有以中国的福泽谕吉自居的姿态,而《自由书》和《国民十大元气》则是梁氏版的《文明论概略》,他以"文明"为包括中国在内的人类历史"公理",相信其具有普遍价值。[1] 郑匡民的《梁启超启蒙思想的东学背景》,则从文明三阶段说、文明之形质和精神论、个人独立与国家独立三个方面详尽地阐释了梁启超所受的福泽谕吉文明论的影响。难能可贵的是在郑匡民的研究中,还注意到了福泽谕吉文明三阶段论中"隐含着的那种对西洋文明的自卑感和对亚洲国家的歧视",而这种态度也可以在梁启超日后的文字中见到影子(如《张博望班定远合传》开篇曰:"夫以文明国而统治野蛮国之土地,此天演上应享之权利也,以文明国而开通野蛮国之人民,又伦理上应尽之责任也。"[2]),由此,更为真实和科学地呈现了福泽谕吉通过梁启超而给中国带来的正负两面的影响。[3]

然而我注意到,在清末民初的一段时间里福泽谕吉的文明论虽然传播到了中国的知识界并留下了影响的痕迹,然而在其后却销声匿迹了。这本身或许正反映了福泽谕吉思想中国家主义的一面难以为中国人所接受。当然,这里还有西学东渐大潮的几度演变和中国自身在世界史中的地位之意识觉醒等因素。

---

[1] 石川祯浩:《梁启超与文明的视点》,收狭山直树编《梁启超·明治日本·西方》(修订版),北京:社科文献出版社,2012年。

[2] 《饮冰室合集》专集之五,北京:中华书局,1989年,第1页。

[3] 参见郑匡民:《梁启超启蒙思想的东学背景》,上海:上海书店,2003年,第63—65页。

我们看辛亥革命前后中国的舆论界也曾有关于"文明"的讨论热潮，但已然多是讨论西方文明在第一次世界大战前后如何"衰落"和对"公理"的强烈质疑了。正如康有为"文明扫地，人道退化"所表达的那样，梁启超等一代中国知识分子在目睹"一战"前后欧洲文明的"没落"甚至变成"野蛮"的实际状况后，对文明论特别是其中的文明等级论之帝国主义理论的性质有了新的认识。至俄国革命爆发后，中国知识界的主要议题已经从文明论转向了源自经济史的马克思主义社会发展阶段论。加之中日关系在"五四"运动前后的一步步恶化，"东学"潮流的迅速颓败使福泽谕吉的思想学说渐渐淡出了中国。或者诞生于19世纪欧美的文明等级论直接进入中国，而影响到其地理历史学的知识建构也说不定。我注意到甚至连《文明论概略》完整的中文译本，也是直到中华人民共和国成立后才出现的。

这就涉及福泽谕吉在中国传播的第二阶段，即20世纪的五六十年代。这是一个非常特殊的年代。中华人民共和国成立伊始，开始有计划地系统介绍外国思想理论，其文化建设和知识积累的初心可谓气象宏伟。然而，1957年前后开始的多次政治运动却打乱了当初的计划，外国思想理论的翻译介绍也千篇一律地套上了机械唯物史观和庸俗阶级论的枷锁。我们看1959年商务印书馆版的《文明论概略》中文本的"出版说明"，会感到相当诧异。它在强调福泽谕吉反封建的启蒙思想对日本现代化发展的"巨大推动作用"的同时，也对其文明论给予了极高的评价，认为"福泽不是把西洋文明看作至高无上、永世长存的东西，而是看作一定历史发展的范畴，这是福泽思想中极为可贵的地方"。最后，用"资产阶级软弱性"的标签不得要领地批评一通其启蒙思想的"不彻底性"了事。福泽谕吉昌言文明等级论的真意，其与后来日本帝国主义殖民扩张的关联，却根本没有提及。这对福泽本人或者中国读书界，是幸还是不幸呢？

同样的情况，也见于当时中国学术界不多的研究中。朱谦之于20世纪50年代在北京大学哲学系从事东方哲学研究与教学的成果之一《日本哲学史》，1964年由北京三联书店出版，它可以说是那个年代唯一称得上"福泽谕吉研究"的作品。该书在"明治初期的启蒙思想"一章中讨论了福泽谕吉的文明史观，却视其为"具有启蒙意味的社会观及历史观"，且在"主知主义认识论"的判断标准下，肯定了福泽谕吉以西方文明为标准而对当时的日本只有政府没有人民的专制局面的批判，但同时又批评其文明史观"自始至终贯穿着资产阶级自由主义的精神史观"[1]。可以说，这样的研究根本没有涉及福泽谕吉文明论提出的社会背景、历史意义和问题的症结所在。

20世纪80年代，随着改革开放和思想解放，中国知识界迎来了多元发展的时代。对福泽谕吉的关注和研究也呈现出多样化的发展态势。尤其是20世纪90年代之后，上面提到的日本两位重要学者的著作，即丸山真男的文集《福泽谕吉与日本的近代化》（区建英译，学林出版社，1992）和子安宣邦的《福泽谕吉〈文明论概略〉精读》（陈玮芬译，清华大学出版社，2010）也有了中文译本。我相信，一个在更为广阔和开放的思想背景下，重新探讨福泽谕吉包括文明等级论在内的思想学说的研究热潮，也会在中国出现。

---

[1]《朱谦之文集》第9卷，福州：福建教育出版社，2002年，第172页。

（五）全球史视角与对文明等级论的批判

在《殖民者的世界模式——地理传播主义和欧洲中心主义史观》一书中，作者布劳特于指出19世纪中叶"经典文化传播主义"已然成为欧洲主流思想家不再怀疑的命题之后，又对"现代文化传播主义"的流变进行了简要的梳理。他认为，1914年至1945年间，欧洲知识分子的注意力不在进步和扩张，而是更多地集中于如何避免灾难和恢复和平状态的方面，文化传播主义的观念似乎离开了人们的关注焦点，虽然历史和地理教科书中依然洋洋得意地充斥着文化传播主义的思想。第二次世界大战结束后，一种新的现代式的文化传播主义又占据了欧美学术思想界的主流，这就是"现代化理论"或"现代化传播"论。这种理论相信，殖民地人民的经济和社会进步乃是通过殖民国家"现代化"的传播而获得的。19世纪以来非西方国家和地区的现代化进程乃是通过回应"西方的冲击"而启动的，或者西方殖民主义体制虽遭到了质疑，但依然认为"文明的传播"客观上具有同化"第三世界"以推动其实现现代化的作用。直到最近，以反省现代性特别是科学和理性的绝对权威为宗旨的后现代主义乃至"后殖民批判"理论出现，人们才真正开始了对"文化传播主义"的反思。[1]

也就是说，19世纪盛行一时的文明等级论或者欧洲中心文

---

[1] 参见J. M. 布劳特：《殖民者的世界模式——地理传播主义和欧洲中心主义史观》，谭荣根译，第30—34页。

化传播主义,还远远没有在人文社会科学领域乃至人们的一般思想观念中得到有效的批判和清除。而为了深入展开这种反省和批判,如今我们有必要进而采用全球史的视野和角度。所谓"全球史"与以往的世界史往往将本国的历史排除在外不同,它试图将本国或本民族的历史置于全球—世界体系的范围或框架下进行动态的考察,因此,世界的问题同时也是本国的问题,反之亦然。或者说,全球史是将自身和他者放在同一个"全球"的视域中,在相互联系、彼此缠绕的关系结构中去呈现历史的脉络和问题的种种面向。

我讨论福泽谕吉的文明论,问题意识不在于对其本身的思想言论做全景式的描述和价值判断,也并非只关注日本的近代史,而是要在西欧和东亚、日本和中国之间寻找盛行于19世纪的文明等级和文化传播主义的"旅行"痕迹,从而反思我们今天整个人文社会科学的结构性问题。这可以说是运用全球史视角的一个尝试。文明和野蛮二元对抗的等级化观念、进步与落后的意识形态化衡量标准至今依然散见于我们的普通认识当中,不断制造着人与人之间乃至国与国之间的歧视和仇恨,严重影响着我们和平共生之21世纪全新的政治文化体制的建立。因此,这种尝试应该有其意义的。

(原载刘禾编《世界秩序与文明等级》,北京:生活·读书·新知三联书店,2016年4月)

二

近代日本有关"中国"和"东洋"的知识生产

——橘朴中国社会思想论与东洋共同社会的构想

在近代二百年来地缘政治急遽变动的背景下,东亚社会全新的知识建构受到来自日本的思想概念和人文词汇的强烈影响和制约。日本有关"中国"和"东洋"的知识生产,主要是由官、学、民三种力量联合承担的。三种力量的兴起分别依托于新兴帝国对大陆及东亚的霸权战略、接受西方知识洗礼的一般学界重新阐述自我与他者的愿望,以及普通国民欲了解周边世界的热情。然而,在帝国日本走上称霸世界和殖民战争之不归路的20世纪30年代以后,这些知识均被吸纳到帝国主义海外经营的"国策"当中,或者说国家主导的"大陆政策""大东亚共荣"论已然成为这些知识生产的不言自明的前提。橘朴作为昭和时代前期横跨官、学、民三界又不直接隶属于任何一方而具有思想独创性的中国问题专家,他关于中国及东洋的叙述是由通俗道教、官僚阶级统治、乡村自治体和王道自治论、东洋共同社会等一系列自制概念支撑起来的。他一生的大半在中国度过,双脚踏遍了中国的大江南北,由此形成的认识远远超越了一般"支那通"对中国的理解。但是,橘朴亦未能摆脱日本国家的束缚,其全部的知识积蓄因1931年他的"方

二 近代日本有关"中国"和"东洋"的知识生产

向转换"而成为帝国日本称霸世界的知识生产的组成部分。在此,我在阐述橘朴中国观的同时,还将就如何认识知识生产与权力政治的关系以及"东亚社会的知识建构"问题,给出自己的思考。

(一)近代日本有关"中国"的知识生产与橘朴的位置

一个时代的知识生产,归根结底要受到该时代世界政治格局和社会结构变动的巨大影响并从其中获得想象力。因此,在回顾和探讨过去时代的知识生产和概念建构之际,我们不能仅仅局限于纯技术层面的考察,还要深入到概念知识和时代社会的复杂交错的关系结构之中,从而了解其背后的文化政治。如果是期待过去时代的知识能得以传承,成为我们重建当下知识的思想资源,那么,就需要对其背后的权力政治和意识形态进行不断的解构和批判性省察。要讨论"东亚近代社会的知识建构",就更应如此。

众所周知,19世纪70年代世界进入帝国主义时代和全球国际体系以后,原有的东亚区域格局发生了根本性的改变。日本经过明治维新和两场大的对外战争而一跃成为新兴的帝国和区域内的中心国家,即东亚盟主。同时,经过第一次世界大战特别是"满洲事变"(即"九一八事变")之后,日本彻底走上了"大陆经营"和殖民主义海外扩张的道路,并试图以此来抗衡欧美从而称霸世界。这样一种称霸世界的国家战略之形成,强有力地刺激和带动了日本人文社会科学的整体发展。其中,特别是有关"中国"和"东洋"的知识生产获得了显著的成就,在

20世纪前期不仅形成了鼎盛一时之势,而且随着日本帝国经济军事力量的渗透,这些隐含着殖民地学性质的知识对东亚近代社会产生了强大的影响力。实际上,我们仔细观察20世纪90年代后出现于东亚三国的新一轮"亚洲论述",就会发现其基本的思考范围和阐释架构依然笼罩在诞生于战前日本的有关叙述之下而少有新的突破,这充分说明20世纪前期日本的东亚知识建构的影响力的深远。

近代日本在有关"中国"和"东洋"的知识建构过程中,经过明治维新四十年对西方知识和方法论的翻译、吸纳,并逐步消解以往以中国儒学为核心的知识系统的影响,到了20世纪初俨然形成了独自的体系和一定的规模。以中国研究为例,就出现了以下三种类型的论述。第一,以政治家、外交官和各路国家战略论者为代表的有关中国政治、时局和革命运动的论述,具有强烈的官方色彩;第二,以京都学派为代表的运用现代西方学术特别是德国文献学方法来研究中国历史与文化的学院派"支那学",以及后来包括马克思主义学者在内的对于中国的社会学研究;第三,是迎合帝国日本对大陆的殖民扩张政策以及国民的政治文化关心而产生的所谓"支那通"趣味本位的中国论,这种中国论大都出自日本大陆浪人或新闻报刊从业人员之手,比较通俗甚至低俗,但在一般国民的阅读层面有广泛的影响力。可以说,日本有关"中国"的知识生产主要是由这官、学、民三种力量联合承担的。关于"东洋"的知识建构,情形也大致相同。值得注意的是,由于"中国"和"东洋"之间有着直接和内在的关联,因此,一部分支那学者或中国问题专家到了20世纪30年代之后又自然延伸其思考,而成为有关"东洋"知识的建构者。

二 近代日本有关"中国"和"东洋"的知识生产

在上述日本的中国研究和东洋论者人群中间,有两个人一直吸引着我的好奇和关注。一位是以《朝日新闻》特派记者身份于1930年前后滞留上海、在积极投身中国左翼文化运动过程中深化自己的认识而成为著名中国观察家的尾崎秀实;另一位就是一生大半在中国度过而以了解中国社会的新闻评论人著称的橘朴。两人同为有别于学院派的新闻报刊记者和中国观察家,其言论又远远超越趣味本位的"支那通"而达到了卓越的水准。中日战争爆发前后他们回到日本,主动投入国家主导的有关中国时局和建构大东亚区域的讨论之中,成为当时日本论坛有影响力的论客甚至国策研究团体"昭和研究会"的成员。他们从"民间"走向"国家"后,自由的思想学问套上了制度和意识形态的枷锁,其有关"中国"和"东洋"的论述也具有特殊的紧张感——既服从国家又试图超越之,从而形成了思想张力。

橘朴(1881—1945)[1]是这里要讨论的对象。这是一位在日本近代思想史上很难定位的人物,他的一生波澜起伏而后期又转向"右倾",战后日本主流知识界对他基本上是持否定或默

---

[1] 根据传记资料:橘朴出生于日本大分县,早稻田大学肄业,日俄战争后不久来到中国,并长期居住在东北和京津等地。早年,曾历任《辽东新报》(大连)、《济南日报》、《京津日日新闻》等日文报纸的记者及主笔。1918年作为日军随军记者曾一度赴俄国。1924年创办《月刊支那研究》杂志,开始展开全面系统的中国研究。1925年成为日本"满铁"本社调查课"嘱托"(职位),两年后转为情报课"嘱托"。1931年创办《满洲评论》,并在"满洲事变"之后发生政治立场上的"方向转换"。其后,曾出任日本关东军自治指导部顾问,"满洲国"协和会理事。1939年回到东京,在此后三年多的时间里积极发表有关时局的评论,成为日本论坛广受关注的人物。1943年再度来到中国并走访各地,1945年8月在哈尔滨得知日本战败消息,逃至奉天后于10月病逝。

杀态度的。特别是20世纪30年代以后，橘朴从意识形态上积极参与日本关东军对中国东北地区的殖民地经营而被视为"满洲国理论家"，大战期间更对日本"国体"及其"大东亚建设"等大政方针多有议论，因此一般是将其归入"右翼"历史人物之列的。1963年筑摩书房出版战后最大规模的"现代日本思想大系"，其第9卷《亚洲主义》的编者竹内好就没有收录橘朴的文章。而吉本隆明、鹤见俊辅等进步批评家，更直接视橘朴为民粹主义者或"超国家主义者"而予以批判[1]。就是说，在战后日本的近代思想史叙述中，橘朴一直处于边缘的位置而没有得到更多的关注。当然，随着1966年三卷本《橘朴著作集》的编辑出版和1981年其诞辰百年纪念活动的展开，也曾在小范围内出现重新整理和评价其思想人生的热潮，一批相关文献资料和评论等得以问世[2]。

进入21世纪以来，日本学术研究和评论界出现了重新关注橘朴的趋向，并大有逐渐升温之势。例如，酒井哲哉于2007年出版的专著《近代日本的国际秩序论》中，关注到橘朴的"乡团自治论"，从与"安那其主义式大正社会主义之民族国家批

---

[1] 参见鹤见俊辅、久野收：《现代日本的思想》，东京：岩波书店，1956年，第170页。
[2] 《橘朴著作集》全3卷，东京：劲草书房，1966年；山本秀夫编：《橘朴》，东京：中央公论社，1977年。相关资料的整理和研究有：《橘朴——传略与著作目录》，东京：亚洲经济研究所出版（内部资料），1972年；山本秀夫编复刻版《支那研究资料》（全5卷）、《月刊支那研究》（全4卷）及《满洲评论的世界》，东京：龙溪书舍，1979年；山本秀夫编《复活的橘朴》（诞辰百年回忆集），东京：龙溪书舍，1981年；山田辰雄等编《橘朴 翻刻与研究——〈京津日日新闻〉》，东京：庆应义塾大学出版会，2005年。

判"的逻辑关联性角度,肯定了橘朴对中国乡村社会之自律性和相互扶助性的论述中包含着的"超克主权国家的可能性"[1]。或者可以说,橘朴20世纪20年代有关中国乡村自治体的论述,超越了明治维新以来日本言论界以主权国家为标准而否定中国有治理近代国家之能力的一般认识。著名思想史学者子安宣邦的一系列有关论述,更使橘朴一直以来被日本知识界所冷落的状况有了明显的改观。[2]特别是在最新出版的《日本人是如何叙述中国的》一书中,子安宣邦直面"满洲事变"以后橘朴备受争议的思想言行,向我们提出了重新解读和估价其意义的如下议题:

> 橘朴与关东军参谋和青年将校们拥有同样的革新计划并参与到"满洲国"的建设当中。他对"满洲"的参与,的确是一个危险的计划。但这种果敢的参与打开了新的思想地平线。"满洲"对橘朴来说成了思想实践的新场域。他是把"满洲"作为"亚洲解放"之基石来发现的。是否要视此为20世纪30年代"方向转换"者之亚洲主义梦想而将其葬送掉,则全看我们在21世纪的今天面临新的亚洲问题之语境时如何解读橘朴。至少在我,从橘朴那里获得了民众自治的"亚洲再生"之重大的启示。[3]

---

[1] 参见酒井哲哉:《近代日本的国际秩序论》,东京:岩波书店,2007年,第168—169页。
[2] 参见子安宣邦以下著作:《日本民族主义解读》,东京:白泽社,2007年;《何谓"近代的超克"》,东京:青土社,2008年;《日本人是如何叙述中国的》,东京:青土社,2012年。
[3] 子安宣邦:《日本人是如何叙述中国的》,第127页。

很明显，这里有着日本学者试图在历来颇有争议的橘朴身上，重新开掘可资21世纪建构超越主权国家之区域社会"再生"知识和思想资源的可贵努力。然而如前所述，橘朴那一代日本知识者或许对"国家"有某种反抗的意识，但他们最终未能超越"国家"即日本帝国强有力的笼罩和束缚，他们的中国研究包括"满洲建国"的蓝图和对"东洋"社会的种种叙述，其热情和思想动力均与帝国日本的大陆政策、殖民扩张战略密不可分。这一点，在子安宣邦的另一部著作里也有明确的论述。[1]或者对于有批判性的日本知识者来说，反思和批判"国家"已是不言自明的思考前提，或者他们把橘朴视为本民族内部的历史人物而不需要过多的解释。但对我来说，橘朴乃是一个他者。他在那个激荡的时代作为日本人对中国之理解的深刻和诚恳令人敬佩，他对"满洲建国"之"王道自治"理念乃至"东洋共同社会"的阐发，也有一定的启发意义。然而，我始终不能无视他的"日本"身份背景，包括他某些时候流露出来的帝国视线，更无法完全认同其以"殖民地经营"为前提的以上论述。

受到上述两位学者有关议论的启发，我这篇以"东亚近代社会的知识建构"为最终讨论目标的橘朴论，将从下面的视角和逻辑理路来展开。第一，以明治维新以来日本有关"中国"和"东洋"的知识建构过程为横向坐标，来检验橘朴中国研究的几个独创性概念的内涵及其价值；第二，以"国家意识"为纵深剖析的尺度，来观察橘朴"方向转换"之后的"王道自治论"和"东洋共同社会"等概念的生成过程、逻辑结构及其内

---

[1] 参见子安宣邦：《日本民族主义解读》，第214页。

含的日本大陆政策论乃至殖民地政策学的性格；第三，在对其进行历史性的批判和解构之后，再来阐发其思想学问在"东亚社会的知识建构"中的意义。我想，这样一种批判和解构乃是思想史研究应该坚守的文化政治立场。

（二）橘朴研究中国的理路和方法论特征

橘朴真正开始自己的中国研究，是在其来华担任新闻记者十年之后的1916年，十年的中国生活和实地观察使他积累了不同于一般书斋学者的丰富经验和第一手资料。同年，着手编辑发行不定期刊物《支那研究资料》之际，他称自己进入了"半学究式生活"[1]。正如晚年出版的《职域奉公论》"序说"概括的那样，橘朴始终不承认自己为"支那学者"，而强调自己是"以中国社会为对象的评论家"，其"中国评论的动机并非出于喜好和求知欲，而主要在于政治目的，即探索日中两民族正确关系的理论及其方法"。直到1931年为止，他确实大体上维持了一种"旁观者的立场"[2]。如果说"半学究式生活"使他的中国研究得以与当时高雅的学院派"支那学者"和趣味本位的"支那通"区别开来，那么，"旁观者的立场"则意味着他基本上坚守了与政治家、外交官和各路国家战略论者有别的"民间"位置，即有意识地与"日本国家"保持着距离。这促成了其中国研究的独创性和"在野"的性格。换言之，正是在意识到明

---

[1] 参见山本秀夫编：《橘朴》，第112页。
[2] 《橘朴著作集》第3卷，第2页。

治维新以来日本国民包括政治家和学者在内的中国认识之偏见和问题并与之对抗的过程中，橘朴最终获得了自己观察中国的方法论视角和一系列独创性的分析概念。也因此，他有关"中国"的知识建构在近代日本的知识生产中就有了特别的意义。

已有日本学者指出，明治维新以后日本开始掉转船头，由景仰中国文明转向崇拜西方思想，在文明与野蛮二元对立的判断标准之下出现了"蔑视中国的思想"；到了甲午战争胜利之后，与欧化主义互为表里的视中国为固守儒教传统而不事改革的"固陋之国"的风潮，从文明论的层面进而发展到否定中国具有构筑和治理现代主权国家能力的政治层面。[1]我们从明治前期福泽谕吉以欧化的文明论为前提拒绝因循守旧之中国、朝鲜的"脱亚论"思想，以及辛亥革命后山路爱山、内田良平、内藤湖南等的"支那论"对中国治理现代国家之政治能力的怀疑态度，可以看到这种"蔑视中国"风潮的演变轨迹。而辛亥革命后不久开始中国研究的橘朴，则是从与上述日本国内风潮截然不同的另类思路，甚至是针锋相对的路径展开论述的。如果说他最初提出的中国人思想的核心在于"通俗道教"而非传统儒教这一观点针对的是明治维新后视中国为固守儒教传统之专制国家的一般风潮，那么，强调中国基层社会存在着与西欧现代社会相去甚远的具有强大自治能力的"乡村自治体"，这种论述针对的则是大正时期认为中国没有治理现代国家能力的流行观点。而稍后展开的"官僚阶级统治论"，乃是其研究进一步深化到中国社会深层，并通过阶级的视角进行结构分析得出

---

[1] 参见松本三之介:《近代日本的中国认识》，东京：以文社，2011年，第291页。

的结果。它显示了橘朴中国研究的渐趋体系化和方法论的走向成熟。

在进入具体的讨论之前,我们先来看看橘朴是如何批判日本人蔑视中国的思想的。1924年在为《月刊支那研究》创刊所撰写的《认识中国之途径》[1]一文中,橘朴以世间所谓的"支那通"为例,尖锐地批判了日本国民对中国的妄自尊大式的无知和偏见。他认为:"一般俗称有丰富中国知识者为支那通,世人一方面视他们为宝贝,另一方面又表示出轻蔑,其原因除了他们经济上道德上的欠缺外,还在于其展示出来的中国知识的内容是非科学的。"比如,他们往往以自己一知半解的知识去预测中国是否会发生内乱,本来社会科学难以预测某国家未来的发展,但他们却以"非科学"的头脑大胆放言,结果成为世间的笑柄。"他们所具有的中国知识都是片面和缺少系统性关联的,不过随机应变而撮合到一起的东西而已,结果不说他们完全不得要领,至少未能给听众提供可取舍的系统线索。"

在橘朴看来,这种中国认识的非科学性和无系统性有其更为深层的社会根源,即近代日本国民整体对于中国缺乏常识性理解,以及源自民族优越感的蔑视心理。它反映在以下三个方面:一、日本人无反省而妄自尊大地以为比中国先进;二、日本人自以为中国是儒教国家;三、日本人同时又自相矛盾地认为中国是完全缺乏道德情操的民族。总之,这种矛盾的谬误思想源自先中国一步完成现代化的日本国民蔑视邻国的"优越感",及从西方殖民者学来的以"文明与野蛮"之等级化标准衡量自身与他者关系的傲慢逻辑。

---

[1] 见《橘朴著作集》第1卷,第2—15页。

在橘朴看来，日本人之所以错误地以为中国人是缺乏道德情操的民族，在于没能摆脱世上存在着普遍适用于人类的善恶标准这一迷信。因此，他强调自己的中国研究将冲破普遍主义的思想藩篱，力求采取按照中国人的标准来评判中国的立场。[1]我理解，这"中国人的立场"并非意味着原封不动地接受中国人自身的看法或道德准则，而是以设身处地的同情与理解的态度、从尊重中国历史和现实的客观角度来观察中国。或者可以说，这是一种在否定了以西方或日本为价值准则的自我中心主义之后而确立起来的以观察对象为基准的中国中心主义立场。这种"立场"亦即橘朴中国研究独特的方法论视角，它与当时日本国内蔑视中国的思潮截然相反，更与其背后的西方中心主义相对立。1923年1月7日，橘朴在采访鲁迅之际所强调的"支那有支那的尺度"[2]，也正是这种立场的明确表示。

无论是"旁观者的立场"还是"支那的尺度"，它们都表明了橘朴"中国中心主义"的政治立场和治学方法，他由此也形成了不同于一般学者的独特思考路径和学术风格。在1964年举办的橘朴追悼会上，竹内好有一个十分形象的说法。他说阅读其著作，却难以"选出一篇足以代表橘朴先生风貌的文章，他每一篇论文的成熟度都很低，还多处于流动的状态。结果是他的人格阔大而文章无法涵盖之"[3]。这所谓"流动的状态"，我理解是源自橘朴作为新闻记者或评论家的职业影响。他一生的

---

[1] 参见《橘朴著作集》第2卷，第13页。
[2] 橘朴：《与周氏兄弟的对话》（上、下），连载于1923年1月11—13日《京津日日新闻》。
[3] 竹内好：《橘朴在日本思想史上的位置》，收山本秀夫编：《复活的橘朴》，东京：龙溪书舍，1981年。

二 近代日本有关"中国"和"东洋"的知识生产

大半时间都漂泊于中国社会革命的惊涛骇浪之中而不甘做一介书斋里的学者,他始终关心中国底层社会特别是农民问题,坚持社会调查并跟踪国共两党的社会改革方略,他以极大的热诚追踪孙文从民族革命到社会革命的转变历程,虚心接受"五四"新文化运动思想领袖们的影响……这一切构成了他紧贴中国社会现实和革命动向的"视野向下"的观察角度,使他没有采取一般书斋学者"视野向上"之综合抽象的路径。也因此,生逢东亚地区发生历史大变局的时代,橘朴时刻关注着中国革命乃至中日关系的剧烈变动,其著述或许缺乏理论厚度,但却得以成为20世纪前期中国政治、经济、社会大变迁之"活的"记录。

(三)核心概念:通俗道教、官僚阶级统治与乡村自治体论

橘朴中国研究的基本阐释架构由以下三个核心概念构成。

a. 通俗道教说

橘朴的中国道教研究始于1916年,[1]其成果大都发表于《京津日日新闻》等日文报刊上,到1925年出版其编著的《道教》(支那风俗研究会丛书之一)而告一段落。他首先从底层社

---

[1] 中野江汉回忆:将道教命名为"通俗道教","最初是我和朴庵(即橘朴——引用者)的合作。大正五年在北京,我们两人携手钻研道教研究之际,曾一起商量应该给道教系统的民间信仰起一个什么名称,结果我们想到了可以在道教之前冠以'通俗'二字,并以此公布于世。当时,还没有专门研究通俗性道教的人"。(《朴庵与我》,收山本秀夫编:《复活的橘朴》)

会调查和道教经典解读两个方面入手，对包括老子思想、神仙方术和民间俗信在内的各个方面进行了综合的考察。为了和当时一般道教研究主要关注老子以下的经典道教相区别，他与日本民俗学者中野江汉一起提出了"通俗道教"的概念，并以此为其中国研究的基础。自20世纪初以来，外国汉学家和中国本国的研究者已经开始注意到道教在中国社会和文化传统中的重要地位，相关的论述也陆续出现。然而橘朴的道教研究，正如他自己将其定义为"通俗道教"那样，尤其关注渗透到社会底层的民间道教，并将其提升到一般宗教信仰的层面加以分析，而其实地观察和人类学、社会学相结合的研究方式，则为我们了解儒教以外的中国传统提供了重要的线索，这也构成了橘朴中国研究的一个特色。

首先，橘朴从中国文明起源与演变的大视野出发，提出儒教非宗教而道教才是中国之民族宗教的看法。他认为，两千年以前的"原始儒教"的确是以"上帝"为本尊的真正宗教，但是随着后来统一的政治组织的出现，统治与被统治的关系扩展到全社会，导致单一朴素的民族宗教亦投上了阶级的阴影而发生分裂，结果，其一部分为统治阶级所掌握而成为儒教的源流，一部分则保留在被统治阶级一边的朴素民族宗教中逐渐演化为道教。原始儒教到了周末已然失去其宗教性而成为国教，即成为统治阶级支配被统治阶级的政治工具和道德范型。因此，儒教并非宗教而道教才是渗透了全体中国人社会并左右其思想行为的宗教信仰。[1]他在《中国民族的政治思想》一文中进一步明确表示："中国古来思想上有两大传统。一个是儒教，另一个则

---

[1] 参见《橘朴著作集》第2卷，第9—11页。

是道教……简言之，儒教乃是基于治者的利益而建立起来的教义，道教则与之相反，代表着被统治者的思想及感情。因此，如果要问两大教义哪一方更能代表中国民族整体的思想与感情，则当然是道教。"[1]

其次，橘朴视道教为中国人真正的宗教信仰，虽然承认其中有迷信的成分并有所批评，但总体上表示出极大的同情和肯定。他注意到西方传教士在中国传播基督教时因曾受到道教的阻碍，便以西方标准断定中国人是非宗教的民族、道教是非宗教的迷信。橘朴认为，这完全是一种偏见。"道教包含着很多迷信的分子虽为不争的事实，但其教义的本源来自中国民族必然发生的特别属性，正所谓民族性的宗教。它虽然无法与基督教和佛教相比肩而成为人类普遍适用的，但我们有充分的理由承认它是一个卓越宏伟的宗教。"[2]如果不是刻意要求其教义的严谨、唯一神的存在和严格的教会组织形式，而是将宗教宽泛地定义为人们于有限的世间追求对无限神力的摄取从而获得永生快乐的必然要求，那么，以现世行善达到长生幸福为目标的道教，无疑是一种宗教。

不过橘朴也承认，道教虽然在将道德实践和幸福追求置于同一层面这一点上，与佛教和基督教相似，但它最大的欠缺是没有释迦牟尼和耶稣基督那样理想的人格神作为信奉者的道德模范。无论是老子、吕祖，还是张道陵、王重阳等，他们虽有受到高扬的超自然风骨，但其人性即道德价值却完全没有得到阐发。结果，道教的信徒多趋于功利的追求，为

---

[1]《橘朴著作集》第1卷，第31页。
[2] 同上书，第9页。

作恶入地狱的恐怖心和因果报应的道德律所禁锢，生出许多低级恶俗的成分。换言之，道教信仰缺乏伟大的人格神之净化力量，过分的现世性"好善妒恶"导致黯黑的宿命论。自春秋战国以来，这种几乎没有变化的宿命论依然压迫着中国人的思想生活。[1]

第三，橘朴清晰地将"理论道教"与"通俗道教"划分开来，并将思考的重心落实到后者上。他视《太上感应篇》《阴骘文》等为通俗道教的经典，努力通过注释解读以抽出道教的教义及其永生观。他强调道教所反映的中国人之宿命观和迷信思想源自传统政治和社会组织造成的精神与物质压迫，因此必须通过彻底的社会政治改革，才能最终消除道教中的迷信宿命思想。这反映了橘朴历史唯物主义的态度，并成为他后来关注中国社会改革的重要原因。

b. 官僚阶级统治论

自早年开始，橘朴便通过阅读《官场现形记》《水浒传》等小说和《清国行政法》（日本临时台湾旧惯调查会报告，1913）等公文资料，同时借鉴马克思主义阶级斗争史观等，得出以下认识：中国的官僚作为一个稳固的阶级或统治集团自宋以来逐渐形成，它与欧洲近代国家的官僚组织截然不同，也和西欧及日本的封建贵族、领主阶级有别，是中国社会的特殊现象。官僚阶级是以作为"父老""乡绅"的退职官僚和现役官僚的上下结合而存在的，他们对农民阶级实行经济剥削和政治压迫，这种对农村实行广泛榨取的社会结构，是官僚社会得以

---

[1] 参见《橘朴著作集》第1卷，第130页。

二 近代日本有关"中国"和"东洋"的知识生产

长期存在的基础。橘朴认为,"支那的官僚群身处国家及民族所构成的整体社会之中并成为该社会的一个组成部分,同时又构成一个社会阶级并作为统治阶级而居于国家及民族的最高位置。一般的官僚制仅包括文武官员及其同等人员,而作为社会阶级的官僚群则不仅包括文武官员及同等人员,甚至还包括其家族和宗亲。终极意义上的官僚社会正是一个特有的现象,它是支那政治及社会组织区别于其他所有国家及民族的根本原因之一"。[1]

那么,中国特有的官僚阶级是如何产生的呢?橘朴从中国历史变迁中发现了如下两个主要原因:第一是宋代初期统治阶级权力的空缺。为了填补这个空缺,宋朝开始积极采用贵族时代所制定的科举即官员登用考试制度。因此,以往只是作为补充手段的该制度,自宋以后便成了原则上录用官吏的唯一渠道。当然,仅依靠科举任命的官僚群体还不足以构成一个阶级,因为官僚身份在法律上还未被确定为世袭制。但是,在家族主义传统浓重的中国,官僚在法律上的世袭身份虽然没有被认可,但作为一个社会身份却容易得到广泛的承认。而随着社会承认的逐渐深化,一个官僚阶级便诞生了。因此可以说,官僚阶级的统治成为宋代以来千年间中国政治经济及社会构成的基本特征。第二是社会财富通过政治上的榨取而倾向于汇聚到官僚群的手中。而财富聚集于官僚门下这一事实导致社会上对官僚的崇拜倾向,这进而促成了人们对这种身份的社会性世袭的承

---

[1] 橘朴:《"官僚"的社会意义》,载 1924 年 12 月《月刊支那研究》第 1 卷第 1 号。

认。[1]

在上述认识基础上,橘朴又形成了其独特的中国革命论。他认为两千多年来中国历史上曾经出现过"四期乱世"和三次大规模的革命,它们在社会性质上又对应着三种社会形态,即殷代至战国末期的古代社会、秦代至五代的封建社会和宋代以后的半封建商业资本社会。而最后一个社会形态便是"官僚阶级统治"的社会,它延续到20世纪而成为中国现代革命的主要对象。橘朴上述的中国社会分析不同于中共党纲中的"半封建"论,也异于马克思主义"亚细亚生产方式"说,他强调现代中国革命必然是针对官僚阶级和军阀势力的革命,在将其打倒的同时还必须解决社会底层广大被压迫者和长期处于饥馑状态的农民的问题,即实施土地改革。

c. 乡村自治体论

在分析官僚阶级统治的形成时,橘朴发现这个疯狂榨取的官僚阶级的存在,也自然孕育出与之相对抗的"乡村自治共同体",这是中国社会的另一个特有现象。他注意到了"官僚政治和民众生活相乖离的支那特有的政治现象"[2],而这种乖离导致基层乡村社会自治组织和自卫能力的发达。他认为,中国自10世纪以来官僚代替庄园贵族成为侍奉朝廷的统治阶级,而庄园制的崩溃导致了社会的混乱,农民为了团结自卫而加强了以家庭和亲族为主体的宗族联合,并以此为基本单位形成了乡村自治共同体。另一方面,城市工商业者之间建立起了

---

[1] 《橘朴著作集》第1卷,第229—230页。
[2] 橘朴:《支那思想研究》,东京:日本评论社,1936年,第97页。

行业上的自治组织,即所谓同业公会。官僚统治机构的实际控制充其量只辐射到知县衙门一级,县以下的行政管理实际上是掌握在底层人民手中的。人民在抵御官僚阶级的榨取、土豪劣绅的侵害和自然灾害的过程中形成了各种"团结自卫"的自治组织。

如果说,以官僚阶级为代表的中国上层社会信奉的是儒教思想,那么,以乡绅和广大农民为主体的下层社会——乡村自治共同体,通行的则是道教信仰和祖先崇拜式的孝道。这样的自治共同体有经济生活上相互扶助的性质,而道教信仰则构成其功利主义道德准则。中国乡村自治共同体由以下三个由小及大的单位构成:一是最基本的家族单位,其中又因家族血缘的扩展而包括了宗族;二是多个家族集合形成的自然部落;三是多个自然部落的联合又形成了村落与村落的联合,从而构成纯粹的乡村自治共同体。自治乃是远离国家统治而于下层民众中自然生成的社会组织形态。橘朴认为:"从消极的方面讲,所谓自治是人民依据自己的集体力量谋求生活的保障,从积极的角度讲,则是求福祉的增进。"以此为衡量标准,他强调传统中国拥有旺盛的自然生长的自治能力,这一点与欧洲人也善于自治有共同的地方,而"唯独日本人在这方面相当幼稚。日本的市町街村自治机构,乃是官僚统治的辅助机关,与人民自发组织的完全不同"。[1]

作为20世纪前期日本重要的中国问题专家,橘朴的中国研究远远不止于上述所列举的方面。但是仅从这些成就来看,也不得不承认其观察视角的阔大和结构分析的深远。他由上述三

---

[1]《橘朴著作集》第2卷,第61—62页。

个核心概念支撑起来的有关中国的阐释架构，涉及底层广大民众的思想信仰、上层社会的阶级关系和基层社会的自治组织形态，是一个贯通社会历史的多个层面又与现实密切关联的系统，具有动态和开放的叙述功能。这个阐释架构不是指向某个完成了的预设结构，而是一种在底层和上层、历史与现实之间往复运动并相互阐发的方法，由此，橘朴得以给出一个有关"中国"的总体描述，或者可以预测未来发展的历史脉络。这在近代日本有关"中国"的知识生产中，具有独特的认识价值。

比如，通俗道教说不仅颠覆了明治时期以来日本人所谓"中国是闭关自守的传统儒教国家"的成见，而且与"五四"前后中国知识分子多关注道教问题形成了交叉互动。1923年1月7日橘朴走访鲁迅、周作人时，谈话的核心便是道教信仰问题，橘朴不仅与始终认为"中国根柢全在道教"的鲁迅进行了对话，而且和强调中国"绝大多数的平民百姓几乎完全被道教的势力所征服"[1]的周作人也有观点相同之处。所不同者在于周氏兄弟对道教多持批判的态度，而橘朴作为外国的中国研究者则多表示出同情和理解。同样，乡村自治共同体论在主权国家的思考架构之外，发现了中国社会固有的传统自治能力的发达，从而打破了某些日本学者的"中国人没有治理现代国家之能力"的偏见，同时还为橘朴后来构筑"东洋共同社会"理念提供了基础。

而与乡村自治共同体论相关联的官僚阶级统治论，在20世纪20年代之后有关"中国社会性质"讨论的思想学术脉络中，

---

[1] 周作人：《乡村的道教思想》，收《谈虎集》，石家庄：河北教育出版社，2002年。

则更有特殊的意义。如旗田巍《中国村落与共同体理论》所指出的："昭和初年,亚细亚生产方式和东方专制主义等概念因与中国革命的关联而成为问题,村落共同体也因具有了新的意义而被提起。在此,村落共同体被视为东方专制主义或亚细亚之停滞的基础。当时,'治水理论'颇为流行。与'治水理论'一同,'共同体理论'成为理解亚洲和中国社会的关键。"[1]我们知道,德裔美国中国学家魏特夫在继承马克思和韦伯的理论基础上,曾以"水利社会"的理论论证"东方专制主义"概念。他认为,由于大规模农业灌溉的需要而产生了中国(东方)式的官僚统治,这个官僚制本质上是中央集权的,它与西方"分权的封建社会"不同而最终导致了"东方的停滞"。这个"治水理论"在20世纪20年代也受到日本社会科学学者的关注,并用以研究中国乃至东洋共同体社会及其停滞的原因。而橘朴的官僚阶级统治论和乡村自治共同体说与魏特夫的逻辑思考理路不同,他否定"亚细亚生产方式"和"东洋专制主义"的说法,从阶级分析和财富占有形式的角度观察官僚作为一个阶级其统治的形成。他批判官僚统治的绝对压迫和榨取,但同时也注意到这种统治导致了与之对抗的乡村自治共同体的形成,并给予积极的评价。也因此,他的中国官僚阶级统治论的逻辑论证并没有最终归结到"中国的停滞",而是在与官僚统治阶级的斗争和土地改革方面看到中国革命的必然性及其前景。

从1936年汇集成书的《支那思想研究》和《支那社会研究》观之,我们还可以看到橘朴注意从社会经济和民族运动的角度观察中国的方法论特征,从而打破了传统日本支那学只注

---

[1] 旗田巍:《中国村落与共同体理论》第3章,东京:岩波书店,1973年。

意王朝兴衰史、儒释观念论的方法论局限。可以说,橘朴在那个时代按照自己的方法论路径达到了与后来日本马克思主义史学相近的结论和境地。1945年临终前,橘朴能够准确地预言到"中共军队必将从热河、辽西、山东方面进击满洲,然后以满洲为根基实现军事实力的扩充,最终将南下入关控制中国全土"[1]则可以说明,他那敏锐的观察能力正源自一生认识中国的深厚积蓄。而一段时间里,鲁迅曾给予橘朴高度评价,称他"比我们中国人还了解中国"[2],也说明了其中国研究的卓越不凡。

(四)橘朴的王道自治论与东洋共同社会论

我在这里虽然充分肯定了橘朴前期的中国研究之卓越不凡,但同时也注意到随着"九一八事变"爆发后他的"方向转换",即从"在野的"民间人士转向投身日本"国家",而在思想理论上所带来的问题。必须指出,这种投向"国家"的身份转变使他后来在中国研究的基础上进而提出的有关东亚社会的知识构想,如"满洲国王道自治"论和"东洋共同社会"论,虽然有对日本帝国"大陆政策"的批判要素,但总体上是沿着"国策"路线对殖民扩张行径的理论论证。因此,橘朴在王道自治论中尽管主张"新国家"内部各民族的协和平等和超越资本主义体制的民众自治,但没有忘记不断强调日本民族的指导者地位;

---

[1] 山本秀夫编:《橘朴》,第374页。
[2] 增田涉:《鲁迅的印象》,东京:角川书店,1970年,第39页。

同样,在大东亚战争爆发后提出的东洋共同社会论中,尽管阐明了印度、中国文明的伟大以及日本与之平等联合的必要,但坚持拥有优秀的"国体奉公"思想和尚武精神的日本,在融合东洋各文明并构筑崭新的区域共同社会中必将发挥先锋指导的作用。也因此,他那具有反资本主义社会和西方霸道逻辑的东洋共同社会论,不能不内含着一种等级化的结构性矛盾。

我们先来看橘朴自己对其"方向转换"的解释。"九一八事变"之后,他立即通过友人的斡旋主动拜见关东军参谋板垣征四郎和石原莞尔,表明合作参与"满洲国"建国的意向。三年后,他发表《满洲事变与我的方向转换》一文,在承认自己走向"右倾"的同时,强调那也是思想上的一个进步:

> 东拓楼上的感慨给了自己一个反省此前脆弱之立场(自由主义——引者)的机会。全面回顾这种反省,当然不是本文的目的。简言之,反省的结果使我告别了自由主义和资本家民主主义,而产生了提出新的勤劳者民主主义——为了满洲建国尤其需要的农民民主主义的理念并加以培养和鼓吹的深厚兴趣。就是说,我的思考基调虽与将校团现在的指导精神不同,但作为某种程度的同行者,我对这一新势力抱以深深的期待。

我们且不论橘朴与关东军青年将校之间有怎样的"指导精神"上的不同,"满洲事变"本身是一个帝国主义依靠武力实行的殖民行径,其后的所谓"王道乐土"之独立国家建设更是帝国日本确保其"生命线"以称霸世界的一个骗局,这一更为根本的事实为什么被忽略了,才是问题的所在。1933 年 2 月,国际联盟以四十二票对一票（日本）的绝对多数通过《反对满洲国决议案》，已经表明当时没有一个国家认可这种帝国主义行径。即使在日本国内亦有人对"事变"提出尖锐质疑，如吉野作造就认为关东军的行为已然超出"自卫"的范围而成了"侵略行动"；又如石桥湛山则同情中国民众的反帝爱国情绪，质问关东军青年将校所谓建设"理想国家"的幻想："据说目前在满洲的军部有一些新人往往恣意空想，为了把满蒙打造成一个理想国家而一本正经地奔走。我不知道这理想国家是什么，难道在日本国内亦难以实现的理想可以到支那人的居住地满蒙去求得吗？"实质上，"有这种不着边际想法的日本人之所以能在满洲得势，就在于日本人缺乏对满蒙乃至中国的正确认识。满蒙乃至支那终究是支那人的居住地，如果明白了这一点就绝不会产生那种空想"。[1]而橘朴却积极主动地把自己的理想投到这个建立在帝国武力掠夺基础上的"满洲新国家"的建设事业中，这就决定了他此后的理论思考不能不带上"国家"和殖民地学的色彩。我们对他基于"勤劳者民主主义"的"满洲国"王道自治论和稍后围绕"大东亚建设"而提出的"东洋共同社会论"，也就必须首先从这样的政治角度来理解。

a. 王道自治论

1931年11月，橘朴在关东军"自治指导部"所做的讲演《作为王道之实践的自治》，反映了其王道自治论主张的基本内容。这个王道自治，很明显是在橘朴一直以来所关注的中国乡

---

[1]《对支那的正确理解与政策》（1932），收《石桥湛山全集》第8卷，东京：东洋经济新报社，1972年。

村自治体认识基础上，结合具有"东洋"思想色彩的"王道"和反资本主义国家之民本倾向的"自治"论，并扩展开来而形成的"新国家"建设理论。他援引《礼记》，说明实行王道的社会亦即"大同世界"，而构成这大同世界的主要条件有三：一是保障所有人民的生活，二是创造财富而避免其私有化，三是劳动力为社会所用。他认为《孟子》中有实现王道社会的方法论，归结起来便是一种惠民的经济政策。如《孟子》曰："五亩之宅，树之以桑，五十者可以衣帛矣；鸡猪狗彘之畜，无失其时，七十者可以食肉矣；百亩之田，勿夺其时，八口之家，可以无饥矣；……老者衣帛食肉，黎民不饥不寒，然而不王者，未有之也。"这在橘朴看来，就是"王者要彻底保障人民的生活"。而王道社会的实现途径则在于人民的"自治"，它最终将经过三个阶段，即从农民自治走向小康国家最后成为大同社会。

在此，橘朴讨论的是"满洲国"建国的理念，但同时常常使用"王道社会"的说法，似乎在"国家"和"社会"之间有所摇摆，或者有意识地用"社会"掩盖"国家"的意识。这或许反映了橘朴的思想矛盾，但比之他先前的思想言说，其"国家"意识明显地增强了，则是显而易见的事实。"满洲事变"之后，日本人在中国东北占领地区直接面临着如何实施殖民地治理的问题。橘朴的王道自治论，实际上具有"政策论"的浓厚色彩。就是说，他的王道论从一开始便与日本国家的殖民主义"大陆政策"直接相关。他强调古来的"王道"说是一种经济政策，实际上反映出其重点不在主权的自治。这与他后来讲东洋共同社会时不断强调日本民族的指导地位一样，在认可殖民地经营和日本建构"大东亚"的帝国意志之下，橘朴不可能提出真正意义上的抵抗"国家"并超越资本主义体系的人民自治的想法。因此,他的"王道自治"提案最后也只能归结为:"王道乃王者保障人民的生活;自治乃人民依靠自身集体的力量保障其生活。正如孟子的王道以经济政策为主体那样,我等的自治也须以经济设施为主。这种社会及行政部门只有在实现其经济政了策的情况下才有意义和价值。"[1]

橘朴的王道自治论的确有某些反国家的社会主义或农本主义倾向。然而更重要的是,他虽然不赞成那种只承认日本人为"新国家"的创立者及其公然主张的"独裁统治论"[2],但他并没有忘记坚持日本人作为殖民地经营者的指导地位。这在他稍后所作的《协和会与民族政策》(1939)一文中,有更为直接的表示:

> 指导民族未必需要一元统一的形态,但在东洋复兴运动及其组成部分的满洲建国工作过程中,事实上只有日本民族有资格占有其地位。这原本是一个艰巨的责任,但也有不少比较方便容易的地方。然而,说日本处于一元统一的指导者地位,并非意味着无视其他民族的特长。实际上,我们必须融合无间地努力发挥各民族的特长,由此构筑起越来越强大多彩的国家。[3]

这种强调以一个中心帝国为"主导国家"而形成的不同于

---

[1] 《橘朴著作集》第2卷,第65页。
[2] 参见上书,第78页。
[3] 《橘朴著作集》第3卷,第184页。

二 近代日本有关"中国"和"东洋"的知识生产

传统国际法下的国际秩序的区域主义,是"二战"期间盛行的新理论,它在德国被称为"地区主义",在日本则是后来的"大东亚共荣圈"。大东亚共荣圈的法理构成的最大特征在于其对作为近代国际法基础的国家平等原则的否定。例如,当时的日本海军省调查科智囊松下正寿就指出:大东亚共荣圈的本质是超越条约体系。如果此共荣圈的法理基础在于条约,那么,圈内国家就可以随时发动其主权而与圈外国家缔结有损于共荣圈利益的条约,进而,消解共荣圈本身也能为可能……总之,将自由主义之契约思想置于此基础之上的思考,是必须予以扬弃的。[1]而"主导国家"在排斥圈外干涉的同时,应以内在的圈内实质性平等为媒介成为道义性的存在。

橘朴上述文章的写作与日本帝国大东亚共荣圈口号的提出同时期,表面上其议论与国际关系理论家腊山正道(1895—1980)不同,但实质上它们都是在承认"主导国家"的存在和指导地位的前提下,来谈论所谓区域内各民族平等自由关系的。我认为,依靠这样的以日本为指导民族的"王道自治"论,不可能建立起真正的各民族平等共生的新世界,而只能建立一个强者压迫和宰制弱者的霸道世界。自1931年以来日本帝国在东亚广大土地上的所作所为,也无情地证实了这一点。在此,我想援引现代中国两位伟大的思想家和革命家的观点,从被压迫者的角度来反证橘朴"王道自治"的虚幻。

孙中山在讲到民族的自然形成和国家的武力建构之不同时,使用过王道与霸道这一对传统的概念。他说:"中国人说王道是顺乎自然,换一句话说,自然力便是王道。用王道造成的团体,

---

[1] 参见酒井哲哉:《近代日本的国际秩序论》,第48页。

便是民族。武力就是霸道,用武力造成的团体,便是国家。"孙中山强调以民族主义救中国而反对武力之霸道,当然是有感于近代以来帝国主义殖民历史的血腥,他历数中国香港、印度被英国人所征服的历史,痛心疾首地指出"像英国这样大的领土,没有一处不是用霸道造成的。自古及今,造成国家没有不用霸道的。至于造成民族便不相同,完全是由于自然,毫不能加以勉强。"〔1〕

鲁迅在"九一八事变"之后曾读到日本通俗小说家中里介山(1885—1944)的《给支那及支那国民的信》,对其中所言中国人只相信强者的王道,即"只要那侵略,有着安定国家之力,保护民生之实,那便是支那人民所渴望的王道",表示大不以为然。鲁迅直截了当地回应说:"在中国,其实是彻底的未曾有过王道。"历史上多有人讲王道,那是因为霸道横行,而王道其实根本没有出现过。"在中国的王道,看去虽然好像是和霸道对立的东西,其实却是兄弟,这之前和之后,一定要有霸道跑来的。人民之所讴歌,就为了希望霸道的减轻,或者不更加重的缘故。"〔2〕我想,曾经接受过橘朴的访谈并赞叹其"比中国人还了解中国"的鲁迅,如果在有生之年再次与其会面,也不会赞同其"王道"论的。

b. 东洋共同社会

随着日本帝国进一步加快对东亚区域的殖民扩张并最终挑起太平洋战争,橘朴的"满洲国"王道自治论也有了新的展开

---

〔1〕《孙中山全集》第9卷,北京:中华书局,1981年,第186页。
〔2〕《鲁迅全集》第6卷,北京:人民文学出版社,1981年,第10页。

和深化。他在 1941 年所著的《东洋社会的创造》[1]中正式提出了"东洋共同社会"的理念。这个理念包括以下内容：

一、东洋社会的范围。"我们东洋人至少可以从图们江口向波斯湾画一条斜线，将斜线以南的大陆及岛屿和在此经营着和平的农业社会生活的诸民族总括地称为东洋。而我的愿望就是解放这些民族而创造一个浑然一体的东洋社会，并以平等的关系与西洋社会并肩前行，以从事和平光辉的世界社会之建设。"这是橘朴为"东洋社会"所划定的地理边界线，同时也是可以与"西洋社会"对应的文明或者地缘政治上的分界线。这个东洋社会的范围与日本帝国的"大东亚共荣圈"稍有不同，它将"东亚"概念换成更具传统内涵的"东洋"，并排除前者所包括的澳洲而将印度纳入其中。很明显，橘朴的东洋共同社会当初主要还是一个文明论上的区域概念。

二、东洋共同社会由三大主要民族构成金字塔式的等级结构："在物质文明不断扩散的今天，过去宿命般地阻隔着东洋各民族的地理障碍得到了排除，因此任其自然发展也会实现其经济文化上的交往而自然形成与西洋一样的统一之东洋社会。然而，这既需要时间又无法达成从西洋压迫下获得解放的主要目的。"因此，"我们还是需要确立一定的目标并付诸实践。在这种情况下，最有效率的方法是承认某个特定民族处于核心的指导地位，从而引领其他民族。幸运的是在我们东洋存在着质与量和发展阶段上不同的三个杰出的民族"，即印度、中国和日本。地处亚洲湿润地带的印度、中国和日本以往相互隔绝而独立发展至今，但其中唯以"日本为特别显著的例外，它继承

---

[1] 见《橘朴著作集》第 3 卷，第 10—25 页。

并彻底消化了中国的儒教和印度的佛教,而得以成为创造东洋社会的先驱"。日本文化的精髓在于其国体思想和奉公尚武的精神,这是变法自强运动以来模仿日本的中国所需要继续吸取的。

三、1943年所作《东洋枢轴论》[1]则进一步将"东洋社会"定义为有别于"西洋利益社会"的"东洋共同社会"。橘朴解释说:"西洋自罗马以来一直维持着单一的社会乃至文化,而东洋因地形、交流和经济生活上地域自足性的关系,至今依然未能克服分裂的状态。尽管如此,冈仓天心称亚洲是整个的,我亦有意识地强调东亚是一体的。根据何在呢?如果说天心看到的是文化的共通,那么,我则同时承认其精神和物质生活中都有显著的类似。……总之,东洋各民族基于上述精神及物质生活形态的共通性,以及与迥然有别的西洋社会之对抗上的需要,在不远的将来必须创造一个一元的东洋社会。在此,我将东洋社会的特色解释为'共同体',以此与利益社会的西洋区别开来。"同时,橘朴再次强调中国和印度均缺乏对他民族文化的理解和融合能力,认为唯有日本"才是东洋文化的综合者"。

四、虽然当初橘朴对"东洋共同社会"的解释似乎没有强调其与"西洋社会"的对抗,而是用了"与西洋社会并肩前行,以从事和平光辉的世界社会之建设"这样的表述,但如上面引用的解释西洋"利益社会"一段所反映的,实质上橘朴是在与西洋社会对抗的关系结构之下构筑起"东洋共同社会"的概念的,并越到后来越显现出文明对抗的含义。例如,在1940年召

---

[1] 见《橘朴著作集》第3卷,第26—48页。

二 近代日本有关"中国"和"东洋"的知识生产

开的名为"国民性的改造"座谈会上,橘朴解释构建"东洋共同社会"的主体将是超越了"个人自我意识"的公共自我意识,这是与近代西方资本主义制度下发展起来的个人意识不同的东洋自我意识,"它在群体中形成,并成为共同体的主体"。[1]实际上,早在大战爆发之前谈到"日本的改造"时,橘朴就有了这样一个构建东洋共同社会的蓝图:经过日本的改造,逐渐实现泛亚洲国家的联合,最后建设世界国家,而在其中经过改造的日本将成为这一发展的原动力。[2]

在此,我们发现橘朴后期思想的一个特征,即在思考未来社会图景的时候,总是试图建构一个完成的循环结构。"王道自治论"的从农民自治到小康社会再到大同世界是如此,"东洋共同社会"的从日本到泛亚洲国家再到世界国家的构想也是如此,都是三段论式逐渐走向完成的结构。这与他前期认识中国的那个流动、开放的阐释架构不同,是一个封闭的结构体系。这样的结构体系,很难获得真正有益的知识生产。而他的"王道自治论"和"东洋共同社会"的图景,最终与日本帝国的"大陆政策"乃至"大东亚共荣"战略基本重叠在一起,也就成为必然了。或者说,橘朴后期的思想言说终归也还是一个对帝国区域主义霸权行径的理论论证,他的目的是要赋予大东亚战争一个更为明确的"建设"目标。[3]

因此,我们难以同情橘朴20世纪30年代以后的"方向转换"。他虽然并不完全赞同日本帝国的殖民主义,对所谓"大

---

[1] 参见《橘朴著作集》第3卷,第681—702页。
[2] 参见《泛亚洲主义的新理论》,收《橘朴著作集》第3卷,第681—702页。
[3] 参见《日本评论》1942年第2期所载"大东亚的建设"座谈会纪要。

陆政策"也确有批判，时而也强调亚洲各民族间建立在"王道"基础上的"五族协和"式平等。但是，橘朴的理想是以容忍日本帝国于东亚事务上有主导权，承认东亚发展是以日本的经济、军事力量即帝国霸权为基础的。就是说，他虽有反国家和反资本主义制度的倾向，但没能真正超越"国家"，而且在后期积极投身"日本帝国"的过程中，其思想学问还逐渐加重了殖民地学的色彩。这不能不说是一个令人遗憾的结果。如果与当时另一位日本的中国研究大家中江丑吉（1889—1942）做比较，这一点更为清楚。《橘朴著作集》编委之一的判泽弘曾指出：中江丑吉和橘朴都是在"二战"结束前后离开人世的，二人均为大半辈子生活于中国的日本在野的中国问题专家。他们真心热爱中国并以其文化为研究对象而取得了重大成就。但是，在政治方面，两人的姿态有决定性的不同。橘朴身处日中之间不断发生冲突的时代，积极挺身参与政治；与此相反，中江丑吉始终坚守自身，以冷静甚至顽固的姿态一贯坚持超政治的立场。他一面发出咒语："要在有生之年看到日本军部这些家伙的倒掉和被踏翻的末路图景"，一面冷眼静观抗日战争的走势，坚守着朴素的学者生活而拒绝参与一切与日本国家有关的工作。[1]

---

[1] 参见竹内好等编：《近代日本与中国》下卷，东京：朝日新闻社，1974年，第86—89页。

二 近代日本有关"中国"和"东洋"的知识生产

五 简短的结语

以上，我就橘朴一生有关"中国"和"东洋"的知识建构，做了综合的分析。我尤其注意到他前期的中国研究和后期的东洋论述之间的过渡与变化，这变化包括政治立场上从疏远到走近"国家"的"方向转换"，也包括思想学问方法上从开放的去中心化的阐释架构到以帝国为中心的封闭之结构体系的形成。我在充分肯定其中国研究的卓越不凡的同时，重点阐发了国家乃至帝国意识给他的知识建构带来的问题，目的是要进一步思考曾给本地区社会知识建构带来强烈影响的日本战前的有关知识生产在今天如何估价和再利用的问题。

众所周知，19世纪以来的知识生产的一个根本的动力在于民族国家乃至帝国主义政治的需要。尤其是来自帝国的对于"落后"国家和地区的知识阐释，总有一抹挥之不去的殖民地学色彩。这个知识体系的内部隐含着文明与野蛮二元对立的等级化结构，难以真正呈现对象的主体位置。在日本近代有关东亚社会的知识生产中，橘朴是一个特异的存在。他一直努力坚守独立的思考，其成就也远非一般支那学者或中国主义乃至亚洲主义者所能比肩的。但是，他仍然典型地反映了国家和帝国主义知识建构的特征。

我们至今还没有完全走出20世纪主权国家和帝国主义的时代，不过显而易见，21世纪的社会知识建构将不再以国家和帝国主义为主体和原动力。更多的人已开始在寻求一般生活者对世界和区域社会的理解与知识建构。未来东亚区域社会的知识生产应该是在谋求和平共生的政治生态之建构的同时，确立起没有国家主宰和帝国霸权的知识体系。在这种情况下，我们在重估战前日本关于东亚的知识以为将来所用的时候，就需要首先批判和解构其内含的国家或帝国意志。换言之，只有在消除了"国家"权力对"知识"生产无所不在的笼罩，只有当日本战前的东亚知识被去帝国化之后，它们才能成为我们今天有益的思想资源。这是我通过解读橘朴而获得的一个基本结论。

（原题为《橘朴与战前日本对中国及东洋的知识建构》，载汪晖、王中忱主编《区域》2014年第1辑；日文版收入岩崎稔、成田龙一、岛村辉编《亚洲的战争与记忆——20世纪的历史与文学》，东京：勉诚出版，2018年）

三

社会革命与亚洲改造的大视野

——尾崎秀实的现代中国论

（一）如何解读尾崎秀实的中国论述

尾崎秀实（1901—1944）是中日战争期间日本最受瞩目的中国问题观察家。同时作为一个历史人物，一直以来他还被赋予了多重的身份，如杰出的新闻记者、时事评论家、佐尔格红色国际谍报组织成员，乃至忧国忧民的民族主义志士和国际共产主义者等。1944年，年仅四十三岁的他被日本法西斯军政府处以绞刑，而未能幸免于那场残酷的帝国主义战争之迫害。这更使他在"二战"后成为一个反战、革命的世纪传奇。这个传奇甚至超出了历史和思想学理的层面而在大众传播领域得到一再重述，但在大众层面的叙述中，他又始终处在佐尔格这位更为著名的红色间谍和国际主义战士的笼罩之下。因此，尾崎秀实这一历史人物，尤其是他作为20世纪中国社会革命和民族解放斗争之真诚理解者，乃至帝国主义批判者和亚洲民族平等联合之倡导者的形象，反而在各种纷繁复杂的传记史料和研究文献中变得模糊起来。今年（2017）是尾崎秀实遇难七十三周年，从某种意义上讲，他也是为了中国人民的革命和解放事业而牺牲的,因此我认为,对于他的最好纪念应该是重新整理和开掘其卓越的中国论遗产,并在21世纪剧烈变动中的世界史语境下加以解读,使之成为解决当前中日关系僵局和思考亚太区域未来发展的思想资源。

尾崎秀实的中国论述,实际上在他的祖国日本已经有了相当的研究积累。尤其是在20世纪70年代,《尾崎秀实著作集》[1]全五卷的出版,曾带动起一批优秀学术成果的产生,其中最有代表性的是亚洲经济研究所"战前日本的中国研究"学会刊行的《尾崎秀实的中国研究》[2]。这部论文集在"二战"前日本的中国论述史脉络下展开分析,涉及了尾崎秀实中国论的各个方面,如中国社会性质论、政治外交论、中国农业论、国民政府论、中日关系论,以及他与中国左翼文化运动的联系等,在专题性和基础研究方面具有奠基意义。此外,《著作集》各卷所附解说,由当时了解尾崎秀实其人的重要学者执笔,如思想评论家桥川文三、学院派中国革命史专家野村浩一、殖民地文学和鲁迅研究专家尾崎秀树(尾崎秀实之弟),以及左翼历史学家野原四郎等。这些解说,也是在战后日本民主主义和东西方冷战的国际大背景下,以左翼马克思主义历史观为尺度,从反省帝国主义战争的强烈意识出发,而形成的一批相当有价值的成果。这些解说与上述论文集一起,构成了我们今天重新检视尾崎秀实及其中国论述的重要学术基石。

然而,随着战后民主主义时代的结束和日本向大众消费社会的转型,那个曾经活跃于战争与革命年代的中国观察家尾崎秀

---

[1] 《尾崎秀实著作集》,东京:劲草书房,1977—1979年。
[2] 今井清一、藤井昇三编:《尾崎秀实的中国研究》,东京:亚洲经济研究所,1983年。

实，开始渐渐淡出人们的视野。20世纪80年代以后，我们在各类研究著述中虽然偶尔也会看到他的身影，但他基本上是在以下三种学术脉络和思想谱系中被论述的。一是上述战前日本有关中国认识的历史脉络[1]，二是近代日本亚洲主义的思想谱系[2]，三是近来出现的新趋势——战前日本国际关系论或亚洲社会论的学理层面[3]。相对而言，有关尾崎秀实中国论述本身的系统化深入研究，却没有什么更为新颖的成就。另外，"二战"后不久因狱中书简《爱情如陨星一般》[4]的出版，尾崎秀实曾引起日本国民特别是左翼思想界的广泛关注。在20世纪50年代新一波民族独立和殖民地解放的世界潮流中，人们极其惋惜他未能逃过法西斯的迫害而由衷地激发起怀念之情。这一热情随1962年《现代史资料〈佐尔格事件〉》的出版达到高潮，一批珍贵的回忆文字和与事件有关的第一手资料也在此时问世。尾崎秀实作为杰出的国际主义者、忧国忧民之民族主义者和反法西斯斗士的形象，也得到了广泛认知。2003年时值他就义六十周年前夕，岩波书店重新推出两部狱中作品——《佐尔格事件 上申书》和《新编 爱情如陨星一般》，平凡社东洋文库则于2004年编辑出版了《尾崎秀实时评集》，以示纪念。这再次引起日本读书界小小的波澜，但已远远不如战后一个时期里他在人们心目中所激荡起的热潮。一如

---

[1] 例如，野村浩一：《近代日本的中国认识》，东京：文研出版，1981年；松本三之介：《近代日本的中国认识》，东京：以文社，2011年；子安宣邦：《日本人是如何叙述中国的》，东京：青土社，2012年。

[2] 例如竹内好编："现代日本思想大系"第9卷《亚洲主义》曾收录尾崎秀实战争期间的论述，东京：筑摩书房，1963年。

[3] 石井知章等编：《20世纪30年代的亚洲社会论——以"东亚协同体论"为中心》，东京：社会评论社，2010年。

[4] 《爱情如陨星一般》，东京：世界评论社，1946年。

中日间的思想

《佐尔格事件 上申书》封口文字所示：尾崎秀实以生命为赌注所留下的文字，正等待着六十年后的重新解读。我想，这尤其应该包括他具有远见卓识的中国论述。

那么中国呢？我们知道从小生活在殖民地台湾、大学时代便接触到马克思主义理论的尾崎秀实，1928年到上海亲身经历并直接参与了中国左翼文化运动，与叶沉、陶晶孙、夏衍、鲁迅、王学文等深有交情，此后更以观察和论述中国为志业，理应得到中国人的关注。然而不然，在"二战"后的中华人民共和国学界几乎没有人提到尾崎秀实的名字。[1]这恐怕与那时中日两国还没有恢复邦交而中国内部政治的云谲波诡有关。直到1983年作家夏衍出版《懒寻旧梦录》，我们才见到对尾崎秀实相当中肯而崇高的历史性评价。[2]而比较深入的学理研究则直到最近才有所展露。[3]

─────────

[1] 我只在有关中国左翼文学运动的资料中见到过吴元坎《附：关于尾崎秀实》一文，载《中国现代文艺资料丛刊》第三辑，上海：上海文艺出版社，1963年。

[2] 夏衍回忆："我在1928年就认识了尾崎秀实，他是一个表面上看来是绅士式的记者，但是，他在当时却是在上海的日本共产党和日本进步人士的核心人物，他领导过'同文书院'的进步学生组织，后来参加了第三国际远东情报局，和史沫特莱有经常的联系，并把一些国际上的革命动态告诉我们。……尾崎秀实回日本后继续进行革命，终于在太平洋战争后的1944年11月7日，被日本法西斯以叛国罪处死。……我们谈'左联'历史，不要忘记这几位外国同志。"（《懒寻旧梦录》增订本，北京：生活·读书·新知三联书店，2000年，第102—103页）

[3] 如赵京华《佐尔格、尾崎秀实"国际间谍案"中的无产阶级国际主义》（收《转向记》，北京：中央编译出版社，2011年）、徐静波《尾崎秀实与上海》（《上海党史与党建》2012年第2期）、徐静波《尾崎秀实的总研究与中国认识》[《深圳大学学报（人文社会科学版）》2012年第6期]、王中忱《佐尔格—尾崎秀实事件的叙述与档案解密的政治——以1940—1950年代日文文献为中心的初步检证》（《清华学报》2015年第2期）。

王中忱的《佐尔格—尾崎秀实事件的叙述与档案解密的政治》，应该说为中国的尾崎秀实研究奠定了一个比较扎实的起点。论文以翔实的日文资料追溯"二战"结束前后日本和美国有关佐尔格—尾崎秀实"事件"——从"事件"的命名到主导档案的作成、密封和有限公布所构成的内含政治意图的叙述等，分析了这些政治操作如何影响了人们对"事件"本身和尾崎秀实本人的认识。这与最近日本学者子安宣邦对以往的研究均从"佐尔格国际间谍案"说起从而形成了仿佛有表里两个尾崎秀实的论述方式所提出的批判，有异曲同工之妙。[1]他们都强烈地意识到拨开重重的历史迷雾和政治意识形态言说的笼罩，重新回到尾崎秀实本身而还原历史事实的学术必要。我想，这于刚刚关注尾崎秀实而对其庞大卓越的中国论之研究还没有开始的中国来说，尤其重要。

　　从"中国"的位置出发考察战争期间尾崎秀实的中国论述，乃是我在此要采取的基本视角。这将与日本学者主要从"日本"语境出发所做的考察明显不同。然而，这同样要面临以下两重困境。其一，就是上面所说的"重重的历史迷雾"和政治意识形态言说的干扰；其二，则是如尾崎秀实复杂身份所象征的那样，于中日战争之极端状态下而追求世界革命的理想，在这样矛盾的纠葛中作为一介新闻记者乃至日本战时国家体制决策的智囊，尾崎秀实公开发表的文字包括后来狱中的审讯记录等，呈现为一种极其复杂错综的形态和迂回隐晦的文体。[2]我们如

───────

〔1〕　子安宣邦：《日本人是如何叙述中国的》，第131页。
〔2〕　尾崎秀实曾对友人古在由重表示：他有关中日战争的言论多有言不由衷的表达，这是自己最痛心的地方。（参见古在由重：《那一天的前前后后》，载《尾崎秀实著作集》第2卷所附《月报》）

何拨云见日、披沙拣金，从而体会和触摸到他的真心实意？这的确是一个考验思想智慧的作业。除了依靠日本几代学者积累下来的研究成果之外，我们就只有毅然回到他遗留下来的文本以及由文本与历史事实构成的关系本身这样一条途径了。因此，我所谓从"中国"的位置出发，也就意味着要在密切关注他著作的"日本"语境的同时，更将"中国"的语境——20世纪上半叶疾风暴雨般的社会革命与民族解放的具体史实，引入对于尾崎秀实所有中国论述的理解中来，在实证对照和历史逻辑的分析比对中，体会他的思想真意及其内在逻辑理路。我坚信，只有这样，才能深入地开掘出尾崎秀实中国论述的价值和意义。

从"中国"的位置出发解读并重构尾崎秀实的中国论述，这是中国学者的一份责任，是为了回应当年他如此深切关注中国革命的那份真情厚谊和改造亚洲、追求世界革命的理想，也为了开掘有利于当今中日关系危机解决之道的思想资源。以下，在进入本题之前，我将就尾崎秀实中国论述的根本特征和内在理路加以讨论，即有关"社会革命"和"亚洲社会主义"的认识。这两个核心概念，同时也是我试图搭建起来的针对尾崎秀实中国论的阐释架构。

（二）社会革命与亚洲社会主义大视野

尾崎秀实革命传奇的一生虽然短暂，却与中国息息相关。他出生不久便随出任《台湾日日新报》记者的父亲来到台湾，且一直生活到十九岁。在此，中华传统文化及台湾人的生活习俗对其深有潜移默化的影响，培养了他对中国浓厚的亲近感。

三 社会革命与亚洲改造的大视野

1919年后回到日本就读于东京帝国大学法学科期间,他通过吉野作造门下的"新人会"和大森义太郎主持的"布哈林《唯物史观》研究会"接触到大量马克思主义著述,包括马克思的《共产党宣言》《资本论》、列宁的《国家与革命》《帝国主义论》;同时开始关注中国革命,曾熟读魏特夫的《觉醒的中国》等,试图在中国问题的现实发展中发现其世界史的意义。[1]另据细川嘉六回忆,从1927年开始,他在大原研究所内曾与尾崎秀实等组织发起"中国革命研究会",该会持续到1928年春天。

尾崎秀实与大陆中国发生直接的关系,是毕业后入《朝日新闻》社而于1928年底被派驻上海以后。1928年,中国的大革命已然退潮,但上海新兴的左翼文化运动之汹涌波涛还残留着大革命的余韵,这使得尾崎秀实心潮澎湃、激动不已。在此,他不仅开始了自己的记者生涯,更深深投入到中国左翼文化运动包括戏剧运动和"左联"成立的过程中。除此之外,这期间影响尾崎秀实一生命运的重大事项还有两件,一件是通过史沫特莱与共产国际情报人员佐尔格结识;另一件是通过上海左翼文化人与中共地下工作者如王学文、杨柳青等建立起了密切的关系。[2]1932年上海爆发"一·二八"战事之后,尾崎秀实受《朝日新闻》本社之命回到日本,从此开始了其令众人瞩目的中国评论活动。其间,他于1938年至1940年曾出任近卫文麿内阁的"嘱托"(中国问题智囊),并参与政府外围组织昭和研究会等,积极推动"对汪精卫和平工作"和"国民再组织"等

---

[1] 以上参考《尾崎秀实著作集》第5卷所附《年谱》,以及拓植秀夫《作为革命家之尾崎秀实的某一轨迹》(载1951年9月12日《圣代每日》)等。
[2] 以上参见尾崎秀树:《上海1930年》,东京:岩波书店,1989年。

政治运动以及"东亚协同体"的讨论。直到1941年被捕,他共出版了《暴风雨中的支那——转折期的外交、政治、经济》(1937)、《现代支那论》(1939)、《支那社会经济论》(1940)等六部著作。

在1943年6月向法庭提出的第一份《上申书》中,尾崎秀实回顾了他奔赴上海开始关注中国民族解放运动的过程:

> 我在同年(1928)末作为朝日新闻社特派记者被派遣到多年憧憬的中国土地,实际上我是积极踊跃地奔赴派遣地上海的。对于我来说,中国问题自来台湾生活以来就与我结下了难以剪断的深刻关系。特别是1925年以后的大革命时代,那一个个事件都曾引起我的浓厚兴趣。而从左翼的立场出发来把握中国问题,这样的方法完全征服了我。对我而言毋宁说,不是马克思主义的研究方法引领我去关心中国问题,而是相反,中国问题的现实发展深化了我对马克思主义理论的关心和理解。
>
> 另外,与我在上海的体验相关联,后来形成了我的思想立场的两个特点。第一是中国所处的半殖民地地位,这使我对民族解放乃至一般的民族问题抱有强烈的关心;第二是从各种角度现实地观察在中国占统治地位的英国,使我相信这才是中国乃至世界被压迫者的最大公敌。[1]

可以说,尾崎秀实是在20世纪世界革命和社会主义思潮感召下成长起来的人物,而早年积极奔赴大革命后的中国所获得

---

[1]《尾崎秀实著作集》第4卷,第296页。

三 社会革命与亚洲改造的大视野

的实际体验铸就了他特有的"左翼的立场"——从实际的阶级压迫和民族抗争的角度观察问题,并在社会革命和民族解放的密切关联下思考中国"民族运动"的发展走向,从而弥补了马克思主义社会科学未能有效地处理民族问题的不足。这正是他所谓"中国问题的现实发展深化了我对马克思主义理论的关心和理解"的意义所在。在上海,他曾亲临"一·二八"抗战现场,目睹国民义勇军的青年男女被日军枪杀或逃出虎口的场面,深切感受到中国抗日救国民族解放力量的强大存在。[1]而中日战争爆发的1937年底赴香港、上海等地考察战况后,他曾对友人松本慎一吼道:"太悲惨了,中国人啊。难道日本就没有与帝国主义斗争的无产阶级吗?"[2]这些历史瞬间中的生动细节亦反映了尾崎秀实真诚理解和同情中国的立场。

一个卓越的观察家或评论者,必定要对客观对象获得整体综合的把握,并以独自的逻辑理路深入其内里,从而发现别人难以观察到的问题面向,这样才能达到卓越。我们已知,尾崎秀实的确是"二战"前最杰出的中国问题观察家和评论者。而在日本,一般认为他的中国论述的卓越之处在于始终关注中国的"民族问题"并努力在国际关系中理解其社会动向,这构成了其论述的两大特征。这当然是不错的,因为有尾崎秀实本人的上述说明为证。此外,在出版第二部评论集《由国际关系所见之支那》时,其"自序"有言:

---

[1] 参见风间道太郎:《反叛——尾崎秀实的生涯》,东京:至诚堂,1959年,第104—105页。
[2] 参见松本慎一:《日本帝国主义与尾崎秀实》,《世界》杂志1946年12月号。

对于航海者来说，冰山的问题不在浮游于其表面上的七分之一，而在隐藏于水面之下那七分之六的巨大压力。

日本以往的支那研究，其方法只是以想象的眼镜从各种角度窥视浮在水面上七分之一的冰块。这种研究方法不仅无法正确地把握事态本身，在成为现实之重大政策基调的情况下，它甚至会导致危险。

在我看来，了解支那被组合于其中的国际关系和观察中国民族运动的动向，乃是探索隐藏在冰山之下的东西的两个重大方法。

从"国际关系"的视野出发观察中国问题，这对在世界大战一触即发、各国力量相互牵制之际，以作为外国的"中国"为观察对象的新闻记者尾崎秀实来说，乃是理所当然的选择。对此，以往的研究者并没有理解上的歧义。问题在于"民族运动"，尾崎秀实有时也称其为"民族问题"或"民族抗争"等。就是说，把"民族运动"的动向作为观察中国社会的主要途径，对于民族自我解放意识的关注乃是尾崎秀实中国论述的更为根本的方法论特征。实际上，他在1937年发表的《支那与苏联》中也曾强调，自己观察中国虽然有两个视角——国际关系和民族问题，但后者更为重要。[1]那么，这种思考方式是怎样形成的？何时成为其中国论述的根本与核心的？与其后的"东亚协同体"论乃至日本改造和亚洲社会主义构想又有什么关

---

[1] 尾崎秀实说："讨论围绕支那的国际关系，我们注意支那的中央政府即国民政府与各国的复杂关系，固然是重要的工作，但更为重要且根本的任务还是要直接观察不断变动中的支那民众的动向。"见《尾崎秀实著作集》第1卷，第48页。

联呢？对于这些问题，研究者并没有形成统一的见解。[1]在我看来，从20世纪中国革命的实际和整体历史观之，民族解放运动乃是更为总体性的"社会革命"进程的一环。尾崎秀实并非单纯地看到了中国人抵抗外族侵略的"民族运动"表面上的汹涌波涛，更在其背后意识到了"社会革命"总进程的推进和展开。因此，用"关注社会革命"来概括他中国论述的整体特征和方法论视角，或者更能说明问题。[2]

我的理解是，尾崎秀实自大学时代接触到马克思主义思潮以来，就形成了以政治革命观察世界的方法论视角。而从社会革命视野的形成，到对中国民族解放斗争的持续关注，再到战争格局下亚洲社会主义理念的构筑，尾崎秀实从思想到信仰最终成了一个真正的社会主义者和国际主义者。他关注中国的"民族运动"，乃是对更为根本的"社会革命"之关注的一部分。尾崎秀实有关中国的评论活动集中在1936年到1941年期间，这正是日本的侵略战争导致中国全民族抵抗运动上升的阶段，他努力聚焦于中国的"民族问题"乃是理所当然的，但这并不意味着其认识就仅止于此。实际上，在讨论"民族问题"的时候，他也总是把它与更为深远的"社会革命"联结在一起。也由此，他得以超越"国家"和"新闻"记者的局限，在疾风暴雨般剧烈转变的20世纪30年代，为我们留下了有关中国革命的卓越见解。

众所周知，社会革命缘起于19世纪末的欧洲，到了20世

---

[1] 参见今井清一、藤井昇三编：《尾崎秀实的中国研究》第2章、第5章、第8章等。
[2] 尾崎秀实直接使用"社会革命"的概念，是在被捕前发表的如《东亚共荣圈根底里的重要问题》等文章中。

纪初则波及亚洲全域。20世纪社会革命的高涨，则直接源自第一次世界大战。列宁曾在大战爆发前所作的《亚洲的觉醒》（1913）中，预示了"亚洲的觉醒和欧洲先进无产阶级夺取政权的斗争的展开，标志着20世纪初所揭开的全世界历史的一个新的阶段"。[1]梁启超则于1920年欧游回国后所著的《欧游心影录》里描述了他切身感受到的"一战"后的欧洲："全社会人心都陷入怀疑、沉闷、畏惧之中，好像失了罗针的海船迎着风遇着雾，不知前途怎生是好。"由此他得出结论："社会革命，恐怕是20世纪唯一的特色，没有一国能免，不过争早晚罢了。"[2]而十月革命的爆发，更推动了社会革命在世界特别是亚洲的兴起。

这个"社会革命"的进程和政治内涵，在中国早期马克思主义者李大钊发表于十月革命后的一系列文章中，有更为具体的阐发。李大钊看到了"一战"导致的"这种社会革命的潮流，虽然发轫于德、俄，蔓延于中欧，将来必至弥漫于世界"[3]，他通过与法国大革命的比较，认识到以俄国革命为代表的社会革命与此前革命的不同："法兰西之革命是18世纪末期之革命，是立于国家主义上之革命，是政治的革命而兼含社会的革命之意味者也。俄罗斯之革命是20世纪初期之革命，是立于社会主义上之革命，是社会的革命而并着世界的革命之彩色者也。"[4]就是说，法国革命主要还是以共和制民族国家之建立为目标的政治革命，俄国革命则真正开启了世界"社会革命"的新纪元。

---

[1]《列宁选集》第2卷，北京：人民出版社，1960年，第448页。
[2]《梁启超选集》，上海：上海人民出版社，1981年，第723页。
[3]《李大钊全集》第2卷，北京：人民出版社，2006年，第287页。
[4] 同上书，第226页。

三 社会革命与亚洲改造的大视野

这场"社会革命"因此打破了国家主义藩篱,具有了真正"解放"的意义和社会主义内涵。这也正是李大钊在《联治主义与世界组织》(1919)等文章中不断强调的:"现在的时代是解放的时代,现代的文明是解放的文明。人民对于国家要求解放,地方对于中央要求解放,殖民地对于本国要求解放,弱小民族对于强大民族要求解放,农夫对于地主要求解放,工人对于资本家要求解放,女子对于男子要求解放,子弟对于亲长要求解放。现代政治或社会里边所起的运动,都是解放的运动!"[1]

这场包括中国在内的"社会革命",其根本的政治内涵就是人的全面解放,所谓社会运动也便是解放运动。李大钊的认识可谓相当深刻。其中,"殖民地对于本国要求解放,弱小民族对于强大民族要求解放"的民族革命,在最初只是这种全面"解放"中的部分内涵。但十月革命后不久,由于当初预测的世界革命并没有在欧洲发生,共产国际开始在亚洲和中东推进民族主义运动和资产阶级民主革命,也由于帝国主义在世界落后地区的殖民扩张愈演愈烈,"社会革命"中的民族解放斗争则越来越凸现出来。1920年后提出"统一战线"主张的共产国际,到了1935年为抵抗资本主义各国的另一种民族主义(德意日法西斯主义),甚至不得不暂时取消社会主义目标而号召建立广泛的"人民战线"。中国则在"九一八事变"后,随着民族矛盾的上升而形成了民族解放运动暂时盖过"社会革命"的趋势。

但是,如果注意中国共产党人对于革命的论述,可知他们并没有放弃经过民族解放和"社会革命"而达到社会主义的长远目标。也因此,有了后来毛泽东的"新民主主义论"乃至民

---

[1]《李大钊全集》第2卷,第282页。

族、民主与社会主义两阶段革命的辩证法思想。就是说，以民族解放战争推进社会革命，或者通过社会改造实现民族战争的最广泛动员，两者构成了内在统一的逻辑结构。20世纪上半叶中国的历史大变动，正是从社会政治革命逐渐倾斜于民族解放斗争的过程，两者之间既有区别更有内在的关联。有时是社会革命包含着民族解放的内容，有时则是民族解放成为主要目标而社会革命乃为更长远的目的。这主要取决于外部帝国主义势力的压迫程度。"九一八事变"后，中国社会的大变革明显地开始以民族解放为更直接的目标。因此，要认识1930年后的中国，就需要从"社会革命"的视角进入而聚焦于民族解放运动的复杂形态。尾崎秀实的中国论述之所以成就卓著，就在于他始终坚持了这个"社会革命"的大视野。

与关注中国"社会革命"的大视野相关联，尾崎秀实的另一个重要视角是从世界革命理念延伸而来的有关亚洲社会主义的构想。1942年2月，在回答司法检查官就其提倡"东亚新秩序社会"之意图的审讯时，他不仅明确使用了"社会革命"这一概念，而且清晰阐述了作为过渡形态的亚洲社会主义构想。这个构想的逻辑理路如下：世界资本主义社会必将转变为世界共产主义社会，但这将是一个漫长的历史过程。1935年前后，他开始预测到第二次世界大战即将来临，认为正像"一战"孕育了苏联一样，第二次世界大战也将诞生更多的社会主义国家，并最终导致世界革命的完成。日本因陷入中日持久战争的泥潭，国内各方面疲惫不堪，故"最终有爆发社会革命的极大可能性，最早在昭和十七年（1942）上半年前后，便将迈出社会革命的第一步并迎来日本的转变"。而亚洲社会主义的最初形态为：

三 社会革命与亚洲改造的大视野

在这个转变时期，日本国内的革命势力非常薄弱，因而仅凭日本自己很难实现此种重要的转变，即使实行了也恐怕难以安定。故为了身处英美帝国主义之敌对关系中的日本实现此种转变，就需要苏联以及摆脱了资本主义体制的日本和中国共产党完全掌握了领导权的支那，这三民族之间的紧密提携。以这三个民族的紧密合作为核心，首先确立东亚各民族的民族共同体。[1]

这个"三民族之间的紧密提携"是区域社会主义的基础，其构想还包括由其后逐渐扩展开来的从英、法、荷兰殖民统治下获得解放的印度、缅甸、泰国、印度支那乃至菲律宾等，以及蒙古、回教民族共同体和从日本帝国主义统治下获得解放的朝鲜及满洲民族共同体等共同构成的广泛的亚洲社会主义圈。

如前所述，这个构想源自世界革命论。但在尾崎秀实那里，我以为它更接近于马克思世界共产主义和斯大林一国社会主义之间的列宁、托洛斯基路线，是一个世界革命之阶段性的蓝图。帝国主义战争引发资本主义内部的混乱和被压迫民族的解放斗争，内乱和解放斗争导致社会革命的爆发，而社会革命必将推动超越单一民族国家之区域社会主义的出现，最终走向世界革命。这是一个以经典马克思主义为原点，经过共产国际推动和殖民地半殖民地国家之革命实践逐渐形成的社会主义构想，而与日本明治维新以来的"亚细亚革命"（宫崎滔天）、"复兴亚细亚"（北一辉）乃至"东洋共同社会"（橘朴）的理

---

[1]《现代史资料（2）佐尔格事件（二）》，东京：美铃书房，1963年，第128—129页。

109

念，在基本原理和逻辑理路上都全然不同。因此，像一些日本学者那样仅仅把尾崎秀实置于"亚洲主义"谱系中来判定其历史地位，是远远不够的。或者，尾崎秀实的构想与"五四"时期李大钊提出的"新亚细亚主义"相近似，也说不定。[1]当然，这个构想随着"二战"后新一波民族独立大潮的出现，虽于亚洲、东欧和拉丁美洲有某种程度的实现，但在尾崎秀实身处的20世纪30年代日本，则还只能说是一个大胆而高迈的乌托邦理想。

从尾崎秀实中国论述的角度考虑，我认为这个审讯记录中还有两点值得注意。其一，上述亚洲社会主义圈的构想，初步形成于1935年。这意味着他在评论活动走向成熟之前，就已经在思想理念上有了亚洲社会主义的构想，这必然影响到其中国论述的内涵。其二，中国的民族战争与社会革命所给予他的启示。在这段文字最后，尾崎秀实特别说明："而在此资本主义社会崩溃过程中拥有重要意义的所谓东亚新秩序社会，我从当初就坚信不疑地认为，以支那事变为契机将彻底得以实现。而其时与苏联合作并得到其援助，通过我十余年来与佐尔格的谍报活动已和共产国际乃至苏维埃联邦的重要部门有了密切的联系，因而将变得更为容易。同时，与支那的合作我也有充分的自信。"[2]就是说，这个亚洲社会主义蓝图正因为有了对中国民族运动和社会革命的观察才得以产生，它的实现也因中国民族的抗日实践才成为可能。换言之，亚洲社会主义构想与对中国

---

[1] 参见拙文《从晚清到五四：亚洲主义在中国的消退及其后果》，载《学术月刊》2016年第5期。
[2] 《现代史资料（2）佐尔格事件（二）》，第129页。

民族运动的理解,两者互为表里地构成了尾崎秀实中国论述的基本视野。

以上,是我对20世纪"社会革命"与"民族运动"的关系,包括中国革命进程的复杂性以及尾崎秀实中国论立场的基本理解。以下,我将从具体的文本和历史情景出发,以1938年7月出任近卫内阁智囊为界,分别就前后两个时期的尾崎秀实的中国论述加以考察。这将包括下列问题:第一,尾崎秀实在中日开战前后是如何洞察到中国民族运动的政治意义及其与社会革命的关联的,是怎样把各政党的政治主张与底层大众的切实要求、社会各阶级的利益冲突结合起来,从而形成了综合"动态"地考察中国社会的视角,并得出抗日民族统一战线必将形成的见解的。第二,中日战争爆发后,他以冷峻深邃的目光对战况进行的跟踪分析,包括对国民党及其政府的考察,透露出其中国论述哪些方面的卓见。第三,讨论尾崎秀实唯一综合论述中国问题的专著《现代支那论》,以确认其中国观的整体基调和所达到的理论深度。第四,考察尾崎秀实在战争的极限状态下是如何思考中日关系——两国矛盾的根本解决之道的。其中,将包括他对帝国主义战争和日本大陆政策的批判,同时涉及其对"东亚协同体"的讨论。最后,考察大战之下他的日本社会改造论及亚洲社会主义构想与中国论述的关系,并确认其遗产在当今时代的意义。

(三)中国"民族问题"的根本在于社会解放

上海时期的尾崎秀实已经开始了他的记者生涯,但1932年回到日本后其有关中国社会、政治、经济及民族运动各方面的评论活动，才全面展开。1937年，几乎同时出版的两部著作《暴风雨中的支那》和《国际关系所见的支那》，汇集了他前期的主要文字。我们读《暴风雨中的支那·自序》，会发现他的评论活动从一开始就有着与日本旧有的中国论针锋相对的方法论意识。他认为，以往成为日本大陆政策之原动力的"支那研究"，基本上是一种"东洋式的史观"，其最大的问题在于"缺乏科学的方法"。而自己在结束大学生活之际，感受到中国内部正迅速掀起民族解放运动的新浪潮，并对此发生了极大的兴趣。然而，日本"支那研究的方法却根本派不上用场"。尾崎秀实坦言：要完全把握科学的方法也并非易事，"不过一旦摆脱了常常容易陷入的观念论公式化的理论局限，就能不断地把握到支那的真实姿态。……我相信自己的信念，即在持续关注有着惊人韧性而于那片土地上顽强生存下来的支那民众的过程中，必将打开自己的眼界和视野"。[1]

这里，重要的是他在日本中国研究那种"东洋式的史观"之反方向上，为自己设定了新的观察对象——"有着惊人韧性而于那片土地上顽强生存下来的支那民众"。而"观念论公式化"的理论局限，当然是指旧有的研究方法。这在他同时期发表的另一篇文章《支那论的贫困与事变的认识》中，有更为明确的表现。"七七事变"爆发后，日本媒体清一色地转向"支那问题"，盛况之下也暴露出日本人中国认识的贫乏和肤浅。尾崎秀实首先指出：日本历来的大陆政策不仅没有科学权威的中国论作为依据，甚至不愿意采取科学方法，仅凭以往"东洋式的支

---

[1]《尾崎秀实著作集》第1卷，第3—4页。

那论"——以民族理论和人种学为根据的——亚洲门罗主义、大亚细亚主义,一味关注中国统治势力的动向(如军阀袁世凯、吴佩孚、段祺瑞、张作霖和国民政府的蒋介石等),却忽略了社会革命洪流中普通民众的存在。[1] 如果从"观念论、公式化的理论局限"之反面来判断尾崎秀实采取的立场,可以说其"科学方法"就是马克思主义的历史观和社会实践的方法论。

从以往只是关注统治阶层的动向,到把视角集中到民族解放运动的主体——普通民众身上,尾崎秀实在这一方法论转换的过程中,逐渐把握到了中国民族运动的根本在于社会解放的道理。"七七事变"爆发后不久,他在回答日本舆论界有关中国是否会"赤化"的疑问时指出:随着"西安事变"的发生和国共两党合作即统一战线的形成,中国将进一步"赤化",理由在于"支那的民族运动命运注定的是一场自我解放运动,这一事实与今后外部势力的压迫越来越增大有关。同时,苏联的存在及其对中国的动向也将成为推动赤化倾向的重要原因"。[2] 在另一篇重要文章《转换期支那的基本问题》中,尾崎秀实更从辛亥革命以来的中国历史看到了这种民族解放的必然走向:"1911年的革命似乎迅速使支那开辟了民主主义乃至资本主义发展的道路,但却遭遇了受到帝国主义支援的残余封建官僚势力的反攻,结果未曾展开就陷入了停顿的状态。1925年至1927年的革命运动,则是在俄国的直接影响下形成于无产阶级解放运动广阔基础上的、以被压迫民族之解放为目标的运动,因此异常地热情高涨,甚至给我们以这样的感觉:支那民众将从双重的枷锁下

---

[1] 《尾崎秀实著作集》第1卷,第220—223页。
[2] 同上书,第197页。

迅速获得解放。"[1]

　　这里所谓"双重的枷锁"，显而易见乃是指外族威逼和旧社会压迫，它们同时作用的结果，使中国的"民族运动注定是一场自我解放运动"。任何单纯强调民族解放而无视社会解放要求的观点都不能真正深刻理解中国的现实和未来走向。就是说，更为深远而辽阔的社会革命视野，才是尾崎秀实认识中国的关键。而以上观察视角和对社会革命的总体认识，给尾崎秀实1938年以前的评论活动带来了两个鲜明的特征。一个是在观察国民党政府的内政外交包括民族经济和意识形态的同时，持续地密切关注共产党的动向，包括红军和苏维埃政府经济政治上的曲折发展。这在遭遇国民党的历次"围剿"，中共及其红军力量命悬一线的时期，的确显示了其慧眼。另一个是在关注人民大众民族解放欲望持续高涨的过程中，通过对内部与外部种种复杂因素的分析，尾崎秀实逐渐形成了在帝国主义日本威逼下中国必将结成广泛的抗日民族统一战线的观点。1936年"西安事变"突发，他能于次日写就《张学良政变的意义》，准确预测到中国全民抗战局面的到来，原因也正在于此。以下，分别来看他对共产党和抗日民族统一战线的论述，并思考两者之间所构成的内在逻辑关系。

　　尾崎秀实回到日本后写就的第一篇中国评论，就是关于中共红军的《支那共产军的问题》（1932年7月）。此后，还发表过《苏维埃支那最近的经济措施》（1934年10月）、《共产军的西方移动与今后的支那政局》（1934年11月）、《进出北方的支那共产军》（1936年4月）、《南京政府与中国共产党》（1937

---

[1]《尾崎秀实著作集》第1卷，第148页。

年9月)、《中国国民党·共产党关系史》(1937年9月)等，这和《蒋介石政权最近的动向》(1936年6月)、《南京政府论》(1937年9月)、《蒋介石将走向何方》(1937年12月)以及《国共两党合作的将来》(1937年12月)等讨论国民党势力及国共合作可能性的文章，形成呼应之势。这期间，有"西安事变"和中日全面战争等重大历史事件发生，而尾崎秀实的观测也有一个逐渐成熟的过程。我注意到，他对大革命后共产党这一新兴势力艰难发展的关注持续一贯，虽文章不多，但比起谈论国民党南京政府时多有批评和失望来，他更从代表中国民众根本利益和民族解放要求的角度，对红军和苏维埃政权抱以诚挚的同情与殷切的希望。

第一篇《支那共产军的问题》的背景是上海"一·二八事变"后国民党统一中国的计划破灭，红军的发展成为当时的重大问题。尾崎秀实密切关注红军在中国南方的发展壮大以及1931年11月于瑞金成立的中华苏维埃共和国政府，对红军的人员构成、武器装备和物质条件等组织结构也有具体的介绍。他意识到，中共的军事存在在中国已经成为一种连国民党资产阶级也无法忽视的稳固力量，而经过三次"围剿"大败的蒋介石必将开始新的攻势。第二篇《苏维埃支那最近的经济措施》，主要根据毛泽东在中华苏维埃第二次代表大会上的报告以及会议通过的《经济重建》决议，对苏区的各种经济制度包括土地、工农业生产、金融税制、社会保障等做了跟踪考察。他预测到国民党的"围剿"甚至可能拿下瑞金，但强调只要苏区努力要解决的中国经济问题不能在国民党手中得到解决，那么，它就依然是今后中国必须面临的课题。

如果说，以上两篇还只是一般介绍性的文章，那么，随后发表的《共产军的西方移动与今后的支那政局》则显示，尾崎秀实对中共作为中国革命之未来方向和主导力量，已经有了确信。文章是在国民党中央军于1934年11月10日攻下中华苏维埃政府首都瑞金而舆论普遍认为共产党势力行将败退的背景下，来讨论红军未来命运的。他不同意一般舆论的观点，而从中华苏维埃政权建立三年来的历史出发，仔细分析了其一面"反围剿"一面推进战时经济、政治各方面施政计划所取得的成果，密切关注红军向西南移动以及入川北上的动向，最后得出中共乃是有计划退却的观测结果，甚至相信入川北上之后可能重建一大巩固的红色国家。当时的舆论均以为，瑞金失守将使蒋介石的政治地位进一步提高并将最终统一全国。但是，尾崎秀实的结论却相反。他认为，蒋介石最终无法成为墨索里尼和希特勒，这是半殖民地中国的实际状况所决定的，影响中国的国内外各种势力将阻碍国民党蒋介石统一全国。关于中共势力向西南转移的未来后果，他则告诫人们不能仅仅依据眼前的中国政局而轻易做出判断。

> 我们所抱以重大关心的是，今后共产军的去向。我相信，中华苏维埃绝不会是太平天国那样的命运。他们经过三年在该区域内所尝试的种种措施，都是为了从根本上解决支那及支那民众所面临的问题，其经验包括众多失败的教训，必将给向西南转移的中国苏维埃政权提供新的方向。[1]

---

[1]《尾崎秀实著作集》第1卷，第287页。

三 社会革命与亚洲改造的大视野

尾崎秀实为何能够做出这样清楚的判断？特别是在中共势力面临有史以来最危急的关头时。实际上，这个结论里已经透露了一个重要的逻辑理路，那就是当时的共产党代表了中国及其民众的根本利益，他们与太平天国不同，是有着理念和信仰的政治势力。如果说20世纪中国革命的根本在于"社会革命"即人的全面解放，那么，中共的艰难实践正代表着这样的方向，他们必将实现代表资产阶级利益的国民党所无法完成的社会解放。而联系到其亚洲社会主义的构想就形成于1935年前后这一尾崎秀实自身的说法，我感觉，此刻他对中共的认识非常重要。随着日本侵华战争的加剧，"中华民族到了最危险的时候"已然成为中国人的普遍共识。尾崎秀实此后也在持续地密切关注中国的"民族运动"。而1935年前后，他已经对中国社会革命和中共的政治理念与实践有了清楚的认识。我认为，这是他能够在"西安事变"之际做出国共抗日统一战线必将结成的判断并在大战爆发后形成亚洲社会主义构想的关键因素。

例如，在写于中日战争爆发之前的《战争的危机与东亚》（1937年4月）一文中，尾崎秀实已经大致观测到大战有可能首先在东亚爆发。其理由是：东亚的广大区域是世界上最后一块殖民地争夺场，日本正在推行激进的大陆政策，而日苏两国国土接壤易于激化矛盾，受到苏联同盟势力扩大的影响，殖民地解放尤其是中国的民族运动将持续高涨。至于战争爆发的时间，他预测就在中国民族运动走向成熟的那一刻。尾崎秀实特别强调那一两年间中国民族运动的实质性转变给予的重要启示，他甚至直接引用共产国际负责人季米特洛夫给中国共产党创立十五周年纪念发来的贺电："国际无产阶级劳动者要给中国民众以全力的支援，因为在针对法西斯和世界战争的国际战线之最重要一翼方面，这个伟大的人民正为了民族的独立存亡而战斗着。"[1]从这篇文章的字里行间，我隐隐地感觉到尾崎秀实的某种焦虑甚至兴奋的情绪在流淌，确信战争将导致革命和社会主义亚洲的出现，这样一种构想已经在他心中萌生。

那么，从社会革命视野出发来关注民族解放运动，尾崎秀实如何看到了中国全民族抗日统一战线的发展走势呢？在此，我们首要回顾一下当时中国的历史情境。1935年前后，尾崎秀实曾预测到大战即将爆发。而这一年在中国现代史上亦是一个特别重要的年份。国民党自大革命结束以来，一边"剿匪"以清除异己的政治势力，一边在南京建立起相对稳固的政权，在经济建设上通过"黄金十年"也积累了一定的国家基础，在外交上则通过利用英美以牵制日本，而未给征服者以武力侵略的口实。然而，日本于1935年11月公然出台"华北自治运动"案，一时间中国大有"九一八事变"重演之势，而"停止内战，一致抗日"已成中国民众的普遍诉求。实际上，日本发动的华北事变也震惊了国民党南京政府，使他们不仅勉力应付甚至冒险试探与苏联结盟，又鉴于国民普遍的"抗日"呼声，其部分高层官员中也出现了团结抗日的动向。另一方面，在共产国际第七次代表大会发布反法西斯"人民战线"的同时，中共于长征途中发表《八一宣言》提出抗日救国主张，引起广泛的瞩目。国内外各种政治力量开始向全新的历史拐点汇聚，全民族抗日统一战线的形成已现曙光。借用尾崎秀实第一本著作的书名来形容，此时的中国正矗立在"暴风雨"中。

在此关键时刻，抵达陕北后的中共在不到一年的时间里实

---

[1]《尾崎秀实著作集》第1卷，第8页。

现了一次战略性的大转变,即由国内土地革命战争转到实现第二次国共合作,以期形成抗日民族统一战线。[1]而毛泽东于1935年底所做的《论反对帝国主义的策略》,则从历史和理论上阐明了中共此次战略大转变的缘由,即"日本帝国主义决定要变全中国为它的殖民地,和中国革命的现时力量还有严重的弱点,这两个基本事实就是党的新政策即广泛的统一战线的出发点"。[2]但到了1936年随着国民党召开五届二中全会逐步转向抗日,共产党也于8月10日召开政治局会议,最终确定从"抗日反蒋"转向"逼蒋抗日",这为稍后"西安事变"的妥善解决和国共第二次合作打下了基础。[3]

此刻的尾崎秀实,也在密切关注中国的民族运动大势。一如前面所介绍的,他对中共的认识早有深厚的积累,对1935年以来国共两党在对日战略决策上的态度变化也有察知。1936年,他发表了《防共问题的多面性》,针对日本陆军和德国纳粹党之间签署《日德防共协定》,尾崎秀实表示,国共两大势力的争斗属于民族内部的问题,国民党未必能够与日本达成"防共"协定。在此,他明确看到中国的民族问题是一场深层的全民族解放运动。"南京政府民族资产阶级政权的性格,未必一定就使得他们背负与共产党势力抗争的命运,也因此无法单纯地判定针对共产势力他们就一定能与日本站到同一立场上。今日支那抗日人民战线的趋势已经明确地显示出来,包括南京政府在内都

---

[1] 参见金冲及:《生死关头》,北京:生活·读书·新知三联书店,2016年,第194页。

[2] 《毛泽东著作选读》上册,北京:人民出版社,1986年,第79页。

[3] 尾崎秀实当时已注意到中共的这一战略变化。见1936年6月所作《蒋介石政权的最近动向》,收《尾崎秀实著作集》第5卷。

试图一致与日本对抗。"而且，这种趋势是有此前1925—1927年的民族革命之合作历史做保证的。尾崎秀实从当时世界两大阵营根本的结构性对抗关系出发，阐释了中国的社会革命包含着民族解放的性格，国民党亦背负着民族的使命，实则暗示了国共合作的可能性。[1]

就在此文发表的一个月后，震惊中外的"西安事变"爆发。尾崎秀实以《张学良政变的意义》为题，迅速为日本读者提供了对事件未来走向的准确判断。这篇以"张学良部下发动的西安政变正仿佛一个晴天霹雳"开篇的文章，劈头就给出了对事件的基本认识：此事件绝非不发达国家中国的突发事件，而是其内部社会基本矛盾的集中体现。在分头介绍事件的主角张学良和蒋介石在中国现实政治中的位置和作用，同时通过对张通电声明的八点要求和国民党中央政治会议决议的仔细分析后，他做出两个推测：张学良未必处决蒋介石，他与国民党中央的关系也未必你死我活；南京政府不会因失去蒋介石而崩溃，因为财阀和外国势力都期望其政府得以维持。尾崎秀实甚至注意到，张学良不会打倒蒋介石和国民政府，因为蒋所追求的中国统一在近年来已经得到国民的逐渐认可。共产党势力也在"抗日"的目标下试图结成比"人民阵线"更加广泛的民族统一战线。因此他的结论是：事变之后必将迎来的是中国抗日民族统一战线的结成。

那么，尾崎秀实所谓中国内部社会的基本矛盾是什么呢？这当然是他始终强调的中国半殖民地半封建的社会性质所造成的帝国主义、买办资产阶级和广大民众之间难以调和的压迫与

---

[1]《尾崎秀实著作集》第1卷，第86页。

被压迫的阶级关系。文章最后援引了当时中国左翼经济学家孙冶方的《中国社会经济机构底性质》，要说明的正是这一点。实际上，这个基本矛盾既是民族危亡之际国共两党合作的契机，同时也是使国民党政权风雨飘摇的原因，因为该政权代表的正是与帝国主义勾结的买办资产阶级和封建地主势力。也因此，抗日民族统一战线有结成的可能，但同时也伴随着破裂的危机。如果从中国社会革命的大视野来看，就能够得出这样的结论。

尾崎秀实在稍后发表的《西安事件以后的新形势》（1937年2月）中对此做了详细阐发。文章认为，中国民族运动在20世纪30年代实际上由两个部分构成，一个是中共在共产国际指导下形成的抗日统一战线，另一个是国民党政府推动的国民战线。张学良的政变使这两个逐渐合流的运动产生了分裂的危机，国民党若强化国民战线就有与人民战线对立而导致分裂的危险，即失去领导中国民族运动的指导地位。在此，尾崎秀实结合当时日本论坛出现的"中国统一化"论争，指出论争双方的观点都缺乏民族运动的视角而容易造成错误的判断。一种观点认为中国依然是"东洋社会"，处于动乱和无秩序的状态，是兵匪、贪欲、迷信主导的社会；另一种观点则相信中国已经走上资本主义道路，在国民党领导下其"统一"和"建设"初步完成，不久将作为国力充实的现代国家而展现在世人面前。尾崎秀实则从民族运动的发展趋势观察过去，对上述两种观点提出了质疑。"支那的民族解放运动与日本所谓的大陆政策之方向根本上是难以相容的。问题是国民党政权虽浮游在这巨大的民族运动之风口浪尖上，自己却绝对没有指导和控制这波涛的能力。而最近的事态发展更使国民党有一旦失误便会从风口浪尖上跌落下来的危险。"[1]

把"西安事变"后尾崎秀实的一系列文章结合起来阅读，就会发现他的中国认识有着立体综合的形态，能够关注到当时中国各种政治势力的性质和趋向，包括帝国主义列强多方面的牵制因素，而其中最核心的部分是对20世纪中国革命的基本性质及其民族解放与社会革命之辩证关系的深刻把握。如果说，关注"民族运动"使尾崎秀实敏锐地看到了中国抗日统一战线的必然结成，那么，在共产党身上注意到社会革命之长远目标依然存在，则使他的中国"民族问题"观察获得了辩证的深度，也加深了对于国民党政权的本质认识。我想，尾崎秀实最终能够从中国革命中获取社会主义革命的理念，原因也正在这里。我甚至感到，他的思想方式也可能从中国共产党人特别是毛泽东那里吸取了营养。

例如，中日战争爆发当月发表于《中央公论》杂志上的《转换期支那的基本问题》，也是尾崎秀实广受瞩目的一篇文章。该文全面阐释了国民政府特别是共产党最新的抗日统一战线动向，而在最后讨论共产党1936年作出重大战略转变及时回应了民族解放斗争的现实又和共产国际人民战线主张取得一致之际，所援引的文献就是1937年3月1日毛泽东与史沫特莱的谈话《中日问题与西安事变》。尾崎秀实惊叹："此一转变对了解共产党历来与国民党固执斗争的人来说，实在有一种果敢决绝之飞跃的印象。"引文有两段，其一是关于抗日统一战线的：

一、我们的统一战线是抗日的。因此，不是反对一切

---

[1]《尾崎秀实著作集》第1卷，第145—147页。

三 社会革命与亚洲改造的大视野

帝国主义,而是反对日本帝国主义,因为日本帝国主义正在向中国侵略。但是我们要求英、美、法、苏等国同情中国的抗日运动,只是不反对;在这个基点上我们愿意同这些国家建立友谊的关系。

二、我们的统一战线是民族的。这就是说,包括全民族一切党派及一切阶级,只除开汉奸在外。有人说共产党倡导人民阵线,这是不对的。共产党倡导的是民族阵线,这种民族阵线比起法国或西班牙的人民阵线来,范围大得多。[1]

毛泽东的这篇访谈从中共的原则目标和全民族抗战的大视野出发,对统一战线的发展和共产党的地位作用给出的深刻分析,可以帮助我们认识20世纪30年代中国社会的历史动向,并加深对尾崎秀实中国论述之卓越性的理解。访谈中,毛泽东还从阶级利益和民族利益的关系出发,解释了中国民族统一阵线与共产国际"人民阵线"口号的不同:共产党的各种具体政策完全是为了抵抗日本、保卫中国,"这叫作将部分利益服从于全体利益,将阶级利益服从于民族利益。国内任何政党和个人,都应明此大义。共产党绝不将自己的观点束缚于一阶级与一时的利益上面,而是十分热忱地关心全国全民族的利益,并且关心其永久的利益"。同时指出,共产党既是国际主义者也是民族主义者:"他们主张世界大同运动,但同时又是保卫祖国的爱国主义者,为了保卫祖国,愿意抵抗日本到最后一滴血。……这种爱国主义和国际主义并不冲突,因为只有中国独立解放,才

---

[1]《毛泽东文集》第1卷,北京:人民出版社,2009年,第479—480页。

有可能去参加世界的大同运动。"[1]

从20世纪的历史大视野观之,殖民地半殖民地国家的民族解放运动,从一开始就是与反抗帝国主义全球扩张的世界社会主义运动深深联系在一起的。正如从民族基础上独立出来的资本其扩张是全球性的,每个民族的独立解放斗争也将是全球连带的。这是我们对于1920年以来世界社会主义运动的基本认识。然而,进入20世纪30年代,随着法西斯主义的崛起,无论在欧洲还是亚洲,民族矛盾都开始上升,世界各国社会主义政党也都不得不暂时调整战略以应对民族解放的诉求。毛泽东的上述阐发无疑是最具理论性也最有说服力的。这给尾崎秀实以"飞跃的印象",自然不难理解。尤其是有关"人民阵线"和"民族阵线"的区分,给尾崎秀实对中国抗日民族统一战线及其主导权的认识以重要启发,当是无疑的。有日本学者认为:尾崎秀实对国共两党关系以及中国民族运动的认识,已远远超过了当时共产国际的理解。[2]我想,其关键就在于他能够将民族运动和社会革命有机地结合在一起,并从中国共产党人的理论和实践中得到了重要的启发。

(四)对国民政府的观察与敏锐的战况跟踪剖析

一般认为,国民党南京政府在1936年前后基本实现了国家

---

[1]《毛泽东文集》第1卷,第483—484页。
[2] 野村浩一:《近代日本的中国认识》,张学锋译,南京:江苏人民出版社,2014年,第148页。

三 社会革命与亚洲改造的大视野

统一,虽然依然危机四伏。因此,在尾崎秀实有关中国社会的论述里,讨论蒋介石国民党政权及其经济社会基础的部分占有很大的比重。这在1937年出版的最初两本著作中便有所呈现。中日开战之后此方面的讨论增多,而且伴随着时刻变化的战况分析,愈发显示了其历史与现实有机结合的动态感。这些文章大部分收录在他的第三本著作《现代支那批判》(1938)中,将此与以上他对中共及其抗日民族统一战线的认识综合起来,便大致构成了尾崎秀实中国论述的整体。

另一方面,"七七事变"的突发在中国已然成为全民国家意识高涨的契机,抗击日本帝国主义也成了全民族的战争。传诵一时的蒋介石庐山谈话会上的讲演(1937年7月17日)——"如果战端一开,那就是地无分南北,年无分老幼,皆有守土抗战之责任,皆应抱定牺牲一切之决心",便是一个象征。而不愿见到中日两民族兵戎相见的尾崎秀实,开始带着感慨激越的心情密切关注着战事的推移,写下了一系列跟踪剖析的文章,文中内含着丰富的历史信息和他个人对中国与日本乃至亚洲问题的思考变化。他所关注的焦点是战争的长期化和中国持久抗日之国家意识的凝聚,他苦口婆心地告诫日本政府不要抱有速战速决或一定胜利的幻想。也由此开始,他的思想重心渐渐由中国和中日关系转移到日本内部的改造乃至亚洲秩序重建的方面,其思想出现了巨大的飞跃。上面提到的由战争导致革命最后实现亚洲社会主义的构想,也是在这个过程中渐次清晰起来的。

值得注意的是,尾崎秀实自1932年回国后,又先后五次到访中国。其中,1937年12月至1938年3月的上海、香港和1940年二三月的大连、北京、上海之行,最为重要。前者是从南京失守到台儿庄大捷敌我双方准备徐州决战的时期,大规模正规军之战呈一进一退之势而异常激烈艰难。后者则是在第二次世界大战已然爆发，中日战争进入相持阶段之际。两次访中都使尾崎秀实受到巨大冲击，并引发了他基于持久战争和世界大战认识上的新思考。另一方面，如藤井昇三敏锐指出的那样，1938年4月从香港返回日本后，尾崎秀实的言论发生了变化。直到1937年底为止，他对于中日战争时局的分析和判断都十分准确，语言也比较明晰。但随着军国政府言论控制的强化，其文章的论述方式变得隐晦起来。例如《长期抗战的前途》(1938年5月)、《长期战争下的诸问题》(1938年6月)等，都是先肯定所提出的观点或论题，然后依据事实和状况分析而曲折委婉地加以否定，最后以暗示的方式告诫日本国民，战争复杂曲折甚至有无法取胜的危险。[1]因此，我们需要根据具体的历史情景和尾崎秀实总体的思想倾向，努力从字里行间解读其真实的意思。

如前所述，早在中日战争爆发前的1936年，日本舆论界曾出现有关"中国统一化"，即中国是否已经是资本主义化之统一国家的论争。其中包含着三种观点。一个是传统的殖民地、封建性中国论或军阀国家论，代表着当时日本帝国和保守派的立场。另一个是新出现的"中国再认识论"，认为有必要重新理解以蒋介石南京政府为中心的全国统一及中国民族资本主义的发展。这一派论点一时成为日本舆论界占统治地位的论调。第三种观点是，充分理解以国共合作为中心的民族统一战线之确立的历史意义，并将其定位为世界反法西斯斗争的一环，在此基础上逐步阐明今日中国问题的核心所在，告知人们目前日本帝国

---

[1] 今井清一、藤井昇三编：《尾崎秀实的中国研究》，第189—190页。

三 社会革命与亚洲改造的大视野

主义的冒险行为将陷入泥潭。这一派在合法的范围内代表着日本部分反战的声音。[1]

尾崎秀实在战争爆发前的国民党南京政府论,注意从经济基础特别是与列强各国之金融资本的关系入手来讨论其权力结构,其后,他在参与"中国统一化"论争的过程中逐渐获得了对中国社会基本性质的明晰认识。例如《支那经济的重建与借款问题》(1935)一文,从殖民地状况出发,分析国民党金融政策特别是所吸引的外来国际资本未能惠及一般人民和民族工商业,其资金只是在政府与浙江财阀之间循环,由此揭示了南京政府的买办资产阶级性质。这是在参与"中国统一化"论争前的观点。而稍后所撰《支那的产业开发与国际资本》(1937),则是针对论争中代表第二种观点的矢内原忠雄的《支那问题的所在》一文的。矢内原忠雄从资本的逻辑出发分析中国经济,认为外国资本主义侵入中国之际,一面构成了对封建社会组织的摧毁,另一面也要求其资本主义化。这在逻辑上必然推动半殖民地中国的资本主义化,而国民政府和浙江财阀主导的资本主义发展将导致中国的"统一化"。矢内原在做出这种预测的同时,希望日本摆脱传统的中国"停滞"论,承认国民党政府为统一政权并与之合作。

尾崎秀实的观点则相反。他认为帝国主义时代的国际资本绝不会希望殖民地本土资本成为自己的对手,他们更希望中国保留其前资本主义即封建时代的要素。从20世纪30年代前后中国的现实状况和对半殖民地半封建社会性质的理解出发,他

---

[1] 参见中西功:《尾崎秀实论》(1969),收《回想的尾崎秀实》,东京:劲草书房,1979年。

中日间的思想

强调矢内原忠雄把中国的经济现代化与日本的明治维新相比，其妥当性值得怀疑。因为事实上，当时的日本虽然也面临着被西方列强殖民地化的危机，但同时又运用帝国主义的扩张逻辑向朝鲜和中国要求殖民地。这和中国半殖民地半封建社会的性质不同。矢内原的根本错误在于没有充分认识到帝国主义时代国际资本的作用。[1]尾崎秀实要说明的是，国民党南京政府代表的是浙江财阀即民族资产阶级的利益，而半殖民地半封建社会的民族资产阶级具有受制于帝国主义列强资本而不得不成为其"代理"的买办性。中国的真正"统一"，将在共产党主导下之人民大众社会革命的方向上最终得以实现。应该说，尾崎秀实的分析更符合中国现实，社会历史分析的方法也运用得灵活圆熟。到此，他对国民党南京政府的基本认识已经成型，并在接下来对全民抗战局势下之中国社会剧变的观察中得到了深化。

中日战争爆发后不到两个月，尾崎秀实于日本当时的主流刊物《中央公论》上发表了《南京政府论》，影响广泛。该文依然是针对"中国统一化"论争而发，讨论蒋介石南京政府的根本性质和统一战线的发展走向，但战况的瞬息万变使其论述更加动态化且深入到中国社会结构的深层。我们可以视此为代表着尾崎秀实的中国认识达到了新的高度。文章分别从南京政府的性质，它与国民党、军阀、浙江财阀、列强的关系等多个方面展开讨论，而作为中国资产阶级利益代表的南京政府，在全民抗战中不可避免地面临着根本性质转换的难关。在这样的认识前提之下，尾崎秀实不仅辩证地看到日本的侵略对国民党政府具有正反两方面的作用——国家危机与国家统一的实现，也

---

[1] 参见《尾崎秀实著作集》第1卷，第134—135页。

观察到半封建半殖民地社会性质给南京政府带来相反相成的结果——获得不到十年的国家建设的发展时间同时遇到劲敌日本的威逼而遭遇最后难关，更察觉到国共合作的真正达成对国民党南京政府反而是一个悖论——不合作将无以获得抗日统一战线的主导权，而要合作则必须改变国民党的独裁统治。

尾崎秀实认为，国民政府是国民党独裁政权的统治机关，国民党的阶级属性决定了南京政府的性质。1924年，国民党经过"改组"将共产党包括进来，尽管实现了"北伐革命"的一次飞跃，但同时也感到了与要求土地革命的农民和反抗帝国主义资本的工人之间无可"联合"的根本矛盾，故大革命后国民党甚至不惜一切力量以根除工人农民之政党力量为己任。归根结底，这是一个代表官僚地主阶级和新兴资本家及军阀利益的政权。经济上，它完全依赖浙江财阀，政府上则靠公债生存，而浙江财阀靠吞食公债发达起来，正所谓官僚资本主义。外交上，南京政府与外国列强又构成了一种"买办"式的"依存关系"。到此，尾崎秀实得出结论：半封建半殖民地中国在与列强接触过程中产生的所有矛盾，都体现在了南京政府身上。[1] 与对中国共产党的分析一样，尾崎秀实的国民政府论也处处贯穿着马克思主义社会历史分析的方法和辩证思维。动态的观察和结构性剖析相结合，使其能够紧贴着中国社会的发展历史做出最终的判断。其中，注意阶级关系和资本的逻辑以及社会革命的欲求，是其方法论的灵魂。

全面抗战初期，国共两党合作的实现和中国全民抗战态势的形成，使日本军国主义当初"速战速决"的妄想落空。到了

---

[1] 参见《尾崎秀实著作集》第2卷，第13页。

1937年年底，尾崎秀实连续发表《败北支那的进路》和《国共两党合作的将来》两篇文章，开始根据战况提出对未来的预测。前一篇文章强调，这场战争对于中国来说是民族战争，故而日本虽然在中国北方取得了战果，但战争的结果取决于日本与国民政府的最后解决方式。字里行间，暗示着中国将不会屈服。尾崎秀实还引用毛泽东与斯诺谈话中提到的运动战理论，预示中国必将坚持长期抗战："支那的统一是俨然的事实。此乃以大炮和炸弹难以摧毁的。"[1]后一篇文章，则认为在抗战初期可以进一步看到中国民族统一的要求在增长。虽然国共两党确实有再分裂的危险，但只是民族统一战线内部出现两个指导中心而已，不会导致中国的分裂。[2]这个新的判断，为后来中国八年抗战的历史事实证明是正确的。

历史进入1938年。从徐州会战到武汉战役前后，中国出现了空前的国共两党紧密合作与全民族团结抗战的良好局面。3月29日，国民党在武汉举行了临时全国代表会议，并通过《抗战建国纲领》，号召"集合全国之物力、人力以同赴一目的"而救国家民族于危亡，实现全面抗战建国。共产党也起而积极响应，不仅参加了7月在武汉召开的第一届国民参政会，而且于11月在延安举行了六届六中全会，总结十六个月以来的抗战形势，提出持久战争及游击战、运动战的方针。战争给中华民族带来了深重的灾难，但同时也激起了不曾有过的民族国家意识和民主观念，这成为长期抗战的坚实基础和根本保障。武汉失守后，中日战争进入相持阶段，这种认识成为中国抗战指导层的共识。

---

[1]《尾崎秀实著作集》第2卷，第87页。
[2] 参见上书，第92—93页。

而此时，尾崎秀实也在密切关注着战况的变化，并深刻意识到了战争形态的根本转变。

《长期抗战的走向》作于1938年4月10日，此时，日军于台儿庄受挫而正决定实施徐州会战。这是一篇感慨深切的文章。战争爆发后，中国军民的正面抵抗使得日军严重受挫，这也是决定战争走向的历史瞬间。尾崎秀实作为活跃于新闻第一线的评论家，已然意识到问题的严重性，并做出了战争必然长期化的判断。我说文章感慨深切，在于作者开篇便流露出复杂感伤的心境：八个月来的战争是残酷的，友人的战死使墓碑徒增，但战争只能继续下去而没有退路。尾崎秀实一方面承认战争的现实，强调日本只能取胜，另一方面却向日本国民表明，中国民族的抵抗也将进行到底。在此认识基础上，他甚至开始考虑战争结果的处理问题，表示出要彻底解决"支那问题"，日本自身也必须有社会改造的觉悟。这复杂感伤的心境，还来自战争爆发后日本言论自由的越发受到限制，使作者不能不表面上顺从军国政府的要求而"曲笔"表达自己的真意。

而发表于《中央公论》第6期的《长期战之下的诸问题》，忧虑和批判的比重则进一步加深。此时，徐州会战已经接近尾声，日本方面期待一举挫败中国的抵抗力，但尾崎秀实认为事情并非那么简单。他尖锐地批评岛国日本历来对大陆认识上的偏颇，即只有"倭寇型"的侥幸制胜或"惩罚型"的即时解决，而没有"经营型"的长远思考。若从长计议，则"日本社会之重组"改造就成为必要。尾崎秀实大胆地预测：中国内部困难重重但国家不至于分裂，而徐州会战日方虽有取胜的可能，但中国不会屈服。至此，尾崎秀实的思考已渐渐转到日本内部改造的方面。事实上，他也于一个月后辞掉了《朝日新闻》职务，成为战时日本近卫内阁的智囊，具体参与到"国民再组织"和"对汪精卫和平工作"当中。

然而，战争依然像脱缰的野马以远远超出人们想象的态势向前推进。尾崎秀实的战况跟踪剖析，也越发变得焦躁急切。1938年6月，日本决定继续进攻武汉、广州，从军事政治上给国民政府以彻底打击。中国方面也提出"誓死保卫大武汉"的口号，一年来的全民族抗战达到高潮。武汉会战，乃是经济军事实力远远落后于敌方的中国军民最后的正面大规模抵抗战。10月25日，武汉失陷后中国军队开始向湘北和鄂西撤退。战争，对中日双方来说都进入了全新的阶段。而一个重大的事实则震惊了日本和世界，那就是蒋介石抗日政府和中国人民并没有投降，无论日本侵略者怎样的骄横野蛮不可一世。

这期间，尾崎秀实依然以几乎每月一篇的进度继续做着战况跟踪剖析。其中，重要的两篇是《支那事变第三期》（1938年8月）和《汉口战之后》（1938年10月）。前者，依然强调在感慨与反思的同时要从根本上重估战争的性质。尾崎秀实明确指出，鉴于中国历史上元朝和明朝的经验，退避西南的抗战国民政府依然有抵抗的空间，中日之间的战争必然是一场持久的战争，而日本人是否有长期经营大陆的能力将成为问题的关键。后者，则敏锐地注意到：武汉会战与此前的攻占上海、南京乃至徐州会战全然不同，此后，战局将发生本质性的变化。即"汉口攻略迫使日支抗争中的支那一方其抗战形态发生实质性的转变，在日本一方则以汉口为顶点完成了一个井然的体制——体系"。这个"体系"意味着什么呢？尾崎秀实告诫日本国民，武汉会战的意义在于从这个新出现的"体系"中可以看到日本之行为的限界！下一步必须集中于努力维持占领地区的秩序包括经济建设等，而不是继续向中国西南的四川、云南去追击蒋介石抗战政府。联系到此前他对战争长期化的预测，可以说尾崎秀实已然清楚地意识到：日本当初发动战争的速战速决策略已彻底落空，中国的抗日持久战也已经成为事实。而"为了维持这个体系，日本如何变革社会和国家机构本身，才是问题的关键所在"[1]。

到此，他的一系列战况跟踪剖析告一段落。

（五）综合动态的中国社会论——《现代支那论》

从1936年参加美国太平洋会议到1939年《现代支那论》由岩波书店出版，尾崎秀实在日本舆论界的知名度达到顶峰。我以为，要理解其中国论述的深层内涵和逻辑理路，应该更重视对其代表作《现代支那论》进行深度解读。因为，这是他离开一般的时事议题，试图综合把握中国社会和民族解放运动的文字结晶，代表着其中国认识所达到的理论高度和思想深度。遗憾的是，以往日本学者的研究很少对此书有深入的解读，而更关注那些引起一时轰动效应的时事评论。

1939年春，尾崎秀实应邀到东京帝国大学所设"现代支那的特质"的成人讲座做了一个系列讲演。讲演内容的速记稿经整理，就是这部《现代支那论》。中日战争的爆发和长期化使日本国民对中国的热情迅速高涨，这部著作因及时有力地回应了时代的要求而成为名著。当时，它被列入刚推出的"岩波新书"

---

[1]《尾崎秀实著作集》第2卷，第128页。

系列，与英国传教士克里斯蒂《奉天三十年》等书一起，隐隐地彰显了日本最大左翼出版机构岩波书店对战争的批判立场。该书除"自序"和"绪言"外共有十章：

一、支那社会的两大特征

二、支那社会复杂性的根据

三、支那社会与历史停滞性

四、支那历史的时期划分

五、历史的制约与现代支那

六、现代支那特征性的诸面向与封建性诸要素的浓厚残留

七、支那与列强资本

八、民族运动的特征

九、国民党与共产党关系

十、支那的变貌

在"自序"和"绪言"中，尾崎秀实明确地亮出了自己综合、动态地观察中国的方法论视角，强调在当时讨论东亚新秩序的时刻尤其需要真正科学的中国认识。这是对其一贯立场的再确认。综合而动态地观察中国，意味着在整体认识其社会性质的同时，还要具体入微地紧贴着急剧变动的历史，来把握千变万化的社会革命及其民族运动的动向，这也是构成全书前后两个部分的主线。"绪言"的第一节和第二节分别讨论中国社会的基本性质和复杂性的来源，是基础研究的部分。尾崎秀实基本认同当时视中国为半封建半殖民地社会的一般看法。不过他强调，必须把这两个基本性质放在现代中国社会的核心位置上

来讨论和解剖。所谓"半封建性"应该理解为前现代社会的种种遗留,所谓"半殖民地性"则在于中国社会很大程度上受到殖民主义列强的制约,这些外国势力直接左右着中国国家机构的运作。而两种性质也并非均衡地存在,半殖民地性无疑是建立在半封建性之上的。重要的是,不但要抓住中国社会这两个基本性质,还要更为具体而统一地加以对比和分析。

这就涉及了中国社会的复杂性问题。尾崎秀实认为,中国的复杂性来自其生产关系的复杂性,如原始生产和近代资本主义生产的并存、沿海城市资本主义与内地农村经济的不平衡发展,等等。一方面,中国的"半封建性"体现为在农业生产关系中依然存在着乡村共同体和宗法社会家长制,甚至有的地方保留着原始共产制,近代都市手工业中还残留着封建师徒制等。而最具代表性的封建制遗留,乃是军阀的存在。军阀拥有割据的地盘而与中央政府处于分离状态,呈现出中世纪封建君主的威势,严重阻碍了统一的现代民族国家之建构。另一方面,"半殖民地性"则体现在孙中山所言的"次殖民地"地位,即同时被多国列强所瓜分而比一般殖民地更等而下之的悲惨状态。在此,既有列强资本在中国以"利益均沾"为号召的相互角逐,又有民族资本在夹缝中求生存、彼此合作与抗争的矛盾结构。中国社会正是在"半封建半殖民地"两大属性的同时作用下,形成了异常复杂的结构形态。

在20世纪上半叶讨论中国社会的性质和复杂性,不能不涉及两个重要的概念,即"亚细亚生产方式"和"东方停滞论"。我们已知,20世纪20年代国际上曾出现过有关亚细亚社会性质的讨论热潮,它起因于如何看待中国的大革命及其社会改造的走向。其中,直接影响并左右论争走向的是两位西方马克思主义学者，即匈牙利裔苏联学者马加尔和德裔美国学者魏特夫。马加尔曾在中国工作而后出任共产国际东方局副部长，其《中国农业经济论》（1928）被视为当时依据马克思亚细亚生产方式论做出的最好解释，而《中国经济研究》（1931）则指出：土地私有权的阙如、人工灌溉及大规模土木工程之必要性、乡村共同体和作为国家形态的专制君主制——东方社会的这四大特征，均可在马克思著作中得到印证。魏特夫则以独创的"水利社会"概念，综合发展了黑格尔和韦伯有关东方专制主义的论述。而稍后出现的中国"半封建半殖民地社会性质"论，则是源自共产国际和中共的决议。1928年在莫斯科召开的中共六大，通过《关于农业关系和土地斗争的决议》，正式做出了上述规定以取代"亚细亚生产方式"和"东方专制主义"等提法。这个提法基于马克思主义和列宁民族自决论中有关民族解放斗争的基本纲领。

尾崎秀实对马加尔和魏特夫的中国研究均有所接触，也了解共产国际和中共对"半封建半殖民地社会"的定性。不过，他在书中主要援引的是日本社会理论家森谷克己的《亚细亚生产方式论》（1937），并赞同其"亚细亚生产方式"并非地区性概念而是指称原始农业共同体的观点，认为这一超历史的社会形态论可以用来说明中国有史以来的社会性质，而中国长期停滞的历史则体现在农业社会上。另一方面，他采用中国作家林语堂和社会史学家陶希圣的观点，强调这个农业社会是一个扩大的家族制。这样，尾崎秀实确定了中国社会的历史性特征，他虽然承认自己对上述两大概念没有深入的研究，但他清楚地了解这些讨论的政治背景。20世纪20年代的人们热心争论这些问题，是要对震撼世界的"大革命"中国的社会性质和革命目标给出正确的认识和定义。这也正是尾崎秀实的关心所在。

以上是该书的前半部分。如果说在对中国社会性质的历史分析及理论阐述方面，至此还没有显示出作者的本领，那么，在下半部分讨论微观现代中国种种特征的方面，则充分体现了自称中国革命之"从军记者"的尾崎秀实敏锐的分析能力和深邃的洞察力。尤其是第六节对封建性和殖民地性之浓厚残留的解析，可以说深入到了20世纪上半叶中国社会结构的各方面，而这又与后面他对中国民族解放运动即社会革命必然性和发展走向的分析紧密勾连，构成了尾崎秀实中国论述的最精彩部分。这里，他分别探讨了中国社会的四个特殊势力或利益阶层。

第一是官僚、地主和乡绅。尾崎秀实认为，中国的官僚制度不仅是国家的核心，也是农业社会的中心，而农村的地主乡绅是官僚的来源和后身，他们占据了中国社会内部的主体地位。只是到了20世纪30年代，官僚地主阶级的形态才开始发生变化，出现了在乡地主的没落和离乡地主的抬头这一现象，这也预示了中国传统社会行将发生根本改变。尾崎秀实还注意到左翼经济学家陈翰笙以及毛泽东对土豪劣绅产生根源的分析，把握到中国士人不论在朝为官还是在野为绅都一样地盘剥人民的特征。第二是军阀、土匪。军阀的主要特征在于他们是封建土地的所有者，同时又与外国势力相勾结。他们最大的野心是称王，这是中国封建性统治体制所使然。1926年的北伐革命就是要彻底铲除军阀赖以产生的社会基础。抗战爆发后，各路军阀纷纷投入抗战洪流中，则预示着中国民族解放斗争正深刻地改变着既成的社会结构。而土匪，与军阀一样，其产生的基础在于中国农业经济，两者有直接关联。军阀混战中败走的一方成为土匪，反之土匪坐大也可以称王。土匪的盛行，更造就了反土匪的地方组织——秘密结社的出现。第三是秘密结社。这种现象多发生在改朝换代之际，而近代中国革命组织的母体也多为帮会。至于青帮后来成为国民政府的合作者，是因为还没有彻底清算封建诸关系的国民党有意利用帮会作为执行其行政的手段。第四是买办、浙江财阀。尾崎秀实认为，中国也曾有过商业资本，但未能向产业资本转化，而是与封建官僚结成从属关系，以购买土地或对农民放高利贷。结果，它破坏了农民的经济却未能使封建制崩溃。由此产生了作为外国资本和中国经济之中介的买办。浙江出身或以上海为中心的财阀，其资本大体上来自中国封建社会末期所积累的官僚资本。国民党"四大家族"是浙江财阀的代表，他们典型地反映了中国半封建和半殖民地性格。

至此，该书进入到最核心的部分，即中国民族解放运动的动态分析与国共两党哪一方更代表该运动的根本利益和未来走向。尾崎秀实首先强调，民族运动是现代中国政治中最大的问题所在，它与列强的动向深有关系，此问题作为主流影响到社会其他各方面向一定的方向发展变化。如前所述，尾崎秀实笔下的"民族运动"是一个非常宽泛的概念，不仅意味着中国反抗外国列强压迫的民族解放运动，更包含着深远的社会革命的内容。因此，在讨论中国民族运动的"特质"时，他首先从辛亥革命后的"学生运动和工人运动"说起，然后进入到对"农民运动"的阐发，最后是"民族统一战线"的结成。

尾崎秀实注意到，1935年共产国际号召共产主义和自由主义携手结成"人民阵线"以反抗法西斯主义，而毛泽东及其共产党人强调更广泛的"民族阵线"，也由此成功地实现了国共第二次合作。他清醒地看到，国共两党原本矛盾深刻，但受到国际政治和国内民族运动的压力，终于达成了共产党所要求的两

三 社会革命与亚洲改造的大视野

党合作。总之，从学生工人农民运动到今日的民族统一阵线运动，归根结底是因中国社会的特殊性质而产生的，其最终目的在于摆脱半封建和半殖民地状态，从而实现中国社会的全面解放。不过，尾崎秀实也相当冷静而辩证地描述了国共两党的合作与斗争中所包含着的两个相反相成的动态结构：一方面，是与落后的中国社会特质相关联而产生离心的诸条件作为反统一运动的势力表现在军阀和列强的动向上；另一方面，则是决定其向心的统一方面之正确的民族运动走向，而未来民族运动的发展则取决于内外各种势力的综合作用。总之，抗日战争最终将导致中国民族主体的重建，并彻底改变其半封建半殖民地社会的性质。

最后，是关于中日战争解决之道的设想。尾崎秀实首先分析了被占领地区和抗战中国——西南大后方的经济变化。他认为，虽然被占领地区的中国经济优于大后方，但是西南的经济建设成果显著。而且，即使在被占领地区，由共产党领导的游击战亦发挥了重新组织农村而使其社会结构发生变化的作用。尾崎秀实清楚地看到，中国的抗战政权采用新的方法解决民族问题，可能使中国社会发生革命性的改变。那么，日本应该如何应对这个抗战中国呢？在此，针对近卫内阁的"东亚新秩序"声明（1938年11月），尾崎秀实表达了一种矛盾、绝望的态度：一方面，他承认这是一个从日本出发解决战争状态的实际方案；另一方面，他又明确认识到建设"东亚新秩序""不能以日本一方强迫的手段来实现，这也不是一个贤明的方式"。可是，作为战争发动者的日本向被征服一方的中国提出"新秩序"的"合作"要求，又只能是单方面暴力性的。这和尾崎秀实所观察到的中国全民族抗战的现实，是根本矛盾的。因此，他期待中日两国相互"折中"以获得"战争状态"的解决，同时又援引蒋介石1939年4月17日在重庆中外记者会上的谈话——所谓"东亚新秩序建设"就是"要日本在东亚获得垄断性霸权并使中国灭亡"而做出结论道：

> 东亚新秩序建设是日本人的一个历史性课题，它要从根本上解决和清除支那的民族运动。今日，作为抗日民族阵线而出现的略微畸形发展的支那民族运动，根本上是一种消除支那社会半殖民地和半封建性而摆脱漫长的历史停滞状态的要求。因而支那民族运动的终极解决，必须回应这一要求。[1]

我感觉，这是尾崎秀实从深度绝望中对日本发出的一个强烈警示，同时也是他于中国民族解放运动之大历史中得出的一个深刻理解——中国人民的根本欲求在于彻底的社会革命和人之全面解放！这里的"终极解决"一词，在日语原文中为"大乘式解决"，它强烈暗示出尾崎秀实这样一种态度：比起中国人民的根本要求来，日本军政府的"东亚新秩序"声明乃至学者们的"东亚协同体论"，就显得过于"卑小"[2]了。这民族运动，既是抗击日本侵略者的民族解放运动，更是要根本消除半殖民地半封建性的社会革命欲求所使然。日本如果不能为中国提供满足这种革命欲求的方策，那么任何从速解决"支那事变"

---

[1]《尾崎秀实著作集》第2卷，第286页。
[2] 在《"东亚协同体"的理念与其成立的客观基础》一文中，尾崎秀实是这样表述的："比起中国的民族问题，我们不得不明确地承认'东亚协同体论'实在是过于卑小了。"（《尾崎秀实著作集》第2卷，第314页）

的企图和计划，都将无济于事。这里，语言的表达尽管曲折隐微，但对于"东亚新秩序"乃至整个日本的战争体制之质疑和批判，乃是极为明显的。

总之，《现代支那论》是尾崎秀实整体把握中国社会和民族解放运动的文字结晶，代表着其中国认识所达到的理论高度和思想深度。作者通过以下方法和逻辑理路，获得了对中国人民根本欲求的理解。第一，综合、动态的分析方法。这实际上是尾崎秀实一再强调的日本中国研究所缺乏的"科学方法"，亦即左翼马克思主义社会历史观和辩证批判的方法。综合分析，即以整体的历史观和社会发展规律来判定一个国家社会的一般状态，并将这个历史观和发展规律推演到每个具体的结构关系，包括政治经济文化关系和社会各阶层的构造分析之中。动态分析，则是要在观察具体的社会事件和历史变化的过程中，注重考察其一个个事件在瞬间变化之间的微妙差异与内在联系。在此，一般的规律与特殊的事件构成了一种互为因果相互阐发的关系，从而达到辩证统一的境界。人们或者倾向于综合归纳的概念推演，或者擅长于具体描述的动态分析，而尾崎秀实则能够将两者辩证地统一起来，并运用到水乳交融的程度。《现代支那论》以中国社会性质的两大特征——半封建半殖民地性为基本概念和综合判断标准，由此渐次进入中国社会复杂性的分析。"半封建性"对应着中国社会的历史停滞性，由此推导出现代社会种种封建性的残留，包括官僚买办、军阀土匪、秘密组织等各阶层的特征，以及国民党政府的性格。"半殖民地性"联系着外国列强资本与民族资本主义的复杂关系，由此推导出中国民族解放运动的必然发生以及共产党成为主导力量的历史必然性。

第二，如果要判断尾崎秀实在综合分析和动态考察两方面更倾向于哪一方，那么，毫无疑问后者是其更为擅长的。他始终以热诚的目光关注着大革命以后中国一个个惊涛骇浪般的社会事件和历史变动，特别是民族斗争的走向。而具体动态地加以分析考察，乃是尾崎秀实中国论述的最大特征。来自台湾、上海生活的实际体验，也确实强化了他依据事实和经验做出判断的能力。可以说，如果没有在中国生活的实际体验，缺乏动态把握中国急剧变化的社会形势的视角，尾崎秀实是绝对写不出这样鲜活生动而深刻犀利的论述的。

第三，与动态考察的方法相关联的，还有尾崎秀实对既成观念包括自己的思想观点的不断反思和修正。比如，对中国社会封建性的认识。在《现代支那论》中，他基本上采用了亚细亚生产方式即东方官僚封建制的说法，但又感到不满足。被捕入狱后的1943年，他表达了对此前结论的修正。他认为，东方官僚专制和封建国家体制是同时并存的，在向专制主义发展的过程中也包含着封建社会的发达，即"一方面是东方专制国家，另一方面又维持着封建社会的形态"。尾崎秀实强调："要之，中国有两种体制——东方专制官僚体制和封建制（主义）同时存在，两者未曾被一方压制乃至吸收，而是纠缠在一起发展而来。它们的关系在于以前者为外观形态以至于骨架，后者则为其内容。因此可以理解为前者并非完成形态，因为后者（封建主义）顽固地残存着。东洋社会中的'水利'——灌溉、治水，其意义当然原本重大，但也不能对这一派的见解评价过高。需要补充的是，即前者作为促进因素后者作为阻碍因素构成一种相互作用的关系。"[1]

---

[1]《尾崎秀实著作集》第4卷，第43—44页。

三 社会革命与亚洲改造的大视野

这应该是尾崎秀实辩证地观察中国社会性质所得到的最后结论。比起书斋里的思辨学者，他从现代中国不断变动的民族运动及社会革命的方面出发，对社会性质给出了一个更为复杂动态的定义。他并未机械地用"专制官僚体制"或"封建制"的某一方来观察中国的历史和现实，而是要用复线的眼光来把握问题的所在。这不仅补充了《现代支那论》中对此问题讨论的不足，更表明了尾崎秀实一贯从现实出发思考中国问题的基本立场。

（六）"东亚协同体"论辩与帝国主义批判

讲座"现代支那论"的结尾部分，谈到了"东亚新秩序"建设和中日战争的解决之道。实际上，在这前后尾崎秀实还直接参与了与日本政府的"东亚新秩序"声明密切相关的"东亚协同体"的讨论，并形成了自己的独立见解。他的《东亚协同体的理念及其成立的客观基础》等文章，也因此成为历史性的文献。同时，从1938年7月接受近卫内阁的"嘱托"一职到1940年底大政翼赞会成立，在两年多的时间里，尾崎秀实身处日本帝国决策机构的内部而成为重要的智囊，参与了一系列政党政治运动和决策方案的出台。这期间，也正是日本政治进入总体战体制之前争斗异常激烈的时期。从1937年6月第一届近卫文麿内阁成立（第二届为1940年7月），到1941年7月第三次组阁不足三个月就为东条英机军事独裁内阁所取代，近卫政权试图在重建政党政治的基础上实现政治集权以解决中日战争的僵局，而其主要的施政焦点是在应对始终不屈服的抗战中国的同时，实行日本内部的改革。这与深刻了解中国民族运动走向而怀抱共产主义信念并期待日本之改造的尾崎秀实，在基本的理念上是一致的。当然，从今天的角度观之，尾崎秀实这期间的言论未能也不可能脱离为政府建言献策的政论形式，至少在表面上是如此，但其内里，却包含着依据"中国经验"对日本帝国主义霸权逻辑的深刻批判，这种批判所达到的崭新高度，则体现在对"东亚协同体"论的论辩上。

中西功曾正确地指出：尾崎秀实1937年前后的中国论与1939年的"东亚协同体论"在本质上是一致的，意在向日本国民说明：必须正视中国人民的反抗力量而战争问题只能政治解决。[1] 换言之，自中日战争爆发前后开始，尾崎秀实凭借其对中国民族运动和社会革命的深刻理解，在讨论中国问题和中日关系时不断向日本发出警告，有时甚至触及了帝国霸权逻辑的根本。因为，中国民族解放和社会革命的要求与日本帝国主义霸权战略是根本矛盾的。我读《"东亚协同体"的理念及其成立的客观基础》等相关文章，印象更为深刻的，是其"批判"的背后隐隐贯穿着一系列强有力的逻辑链条或者原则理念。例如，东亚各民族获得殖民地解放后实现"协同"的平等原则、"东亚协同体"必须是一个去帝国中心化的自主连带的共同体、农业革命将成为"东亚协同体"建设的根本途径，等等。这些逻辑链条和原则理念，是与帝国日本称霸亚洲的殖民逻辑背道而驰的。

上面提到，尾崎秀实参与了以近卫文麿为统帅的一系列政治运动。这包括为在中国树立亲日伪政权对汪兆铭做的"和平工作"（1938）[2]、意在建立一党独裁而统领全体国民的新党运

---

[1] 参见中西功：《尾崎秀实论》，载《世界》1969年第4—6月号，东京：岩波书店。

[2] 参见《汪兆铭问题的新发展》，收《尾崎秀实著作集》第2卷。

动（1938）、第二届近卫内阁重启的所有国家机构置于一党统帅下而形成高度集权的新体制运动（1940），以及建立自上而下的摆脱官僚军部控制的国民再组织运动（1940）等。作为其中的革新派成员，尾崎秀实试图将社会主义革命的理念和日本改造的构想寄托于这些政府主导的确立战时体制之运动上。而他对"东亚协同体"的论辩以及由此形成的独有理念，正是在这些运动的参与过程中不断淬炼成形的，同时，对这一系列政治运动的参与亦是其理念的实践过程。那么，我们该如何理解这一系列政治运动的性质呢？这个问题，不仅关系到尾崎秀实为何"积极地"参与其中，而且涉及他何以能够将自己的理念和构想"有限度地"融入其中。因此，有必要在此做个简要的交代。

以往，日本学者基本上是将这些政治运动笼统地称为法西斯主义集权运动的。但是，政治史学者伊藤隆在其《走向大政翼赞会之路——近卫新体制》一书中提出了不同看法。他认为：这些政治运动的参与者，如近卫文麿、军中"革新"派、众多新官僚，还有风见章、有马赖宁、中野正刚、尾崎秀实和社会大众党人，以及众多"转向"了的共产党员等，人们大都未必将他们视为"法西斯主义者"，原因在于这期间的新体制运动不断受到来自"观念右翼"、既成政党、工商业界和军部的反对，因为这一系列运动本身带有国家社会党和苏维埃政党的"赤色"倾向，即以一党之先锋队为引导的集权主义。[1]伊藤隆的意思是说：这还不是总体战体制本身，正是这些带有国家社会主义性质的政党运动遭到"右翼"抵制而受挫后，才最终产生了东条英机法西斯军

---

[1] 伊藤隆:《走向大政翼赞会之路——近卫新体制》，东京：讲谈社，2015年，第228页。

事内阁，我们不能将两者混为一谈。也因此，它给尾崎秀实这样的"革新"派提供了施展政治想象和改革志向的一定空间。

回到"东亚协同体论"上来。这个议题的出现，源自近卫内阁的"东亚新秩序声明"。我们已知，1938年一年之中近卫内阁有三个"声明"，都是应对瞬息万变的战争之不曾预料的局面而发出的。1月16日的"不以国民政府为交涉对象"的表态，针对的是蒋介石国民政府即使首都南京沦陷亦继续抗战的局面。11月3日的"如果国民政府抛弃以前的一贯政策，更换人事组织，取得新生的成果，参加新秩序的建设，我方并不予以拒绝"的声明，则是对第一次声明的修正，其画龙点睛之笔在于"更换人事组织"，也就是"蒋介石下野，汪精卫出山主政"。[1]而12月22日的"善邻友好、共同防共、经济提携"之三原则的提出，则是为因应一个月前汪日密约达成六项协议而"汪精卫政权"呼之欲出的局面而做出的外交政策表明。三个声明的难言之隐在于，如何应对中国人民抗战到底的志向，怎样才能达到速战速决的目的。这凸显出中国"民族问题"的重大和帝国主义征服战争的正当性问题，因此也成了配合"东亚新秩序"声明而出现的"东亚协同体论"的核心议题。

"东亚协同体论"的提出和展开，有众多政策研究者和知识人参与。其中，以杉原正巳为代表的杂志《解剖时代》和以腊山政道、三木清、尾崎秀实、橘朴为主要成员的昭和研究会两个群体的论述比较成型。[2]尾崎秀实则是通过"批判"双方的

---

[1] 唐德纲等著：《从甲午到抗战——对日战争总检讨》，北京：台海出版社，2016年，第154页。

[2] 据尾崎秀实的说法，此外还包括以杂志《评论》为据点的山崎靖纯等人的观点。

观点来阐述自己的认识的。前者的杉原从世界史的视野出发，以东亚问题的解决为目标展开"协同体"的论述，认为世界社会的形成始于地域、民族、文化相互接近的各国首先形成协同的区域集团，中国、日本、"满洲国"之间可以在各自的"国家协同体"之上，逐渐实现"东亚协同体"。显而易见，这是当时国际关系论上"区域主义"理论的一个东亚版本。而后者的腊山政道是当时东京帝国大学的御用学者，他以"民族国家"是19世纪的陈旧政治概念为由，批判国民党的三民主义过分强调"民族"，主张有必要将其改为"民生、民权、民族"以纠正价值判断上的顺序谬误。进而，他提出"民生主义"之"中日经济统合论"，并在此基础上涉及了"思想文化建设"议题。这实际上是一种伪装成经济区域主义的殖民地政策论。他强辩说，"内在于日本大陆发展的原理并非帝国主义，而是以防卫和开发为目的的区域主义"[1]，而"东亚协同体论"，其目标在于建立中日经济合作的地区集团。正如酒井哲哉所指出的："支撑腊山的是这样一种认识：在已然迎来去殖民地化过程的今日，帝国主义之文明使命论的观点已经无法与后发达地区之抵抗的民族主义逻辑相对抗。因此，必须采取超越民族主义而具有相互性的区域开发逻辑。"总之，"基于民族自决原理之主权国家原子论的国际秩序如今已漏出破绽，应该转向有机的区域一体性以作为国际秩序的指导原则，这是战争期间典型的国际政治认识。而腊山政道的论述，也忠实地反映了当时这种知识人的普遍判断"。[2]

---

[1] 腊山政道：《东亚协同体的理论》，载《改造》杂志1938年11月号。
[2] 酒井哲哉：《近代日本的国际秩序论》，东京：岩波书店，2007年，第140—141页。

尾崎秀实于1939年1月发表的《"东亚协同体"的理念及其成立的客观基础》，首先就是针对杉原正巳和腊山政道的经济合作之区域主义的。他认为，中国民族解放运动的"动向"乃是日本朝野始终不曾注意和认真对待的问题，日本人更愿意从资本市场和原材料供应地的角度来看待中国并思考中日关系问题。因此他尖锐地指出："我们所说的民族问题，当然包括支那民族居住国土的广大和四亿人口的众多这些事实，但是我们更重视的并非静态观察而是以动态的视野所看到的民族问题，某种意义上讲也就是民族的动向。"[1]日本试图以武力建立占领区的傀儡政权而分割中国，但民族问题依然没有得到解决。经济问题、和平谈判等等也是如此。原因何在？

> 只拥有落后的经济力量、不完整的政治体制和劣势军力的支那能够抗战至今，其秘密就在于这民族问题。这不单单是国家规模的问题。游击战士不必说，那些与一切政治势力没有协作关系而只以大地为劳动对象的农夫和城市流浪少年，他们亦按照自己的方式参与到民族斗争中来。[2]

中国的民族运动是人民大众解放欲望的呈现。中日开战更导致全体人民不分阶层和党派集团而整体地卷入了战争乃至社会革命的洪流，正所谓"地无分南北，年无分老幼"而纷纷加入到"守土抗战"的行列。日本所面对的绝非单纯的蒋介石国

---

[1]《尾崎秀实著作集》第2卷，第311页。
[2] 同上书，第312页。

三 社会革命与亚洲改造的大视野

民政府，或者中国民族资产阶级，或者一贯主张抗日的共产党左翼势力。那个曾经是"一盘散沙"的中华民族，如今在帝国主义征服战争的威逼下已然凝聚出一个超阶级、超党派、超地域的全民族抵抗态势。它不仅成为日本征服战争难以推进的反抗力量，同时也将给中国社会带来全新的革命性变化。而日本单纯依靠武力、经济外交或区域主义的开发计划，无法应对这样的全民族抵抗态势。尾崎秀实激越地强调：中国的民族问题，其发展动向完全与日本的方向背道而驰。"东亚协同体论"应该是开战以来与中国这一民族问题相遇，由其教训而生发的理论。这个理论需要解决的根本政治问题有三。第一，真正的协同体如果没有中国积极主动的参与，将无法实现。第二，日本发动战争可能有种种国防、经济、资源上的实际要求，但是如今必须从更高的层面来思考东亚重建的大目标，亦即终极的和平。第三，要实现东亚协同体的目标，需要在外部和内部进行艰巨的斗争。日本于自己的内部要抑制其露骨的帝国主义要求，而当时日本的状况还不足以承担终结战争并复兴东亚的大业，必须对国内体制实行根本的改造。

"于自己的内部要抑制其露骨的帝国主义要求"，[1]这看似温和而节制的表达，实际上是一个相当严峻的警告！我理解尾崎秀实真正要诉说的是：中日战争的僵局、东亚局势的危机、日本难以承受的战争重负，这一切不正是帝国主义欺小凌弱的殖民和征服逻辑所使然吗？这个逻辑与人类平等、民族自决、国家间和平相处的普遍原则相违背。"露骨的帝国主义要求"不仅无以回答和解决中国的民族解放诉求，反而造成日本外交的根

---

[1]《尾崎秀实著作集》第2卷，第314页。

本矛盾，即一方面面对欧美帝国主义而要求东亚的殖民地解放，另一方面则针对东亚运用西方帝国主义逻辑而要求地区霸权。尾崎秀实指出：

> 日本的外交其异常困难的处境在于，一方面直面着依然把东亚大陆作为帝国主义征服对象的列强而有防卫"东亚协同体"的任务……另一方面日本自身内部又残留着与欧美列强至少在客观上同样的主张和要求。在此的确让人感到还存在着必须从东亚新秩序的观点出发而应该清算的诸多夹杂物。[1]

这无疑是对日本国家的一个隐微而痛烈的批判！面对欧美和东亚，此种双重逻辑的分而用之，何止造成了外交上的困境，它已然成为帝国主义日本道德正当性的危机所在。试问，以帝国主义的原理和逻辑能够从帝国主义统治下"解放东亚"吗？而当尾崎秀实从自身的逻辑推演下去达到这个结论之际，他的"东亚协同体"论辩就不能不带上悲凉的色调。于是文章结尾处写道，"然而，因东亚的危机现状而诞生的'东亚协同体论'，其前途上横亘着无数的困难"，它"能否成为东亚苦难的解放者，最终将取决于能否得到中国人所谓的'先忧后乐'之士的协助而获得民族问题的解决之策，以及日本国内的改革得以实行从而获得的国民对'协同体论'的理解"。[2]

当时，做出此种批判和警告的并非尾崎秀实一人。比如，

---

[1] 《尾崎秀实著作集》第2卷，第316页。
[2] 同上书，第318页。

一样具有马克思主义思想背景而同为昭和研究会成员的三木清，亦曾表达过相近的观点："妨碍支那独立的是列强帝国主义。日本的行为，据说在于将支那从白人帝国主义之下解放出来，若无这种解放则东洋的统一无以实现。但是，如果日本取代欧美各国而对支那实行帝国主义统治的话，那么东亚协同体的真正意义将不能实现。"[1]然而，尾崎秀实的批判和警告是从重视中国民族问题的角度出发的，而非一般的理论推导，因而更具有现实感和批判的力度。他背后的原则理念和世界构想，也与一般的"协同体"论者大不相同。就是说，他的论述背后隐含着一个以东亚各国的独立平等和民族解放为基础的变革理念——世界革命与亚洲社会主义构想。尾崎秀实承认，政府的"东亚新秩序声明"促成了"东亚协同体论"的出现。学者藤井昇三比较尾崎秀实的论述与近卫声明的同异，发现他并没有提"共同防共"，而是重点讲清算帝国主义之榨取关系和民族的连带。他的协同体论既有对近卫声明的粉饰，同时也包含着批判帝国主义侵略与资本主义发展的内涵，是东亚新秩序论的脱胎换骨之论。[2]

（七）中日"农业革命"并行论与国际主义理念

以"脱胎换骨"的论法将自己的思想理念嵌入政策建言的

---

[1]《三木清全集》第15卷，东京：岩波书店，1966—1968年，第312—313页。
[2] 藤井昇三:《尾崎秀实的日中战争观》，收今井清一、藤井昇三编《尾崎秀实的中国研究》，第194页。

时事评论之内,在配合"东亚新秩序"声明而对"东亚协同论"给出种种论证的过程中,尾崎秀实显示出其思想的高度张力。这也便是文章形式与内涵思想的矛盾分裂所造成的一种紧张。以上分析显示出,尾崎秀实的文章中隐含着一个从中国民族问题引申而来的对于日本帝国主义的深刻批判,这种批判揭示了中国民族解放和社会革命的整体诉求与帝国主义霸权侵略行径的根本对立。如果说,《"东亚协同体"的理念及其成立的客观基础》重在提出问题并摸索其解决的方向,那么,两年后发表的《植根于东亚共荣圈根底里的重要问题》(1941),则是尾崎秀实经历了近卫内阁政治运动的失败而"东亚新秩序"声明被"大东亚共荣圈"口号所取代之后,在对新口号表示不满而坚持原有主张之"理想性"的情况下,[1]所提出的最终方案。就是说,那个导致中日战争僵局的根本矛盾,必须有根本的解决方法与之对应。而对"理想性"的坚持,使尾崎秀实的思想上升到新的境界,其战争导致世界革命的理念也有了新的具体内涵,这就是通过中日土地改革的实施,一举解决战争问题并真正实现中日乃至亚洲各民族的解放与联合。

这里,首先要弄清楚他的上述主张与世界革命理念或国际主义的关系。我们已知,尾崎秀实早已看到了中日战争爆发的

---

[1] 在《新体制与东亚问题》(1940年10月)一文中,尾崎秀实表示:"第二届近卫内阁,作为其外交政策的核心理念而提出了'东亚共荣圈'一语。而第一届的招牌标语'东亚新秩序'因何种理由改成了共荣圈,不甚明了。首先,创建东亚新秩序乃是伟大的历史性视野,坦率地说这个事业几乎还没有真正开始呢。因此我认为,这个概念没有被扬弃的理由……在目的还没有达成之前就这样被抛弃了,实在令人不满。"(《尾崎秀实著作集》第5卷,第381页)

三 社会革命与亚洲改造的大视野

"世界史"的意义。例如，他1937年8月所作的《北支那问题的新阶段》开篇有曰："7月8日凌晨于北平郊外卢沟桥发生的日中两军的冲突，如今已导致今日两国间的全面冲突。两国人的大多数现在恐怕还没有认真考虑这事件所带来的重大后果，然而我认为这必将作为具有世界史意义的事件而展现在我们面前。"[1]这里所说的"世界史"，据后来的狱中《上申书（一）》所言，乃是一个暧昧的说法，实际上要表达的是"世界革命必将到来"。中日战争将导致"世界革命"，或者在"世界终极战争"之下日本与中国乃至亚洲的根本对立才能得到解决。这样的思考方式，在尾崎秀实被捕前发表的最后一篇文章中亦有更为清晰的表达："如今日本依然存在着可以把支那问题仅作为局部问题来处理的看法。其实我们应该意识到，这是一个不到世界战争最终得到解决之日就无法处理的问题。"即世界资本主义秩序不均衡发展所导致的无法再回到英美称霸之旧秩序的"世界终极战争"[2]。在此，终极战争、世界革命、最终解决成为尾崎秀实思考的核心和逻辑起点，而这又促使他对中日战争解决之道的思考最后聚焦到了"农业革命"上来。

《植根于东亚共荣圈根底里的重要问题》一文，首先强调"二战"的爆发和世界两大阵营的形成，使中国问题变成了必须在世界史规模上加以解决的课题。也因此，日本需要拿出解决全局问题包括中日关系问题乃至东亚各民族正确结合问题的"世界政策"。这个"世界政策"的提法，乃是尾崎秀实面对新形势而提出的远远超越"东亚协同体论"范畴的新概念，它表

---

[1]《尾崎秀实著作集》第2卷，第60页。
[2] 同上书，第3卷，第268页。

面上是在论证"世界政局"及日本政府的"大东亚共荣圈"口号,实际上另有一套作者独自的东亚联合构想,其核心就是中日土地问题的统一解决。尾崎秀实认为,抗战中国正面临着艰难的变革,战争动员在史无前例的民众规模上得以推进而带动起农业中国的深刻革命。尤其是考虑到"协同体"应该以东亚各民族的解放和独立为前提条件,那么,日本也要在身处世界史变革的此刻,于迈向创建东亚新秩序的过程中,以中国农业革命为参照和契机去实现自身的革新。

其次,尾崎秀实依据自己多年来积累下来的中国认识,简要地阐发了近代中国社会革命的过程以及主要目标和内外因素。他基本认同现代中国为半封建半殖民地社会的性质规定,认为农业社会之土地关系最深刻地反映着其封建性,而外国资本沿着封建性掠夺的方向与土豪劣绅体制结合在一起而侵入中国社会内部,由此导致了其"半殖民地性"。要之,近代中国基本一贯的发展动向是以建设现代国家为目标的民族民主主义运动,其理论以孙文的土地纲领和政治纲领为代表。然而,大革命的爆发尤其是共产党的土地改革迅速导致了中国农业革命的全面展开,这为农业社会的瓦解提供了条件,在中国革命历史进程中具有深远意义。

第三,抗战爆发后中国沿海地区的经济命脉被迅速切断,抗日动员只能在政治层面推行。由此,产生了中国特有的抗战体制——只有广大农民将自己从封建土地关系的桎梏中解放出来,才能参与到抗战的洪流中去。结果,战争动员最终归结为如何使农民从封建土地关系中解放出来的问题。这里,尾崎秀实发现处于敌对状态下的中日两国,实际上面临着同样的课题:"我相信,于内部具有相似的农业生产关系的日本,如何去

三 社会革命与亚洲改造的大视野

面对不断发展着的支那农业革命，在怎样的关节点上找到两国结合的方法，这将是真正实现正确的日中提携的根本。创建东亚新秩序的高迈理想，其实现的现实条件首先在于通过东洋之半封建性农业社会的解体以解放广大农民。日本也必须实行自我革新，从而创造各民族高度结合的条件。"[1]就是说，日本和中国在工业化方面大不相同，但农业上的土地所有制和小农生产基本相同，这里存在着"农业革命"基础上的两国合作的基础。不仅如此，实际上若放眼呻吟于殖民地压迫下的亚洲各国，可以发现他们都面临着一样的封建土地关系问题。尾崎秀实最后指出，从欧美殖民体制压迫下解放东南亚各民族，这与"支那问题"的解决一样重要，因为"东亚各民族崇高而正确的结合法则其根本必须是同时正确地解决土地和农业问题"[2]，而农业革命的实现也将从根本上解决东亚各民族矛盾抗争的关系，从而实现真正的和平[3]。

从东洋农业社会的性质出发，洞察到土地制度革命是中日两国乃至亚洲各民族共同面临的课题，这既是抱有世界革命理想的尾崎秀实必然达到的思想新起点，也是一生关注中国民族和社会革命的他最终寻找到的亚洲"协同"发展之新途径。在此，尾崎秀实的思想已然摆脱了大陆政策论和东亚新秩序论的政治套路，而进入到谋求亚洲真正和平的新境界。因此，这篇文章被日本宪兵视为有危险思想而打上记号，也就可以理解了。

---

[1]《尾崎秀实著作集》第 3 卷，第 211 页。

[2] 同上书，第 223 页。

[3] 在 1941 年 3 月号《大陆》上刊出的与风见章的《时局对谈》中，他强调：当东洋共同的农业社会性质得到解决之后，将开拓出东亚未来的希望之路。(《尾崎秀实著作集》第 5 卷，第 342 页）

我还注意到，在这篇文章的第四节"世界政局与日中关系"中，尾崎秀实论述到苏联对华战略与欧美的不同，而明确地使用了"社会革命"的概念："以农民动员为根本的支那抗日斗争的长期化，将必然推动支那社会革命的发展，使中国共产党的势力得以扩大，并促进支那民族独立运动，这是符合苏联乃至共产国际历来一贯之方针的。"[1]这不仅表明尾崎秀实对当时以民族独立运动促进社会革命的共产国际路线有准确的理解，而且"社会革命"也是他自开战以来观察中国问题和中日关系的根本出发点。他的中日"农业革命"并行论及背后的亚洲社会主义构想，都源自这个思想逻辑的出发点并最终指向"世界革命"。尾崎秀实是如何在"社会革命"的大视野下观察中国的，我们已经做了深入的讨论。在此，有必要进一步将其中日"农业革命"设想与世界革命理念勾连起来，以判断其思想的高度。

我们已知，在20世纪五六十年代的日本论坛，受到冷战和第三世界民族复兴潮流的影响，有关尾崎秀实的评价出现过复杂交错的局面。一方面，有人强调他是马克思主义乃至共产国际的世界革命论者；另一方面，有人则认为他同时也是拯救祖国日本的民族主义者，即"在国际主义和民族主义相互交错的视角下，形成了冷战时期尾崎秀实论的定型"[2]。例如，中西功就曾一反共产主义者同时也是民族主义者的论调，一再强调尾崎秀实是追求反战和平的国际主义者。而《上申书》中所言的世界革命、日本内部变革等，都是被诱导的。"战争不可避

---

[1]《尾崎秀实著作集》第3卷，第220页。
[2] 米谷匡史：《解说》，收《尾崎秀实时评集》，东京：平凡社，2004年，第445页。

三 社会革命与亚洲改造的大视野

免论和"战争＝革命"论,并非尾崎秀实的想法。他是为阻止日苏、日中、日美战争的扩大化而战斗的,正是在这里他发挥了其真正的作用,他的东亚协同体论之发生其基础亦在于此。"[1]然而,同为昭和研究会成员的酒井三郎则回忆,武汉会战之际尾崎秀实强烈主张日军一定要拿下汉口,并提议以昭和研究会的名义向内阁和军部进言。他的主张对日军的汉口作战决策还是"起到了某种程度的作用"。酒井三郎的结论是:"考虑到尾崎的言谈方式,我认为他的想法应该是资本主义社会必将转变为社会主义社会,日本军国主义体制崩溃而中国共产化、人民获得解放,这不仅对中国而且对日本乃至世界来说都是一大进步,他是为了世界人类而思考的。"[2]也就是说,尾崎秀实的确是一个世界革命论者。

我的观点是,尾崎秀实是一位热爱日本民族而追求反战和平的革命斗士,但他的反战和平是有终极目标的。如果没有"世界革命"理念作为思想基础和未来愿景,其反对帝国主义战争与对中国社会革命及亚洲社会主义的思考,就将缺少更为高迈的理想,而无法支撑起他战争期间那十分独特的言论行动。我们需要摆脱今人对于20世纪无产阶级国际主义的否定和忘却,重新复原并确认尾崎秀实中国论述背后那个深远的"世界革命"理念。实际上,在被捕入狱后两次提出的《上申书》中,他对20世纪两种国际主义的存在以及自己的思想立场有过清晰的说明,虽然是以悔过的态度叙述的。他认为:第一次世界大战爆发之后,民族主义获得了不可动摇的地位,同时国际主义

---

[1] 中西功:《尾崎秀实论》,载《世界》1969年4—6月号。
[2] 酒井三郎:《昭和研究会》,东京:日本TBS百科全书出版社,1979年,第234页。

也开始崛起。此乃世界史中开一新纪元的大事。"第一次世界大战之后,至少对我们来说,世界局势是仿佛朝着我们预测的方向急速发展的。即苏联革命之后欧洲的胜败。我们曾预测在高度发达的资本主义国家发生革命,但不久这种预测已然明显地落空,我们又寄希望于以中国为中心的东亚民族中革命形势急速达到高潮。可是后来的发展使这种观测也变得可疑起来。近年来列强之间的越发紧迫的对抗与以上预测的方向正好相反,国家主义的倾向越来越强大起来。"[1]在此,尾崎秀实把世界革命遥遥无期、国际主义中途夭折的原因归结为苏联的"国家至上",认为"我们这些世界主义者曾经梦想通过共产国际这种国际合作机构以实现世界大同社会,然而本应是核心力量的苏联却因现实的需要而一味走向了国家至上的方向,结果甚至不惜解散共产国际。对于怀抱'乌托邦'理想的世界主义者来说,这无疑是残酷而沉痛的铁锤"[2]。

这虽然是以悔过的态度叙述的,或者是被检察官"诱导"的,但如果我们反过来阅读这篇《上申书》,不是正可以确认尾崎秀实持有马克思主义乃至共产国际之世界革命的理念吗?他的结论是否定的,但叙述的内容却是真实的。我们已知,世界革命的观念诞生于1848年革命,中间经过第二国际的社会民主主义和俄国革命及其后第三国际共产主义运动的发展,到了第二次世界大战期间,这个世界革命的理念已经包含了民族革命和社会革命的双重内涵,而成为国际共产主义者和反战人士追求的目标。尾崎秀实的中日"农业革命"并行论正是下面这

---

[1] 《尾崎秀实著作集》第4卷,第309页。
[2] 同上书,第320页。

三 社会革命与亚洲改造的大视野

样的思想逻辑链条中的一环：资本主义和帝国主义导致阶级与民族压迫——阶级斗争和民族解放最后归结为社会革命——战争导致帝国主义内部的混乱与被征服民族的解放——世界革命同时发生。正是在这样的思想逻辑链条中，尾崎秀实得以看到中日虽为战争的敌对方，却有同样需要解决的"农业革命"问题。这个"农业革命"是战争导致的"社会革命"中的一个重要环节，特别是对东洋社会而言。因此可以说，中日"农业革命"并行论是世界革命论者尾崎秀实在严酷黑暗的战争年代所找到的一线曙光，即经由社会革命迈向"世界同时革命"的重要一步。

马克思认为："共产主义只有作为占统治地位的各民族'立即'同时发生的行为才可能是经验的，而这是以生产力的普遍发展和与此有关的世界交往的普遍发展为前提的。"[1]这就是后来人们所谓的"世界同时革命"。它在人类普遍进入高度发达的资本主义社会后，才有实现的可能。战争期间的中日两国，其资本主义的发展水平十分悬殊，但作为未来发展的要素，尾崎秀实看到了共同的"农业革命"之可能性。当然，这在当时基本上没有实现的可能。但我们必须承认尾崎秀实思想的预见性。"二战"结束后，中日两国乃至亚洲各国终于迎来了"土地改革"的时代，并在结束了东方传统的封建土地制度之后才真正迎来了社会的大发展。

今天，世界革命的理念已经被人们所遗忘，但在那个战争与革命的20世纪前期，它仿佛一盏"指路明灯"，照亮了黑暗时代许多进步者前行的道路，也点燃了尾崎秀实中日"农业革命"

---

[1]《马克思恩格斯全集》第3卷，北京：人民出版社，1960年，第39—40页。

并行论乃至亚洲社会主义的思想火花。这是需要和平年代的我们加以记忆的。

（八）尾崎秀实中国论的历史地位及其遗产的价值

那么，我们应该如何确定尾崎秀实那庞大卓越的中国论述的历史地位，怎样评价其遗产的思想价值呢？如前所述，"二战"后的一段时间里，日本知识分子基本上是在国际主义和民族主义相互交错的二元思考中谈论尾崎秀实的，而20世纪80年代以来则主要是在日本的中国认识、亚洲主义思想谱系、战前日本国际关系论或亚洲社会论的学理层面展开评价的。换言之，一直以来日本学者基本上以"近代日本"这一内部的语境为观察视角，这当然是必要而无可厚非的，也确实取得了丰厚的成就。但是，如果我们能够进而从"外部视角"观之，可能会发现另一些不同的侧面。以上论述，就是试图从"中国"的位置出发来整体综合地加以把握的。我相信，这已经显示出在"日本语境"下不易看到的许多面向。尾崎秀实基于对中国的实际经验，从社会革命与亚洲改造的大视野出发所观察到的20世纪中国民族与社会解放的发展图景，他在世界革命和国际主义理念引导下所展开的对中日战争解决方式和亚洲联合发展的展望等，都远远超越了明治维新以来日本人的中国认识谱系和亚洲主义思想的范畴，也是战前的国际关系论或亚洲社会论所无法全部涵盖的。

评论家桥川文三曾认同竹内好的说法，即直接参与了中国革命并依据其体验而写出独创性著作的有三位日本人——宫崎滔天、北一辉和铃江言一。[1]桥川补充说,如果把尾崎秀实也列入这个系列之中,那么可以说铃江言一记录了孙中山及其逝后的大革命时代,而尾崎秀实则续写了鲁迅—毛泽东时代的革命中国。虽然他没有写出爱德华·斯诺或史沫特莱所耳闻目睹的中国大转折时代,但无疑是把两位西方记者视为榜样的。[2]这为我们暗示了一个从日本"语境"以外来重估尾崎秀实的路径。20世纪30年代,有一大批来自西方新闻战线的同情乃至直接参与到共产国际号召下的反法西斯同盟中来的知识分子,其中包括怀抱世界革命理念的共产主义者,汇聚于大革命后的中国。他们于观察剧烈社会变动的同时,也密切关注到传说中的共产党政治势力,并向西方世界做了最早的报道。其中的佼佼者如史沫特莱、爱德华·斯诺等早已广为人知。如果在这样一个谱系中,比如与爱德华·斯诺进行比较,那么,尾崎秀实中国论述的特征和历史地位将得到另外一种形态的彰显。

其实,尾崎秀实是与史沫特莱关系十分密切的友人,[3]对斯诺他亦是赞誉有加,并密切关注过两人于"西安事变"前后对毛泽东的访谈等。作为20世纪30年代云集上海的外国新闻记者的一员,尾崎秀实曾经与他们共享着一个大革命后的中国体验。而在我看来,桥川文三的上述说法多少有些低估了尾崎秀实中国论述的价值内涵。从某个方面来说,其中国论述已然超越了作为自由主义进步人士的爱德华·斯诺或者革命者史沫

---

[1] 参见竹内好:《日本与亚洲》,东京:筑摩书房,1993年,第364页。
[2] 桥川文三:《尾崎秀实与中国》,《尾崎秀实著作集》第1卷附录,第358—359页。
[3] 参见尾崎秀树:《上海1930年》,东京:岩波书店,1989年;《佐尔格事件》,东京:中央公论社,1963年。

特莱的著述，至少他对20世纪中国的核心问题——社会革命和民族运动的认识其深度绝不亚于前者。尾崎秀实以东亚人的直觉经验和共产主义者的原则理念，从激烈对抗的敌方日本的视角所观察到的中国更为整体、综合而透彻，他对战争期间中国社会的大变迁尤其是农业社会结构的根本改变，都有自己独到的认识。

尾崎秀实的职业和经历与爱德华·斯诺相近。两人同样毕生以新闻工作为志业，一起于1928年来到上海，在此共同经历了大革命后中国左翼文化运动的高涨并结识了鲁迅等作家，努力把他们的文艺作品介绍到海外。他们同样因亲身经历了"九一八事变"和"一·二八"淞沪战事而预感到历史大变动的到来。不同的是，斯诺后来去了北平，在参与"一二·九"学生抗日救国运动之后，为了追寻革命中国的未来走向而只身赴西北陕甘宁边区，成为第一个采访记录中国共产党人及其革命势力的西方记者，而有《红星照耀中国》(1937)一书流传后世。尾崎秀实则于1932年返回日本，也是在1937年前后发表了一系列深入剖析中国社会乃至中日关系的著述。但是，由于当时复杂的中日关系和个人特殊的政治立场，他虽在日本被视为第一流的中国问题专家，其著作如《暴风雨中的支那》等却未能在日本以外引起广泛关注。[1]

以《红星照耀中国》为例，如果说爱德华·斯诺主要是通过观察和记录中国社会变动中一支新兴的革命力量——中国共

---

[1] 尾崎秀实的文章，中日战争爆发前有六篇、战争期间有两篇被译成中文在《时事类编》《太平洋月刊》《东亚联盟月刊》等中国报刊上登载。这些文章曾引起怎样的反响，还有待进一步研究。

产党的存在及其潜在的可能性，来反映20世纪30年代中国的社会发展趋势，那么，尾崎秀实则不仅摆脱了一般性的"半殖民地半封建社会性质"论，发现因官僚制和封建性并存而导致中国社会改革的历史根源，而且在民族解放的诉求下看到了中国民族统一战线必然结成的现实趋势。尾崎秀实没有像斯诺那样深度记录中国共产党的存在，而是在密切关注其大革命及后来每一步发展变化的同时，倾力于对国民党南京政府与西南军阀势力乃至浙江财阀关系的考察。他在社会革命及民族运动的总体视野下，对中国社会各种政治力量有更为全面综合的把握。

通过对西北陕甘宁边区共产党人的深入观察，斯诺看到了国共两党的暂时合作并不意味着共产党放弃自己"充分民主和反帝"的目标，因此，这种合作同时又包含着斗争。中共的存在对国民党及其政府构成了有效的制衡——国民党必须考虑和承认大多数民众的要求。斯诺还注意到，共产党人对战争与革命的关系有深刻把握，抗日战争不仅是争取民族独立的斗争，而且是一种革命运动。而"西安事变"前后尾崎秀实的一系列论述，也有与之十分近似之处。斯诺从社会运动的角度出发预见到中国革命的必然胜利。《红星照耀中国》的结尾处写道："中国社会革命运动可能遭受挫折，……但它不仅一定会继续成长，而且在一起一伏中，最后终于会获得胜利，原因很简单，产生中国社会革命运动的基本条件本身包含着这个运动必胜的有利因素。而且这种胜利一旦实现，将是极其有力的，它所释放出来的分解代谢的能量将是无法抗拒的，必然会把目前奴役东方世界的帝国主义的最后野蛮暴政投入历史的深渊。"[1] 而尾崎秀

---

[1]《红星照耀中国》，董乐山译，北京：作家出版社，2012年，第330页。

实战争期间对中国革命前景的论述虽没有斯诺这样清晰和乐观，但他通过苏区和红军的发展、抗日民族统一战线的结成以及战争动员在全民族规模上的展开必将导致社会革命的总爆发并取得社会主义的胜利一样抱有坚定的信心。在这一点上，两者可谓异曲同工。

但是，我们也必须看到两人根本不同的地方。正如斯诺被称为"中国人民的老朋友"——一位来自西方自由主义世界而真诚同情中国革命的进步人士，而尾崎秀实则被夏衍等称为"同志"——中国共产党的同道、一位共产主义者和国际主义者那样，两人在政治立场、世界观方法论乃至个人最终命运上，都有巨大的差异。作为身处日本帝国主义国家体制内部而追求共产主义理念的特殊历史人物，尾崎秀实面对的极其错综复杂和危机四伏的现实状况与写作条件，铸就了他中国论述的独特形态和内涵。综上所述，我们可以对尾崎秀实战争期间的中国论述给出以下结论。

尾崎秀实绝非一般记录"事件"的新闻记者，他是一个善于观察"事件"背后的社会结构而能够总体把握历史走向的观察家。他的时事评论看似是对一个个中国和中日关系问题的跟踪剖析，而实际上则是沿着20世纪中国民族运动和社会革命的必然逻辑来呈现"现象"之间的内在关联，从而形成对观察对象的整体认识。这个"社会革命"视野包括后来战争导致革命的"亚洲改造"构想，主要来自他对中国革命和亚洲时局的切身体验，同时也有马克思主义社会科学和共产国际"世界革命"理念的引导。因此，他的中国论述能够在记录社会革命动态的"活生生"历史的同时，又相当准确地预示了未来发展的趋势。我甚至感觉到，尾崎秀实有一种将对象从"客体"的位置上解放出来，从而赋予其主体之生命力的观察与表述能力。他努力穿越战争时局下的敌对关系和法西斯军国主义的种种限制，以十分曲折沉郁的笔调叙写了20世纪30年代那个激流涌动的中国，因而他笔下的鲁迅—毛泽东时代的革命中国也就有了灵动的气象和鲜活的真实感。这是尾崎秀实不同于同时代日本的中国观察家乃至西方新闻记者如爱德华·斯诺等人的地方。

那么，尾崎秀实这份遗产在当今的思想价值呢？他于战争年代所洞察到的中国社会革命和民族自我解放的大历史已经在1949年中华人民共和国的诞生中得以成功实现，其在世界革命和国际主义理念下追寻战争导致革命与亚洲社会主义改造的构想，在"二战"之后，特别是冷战已然终结的今天，也已经成为昨日的思想陈迹。然而我要强调，从社会革命和亚洲改造的大视野观察20世纪中国革命的观点依然是有效的，可以作为一种认识历史的方法。他有关战争期间"东亚协同体论"和中日农业革命并行论的思考，虽也已经成为过去时代的遗物，然而，其中所坚持的东亚各民族独立平等之合作原则、共生共存之联合的理念，对于今天的我们依然有重要的思想参考价值，尤其是在我们面对21世纪更为复杂棘手的亚洲问题之际。

尾崎秀实是一位生于大时代，体验到了大历史的人物。20世纪不仅是传统中国向现代中国艰难过渡的一个大时代，其革命和战争的大历史作为当代中国的现代性遗产依然暗中左右着今天的我们。因此，理解20世纪中国也必将有益于把握未来的中国。而20世纪中国最核心的议题是在抵抗帝国主义及其殖民统治的同时，揭开了社会革命的伟大进程。尾崎秀实以他短暂的生命,在战争与革命最激烈的十几年间深深介入到这个洪流中,他对中国和中日关系问题的一系列论述,也就成了一份宝贵的思想遗产,需要我们备加珍视。

(缩写版载《开放时代》2018年第2期)

四

战后日本的中国革命及鲁迅论述
——东亚同时代史的视角

上篇 作为"同时代史"的中国革命

随着20世纪的渐行渐远,那场惊涛骇浪般的中国革命也仿佛成了我们遥远的记忆。然而,这革命曾经如此深刻地动员起广泛的社会力量,虽有重重的曲折和失败,但的确推动了现代中国所有方面的改造和重建,并深刻地影响了世界。作为中国现代性的遗产,它理应得到不断的反思和重构以为今天的参照。实际上,在中国之外关注这一革命的人士也大有人在。如在"二战"后的日本,就曾经有几代知识分子孜孜不倦地追寻这场革命的意义。他们之中的一部分人自觉不自觉地承接了战前反战斗士和隐蔽的共产主义者尾崎秀实中国论的传统,努力将本民族的命运和个人理想融入其中,形成了观察中国革命的独特视角和传统。岩波书店2005年出版的木山英雄所著的《人歌人哭大旗前——毛泽东时代的旧体诗》一书,便可以在这样的历史脉络里来阅读。

中国读者对于木山英雄(1934—)早已不陌生,他的论文集《文学复古与文学革命》[1]和作家传记《北京苦住庵记》[2]前几年翻译出版，曾得到广泛的关注和好评。然而，这最新的一部著作却不同以往，不仅角度特别而且讨论的问题重大，可以说是作者集大半生的知识积蓄和思考力，通过现代旧体诗（主要为狱中吟）这一特殊的文学形式，来观察20世纪中国革命经验与教训的力透纸背之作，其内容已然超越了一般文学问题的研究范畴，而它视中国革命为亚洲"同时代史"，则更将视野推进到20世纪革命政治和亚洲思想史的深层，为读者提供了思考现代中国的崭新视域。

该书以杨宪益、荒芜、启功、郑超麟、李锐、潘汉年、毛泽东、胡风、聂绀弩等十余位现代中国文人、政治家所写的旧体诗为讨论对象。除了作为诗坛"盟主"的毛泽东外，这些人大都在20世纪50年代前后的政治大变动中经历了人生坎坷，于艰苦环境下的革命内部遭遇过残酷斗争和无情打击，他们有的矢志革命忠贞不渝，有的则感伤幻灭冷眼面世，最终以中国古老的文学形式——旧体诗，吟唱出冤屈无告的心声。木山英雄则在亲手收集到的材料和直接与那时还健在的当事人密切接触的基础上，通过分析其在狱中或追求革命的路上有意无意间创作的旧体诗词，来细细体察诗人们的精神苦闷、对革命的不懈追求乃至理想幻灭，以及由此折射出来的体制内外的种种问题。这无疑是一般日本从事中国文学研究的学者所不曾想到的观察视角。何止日本，在革命的本家中国又有谁以这样的视

---

[1] 《文学复古与文学革命——木山英雄中国现代文学思想论集》，赵京华译，北京：北京大学出版社，2004年。
[2] 《北京苦住庵记——日中战争时代的周作人》，赵京华译，北京：生活·读书·新知三联书店，2008年。

角如此细致地品味了那段不同一般的革命史呢？

因此，该书出版之后，便受到了日本学术界的高度评价。鲁迅研究专家中岛长文认为：该书以弄潮于现代中国同时也被现时代所翻弄的"诗人"们之旧体诗为材料，认真追究诗本身的问题乃至"诗人"与时代的关系，其观察问题的视角之新颖令人惊叹。而书中所讨论的诗人们虽程度有所不同，但都以一己之身承担了中国现代的思想和文化，可谓是鲁迅死后的鲁迅们。在木山英雄用从容不迫的笔致一首一首细致入微的解读中，他们在苦难的生活中或者偶得余生的小清闲时寄托于旧体诗的感情和思想，以及那鲁迅死后的鲁迅们之身影和时代面貌得以鲜明地呈现出来。这部著作无疑是矗立在超越了战后日本鲁迅研究之新境地上的一座丰碑。[1]

木山英雄著作的独特视角在于关注现代旧体诗中的革命，他以亚洲"同时代史"意识来思考中国的革命问题，这对中国读者来说自然也是新鲜的。而要准确理解中岛长文评语的深意，我们还需要回顾一下战后日本几代知识分子有关中国革命的认识过程。自晚清以来，中国革命一直受到邻国日本的关注，但由于两国的现代化分别走上了改良和革命的不同路径，又因为日本过早地实现了现代国家化并进入帝国主义阶段，战前有关中国革命的论述，除了尾崎秀实等少数优秀者外总体上缺乏基于了解之同情的观照和源自自我反省的问题意识，又由于中国革命本身还在行进当中，因此并没有形成脉络清晰的论述传统。而1945年日本的战败和稍后中华人民共和国的成立，彻底改变

---

[1] 中岛长文：《〈中国小说史略考证〉序言及跋语》，赵京华译，载《鲁迅研究月刊》2012年第2期。

了日本人的认识立场和态度,由此形成了一个在思考本民族命运和亚洲及世界革命视野下来讨论中国革命的厚重传统。

小岛祐马(1881—1966)是战前京都支那学的重要代表,其于1950年出版的《中国的革命思想》和《中国共产党》两书[1],具有时代转换的某种象征意义。他意识到以往的日本汉学拘泥于传统中国研究的弊端,几乎在中华人民共和国成立的同时推出了这两部著作,由此粗略地建立起了从传统思想来观察现代中国革命的阐释架构。在前书中,小岛祐马为现代中国革命确定了两个与传统思想密切关联的特征:与西欧的革命思想为现代的产物不同,革命在中国古已有之,不仅从经典中可以找到根据,而且其起源与中国思想的发生一样久远,这是在其他社会所未见的中国革命思想的第一个特征;革命思想在中国不仅是狭义的历史和政治理念,而且具有贯穿三千年中国思想史之根本的广义哲学性质,这是其第二个特征。那么,经过康有为等清末思想家对传统革命思想的现代转化,到了20世纪特别是中共领导下的中华人民共和国诞生之际,中国革命是世界无产阶级革命的一个组成部分,还是古来革命思想的一个发展阶段呢?小岛祐马虽强调不可速下评断,但他从毛泽东的《新民主主义论》中看到了对孙中山三民主义思想的继承,又结合孙中山思想与传统的渊源关系而得出结论:"二战"后的中国,其无产阶级革命的理念并不是对半个世纪前旧民主革命的抹消,亦非对三千年中国革命传统的否定。而在后一本书中,小岛祐马又通过对中共革命历程的详细叙述,在进一步印证上

---

[1] 目前通行的是两书合为一册的《中国的革命思想 附中国共产党》,东京:筑摩书房,1967年。

述观点的同时给出了对未来的预测：中国农民问题是社会主义革命能否成功的根本。

实际上，具有马克思主义理论素养和社会经济史视角的小岛祐马对中国社会主义革命的展望是比较保守的，他认为中国革命与俄国革命的最大不同在于，中国农民非常愚昧且自由散漫，农民和土地问题将成为社会主义中国革命成败的关键，不容乐观。因此，他招致亲近中共的日本左翼人士的不满。从中国历史的内在理路来阐释现代中国的革命，在与日本和俄国的比较中观察这一革命的属性和特质，这种方法也并没有在后来得到有力的传承。而以关注文学家鲁迅为起点、具有强烈批判意识和亚洲情结的竹内好，则在继承尾崎秀实中国论的基础上开辟出了另外一条阐释中国革命的路径，并形成了贯穿战后日本中国学的一个强有力传统。

竹内好有一篇与小岛祐马上述著作基本同题的短文《中国革命思想》，是他1964年为《现代思想事典》（讲谈社）所作的词条。此文乃是对作于1953年的长文《中国的人民革命》的缩写，而其中的观点又在其1967年所著《日本、中国、革命》等文中有所展开。竹内好有关中国革命的论述集中于中华人民共和国成立前后和"文革"爆发时期。早期，还有《何为近代》（1948）和《毛泽东评传》（1953）等重要文本。而《中国革命思想》这篇短文则承上启下，可谓简明扼要地概括了竹内好二十年间的中国革命观。

在解释"中国革命"的传统性上，竹内好与小岛祐马没有大的不同。他认为作为西方revolution译语的"革命"在中国是一个非常古老的概念，因此译语"革命"普及化之后，其中依然保存着古来的革命观要素。与日本不同，中国人的观念里有一种视革命为合乎法则和善的东西而加以肯定的倾向，所强调的也非其破坏性而是建设性的一面，即使在吸收马克思阶级斗争史观之后，这种观念的影响也依然存在。但是，当进入对现代中国革命的特征和属性加以解释的时候，竹内好便与小岛祐马分道扬镳了。他首先确认，中国现代革命具有"长期性"和"持久性"的特征并以孙中山的"革命尚未成功"和毛泽东的"不断革命"思想为代表。国共两党在孙中山逝世后发生根本分裂，关键就在于是否视革命为已经或即将完成。毛泽东的新民主主义论将中国革命确定为包括了民族资产阶级革命、殖民地解放和阶级斗争等需在全民族规模上加以解决的问题，在这一点上乃是对孙中山三民主义的真正继承。中国革命的另一个特征是，革命概念在时间和空间上的不断扩大。例如，对革命史的叙述不仅与近代中国的历史相重合，甚至将其源头追溯到了1840年的鸦片战争；而革命在空间上的扩大超越了"国民革命"的范围，甚至扩大到了人的精神方面，这成为后来"思想改造"的理论根据。

在此，竹内好为中国革命构建起一个不断发展、扩大而有持续性的叙述架构，并且充分肯定了其内在的合理性和必然性，这与小岛祐马对中华人民共和国成立后的社会主义革命持保守态度形成了鲜明对比。竹内好甚至绕过20世纪20年代国民革命的另一种可能性，而在辛亥革命到中华人民共和国成立再到"文化大革命"之间发现了历史的内在逻辑性，这自然与其倚重毛泽东的《新民主主义论》有关，更是因为他在近代中国的三个伟人之间看到了这种连续性："孙文的一生，对革命为持续过程这一中国式的革命观之形成起了重大作用。可以说，这是以鲁迅为中介而接续到毛泽东那里的一个思想谱系。"[1]

这篇写于"文革"旋涡之中的《日本、中国、革命》不仅细化了《中国革命思想》中的观点，更在中华人民共和国成立后革命持续发展的新阶段，通过"造反"这一新而旧的概念看到了革命根据地的理论象征意义。他说：共产党在解放后不断有小规模的运动，而今则迎来了最大的党内斗争。在此，"造反"一词的出现很有意思。只要是把革命视为持续的过程，那么，在理论上必然产生再革命的要求，这里又回到了曾被孙文置换为"革命"的那个原点，而作为民众的词语且历史相当久远的"造反"一词再次复活，似乎很有意义。竹内好认为，在对抗侵略的民族解放战争过程中，所需要的并非国家而是根据地。根据地从军事方面讲，乃是将敌人的战力转化为自己的战力的机构，从生产方面讲，是提高因战争而荒废了的生产力的机构。就是说，根据地乃是从内部支撑解放区的一个机制。总之，土地革命、根据地与解放区构成三位一体的结构，代替国家履行了抗击侵略者之"解放战争"的使命。同时，它也成为中国革命的原型。

这无疑是竹内好在20世纪60年代反抗《日美安保条约》和谋求民族独立的日本建构起来的一个有关中国革命的理论乌托邦。它令人想起欧洲左翼在"二战"后对毛泽东游击战和根据地思想的推重与神化。但我们不能用今天中国社会的变化来批评或嘲笑竹内好的中国革命想象。竹内好自然有他独自的思考语境和外部现实背景。第一，他认为在20世纪50年代"国家要独立，民族要解放，人民要革命"的世界大潮中，包含民

---

[1]《日本、中国、革命》，收《竹内好全集》第4卷，东京：筑摩书房，1980年。

族独立运动在内的中国革命的成功,至少在亚洲具有取代明治维新的日本而成为民族解放和民主革命的样板的作用,因为日本的现代化最后走向了殖民战争,故其民族主义失去了处女性。第二,竹内好激烈反对源自20世纪60年代的美国的现代化理论,认为其背后具有强烈的反共意识形态动机,且有一种理论的等质量化(适用于一切历史解释)倾向,它或许可以用来说明日本的现代化过程,却无法解释中国革命的历史。因为,中国革命及其现代化乃是独立于近代西方的另一个现代性。[1]在此,我们可以看到竹内好之中国革命论的反西方中心主义性质。换言之,这是他思想斗争的理论结果。这个阐释架构不仅在当时的日本思想界有巨大冲击力,而且持续影响了后来的中国革命论。

如果说,竹内好是在第三世界革命和日本战后民主化运动的背景下来思考中国革命的,那么,同样以鲁迅为出发点研究中国的丸山昇(1931—2006),则是在东西冷战结束和世界社会主义革命遭遇全面危机的时代里,开始集中观察和反思中国社会主义的经验教训的。1991年出版的《检证中国社会主义》和2001年问世的《走向文化大革命之路》两书[2],凝聚了他十年间的思考。与竹内好不同,他不仅看到了"文革"的惨烈结果,而且遭遇到后革命时代中国的另一番社会大发展和1989年的那场风波。革命已然成为历史,且无法再将其抽象为理论图腾以作为批判的武器。作为共产主义者,丸山昇只好谨慎地进入到中国社会主义革命史的内部,做基于了解之同情的武器批判。

---

[1] 以上参见《中国现代革命的进展与日中关系》,收《竹内好全集》第4卷。
[2] 两书分别由日本的大月书店和岩波书店出版。

两书讨论的核心是中华人民共和国社会主义阶段的"思想改造"问题，包括20世纪50年代以来直至"文革"的历次政治运动，特别是文艺思想上的斗争。例如，电影《武训传》批判、《红楼梦》讨论、"胡风反党集团"斗争、冯雪峰丁玲批判，以及从百花齐放到反右派斗争，乃至"文革"后的反自由化运动等。为了讨论的深入，丸山昇还将思考的线索追溯到了《在延安文艺座谈会上的讲话》。在其翔实的事件分析和历史缕述背后贯穿着一条思考主线，即中华人民共和国成立后的文化思想政策与知识分子的关系、社会主义革命的高迈理念与政治实践中的诸多错误和蛮行是怎样结合在一起的。他执着地试图从国际共产主义运动和马克思主义理论与实践两方面，来反思中华人民共和国成立后思想斗争不断升级的原因和问题所在，从中发现理论、逻辑乃至思考方式上的"结构性"症候，揭开了复杂的中国革命之诸多面向。

例如，关于对毛泽东的个人崇拜。他认为不能用"皇帝型权力"来概括，因为这样有使人忘记权力集中与马克思主义之间的关联的危险。毛泽东在中华人民共和国成立之前是忌谈"个人崇拜"的，1958年成都会议上提出有两种个人崇拜的说法，那是以苏联问题作为背景的。毛泽东当时对赫鲁晓夫产生了怀疑，同时有代替苏联来保卫国际共产主义运动之革命路线的考虑，因此才有了对个人崇拜的容许。[1] 又比如，关于思想改造与精神革命的问题。丸山昇认为，中华人民共和国成立初期的思想改造运动其动机和效果都有值得肯定的地方，为了统一来自各方之知识分子的思想，也为了人的精神革命，中共当

---

[1]《检证中国社会主义》序章，东京：大月书店，1991年。

时没有采取苏联肃反的做法，而是试图通过"学习"达到统一思想的目的。这并不完全错，而且其思想改造或曰精神革命，在当时的日本是被视为中国革命最具特色和迷人的地方。但是，后来"学习"变成了对"立场"的检查，由权力主导的思想改造与"过关"联系起来，成为一种资格审查，结果，形成了一种压制异端思想、否定民主制的控制模式，为后来反右扩大化和"文革"悲剧埋下了伏笔。[1]

正像丸山昇在书里书外反复强调的那样：他是在1949年前夕开始学习中文，并迂回曲折地通过中华人民共和国的全部历史来研究中国的日本学人。就是说，他的学术事业和人生信念都投入到了中华人民共和国的革命历程上。因此，中国革命问题不是已经解决了的，而是自己必须时时面对和严肃叩问的课题。我想，这与木山英雄在《人歌人哭大旗前》序言中所说的亚洲"同时代史"是一个意思。他们都属于青年时代便开始关注中国革命并将自己的理想寄托其上的那一代日本学人，从某种意义上讲，中国革命或许是他们的"身外之物"，但又并非全无干系。因此，他们的中国研究和革命想象总有一种真挚和同情在里边，读之令人感动。在这一点上，竹内好也不例外。当然，时代的变迁转化和个人的趣向禀赋又使得他们的考察各有千秋而显示出诸多差异。

竹内好和丸山昇依然试图对中国革命和共产党建国的政治过程给出思想逻辑和历史结构性的说明。但是，到了木山英雄这里则已经摆脱了追求普遍逻辑和历史结构的欲望，而进入到

---

[1] 丸山昇：《走向文化大革命之路》，东京：岩波书店，2001年，第53—59页。

中国革命的深层——人之革命意志和历史实践之间的矛盾、情感与理念的冲突等等。他已不再纠缠于20世纪中国革命的特质，或不断革命进程的逻辑依据，或国际共产主义运动的经验教训等，即对特殊情境或普遍历史模式的析出。他可以打破"旧体诗"与新文学的二元对立关系，得以从革命者或知识分子的狱中吟来体察革命主体的思想情怀；他努力打破中华人民共和国成立后历次政治运动中革命领袖与受难文人之因果对立关系，而将毛泽东作为一代诗史的直接当事人来论述，由此得以看到两者之间并非简单的权威与屈从、迫害与受害的关系。在"诗之毛泽东现象"一章中，他说："几乎所有的冤狱剧多少都是以毛泽东为顶点之绝大的历史力量与主人公们共同演出的结果。其间虽有败类和小丑钻营一类的因素，然若没有这种共演关系的前提，这样的冤狱剧是难以成立的。在革命的洪流中，冤狱的当事者们不仅接受了对政治组织的绝对忠诚及对领导者的"救世主式"的崇拜，他们有时甚而至于希望如此，所以，在这种情况下可以说乃是没有办法的事态。这里有支配了本世纪全部共产主义运动的法则，或存在着非西欧世界特别是中国革命所固有的社会文化条件，在这一点上，即使毛泽东本人也没能摆脱其成为剧中一个角色的命运。"因此，把毛泽东及其诗作与其他诗人同等并列论之，亦是可能的。

这可以说是木山英雄讨论当代中国旧体诗中的革命时的基本立场和方式：从历史和人的全部复杂性出发，去体验革命所带来的社会历史、思想观念、文化精神方面的种种问题。因此，《人歌人哭大旗前》得以超越以往日本知识界对中国革命的一般理解，而进入到对20世纪亚洲"同时代史"的思考这样一个崭新的境界。至于选择旧体诗的视角，正像"代序"所交代的那样：本书以那些在中国革命建国过程中经历了各种日本人难以想象之磨难的人们的诗及生涯为主题。关注诗乃至诗人生涯虽然显得有些陈腐，但这里所列举的诗原本就是依据古老的格式，即所谓"旧体诗词"或简称"旧诗"，而对生涯的咏叹也与其诗一起属于传统延长线上的行为。同样是作为这个延长线上的事实，在书中现身的人们也非现代文学一般意义上的专业诗人。其诗亦是诗人完全丧失了公开表达之阵地后所创作的作品……他通过自己的阐释和评价，试图重新思考直到后来才见到其终结的同时代史之意义。而作为文学固有的问题，如与诗相关的领域本身亦有值得思考的地方，这也在书中有所涉及。不过，这些特殊问题仍属于"亚洲在上世纪经历了怎样的经验"这种一般性的探寻范围之内。[1]

把中国革命视为亚洲同时代史的一部分，这不仅为观察20世纪中国人的社会实践和革命历程提供了全新的视角，而且也将有利于东亚区域内的相互理解。如今的东亚，中日、日韩之间面临着"二战"后不曾有过的深刻矛盾和危机，领土主权和资源之争、地区霸主关系转换等当然是主要原因，而"历史问题"——包括日本人对侵略战争历史的认识，中日韩对彼此交织在一起的百余年亚洲史的理解不够充分，亦是问题之一。在这样的时刻，提出亚洲同时代史的视角，以谋求彼此间的真诚理解，当有特别的意义。

回到前面中岛长文对《人歌人哭大旗前》一书的评语，他所谓"鲁迅死后的鲁迅们之身影和时代"也的确是一个独特的

---

[1] 木山英雄：《人歌人哭大旗前——毛泽东时代的旧体诗》，赵京华译，北京：生活·读书·新知三联书店，2016年，第5—6页。

四 战后日本的中国革命及鲁迅论述

评价方式。而我更想到有关中国革命那一段历史的记忆问题。前事不忘后事之师,历史不应遗忘,这是中国人信奉的一句老话。然而,历史无时无刻不在有意无意间被遗忘和流失着。我在阅读木山英雄著作的过程中,甚至感到作者仿佛与历史记忆有意识的抗争一般,要以文字记录下那"无数人们"于"无穷远方"所践行的那段革命史,而讲述出一段有声有色的故事。我进而想到,20 世纪中国革命的那段历史作为 21 世纪中国人实现新梦想和社会发展蓝图的政治认同基础与文化思想基因,理应得到认真的清理、总结和不断反思。同时,作为 19 世纪"亚洲的觉醒"之历史总进程的一个组成部分,它也需要该地区不同国家和民族的人们来共同思考和记忆。不如此,无数革命牺牲者的鲜血将白白流淌,他们的魂灵将成为无告的鬼魂。而中国革命的传承,在一般的历史记录等方法之外,还需要"故事"化的文学叙述,因为这将更生动逼真地传达前辈们在正史中无法被传达的声音,以有力地抵抗人们对历史的遗忘。正是在这个意义上,我特别关注该书的内容,并希望中国读者能够从中得到各自不同的启发。

下篇 活在日本的鲁迅

据我了解,日本在战后六十年间,共出版了有关鲁迅的传记和研究著作五十余部,几乎平均每年一本。对于一位"外国作家",而且是日本国家曾不惜以武力征服的"落后中国"之文学家鲁迅,日本知识界及其广大民众倾注了如此的热诚和关注,这的确是少见的。我们还知道,鲁迅思想、文学在日本的被接受和传播发生在相互关联的两个层面，即属于思想文化的学术层面和属于社会实践的运动层面。特别是在20世纪五六十年代发生大规模抵抗运动的时期里，鲁迅在日本的影响远远跨出"学界"的范围，其思想得以升腾飞跃，成为一些青年投身安保斗争、反战和平运动、冲绳反美军基地斗争乃至学生造反运动的精神动力。这在鲁迅海外传播的历史上更属少见。日本之外，仅在20世纪80年代的韩国社会运动高涨中可见此情景。而无论在思想学术界，还是社会运动的现场，日本人都致力于挖掘属于被压迫民族的鲁迅的文学作品中的抵抗精神、革命要素和反现代的现代性品格，而且是在不同于革命中国的历史语境之下，从而构筑起了特有的鲁迅想象，并使鲁迅在跨文化传播过程中获得了另一种特殊价值。

如果说20世纪是由战争和革命构成的历史时空，那么日本和中国的情形正好相反。从20世纪初开始积极向亚洲殖民与扩张，并一步步跌入侵略战争的深渊，直到1945年帝国土崩瓦解为止，20世纪前五十年的日本基本上处于帝国主义战争状态之下。后五十年，经过盟军占领和冷战，日本被纳入西方资本主义阵营并得到美国的军事"保护"，实际上国家主权长期遭到了限制。在20世纪五六十年代，一般日本国民甚至感到民族压迫和"被殖民"的危机，因而国家要独立、民族要解放、人民要革命，这个源自第三世界的口号也成了大部分日本人民的心声。革命的欲望和想象大有高涨之势，这恐怕正是日本人得以在鲁迅的文字中照见自己的社会契机，也因此鲁迅真正进入了日本知识者和民众的视野。中国则相反，经历了20世纪前五十年惊涛骇浪般的反帝反封建革命，终于在1949年建立起新的人民中国。而在后五十年的社会主义"建设时期"，革命失去了反抗

四 战后日本的中国革命及鲁迅论述

外部压迫的内在动力，基本上成了一种面向自身的"内部革命"而上演了一幕幕始料未及的悲喜剧。那个诞生于半封建半殖民地中国的"民族魂"乃至"三家"鲁迅，在20世纪50年代之后的"革命中国"，其精神传承和发扬的社会语境也发生了悄悄的变易。

将战后日本人对鲁迅的真挚热爱放到20世纪日本和中国这种"战争与革命"时空错位的结构中来观察，我常常感到，20世纪50年代之后在中国渐渐失落的鲁迅精神的某个侧面，却在异域的战后日本得以显扬——那个充满"赎罪的心情"而执着抵抗的战士鲁迅、那个片刻不曾离开中国政治的革命人鲁迅、那个穿越对死亡的深度思考而获得新生的哲学者鲁迅、那个象征着新亚洲个人主体性原型的鲁迅，还有以"向下超越"的方式在土俗民间世界获得反现代立场的现代主义者鲁迅，以及通过对20世纪30年代上海文化所象征的殖民地现代性之批判而达到后现代境界的鲁迅形象……经过几代日本知识者的不懈思考和反复阐释，鲁迅精神传统的某个方面的确得到了充分的开掘。这可以称为由日本人想象和构建起来的活在异域的鲁迅形象，它与20世纪50年代之后中国本土的鲁迅形象多有不同，构成互补。换言之，我们通过回顾日本战后所构建的鲁迅像之历史，包括其观察视角和阐释方法，或者可以照射出在中国已然旁落的鲁迅精神之某个侧面，乃至我们观察和理解上的某些缺失面也说不定。例如，孙郁在《冲绳的鲁迅语境》[1]中，曾记述冲绳民间社会活动家仲里效1972年初访问中国，在上海与几位文化工作者讨论鲁迅，结果却很失望的故事。仲里效觉得，

---

[1] 孙郁：《冲绳的鲁迅语境》，载《读书》2010年第10期。

鲁迅的精神绝不会像他接触的那几位中国学者想象的那么简单。这或者可以作为我上述观点的一个旁证。

鲁迅在战后日本社会运动层面如何发挥了特殊的影响，需要另文专门讨论。这里，我只想就日本学者在思想文化之学术层面怎样以自己的方式构筑起"鲁迅想象"，并在长期的实践中形成厚重的研究传统，略加陈述，以触动我们去重新思考鲁迅在当代的意义。

战后日本的鲁迅论，始于竹内好刊行于1944年而在战争结束的第二年得到再版的《鲁迅》[1]一书。这本负载了应征奔赴战场前竹内好的全部思绪——绝望、困惑、矛盾、挣扎的作家思想传记，穿越日本帝国覆灭的1945年而浴火重生，成为战后日本鲁迅论的第一座纪念碑，实在具有丰饶的象征意义。这部著作与其说是在20世纪20年代以来中国社会变迁和革命斗争激荡的历史条件下展开的实证主义鲁迅论，不如说更是面对20世纪40年代严酷的战争状态，竹内好以启示录的方式对自己灵魂的拷问。文学是什么？在战争与革命的极端政治面前，我们如何定义文学家的位置？文学家与启蒙者乃至革命人构成了怎样一种关系？鲁迅是怎样在获得文学的自觉之后最终达成永久革命之政治品格的？这是贯穿《鲁迅》一书始终的追问。日本学者子安宣邦认为：20世纪40年代的竹内好以浪漫派式的反讽语言构筑起一个本真的文学者鲁迅。这是一个在面对绝望的现实政治世界保持作为无用者之否定的自我的同时，又直面现实政治世界得以成为彻底的永久革命者的文学家鲁迅。毋庸置

---

[1] 竹内好：《鲁迅》，东京：日本评论社，1944年初版，1946年再版。后收入《竹内好全集》第1卷，东京：筑摩书房，1980年。

四 战后日本的中国革命及鲁迅论述

疑,此乃面对战争这一酷烈的日本现实而求其生存的竹内好所解读出来的鲁迅。[1]

为了追索这样一个本真的鲁迅,竹内好试图将其"文学置于近似宗教的原罪意识之上",甚至用接近西田几多郎"绝对矛盾之自我同一"式的哲学方式而提出"文学的正觉""回心之轴"或"赎罪的心情"等问题,同时又以一般中国人缺少宗教性为由,把自己提出的问题消解掉。在这种自相矛盾的论述中,竹内好强有力地凸显了自己关注的问题焦点:鲁迅特有的思想品格与其文学诞生的秘密,以及作为一个文学家鲁迅如何在自己的生涯中实践了永久革命这一最大的政治课题。这的确是一个足以让人们长期思考的基本命题,而命题本身的"无法被说明"反而构成了论题的开放性和诱惑力,虽然其中隐含着日本浪漫派的思维特征,有走向极端反讽的危险。简言之,《鲁迅》一书从竹内好特有的思想立场出发,提出了鲁迅何以成为真正的文学家以及在"文学与政治"这一矛盾结构中来阐释对象的方法论路径。这成为规定此后六十余年来日本鲁迅研究的基本命题之一。

竹内好的另一个贡献,是在1948年所发表的《中国的近代与日本的近代——以鲁迅为线索》(后改题为《何谓近代》)中,建立起了以"鲁迅的中国"为参照来反省日本现代化的思想批判方式。该文通过对《聪明人和傻子和奴才》的非同一般的解读,构建起一个对比的二元关系:一方是以觉醒的奴才为历史主体的从被压迫走向抵抗、在抵抗中构筑自我主体性、最终实现了自身之现代性变革的中国;另一方是以虚幻的主人为主体

---

[1] 子安宣邦:《何谓"近代的超克"》,东京:青土社,2008年,第178页。

的从被压迫走向顺从、在顺从中丧失自我主体性、最终成为"什么也不是"的西方附庸之日本。我们知道，关于鲁迅这篇寓言的寓意和人物所指，历来说法不一。而竹内好认为，那个觉醒的奴才与作者鲁迅是重叠在一起的。这"奴才拒绝自己为奴才，同时拒绝解放的幻想，自觉到自己身为奴才的事实却无法改变它，这是从'人生最痛苦的'梦中醒来之后的状态……他拒绝自己成为自己，同时也拒绝成为自己以外的任何东西。这就是鲁迅所具有的，而且使鲁迅得以成立的'绝望'的意味。绝望，在行进于无路之路的抵抗中显现，抵抗作为绝望的行动化而显现。把它作为状态来看就是绝望，作为运动来看就是抵抗"。[1] 至此，一个绝望而抵抗的鲁迅，进而一个在抵抗中实现了民族现代性变革的"中国"得以建立起来，成为批判现代日本和西方的一个思想坐标和逻辑原点。在20世纪50年代，竹内好一改本国思想界用"先进的欧洲"经验来观察日本的主流观点，开拓出借"落后的中国"或"鲁迅的中国"的现代化经验来质疑日本现代性的思想批判方式。这对于当时身处一片战败废墟中同时又切实听到了人民中国已然诞生之脚步声的日本人来说，的确是一种痛烈的批判。也因此，竹内好成了当时思想论坛上的重要人物而声名鹊起。这种方法，即使在今天依然有解构西方中心主义或日本现代主义思维方式的方法论意义，并不断为人们所重提。

竹内好的鲁迅论具有十分浓重的个性化色彩，有人称其有"文学主义"倾向而将它与一般科学实证的方法区别开来。这也

---

[1] 竹内好：《近代的超克》，李冬木等译，北京：生活·读书·新知三联书店，2004年，第206页。

时常引起后来研究者的某种反弹，而去寻找另外的更为"学术"的方法。但反弹的是阐释方法和某些结论，而竹内好提出的基本命题以及以"鲁迅的中国"为参照批判日本现代性的工作方式却得到了强有力的继承。例如，战后日本第一代鲁迅研究者的代表之一丸山昇，正是针对竹内好这种过分浓重的"文学主义"倾向和"赎罪的文学""回心之轴"等概念的暧昧模糊，努力建立起依据科学实证的方法以追寻"革命人"鲁迅一生业绩的研究架构。木山英雄则一开始就把《野草》置于鲁迅思想文学的中心，通过彻底的文本解读以探索作家主体建构的逻辑方法，即作品本身的运动所展现出来的连续性思维背后那个"流动着的哲学"，从思想艺术的深层结构上回答了竹内好所谓鲁迅"文学的自觉"这一根本性问题。而自称是竹内好最忠实"追随者"的伊藤虎丸（1927—2003）更响应时代的变化，逐渐脱离"文学与政治"的认识框架而把目光转到如何反思战后日本民主主义的失败教训，重建亚洲式个人主体性和文学之写实主义传统上来。与此相适应，他倾向在"鲁迅与西方"和"鲁迅与日本"等关系结构中思考"亚洲现代性"问题。实际上，是在更广泛的问题系列中拓展了竹内好以鲁迅为参照的思想批判方式。

由此，战后日本鲁迅论形成了辉煌一时的研究传统。当时，进步的知识者在中日两国国家关系处于隔绝的状态下，通过鲁迅在想象的层面获得对中国革命历史经验的独特理解。这种想象或许有一些脱离实际的地方，但它极大地开拓了理论思考的空间，并从资本主义世界的现实问题出发介入到中国革命的经验当中，形成了日本学人特有的认识鲁迅和批判日本现代性的方法论视角。这个鲁迅深深介入到日本内部的文化思想语境中，产生了甚至超过其在本国所发挥的思想影响力。换言之，对这个时期的日本学者来说，鲁迅不仅是"外国文学研究"的对象，更是民族自我反省和批判的重要参照。而一些具有马克思主义背景和社会主义信念的知识者，则把鲁迅所代表的中国革命视为世界社会主义运动的重要一环，在研究中形成了一种超越民族国家框架的国际主义视野。在此之下，鲁迅身上"革命人"的一面被清晰地凸显出来。总之，辉煌一时的战后日本鲁迅论已经成为一段鲜明的历史记忆，并作为一个厚重的思想学术"传统"而影响至今。

战后日本六十年来的鲁迅论，实际上出现过两个高峰。如果说，上述由竹内好所开创并以丸山昇、木山英雄和伊藤虎丸为代表的鲁迅研究在20世纪五六十年代形成了第一个高峰，那么，在稍后的八九十年代又出现了以北冈正子、丸尾常喜和藤井省三、代田智明等为代表的另一个高峰。而两个高峰之间，是六七十年代日本经济高度发展和大众消费时代的到来，以及大规模社会抵抗运动的消退所象征的"政治季节"的终结。与西欧20世纪60年代后期的思潮相仿佛，这时期的日本也出现了思想关注焦点从"存在到结构"的转向，存在主义式的主体论和关于革命、解放等观念的本体论思考，逐渐让位于从结构乃至解构的角度来反省和批判现代性的问题。此种变化自然影响到鲁迅论的走向，使作为一个整体的战后日本鲁迅研究"传统"呈现出前后不同又包含内在联系的发展局面。如果说，五六十年代研究者凸显了鲁迅特有的抵抗精神和革命要素，那么，八九十年代则深化了对其思想文学中"反现代的现代性"品格的开掘。而且，值得注意的是，这种思想课题和关注重心的变化伴随着这样一个大的背景：战后一个时期里非常显著的以思想斗争和政治介入的姿态讨论鲁迅的方式逐渐弱化，代之而起的是更加技术性和学科化的研究成为主流。作为对象的鲁迅，也从政治斗争的思想资源和参照物位置上转回到一般"外国文学研究"的学术场域了。

这种时代趋势令人忧虑的一面是思想政治问题的学术化。它可能将原本具有思想斗争内涵和政治价值的对象的某个方面遮蔽掉，从而削弱人文社会科学研究本来应有的文化政治诉求和思想批判的价值取向。不过，20世纪80年代以后的日本鲁迅研究虽然"学术化"的倾向明显，但竹内好的传统，特别是他借鲁迅以讨论思想问题的工作方式和批判立场，还是得到了一定的继承。因此，在实证分析成为主流，研究进一步技术化、规范化的同时，日本学者依然对关乎鲁迅思想精神的重大问题有深入的探讨。像丸尾常喜、代田智明从各自的角度出发，将研究最终推到鲁迅与现代性的问题上来，从而对在现代性之追求中批判现代，或者说对鲁迅思想文学中"反现代的现代性"品格有了深度开掘。这无疑是战后日本鲁迅论所取得的另一个重要成就，与对抵抗精神和革命要素的阐发使我们重新注意到20世纪50年代之后在中国逐渐旁落的鲁迅精神之某个方面一样，"反现代的现代性"议题将促使我们在一个更高的文化政治层面上理解鲁迅思想文学的特征以及其与现时代的内在联系。

丸尾常喜（1937—2008）的鲁迅研究的杰出成就，主要体现在《鲁迅："人"与"鬼"的纠葛》[1]一书中。他通过提出"阿Quei即阿鬼"的假说，开拓出将鲁迅与传统中国民间土俗世界直接关联起来以阐释其思想文学的一片新天地。他认为，鲁迅思想文学中始终有各种"鬼"影在闪动。作为一个象

---

[1] 丸尾常喜：《鲁迅："人"与"鬼"的纠葛》，东京：岩波书店，1993年。

征性的隐喻，这个"鬼"既意味着传统因袭的"鬼魂"，更象征着"国民性之鬼"和"民俗之鬼"纠结在一起而形成的黑暗世界之存在。它是鲁迅思想文学批判的对象，同时也是这种批判力量的源泉之一。"阿Quei即阿鬼"这一假说，恐怕终归是假说而已。然而它强烈地暗示出鲁迅的小说艺术里弥漫着一个由黑暗的"鬼"所构成的传承久远的土俗民间世界。从这样的视角观察过去，我们不但可以发现鲁迅那荒诞幽默的独特性格的来源，获得对其小说艺术的崭新理解，更可以找到他得以超越现代性的世界结构而始终保持其思想批判性的奥秘——不断从中国本土的传统思想，特别是民间土俗世界中提取解构现代性观念的力量。

代田智明（1951— ）则是起步于20世纪90年代至今依然活跃在日本鲁迅研究领域的新一代学人。其学术思考贯穿着两条方法论的路数。一个是自觉运用当代结构叙事学和文本分析理论，关注鲁迅小说的叙事结构，特别是以叙述者——作者的位置转变为焦点考察其小说前后期结构上的变化，以此对历来颇有争议的《故事新编》的思想艺术给出整体性解析。另一个是承接竹内好的亚洲论，从现代性叙述的角度展开包括鲁迅思想在内的有关中国乃至东亚现代性的思想史论述。代田智明认为，在21世纪的今天如何批判地继承竹内好的思想课题，关键在于我们要努力获得身在现代性的内部又坚持批判现代的立场。从这个意义上讲，鲁迅的思想乃至中国革命的历史依然可以成为我们思考当下问题和世界未来走向的思想资源。在此，现代性的世界史、亚洲的抵抗、鲁迅与中国革命的经验，这样一个由竹内好所代表的战后日本知识者构筑起来的思想问题系列，被重新置于当今全球化和区域化齐头并进的背景之下，其作为思想批判资源的价值得到重新关注。这使他从结构叙事学和文本分析入手的小说研究没有走向形式批评的极端而忘掉鲁迅文学中的社会历史语境和强烈的政治性,从而形成了兼顾两方面的阐释鲁迅的新架构。

正因为如此,在看似以文本细读为主的《解读鲁迅》[1]一书中,代田智明不仅注意对鲁迅十篇小说做各自独立的文本解读,还试图在总体上描述出文学家鲁迅从前现代中来、穿越现代而达到后现代批判境地的过程,由此给人们呈现出身处激烈动荡的现代中国、于新和旧之间上下求索的鲁迅特有的生命状态。而在该书最后论及20世纪30年代的《故事新编》和杂文创作时,更特别注意到鲁迅对以上海文化为象征的"殖民地现代性"的尖锐批判,认为殖民地环境使鲁迅无法获得全部现代性的主体,反而造就了其反思和跨越"现代性"而走向后现代批判的契机。代田智明认为:"如果在21世纪继续阅读鲁迅还有意义,那就在于这种源自殖民地的体验可以给生存于后殖民状态下的我们以充分的参照。"[2]

20世纪是由战争和革命构成的历史时空,而无论帝国主义战争还是无产阶级革命都源自对现代化的欲求。这种巨大贪婪的欲求不仅给人类生活带来了极大的富足和发展,更造成了足以毁灭人类本身的根源性灾难,两次世界大战和今天生态环境的危机就是铁证。而要对这种以启蒙理性、工业化和全球资本主义为核心的现代性加以反思和有力的抵抗,就必须跳出现代

---

[1] 代田智明:《解读鲁迅:谜一般不可思议的小说十篇》,东京:东京大学出版会,2006年。
[2] 同上书,第302页。

性本身而在其外部获得立足点和批判的视角。这样才能避免陷入鲁迅所嘲讽的那种欲抓起自己的头发离开地球的滑稽局面。鲁迅终生坚持"进化论的生物学思想",认为人要生存、温饱、发展,有阻碍人之生存发展者则必须坚决予以扑灭和捣毁。从没有放弃人之普遍解放的理想这一点上讲,鲁迅乃是一个彻底的现代主义者。但同时他从早期开始就一直对西方现代文明特别是以工业化和启蒙理性为核心的现代性文化,包括战争与形形色色的革命表示出不断的怀疑和批判。这种在对革命提出怀疑的同时追求"永久革命"、在获得来自土俗民间世界的批判视角同时又不放弃人之普遍解放的目标,从而在追求现代的同时坚持现代性批判的卓越立场,正可以成为我们面对21世纪全球化时代种种问题的重要参照。如果我们沿着丸尾常喜和代田智明的思路继续推进,鲁迅思想之"反现代的现代性"品格的确可以成为内涵丰富而极具发展前景的思考课题。

　　随着20世纪的渐渐远去,日本和中国一样都面临着"鲁迅研究"势头减弱的趋势。然而,我并不认为当今时代已不再需要鲁迅。20世纪已然远去了,但那个时代的课题并没有真正消失和完结,因此,属于20世纪的鲁迅也依然会继续成为关注的对象,关键是我们能否深刻地洞见当下世界所面临的根本问题与鲁迅思想内在的历史性关联。今天,要重新认识和理解鲁迅身上源自革命和现代性悖论的矛盾紧张,以及他面对时代课题所做出的判断与承担,有必要将鲁迅"再政治化"。这里所说的"再政治化",当然不是要简单回到以往中国那种出于意识形态的需要而对鲁迅施行的庸俗社会学式的政治化,也不是期望重返战后日本一个时期里在"文学与政治"阐释架构下讨论鲁迅的时代,而是要站在今天我们对于20世纪中国历史乃至世界史的全新认识基础上，再次将鲁迅的思想和文学放到他所属的那个时代的语境中，重新发现他与那段历史的血肉联系，从中寻找鲁迅对当今的启示。这个"语境"应当包含着以反帝反封建的革命方式在西方之外谋求现代化的全部历史过程，其中也蕴含着反现代性的要素。而战后六十余年来日本知识者不解追寻的鲁迅像——抵抗精神、革命要素和反现代的现代性品格，也正深深植根于这个"语境"中。

（本章上篇原载《读书》2014 年第 11 期；下篇原载《读书》2011 年第 9 期）

五

在东西两洋之间重述"亚洲—中国"

——近代日本的东洋学/中国学谱系

(一)如何认识近代日本的中国学

一段时间以来,我侧重考察了战前日本学院派之外的中国研究,尤其是橘朴和尾崎秀实所代表的那种置身于舆论界又远远超越"新闻"界限而达到卓越水准的中国论,试图在近代日本有关中国的知识生产这一历史语境下解读其意义和价值。同时,我也注意到战后日本十分辉煌的中国革命及鲁迅研究的传统,他们力图在亚洲同时代史的视野下寻求对中国革命进程的独特理解。这期间,我已感到虽然以1945年为标尺可以划分出战前、战后两个不同的日本而看到其中国认识的巨大差异,但实际上两个历史时段依然是内在地联系在一起的,无论是学院内外还是官方与民间的中国论。因此,有必要将明治维新至今的日本中国学,包括战前的所谓学院内的东洋学/支那学,作为一个整体来考察其演变的过程和结构性特征。这不仅仅出于学术的兴趣,还在于一百五十年来日本有关中国的知识生产,依然是我们思考当今中国和亚洲问题的重要参考。

五 在东西两洋之间重述"亚洲—中国"

亚洲毫无疑问是当今全球经济发展的中心和世界政治的主要焦点之一。其中,中国在该地区的地缘政治中占据着特殊位置,拥有巨大政治影响力和发展前景。然而,我们不禁要问,对于亚洲这片广袤的土地和宗教历史错综复杂的区域,我们究竟了解多少呢?国家战略和政策的层面暂且不论,学术思想界是否已经具备了充足的亚洲意识?对于亚洲区域的人文社会科学研究之积累能否支撑起我们重新定义中国及其与亚洲关系的意愿和实践?这些还都是甚可质疑的。实际上,近代以来亚洲—中国被重新定义曾发生过多次,而我认为影响到历史发展走向的大概有三次。首先,是在世界进入帝国主义时代而列强的殖民扩张渗透到亚洲之际,西方人包括革命前后的俄国领袖们对亚洲和中国的重新认识。其次,是该地区内部的新兴帝国日本自中日甲午战争和日俄战争后,以新的地区盟主姿态重新观察和论述亚洲与中国,并为此后的海外扩张开辟道路。第三次,则是中华人民共和国成立之后毛泽东及其社会主义中国的"三个世界"和亚洲社会主义构想。从中国自身的角度而言,如果说前两次是被动的,那么,第三次则是新生中国主动面对世界做出的自我定义。

19世纪后期以来,西方、日本乃至中国自身对于亚洲—中国的论述呈现着极其复杂的形态。其中,既有为帝国主义扩张提供合理性的知识生产,也包含着世界革命理念下对亚洲—中国的认识重组。今天,我们又一次面临重新定义中国及其与亚洲关系的现实课题,而前一个世纪的论述的历史经验与教训,可以为我们提供想象的灵感和思想资源。我一直认为,20世纪70年代毛泽东提出的"三个世界"理论和亚洲社会主义构想是一个意义深远的议题,但它还停留在社会革命和世界战略的理念层面，而没有广泛深入的文化历史和社会知识的积累作为基础。换言之，这个理念并没有获得作为人文社会科学一部门的区域研究——亚洲论述的有效支撑，我们在中华人民共和国成立之后的学科建设中受制于科学发展和国力的局限，亚洲研究未曾确立起独自的知识体系和学术传统，即使到了今天这种不尽如人意的状况亦没有根本的改观。也因此，随着中国从社会主义革命转移到"改革开放"的建设阶段，这个深有意义的构想也便消失在了人们的记忆里。

而比起西方来，始于19世纪后期的日本对于亚洲—中国问题的知识生产，更具有思想学术和文化历史的深广度。这不仅仅因为日本也属于亚洲地区且是最早实现了现代化的国家，还在于其战前有帝国主义殖民扩张的国家战略作为政治推动力，战后则有基于反思现代性及侵略历史的强烈意识（包括第三世界理念下新亚洲主义的出现）而形成的认识中国革命和亚洲另类现代性的大视野。可以说，日本已经形成了系统的有关亚洲区域研究的学术传承，至今依然是生产中国和东亚知识的世界重镇。以下，我将概述日本近代"东洋学/中国学"的起源和发展脉络，并大致以1945年战败为界分为两时期，系统考察其于19世纪新的世界观念和亚洲广阔的历史文化及地缘政治背景下如何定义和重述亚洲和中国，怎样在战前形成了以中国为中心的东洋学，而在战后则开辟了中国历史和革命研究的新传统并以此为参照产生了新亚洲主义论述的。这里，所谓以1945年为界划分时期，只是一个便于梳理和讨论的权宜之计。实际上，我将更努力地去发现两个时期之间日本中国学的内在联系并考辨其渊源关系。例如，战前的京都支那学的中国史研究如何被战后的中国史研究所继承；战前那些直接目睹和参与了中国革命的学院派之外的人士，其中国论述怎样开辟了战后的中国革命研究传统，等等，从而力争做到整体综合的呈现。我想，这些不仅可以给我们提供相关的知识参考，而且能够促发我们思想方法的更新和认识视野的拓展。

（二）两个七十年：从东洋学到中国学的历史转变

从明治维新至今日本已经走过一百五十年的历程，若以1945年帝国日本的土崩瓦解为界，这段历程可以大致分成前后两个不同的七十年。有关亚洲—中国的知识生产，也受到"战败"这一历史巨变的深刻影响而明显地形成了前后两个时期。这种区分，首先体现在学科的名称上。我们知道，战前日本称以中国为中心的亚洲研究为"东洋学"，其中又有东京的"汉学"和京都的"支那学"之分。如果说，以东京帝国大学为中心的"汉学"秉承明治国家"忠君爱国"的儒教意识形态而直接沿用了传统日本"汉学"的名称，明显具有服务于国家的官学色彩，那么，以京都帝国大学为中心的"支那学"则在吸收清代考证学和欧洲文献实证方法的基础上，形成了远离政治中心而志在纯学术的"京都学派"。但是，随着20世纪20年代以后日本帝国主义加紧向中国等亚洲广大区域推行殖民扩张战略，即使这个"京都学派"也未能幸免于被战争意识形态所左右甚至受到严重污染的命运。比如中国社会停滞论、东方专制主义以及战争期间的亚洲儒教思想优越论等，曾经是讨论中国历史文化的基本认识，无论东京的汉学还是京都的支那学。又比如，东洋文化中心移动说（内藤湖南），即中国文明已经衰退，文化中心开始东移日本。[1]这虽然是个别学者的观点，却也代表了视中国为落后保守而日本应该指导其改革的一般观念，从而无形中成了"先进"的日本征服"落后"的中国的意识形态逻辑论据。此外，如战争期间社会学学者森谷克己以"亚细亚生产方式"论对东洋和中国社会的研究，还有平野义太郎基于马克思主义社会理论而积极配合日本帝国"大东亚共荣圈"口号所提出的亚洲及中国共同体论，也是如此[2]。

在追溯战前日本的亚洲—中国知识生产之际，我们于关注学院之内的"汉学/支那学"的同时，自然也不应该忘记学院之外的中国论述。因为，它们亦对日本国民和帝国的大陆政策产生过重要的影响。这种"在野"的民间中国学中，既有自觉不自觉地配合日本大陆政策的各路情报人员之考察分析，也有为迎合日本国民的"支那趣味"而批量生产的有关中国文化的各类知识。经过历史的大浪淘沙，它们大都已经成为昨日的陈迹。然而，其中有一批与新闻媒体相关的中国观察家或长期侨居大陆而对中国革命抱了解之同情的日本人士，他们的中国论述至今依然有其价值。这些人置身于大变动中的现代中国，努力从复杂的中日关系乃至亚洲和国际大势观察过去，其论述明显地与以古典中国为主要对象且学术传承有谱系可循的学院派不同。同时，他们也和日本的亚洲战略有各种不同的关联，往往未能摆脱帝国主义国家意志的笼罩，或自觉不自觉地成为"大陆政

---

[1] 参见内藤湖南：《新支那论》，收《内藤湖南全集》第5卷，东京：筑摩书房，1975年。

[2] 参见森谷克己：《亚细亚生产方式论》，东京：育生社，1937年；平野义太郎：《大亚洲主义的历史基础》，东京：河出书房，1945年。

五 在东西两洋之间重述"亚洲—中国"

策"的建言献策者。但其中的杰出者,如同情孙中山民族革命的大陆浪人宫崎滔天、大半生隐居北京而以《中国古代政治思想》一书闻名的中江丑吉、直接投身20世纪20年代大革命而留下名著《孙文传》《中国革命之阶级对立》的铃江言一、与鲁迅有一面之交并以《支那社会研究》《支那思想研究》为世人称道的橘朴,还有密切关注中国民族解放与社会革命的共产主义者尾崎秀实,他们以完全不同于"汉学/支那学"的视野和理路,成就了对中国社会历史和现实的卓越考察。这一脉学院派之外的中国论述,也是战后日本中国学的一个重要思想源头。

如果密切关注学术背后的权力政治,那么,我们不能不意识到战前日本的"汉学/支那学"与其国家的密切关系,正如上面的概述所一再提到的那样。我曾指出:19世纪70年代世界进入帝国主义全球国际体系时代,原有的东亚区域格局发生了根本转变。日本经过明治维新和两场大的对外战争而一跃成为新兴的帝国和区域内的中心国家;其后,经过第一次世界大战特别是"九一八事变",彻底走上"大陆经营"之海外扩张的道路。这种称霸世界的国家战略之形成,强有力地刺激和带动起日本人文社会科学的发展。其中,特别是有关"亚洲—中国"的知识生产取得了显著的成就,在20世纪前期形成了足以和欧洲中国学相抗衡的鼎盛一时之势,同时也难以幸免地带上了或隐或显的殖民学色彩,或者宗主国观察殖民地那样一种帝国主义的视角。就是说,学术上辉煌的成就和帝国主义知识生产的性质同在,构成了日本近代东洋学极其复杂的知识形态。[1]实际上,这不单单是战前日本的问题,19世纪以来西方世界的知

---

[1] 参见本书第二章"近代日本有关'中国'和'东洋'的知识生产"。

识生产特别是其对东方等的阐述，同样是建立在殖民扩张和帝国主义政治—经济基础之上而具有殖民学色彩的。

因此，"二战"以后在日本人反省自身侵略战争的意识的推动下，也因为新生中国于20世纪50年代初照会日本政府，要求其不再使用带有侮辱和歧视性意味的"支那"一词，日本有关中国的学术研究始改为"中国学"，大学教育学科中原有的殖民政策学也变成了"地域研究"，中国学则成为此学科中的一项。这当然不单单是名称和学科的改变，更意味着日本战后有关亚洲—中国的知识生产的基本立场和学术倾向上的巨大改变。

战后日本的亚洲—中国研究，是在对上述有着殖民学色彩的知识去帝国化的过程中浴火重生的。这里，有两个学术组织的出现值得关注。一个是1946年，马克思主义者和自由主义历史学家汇聚一堂成立了日本历史学研究会，从而实现了对战前西洋史、东洋史（中国史）和日本史三分天下格局的重组。新生的历史学研究会在深化马克思主义社会历史方法的同时，提出中国史乃是生产形态发展史的概念，以反思战前的中国社会"停滞论"。这场讨论后来发展为马克思主义学派与继承了内藤湖南文化史学的宫崎市定、宇都宫清吉等之间的论争。论争并未形成统一的见解，但无疑推动了战后中国历史研究新局面的出现。[1] 同时，京都学派的中国观也获得了新的发展。例如，很好地继承和发展了内藤湖南支那学的宫崎市定，其《亚洲史概说》（1948）、《东洋的近世》（1950）、《中国史》（1979）等，开始注重"社会经济"发展的历史决定因素。而小岛祐马于

---

[1] 参见谷川道雄：《战后日本中国史研究的动态与特点》，载《江汉论坛》2009年第4期。

五 在东西两洋之间重述"亚洲—中国"

1950年同时出版的《中国的革命思想》《中国共产党史》两书，则典型地象征着伴随时代的变化，战前的"京都支那学派"重镇也开始将目光转移到现代中国，从而推动了对该学派中国学的重铸。

另一个是1948年成立的"日本中国学会"。这是全国性的民间学术团体，在反省战争、重建中国研究学科的时代要求下，汇集了日本有关中国文化、思想、文学等各学科的研究力量，它在以"中国"命名学会的同时也切实对战前"支那研究"的问题进行了深入检讨，大力推动了对中国现代文化、革命思想和人民文学的研究。此外，还有一个小型团体值得一提，即1953年成立的"鲁迅研究会"。这是以东京大学中国语中文学科学生为中心成立的研究组织，他们通过对鲁迅文本的解读来感知中国革命和现代史的发展以反思日本的现代化道路，明显地参照了战争期间由竹内好、武田泰淳等创立的中国文学研究会的传统，而在文学史知识积累方面又超越了中国文学研究会的不足与缺憾。日本中国学会和鲁迅研究会规模大不相同，但其注重中国革命和现代文学思想研究的学术传统延续至今。

战后日本中国学，在东西方冷战冲突的世界大背景下，努力从亚洲的现实和历史脉络出发观察中国或通过中国革命重新思考亚洲的现代性问题，以摆脱日本政治上依附于美国而无法与受侵略战争迫害的亚洲邻国实现和解的被动局面，逐渐地形成了自己的现代中国观和独特的新亚洲主义论述。这个"新亚洲主义"，以反思西方现代性和追寻亚洲殖民地的真正解放为思考目标，而明显区别于战前那个被日本帝国主义殖民扩张战略所征用的亚洲主义。日本进步知识界特别是研究中国的学者们，在1950年代反对《旧金山和约》的单方面媾和及20世纪60年代《日美安保协定》的斗争中,深切感受到在美国新殖民主义之下日本有被殖民的危险,因而试图在二元对抗的冷战格局之外寻找亚洲联合的新路径。在此,中国被重新定义而其民族解放和社会革命的典范意义获得了高度肯定,成为战后日本中国学的一个亮点。这样一个以民族解放和社会革命为视角和方法的革命中国研究,自觉或不自觉地继承了战前以橘朴、铃江言一、尾崎秀实等为代表的那个学院派之外的中国研究传统。

这种趋向甚至影响到日本古代史研究方面的石母田正、西嶋定生和近代史领域的远山茂树等人,使他们开始注重从"东亚"的视角关注古代历史问题。[1] 而中国文学和思想研究界,则有竹内好等提出以鲁迅、毛泽东之革命为范型的新亚洲原理,产生了竹内好《现代中国论》(1951)、《日本与亚洲》(1966)和伊藤虎丸《鲁迅与日本人》(1981)以及丸山昇《走向文化大革命之路》(2001)等著作。中国革命史研究方面亦成果丰富,出现了中西功根据亲身参与中国革命实践的经验而著成的《中国共产党史》(1949)、《中国革命与毛泽东思想——中国革命史的再检讨》(1969),藤井昇三以民族主义理论之发展为中心的开创性成果《孙文研究——以其民族主义理论发展为中心》(1966),以及野村浩一《近代中国的政治与思想》(1964)、《中国革命的思想》(1971)、《近代中国的思想世界》(1990)等一系列涉及从辛亥革命到"文化大革命"的系统化的中国革命思想研究。

那么,战前和战后两个七十年间的日本中国学,是在怎样

---

[1] 参见西嶋定生:《中国古代国家与东亚世界》,东京:东京大学出版会,1983年。

五 在东西两洋之间重述"亚洲—中国"

的思想视野和逻辑结构中论述"亚洲"与"中国"的呢?

(三) 在东西两洋间定义"亚洲"、重述"中国"

我们已知,通过明治维新以推动现代国家的建构,日本在不到二十年的1880年前后取得了制度建设上的重要成果,其中兵制改革(1879)和国民教育体制的确立(1881)最是关键,为此后富国强兵与文明开化的国策乃至海外扩张的国家战略打下了坚实基础。而改传统"汉学"为近代性的中国研究,其学科体制建设也正始于此刻。从幕末到维新,经过"兰学"的输入和"黑船来航"等事件,日本人在与欧美的接触中已经打开了视野,以中华文明为中心的传统"华夷秩序"观及在此之下形成的"汉学"传统逐渐衰退,新的世界观念和亚洲想象在借鉴西方知识的过程中渐趋成型。而于"东西两洋"之间重新定义"亚洲"并重述亚洲中的"中国"想象,其最初的起步首先体现在国家教育体制的学科"改正"上。一般认为,日本蒙古史研究先驱那珂通世(1851—1908)于1895年在高等师范学校首创"东洋史"学科,并将其与本邦史(日本史)和西洋史并列,由此开创了战前日本教学体制中把"支那史"定位于东西两洋之间的先河。他出版于1890年的《支那通史》全四卷,实际上已经在参照欧美历史教科书的基础上,对传统"汉学"进行了脱胎换骨的重组。历史事实的客观叙述和科学实证的研究方法以及中国文化停滞论,构成了该书的基本特色。

而大学教学体制中具体的学科"改正",则在十年之后。例如,京都帝国大学于1906年创立文科大学(文学部),为了对抗东京帝国大学而显示出自身的特色,开设了分别属于哲学、史学、文学学科的"支那哲学""东洋史学""支那文学"三个讲座,由此体现出大学创立之初重视东洋学发展的方针,并确立起"京都支那学"的基本格局。[1]其中,"东洋史"的名称值得注意。虽然内藤湖南强调"所谓东洋史即支那文化的发展史"[2],但在学科建制上坚持采用"东洋史"的名称,明显有着重新定位"中国"在世界格局中之地位的意图。而东京帝国大学则在1910年,也将"支那史学科"改为"东洋史学科",作为大学学科的东洋史学制度由此最终得以确立。

总之,日本在20世纪初已然确立起了崭新的汉学/支那学知识制度,"中国"则在西洋、东洋、日本这个三级结构中被重新定位,中国史又常常被涵盖到"东洋史"之中,以往的权威地位和"世界意义"被相对化,成为亚洲区域内的一种地方性知识。"东洋史"吸收了江户时代以前传统的日本汉学,确立为以中国史为中心,包括了亚洲各民族、各国历史文化的学科。其时代背景则在于中日甲午战争和日俄战争促使日本人亚洲意识的觉醒,故有与西洋学分庭抗礼的东洋学诞生。其中,从对抗西方到联合东亚到后来征服亚洲,日本的国家战略在学科发展中起到了重要的推动作用。当然,这个东洋学的核心依然是中国学,但在战前又有东京的汉学和京都的支那学之分。以东京帝国大学为中心的汉学,更靠近国家意识形态——通过儒教思想确立忠君爱国的道德伦理秩序。其中,支那哲学教授服部宇之

---

[1] 砺波护、藤井让治编:《京大东洋学百年》,京都:京都大学出版会,2002年。
[2] 《支那上古史》绪言,收《内藤湖南全集》第4卷,东京:筑摩书房,1971年。

吉和文学教授盐谷温，就是其代表。

服部宇之吉（1867—1939）早年毕业于东大哲学科，留校任教后便即刻被派往德国和中国留学。1904年，他又前往北京出任晚清新教育机构大学堂的总教习，滞留中国达七年之久。他的学问以中国哲学为主，但侧重于道德伦理方面。主要著作《东洋伦理纲要》《孔子教大义》等，则秉承了日本近代哲学创始人井上哲次郎的西洋哲学与东洋道德之融合主张，但他在亚洲之中重新定义中国的伦理价值的同时，又走向了另一个政治化的极端，即视儒学为东洋道德的根本并主张将儒家伦理改称"孔子教"且不遗余力地加以宣扬。服部宇之吉认为，儒教的精髓在于"孔子教"，而其本家中国长久以来失去了孔教真精神，日本民族则以卓越的文化建设力量保存发扬了孔子思想，故中国之道德伦理重建需要日本的协助、支持。这是一种典型的以复兴封建道德来强化现代日本国民之"忠君爱国"思想的国家意识形态，而这些儒教道德的宣扬者们甚至还欲把这样的主张施加于中国身上。

同样的情形也见于盐谷温（1876—1962）。以《支那文学概论讲话》一书著称而受到鲁迅关注的这位东京帝国大学教授，早年也曾留学德国与中国，在参考西方文献学方法编撰文学史方面，取得了卓越成就。其所创立的以文学体裁为结构、以俗语俗文学创作为发展线索的国民文学史编撰体例，至今为中日两国治文学史者所肯定和继承。盐谷温真心敬仰古典中国文化的灿烂辉煌，但与服部宇之吉一样，视儒教为日本和东亚道德伦理的根本而不能理解现代中国社会的改造和革命，被鲁迅称为"支那中毒"者。"九一八事变"前后，他奔赴山东曲阜祭孔，两度赴伪满洲国拜谒皇帝溥仪，宣扬以孔孟"王道"思想为治国的理念。[1]盐谷温和服部宇之吉两人的学问成就虽然卓著，但其捍卫儒教、服务于国家的政治倾向乃至以儒教统一亚洲和世界的意识形态狂想，今天看来无疑是落后保守甚至是有害的。

相比之下，战前京都的"支那学"虽也未能幸免于被战争意识形态所污染的命运，但其坚持纯学术的基本态度确实推动了中国研究的发展。他们同样经历了一个将"中国"知识相对化、地方化的过程，这体现在桑原骘藏重视东亚与中亚之古代交通研究的《东洋史要》《蒲寿庚事迹考》中，也见于内藤湖南《尚书编次考》和内容中包含了中国和日本的《东洋文化史研究》，以及武内义雄《老子原始》《论语原始》等依据德国文献学对先秦经典可靠性的质疑和解构中。不过，京都学派在强调于新的世界观念下从外部关系来重新定义"中国"的同时，也注重从中国内部发现历史规律和研究方法，如狩野直喜尊重中国人价值观而努力从其内部观察历史的态度，以及内藤湖南等对于章学诚和清代考据学的重视和开掘。

具体而言，今天我们所谓的"京都学派"是由京都帝国大学文科大学（文学部）首任学长狩野直喜（1868—1947）等以中国为中心的东洋学构想为其开端的。后来，逐渐形成了以内藤湖南为首的中国学派和始于桑原骘藏的东洋史学派两大潮流并行发展的局面。其中的"中国学派"，则又有狩野、内藤等的东洋史、中国文化史研究和铃木虎雄、青木正儿等的中国古典诗文研究两个学术方向平行发展的现象。京大中国哲学史研究也创始于狩野直喜，其学术特征在于建基于清朝考证学上的

---

[1] 参见该书第四章"国民文学时代的中国文学编撰体制之创建"。

文献实证研究。他的学问横跨哲学和文学两个领域而在整体上给予京都学派以巨大影响。他早年参考西方哲学史体例而首创《支那哲学史》，后来在参与敦煌写本挖掘的过程中，又取得了敦煌学特别是变文等俗文学研究的成就。不过，其哲学史研究因维持着来自清朝考证学的以经学、儒学为中心的保守性质，实际上更倾向于学术史。此外，则是由小岛祐马开创的社会思想史研究，它视思想为社会的产物，通过导入社会科学的方法来考察哲学的历史意义。也就是说，小岛祐马与狩野直喜一起共同构筑起了京都学派中国哲学史研究的学术传统。而另一个重视中国文化精神特别是文学艺术考察的学术特征，则体现在内藤湖南、铃木虎雄及其新一代京都学派的传人身上。例如，内藤湖南的"唐宋变革说"，提出中国的"近世"始于唐末宋初而东洋一千年前早已有了独自的资本主义萌芽，以对抗西方学术界亚洲不曾产生资本主义要素的历史叙述。其断代的依据和方法主要是汉魏六朝的政治变迁和唐宋两代的文化艺术发展。铃木虎雄则自始至终以考辨中国诗文为志业，影响及于青木正儿和吉川幸次郎等中国文学艺术研究大家。

（四）另一种世界、亚洲视野下的中国论述

以上，我主要考察了战前日本学院派汉学/支那学的发展概略，在注意其有关中国的知识生产内在地具有一抹挥之不去的帝国主义殖民学色彩的同时，阐述了他们以新的世界观念在"东西两洋间"重新定义亚洲、重述中国的学术演变过程。那么，战后又发生了怎样的变化呢？的确，1945年的战败和帝国

日本的土崩瓦解造成了历史的深刻断裂。但是，这种断裂更体现在政治经济的制度层面，思想学术虽然在战后也有了崭新的面貌和发展路径，但与战前的批判性继承关系还是依稀可见的。东京的"汉学"和京都的"支那学"与战后中国史中国文化研究的关联是如此，战前日本学院派之外的中国论述与战后得到巨大发展的有关中国革命研究的传承关系，也是如此。

战后日本的中国研究，包括中国史和现代中国革命两方面。与战前的汉学/支那学通过在"东西两洋"之间重新定义"中国"而建立起不同于传统"汉学"的东洋学一样，战后日本的中国研究也首先面临着如何在新的世界观念之下定义"中国"之位置的课题。所不同的是，经过20世纪两场世界大战和1945年日本帝国的消亡，世界格局及日本国家在国际关系中的地位发生了根本改观。"二战"之后骤然形成的世界冷战格局、新一波民族独立和殖民地解放的大潮，以及在东西方两大阵营之外谋求发展的第三世界的兴起，乃是左右日本战后中国学重铸的重要因素。而1949年中国在革命胜利后成功建立中华人民共和国和作为第三世界的主导力量，其反帝反殖民斗争的典范意义受到了日本知识分子的普遍关注。

以新的世界观念重述"中国"，这在战后日本以古代史为中心的中国史研究领域表现为马克思主义唯物史观重新回到学术研究中来，促使作为研究对象的"中国"被再一次定位于一般世界历史阐释架构中。如前所述，战后初期日本历史学研究会所推动的有关中国史研究方法论的论争，成为战后日本中国学史学方面再出发的起点。谷川道雄明确指出："'二战'后的日本中国史研究课题，是如何将中国作为发展的中国史进行重建的问题。即必须纠正被军国主义歪曲了的中国史观，按照世

五 在东西两洋之间重述"亚洲—中国"

界史普遍逻辑对中国史做出解释。当时对此起到巨大作用的，是从战时思想统治中解放出来的马克思主义，按照生产方式发展规律将中国史系统化的尝试亦由此开始。"其中，有非马克思主义历史学家参与讨论的两个问题——唯物史观发展规律是否适用于中国史、马克思主义史学家构想的中国史分期是否正确的论争，使日本"战后的中国史研究有了前所未有的长足进步"。[1]

谷川道雄是战后京都大学中国史研究方面的青年学者，他直接参与了当时有关研究方法的讨论过程。上述说明中有两个要点。第一，是重建"发展的中国史"，以改变战前军国主义笼罩下的中国历史停滞论和东方专制主义史观，摆脱"落后"的中国需要"先进"的日本"帮助"其实行改革这样一种具有殖民学色彩的中国论述。这实际上是对包括战前东京"汉学"和京都"支那学"在内的一般历史观的根本改造，以在"发展史观"的基础上建立适应"世界史普遍逻辑"的中国史阐释架构。第二，是按照马克思"生产方式发展规律"的观点，提出中国史乃是生产形态发展史的概念，并在一般世界史的普遍逻辑之下构筑中国历史的阶段性发展过程。按照发展史观重述中国的历史，就会自然涉及"时代划分"的问题，而这个有关历史分期的长达二十余年的论争推动了战后日本中国史研究的范式转变，使之从"东洋史"彻底转变到"中国学"上来。

当然，上述改变是一场深刻的历史观变革，它使战后日本中国史研究的面目焕然一新。但是，这并不一定意味着对战前

---

[1] 谷川道雄：《"日本中国史研究译丛"总序》，见内藤湖南《中国史学史》，马彪译，上海：上海古籍出版社，2008年，第3页。

"东洋学"的全部否定。实际上，我们看京都学派的当今传人如魏晋南北朝史专家谷川道雄，还有进行中国近代史研究的狭山直树乃至年轻的中国共产党史学者石川祯浩，他们的历史研究在具体的手法上依然明显地继承了"支那学"文献考据的实证方法。石川祯浩在《狭山直树、石川祯浩：漫谈京都学派的治学方法》[1]中指出："说到所谓京都学派，一般认为他们注重精致的考证研究。……在我看来，所谓'实证'，大概可以从三个方面来谈。第一，设法回到历史现场，搞清楚当时具体发生了什么。第二，对一个历史事件，以往有好多论著也有好多史料编辑出版，但是史料形成的过程是值得探究的——是谁、怎样把它编辑出来的。第三，一个社会对某一事件有比较通行的评价，也就是所谓主流意见、主流见解，这个主流见解是怎么形成的，也必须探讨。"实际上这正是早年京都学派依据德国文献学和清代考据学而形成的实证方法具体体现在了狩野直喜、内藤湖南、武内义雄等人的史学传统中。

那么，战后日本的现代中国革命研究怎样呢？如果说战后的中国史研究是在对早年京都支那学历史观的改变和研究方法的继承中继往开来的，现代中国革命研究则是在更为紧密地呼应战后的时代变化，通过重新定义中国革命在 20 世纪世界史上特别是反帝反殖民斗争之结构关系中的意义，而获得长足发展的。国际关系论学者入江昭在《新日本的外交》一书中，论及 1950 年前后的日本思想舆论界面对冷战形成的世界格局所出现的四种选择，其中的第四种是因既不满日本依附美国又不肯完全接受马克思主义而产生的、试图以中国及亚洲的民族主义为

---

[1] 见首发于 2017 年 06 月 07 日《澎湃新闻·私家历史》。

日本之参照依据的观念。例如竹内好"其思想虽然同样是国际主义的,但不满足于所谓西方式普遍主义而力图从非西方的世界发现根本原理和依据",通过重新把"中国革命"定义为抵抗西欧现代性过程中形成的代表亚洲另类现代化道路的典型,而"强调日本对战败的反省必须包括对西欧化的反思,对于中国的认识也需要改变"[1]。入江昭谈的是战后初期的情况。而到了1960年代,对"斯大林主义"的苏联持批判态度又试图在冷战思维之外寻找另类道路的"新左翼运动",则进一步强化了"中国革命"在反霸权和谋求"第三世界"发展中的价值意义,甚至形成了以20世纪中国民族解放运动历程为典范的"新亚洲主义"思潮。上述这个脉络可能并非战后日本思想界的主流,但无疑推动了刚刚起步的有关现代中国革命研究的大步发展。

与战后中国史研究的庞大阵容和学术传承的清晰脉络相比,日本战后的中国革命研究并没有占据大学学科中的主流,而是由小变大、由浅入深逐渐发展起来的。最初,它是由一些从事中国现代文学特别是鲁迅研究的学者和评论家所承担,后来又有从事现代史和革命思想研究的学者加入。例如,前面提到的鲁迅研究者竹内好、丸山昇、伊藤虎丸,革命史研究方面的藤井昇三、野村浩一等。那么,如同战后中国史研究继承了战前的东洋学特别是京都学派的传统那样,中国革命研究是否也对日本战前的传统有所继承呢?当然,战前的日本学术界基本上没有展开中国革命的研究,也就无以形成传统了。但是,在学院之外又确实有一批直接参与了中国革命的日本人留下了一些重要的著述。

---

[1] 入江昭:《新日本的外交》,东京:中央公论社,1991年,第53页。

一段时间里，我曾经关注过战前日本学院派之外的中国观察家的有关论述，如橘朴和尾崎秀实。如果说橘朴在"九一八事变"以后沿着"大陆政策"的轨迹对中国和亚洲的论述是一个失败的企图，因而导致连同其前期杰出的中国研究成就也没有被很好地继承下来，那么，同样是战前杰出的中国论者尾崎秀实，其由"社会革命"和"亚洲改造"理念而构筑起的观察现代中国的方法论视野，包括他对中国民族解放运动的深入观察，是否在战后日本得到了继承和发展呢？这是我一直在思考的问题。尾崎秀实参与了"二战"期间轰动一时的佐尔格红色国际谍报团，因而成一个传奇人物。但在我看来，他的历史功绩更体现在其于中日战争期间所发表的大量杰出的中国论述方面，他的《暴风雨中的支那》《现代支那论》等著作，至今读来依然有力透纸背之感。[1]纵观尾崎秀实的全部中国论述，其一生对于中国革命的持续关注，还有对社会主义理念始终不渝的坚信，这些都与明治维新以来盛行的亚洲主义明显不同。我在阅读其著作的过程中，常常感到他的有关论述很可能暗中影响了战后日本的中国革命研究，这在以往的研究中很少有人注意到。

　　在1939年出版的《现代支那论·自序》中，尾崎秀实尖锐地批判日本人没有真诚深入地了解中国的革命，认为日本中国研究更高层次的发展将有赖于上百万从中国战场获得切身理解的新一代青年返回祖国后的努力。[2]而战后初期的日本中国革命研究中，也确实有如竹内好、野原四郎等一批从战场归来的

---

[1] 有关尾崎秀实的中国论述，请参考本书第三章"社会革命和亚洲改造的大视野"。
[2] 《尾崎秀实著作集》第2卷，东京：劲草书房，1977年，第195页。

青年承担了这样的工作。其中的竹内好，无疑是了解尾崎秀实的。他在1963年编辑"现代日本思想大系"第9卷《亚洲主义》（筑摩书房）时，就曾选录了尾崎秀实的《东亚协同体的理念及其成立的客观基础》和狱中审讯记录中的片段。但他在《解说》中却只有一句评语："作为试图在处于对抗关系的无产阶级国际主义和亚洲主义之间架设起桥梁的特异案例，仅有尾崎秀实一人存在。可是他的出现太晚，其思想也在孤立无援中走向终结了。"[1]这似乎是在暗示尾崎秀实的思想理念在当时没有获得发展的条件，后来也未曾得到有效的传承。

不过，情况仿佛比较复杂。在五卷本《尾崎秀实著作集》出版六年后的1983年，日本亚洲经济研究所曾编辑发行过一本重要的书籍《尾崎秀实的中国研究》（今井清一、藤井昇三编）。这是战后第一部专门以尾崎秀实中国论述为主题的论文集，由当时重要的评论家和学者撰稿，分别就尾崎秀实的中国社会认识、政治外交论中的民族问题、上海滞留时期与中国左翼文化运动的关联、中国革命观、中国农业论、国民政府论、中日战争观等，展开了丰富的实证研究。换言之，这是战后日本学人对尾崎秀实思想做出的一次重要概观和评估，本身就是对其遗产的很好继承，也影响到了战后日本中国革命研究的发展。

其中，小林弘二《关于尾崎秀实中国论的继承》一章，从战后重提民族问题的角度讨论了竹内好对尾崎秀实的继承关系。他认为，在战后初期民主主义时代的日本，由于那场大战失败的教训，人们似乎忌讳谈论"民族主义"，而执着地关注中国乃

---

[1] 竹内好：《日本与亚洲》，东京：筑摩书房，1993年，第339页。

至亚洲民族主义问题的竹内好"似乎也没有那么强烈地意识到尾崎秀实的存在";但是,他从民族主义问题出发的中国论却多有与尾崎秀实"相重合"甚至进一步"发展扩大"的地方。例如,竹内好强调中国的民族主义与西欧不同,乃是在抵抗西欧对亚洲的侵略过程中诞生的,其革命或曰追求现代化的过程本身孕育出了自身的主体性,因而中国革命的道路与一味模仿西方的日本近代发展道路亦不同;又如,中国的民族主义有着一贯的"反帝运动和社会革命相结合"的特点。[1]我想,小林弘二的判断是正确的。

其实,竹内好与尾崎秀实观点的"相互重叠"何止这些。从战后初期的《何谓近代》通过对鲁迅作品的独特解读而理解了中国革命从民族抵抗中建构起主体性的过程,到1950年代通过《评传毛泽东》《中国的人民革命》和《孙文观的问题点》等文章建构起以孙中山—鲁迅—毛泽东为代表的中国民族民主革命思想的阐释架构,而强调被压迫民族之民族主义的正当性和纯洁性,再到1960年前后通过《近代的超克》《作为方法的亚洲》等对日本近代走向帝国主义殖民战争道路的批判——以西方逻辑与亚洲原理的分而用之来对西方要求平等而对亚洲要求霸权,以及视中国民族革命为榜样而谋求"新亚洲主义"的重构……在竹内好上述一系列思想和方法论中,我们都可以看到尾崎秀实影响的痕迹或者"相互重叠"之处。因此,可以得出结论:以关注文学家鲁迅为起点,具有批判意识和亚洲情结的竹内好,在继承尾崎秀实中国论的基础上开辟了另外一条阐释

---

[1] 参见《尾崎秀实的中国研究》,东京:亚洲经济研究所,1983年,第222—223页。

中国革命的路径,并形成了贯穿战后日本中国革命研究的一个强有力的传统。[1]

(五)简短的结语

以上,我概要地描述了一百五十年来日本近代有关中国的研究历史,并密切注意到穿越1945年的断裂,其战前的东洋学怎样浴火重生而转变为战后的中国学。在世界大变动的近现代,日本人依据新的世界观念和亚洲想象,在不断增强对于自我之认识的同时开启了重新定义"亚洲—中国"的行程。在这个过程中,他们不仅把"亚洲—中国"作为外在的他者,同时也作为内在于自身的问题加以持续而深入的考察,由此建构起了一个我称之为"作为亚洲同时代史"的有关传统中国和革命中国的知识体系。当然,这个知识体系并非没有问题和教训。例如,战前的汉学/支那学所依据的历史停滞论、东方专制主义等观念、意识、心态的制约等,已经在文中有所提及。这里还要补充一点,就是战后中国史特别是有关革命中国的研究,也不是没有可以反思的地方。例如,对于革命的乌托邦想象往往脱离中国的现实、冷战四十年及其终结深刻地左右了其学术研究,等等。然而我们依然不能不承认,近代日本的中国研究的确取得了举世瞩目的辉煌成就。

"亚洲中的中国"或"中国与亚洲"是一个互相关联的结构。一方面,从地缘政治的角度讲,中国地处亚洲,其发展需

---

[1] 参见本书第四章上编"作为'同时代史'的中国革命"。

要处理好与亚洲邻国的关系;另一方面,亚洲并非被动的地理经济场域,而是拥有复杂的文化历史和多种民族构成的政治疆域。中国需要在亚洲中不断确定自身的位置,同时那个活的变动中的亚洲也在不断认识和接受中国的发展。这就需要我们建构起一个能够相互认识、彼此沟通的有关亚洲的区域研究体系。日本近代东洋学/中国学那厚重的知识积累,足以为我们提供丰富的思考资源。

(原题为《在东西两洋间重述"中国"》,载《文化纵横》2017年第2期,有大幅度改动)

六

另一时代语境下的日本亚洲主义
——战后日本的亚洲经援外交

第二次世界大战之后骤然形成的冷战体制，制约了20世纪后期整个世界的发展，并对各民族国家的内政、外交、社会诸层面构成极大影响。以《旧金山和约》为根据并在日美安全保障同盟基础上形成的日本战后外交，由于缺乏独立的军事政治之硬实力和有吸引力的意识形态（价值观）支撑，不得不走了一条经济中心主义的路线。这种所谓"经援外交"，在亚洲地缘关系中以由远及近的方式先后实践于东南亚、东亚和东北亚，构成了战后日本外交发展的亮点，对"二战"后亚洲地区各国的经济复兴也确实发挥了正面的推动作用。冷战时期，日本归属于西方资本主义阵营，又以"亚洲一员"的身份在本地区自认为西方的"代理"。然而，《旧金山和约》本身之单方面媾和的性质却在相当长一段时期里掩盖了殖民主义侵略的罪恶历史，并使亚洲的"历史问题"和"战后处理"问题被推延到了冷战结束之后。日本亦在20世纪五六十年代对东南亚实行"赔偿/经济援助"外交，又在20世纪70年代前后与东亚的韩国和中国努力恢复正常国家关系的过程中，有意无意地避开了反省历史以实现根本的"战后处理"这一棘手的问题。这成为阻碍日本战后亚洲外交深入展开的一个主要因素。同时，"二战"以后日本与苏联/俄国的外交关系因"二战"遗留的领土问题而始终没有得到良好的发展,这直接影响到东北亚区域经济圈的形成与和平共生之政治生态的构筑。上述情况既造成了冷战结束后日本在亚洲突然遭遇"历史问题"的危机和尴尬局面,同时也使其作为软实力的"亚洲经援外交"暴露出缺乏文化理念和普世价值而未能充分发挥应有力量的不足。

而今天当我们面临 21 世纪全新的世界格局和更为复杂的国际关系,思考主权国家概念日趋淡化的形势下国家软实力的建构问题之际,战后日本的亚洲经援外交的成功与不足,会给我们诸多有益的参照。这里,我将在世界冷战体制的大背景下,详细阐述战后日本在没有充分主权保障和硬实力——军事政治力量支撑的条件下如何展开以经济援助为中心的亚洲外交的过程,并检讨其作为国家软实力在国际关系中的贡献与隐含的问题。问题的另一方面是,从历史和地缘政治的角度观之,战后日本以和平的经济方式(赔偿/援助)实现了与东南亚的和解,并成为这些地区经济发展的领头羊,同时也推动了自身的战后经济复兴。在某种意义上,日本因此也获得了战前试图以军事侵略方式来掠夺与征服的势力范围。这其中,包含着怎样的"历史的狡黠",也将是我要努力探讨的议题。

(一)冷战体制、《旧金山和约》与日本战后的吉田茂外交路线

第二次世界大战结束不久的 1947 年 3 月,美国总统杜鲁门宣布了史称"杜鲁门主义"的外交政策新原则,随后又提出"马歇尔计划"以支援欧洲战后的经济复兴,这在苏联看来乃

六 另一时代语境下的日本亚洲主义

是美国敌视和遏止社会主义并构筑反苏基地的举措，故于1949年1月开始实施"莫洛托夫计划"以向东欧国家提供援助。其后，1949年11月，西方国家设立巴黎统筹委员会，以限制战略物资输入社会主义国家。由此，以美苏霸权集团为代表的东西方两大阵营即冷战体制形成。这个世界体制直到1989年因德国柏林墙倒塌而宣告结束，历时40年之久。它如何影响了20世纪后期乃至今天的国际关系变化和各民族国家的内政外交，其深层的霸权结构和人类思想心理机制之谜，还远远没有得到深入全面的解构而有待于历史学家的进一步探索。[1]一般认为，这个冷战体制至少有以下三个方面值得注意：首先，这是一场由意识形态即有关未来世界图景和人类发展设想上的差异和对抗构成的思想文化战争。这种思想文化上的所谓自由资本主义和共产社会主义的抗争，早在19世纪后期的帝国主义时代就已经出现，经过20世纪前期的两次世界大战其矛盾冲突并没有消除，而在"二战"之后发展为两大军事政治集团的对抗。在以往的国际政治中力量集团的形成都是源自实际的国家利益，或者势力均衡与地缘政治等因素，而冷战体制则是以某种思想体系和制度的差异而形成对抗的集团，这在历史上还是第一次。[2]其次，思想文化战争的背后是以发展核武器为依托的军事实力与以发展工业及信息产业为动力的经济实力的较量。它形成了一种把世界分为两极并以军事威吓和经济贸易控制（制裁）来征服对方的国际争端解决模式。这一模式给20世

---

[1] 参见约翰·刘易斯·加迪斯：《冷战》，翟强、张静译，北京：社会科学文献出版社，2013年，第112—115页。
[2] 参见刘靖华：《20世纪的国际政治逻辑》，北京：生活·读书·新知三联书店，2007年，第34—35页。

中日间的思想

纪后期的国际政治、军事、经济和文化思想的发展带来了决定性的影响：国家利益的实现和外交政策的制定要以意识形态为出发点，甚至每个国家或地区本身不得不归属于两大霸权集团的某一方；一场地区冲突和战争的爆发常常是因为思想和制度的差异而非国家安全受到了直接的威胁。第三，长达40年之久的冷战体制筑就了一种从政治上的意识形态对抗到军备竞赛到局部战争爆发再到缓和的冷战结构，以及用军事上的地缘政治学来把握国际关系、通过军备和军事介入来维持世界安定的冷战思维。这种冷战思维表现为一种将国际社会判定为善恶对立的二元而以美国的理想和价值为普世理念的思想倾向。当然，这40年冷战期间，也出现了与此种冷战思维相抗衡的谋求第三条道路的倾向和运动，如"万隆会议精神""不结盟运动"以及"第三世界"的思想理念，20世纪60年代遍及世界的"新左翼运动"也是在思想文化上对抗这种冷战意识形态的一种尝试。

从国际关系的角度出发讨论"二战"之后的冷战体制，需要先追溯到《雅尔塔协议》。众所周知，在世界反法西斯战争接近尾声的1945年2月，英、美、苏三国首脑在乌克兰共和国南部面向黑海的港湾城市雅尔塔举行会谈，就如何在降伏纳粹之后接管德国并召开联合国大会等问题达成了协议。这次会谈还包括一项有关苏联参加对日战争，条件为日本投降后将其北方四岛划归苏联并承认苏联在中国东北之绝对权益的秘密协议。这实际上是作为战胜者要解决在德国和日本的军事力量崩溃后，如何保障国际关系稳定和势力平衡的问题。协议具体地划分了各自的势力范围：承认从东欧到巴尔干诸岛以及西北太平洋和中国东北的广大区域内苏联的军事优势，美国则于西半球和太平洋全域保持优势。除此之外的地区，如西欧、中东、中国和

六 另一时代语境下的日本亚洲主义

东南亚等不归属于苏美两国任何一方的势力范围，各自维持其安定。然而，在苏美势力范围以外的地区如伊朗、土耳其以及中国，由于战后不久政治上不安定因素的增大，苏美两国相应地实行了不同程度的军事介入，实际上两国的势力范围有所扩展和延伸，但没有发生直接的军事对峙而是以某种形式保持了均势。这就是"二战"之后有关世界格局的所谓"雅尔塔秩序"，也即"冷战体制"的原型。[1]

正是在《雅加达协议》签署的半年之后，曾经在亚洲长期实行殖民侵略并悍然挑起针对英美霸权之太平洋战争的日本帝国主义，迎来了无条件投降和彻底覆灭的命运。从1945年8月15日昭和天皇向日本国民发布广播讲话宣布接受《波茨坦公告》而"终战"，到30日联合国盟军总司令麦克阿瑟将军的专机降落在东京附近的厚木机场，帝国日本不仅彻底战败而且开始了长达七年之久的被占领时期。这同时意味着，日本国家主权的丧失和一切外交活动的停止。被占领期间，以美国为中心的联合国盟军最高司令部（GHQ）对日本实行了一系列大刀阔斧的"改造"。但这里需要注意的是，以1947年为界占领当局的对日政策发生了重大转变，即由当初的以非军事化和民主化为基本纲领到后来逐渐转向以经济复兴和重启军备为主旨。而这种对日方针的转变，其背景正是东西方冷战的骤然升温。如前所述，与"杜鲁门主义"外交原则和"马歇尔计划"相配套，1947年8月占领当局开始允许日本重启对外贸易，华盛顿方面亦提出了作为日本经济复兴政策一环的推动亚洲贸易的新方案。

―――――――
〔1〕 参见入江昭：《新日本的外交》，东京：中央公论社，1991年，第30—31页。

这显然与此前的解散财阀、改革农地制度、实施赔偿为主要内容的早期对日经济管理方针不同,目的是要通过贸易和工业化实现经济重建进而通过与亚洲各国贸易关系的发展来促进日本的经济发达。这和美国支援欧洲战后经济复兴的目的一样,是要将其作为自由资本主义阵营的一员予以扶植,从而与社会主义阵营对抗。例如,就在美国忙于在世界范围内封锁共产主义而积极构筑国家安全保障体系的1948年1月,美国陆军长官便发表讲话声言要使"日本成为反共的防线"[1]。这无疑暴露了美国上述政策变化的真正目的所在,而冷战影响到美国的对日政策乃至此后日本的政治外交基本路线,则是考察战后日本外交的一个必须重视的基本事实。

上面提到,日本的战败和被占领意味着国家主权的丧失和一切外交活动的停止,但这是在理论和逻辑的层面而言的。实际上,由于美国占领当局并没有采取全面接管的方式,而是在保留象征天皇制的同时重新恢复日本政府的施政功能,并通过这个政府推行其占领政策的。因此,虽然1945年8月15日日本宣布无条件投降而美国要求立即交出其所有驻外使馆的财产和文件,当时的铃木贯太郎内阁也宣布总辞职,但两天之后又成立了东久迩内阁,而且在整个占领时期日本政府一直存续下来,成为配合盟军最高司令部推行战后改革的中介。从这个意义上讲,被占领时期的日本政府与美国占领当局构成了一种特殊的"外交关系"。七年被占领期间,虽然有五届内阁更迭轮换,但执政时间最久而在与美国协调下实施战后改革方面历

---

[1] 参见约翰·W.道尔:《拥抱战败》,胡博译,北京:生活·读书·新知三联书店,2008年,第434页。

六 另一时代语境下的日本亚洲主义

史贡献最大的吉田茂内阁,其内政、"外交"理念则构成了战后日本政治的基本格局并影响至今。这个被称为"吉田主义"或"保守本流"的政治理念可以概括如下:通过深化与美国的关系以获得日本的安全与繁荣。具体而言,就是要建立一个亲美而归属于西方自由主义阵营的经济型国家,或者说构筑以视日美关系为核心的外交、自由民主主义的政治和军事安全依赖美国而重视贸易与产业发展为特征的经济优先主义。[1]

在被占领不久的1946年5月,战前曾任驻英大使的职业外交官吉田茂(1878—1967)重返政坛,直至1954年(有一年的中断)连续担任自由党总裁和日本首相,他确定了上述日本战后政治的基本路线。1951年9月8日,吉田茂作为日本首相在《旧金山和约》上签字,成为历史见证人。为了充分理解战后日本的亚洲外交,这里有必要对影响了整体国家走向的吉田茂现实主义政治路线或曰"保守本流"做进一步的阐发。如前所述,美国的对日占领政策因冷战的骤然升温而有一个重大的转变过程,即从前期的非军事化和民主化到后期的转向重视经济复兴和要求重启日本的军备。吉田茂的政治路线也是在这个美国对日政策转变过程中形成的,而他积极的经济复兴优先和消极的再军备立场与美国方面虽总体一致但又存在局部的矛盾。从一片废墟的"战败"现实和冷战导致世界军备不断升级的现实出发,吉田茂认为,日本要重新获得因战争而失掉的"安全"与"繁荣",需要依赖美国。因为,在冷战格局之下面对超级大国苏联的威胁,日本的"安全"只有美国能够提供。即,一方

---

[1] 参见五百旗头真:《战后日本外交史》,东京:有斐阁,1999年,第78—79页。

面，冷战使世界进入到只有"集体安全"即依靠某一个超级大国才能保障个别国家免受威胁的时代，更何况为了避免军国主义的复活，把日本的军事力量维持在保证国内治安的范围内而国家安全则交由美国负责，也是不得已的；另一方面，美国当时的国民生产总量占世界的45%，又是国际货币基金组织、世界银行等国际经济机构的创立者和自由贸易体系的经营管理者，因此，为了复兴已然崩溃的战后经济而重建繁荣和平的日本，也有必要依赖美国。

这种保守的现实主义政治外交路线，在当时曾经受到日本社会各界的批判和反对，后来则渐渐得到一般国民和历史学家的积极肯定甚至称赞。但也有学者如进藤荣一根据五十年之后新解密的外交档案资料，追究战后一个时期里吉田茂代表的日本政府屈服于美国的绝对威力，在军事安全和冲绳基地以及对中国等社会主义国家外交方面的"失败"，揭露日美"外交"上的不平等和"屈辱"乃至"保守本流"最终阻碍了多元外交的发展可能性等问题。例如，一个近乎神话的说法是：吉田茂及其弟子们力抗美国要求日本扩张军事力量的压力，努力发展和平的经济主义外交，从而奠定了日本战后繁荣与安定的基础。然而，新解密的外交档案显示，与《旧金山和约》同时签署的《日美安全保障条约》，其不平等性和从属性乃是当时的日本"外交"一再妥协甚至"丧失"交涉能力的"失败"结果。1950年美国开始与日本展开和谈交涉，当初吉田茂指示外务省制定的条约草案共有四份，后来都被美国一一拒绝。因此最后签署的《安保条约》，完全达到了美国使日本全领土基地化并将其范围扩大到远东而基地费用由日本负担的目的。1951年1月30日吉田茂提交给美方和谈条约负责人达雷斯（Dulles）的《我

六 另一时代语境下的日本亚洲主义

方意见书》显示，早在与美方交涉的初期，吉田茂就主动提出"为了回应美国军事上的要求（驻军日本）"也"为了永久的日美友好"，可以考虑把冲绳按英领百慕大群岛方式租借（九十九年）给美国。这无疑是把冲绳拱手让了出来，而且实际上导致了将日本全领土基地化的最终结果。又比如，1954年万隆会议期间，时任日本经济审议厅长官的高崎达之助曾秘密会见中国总理周恩来，协商两国互设代表机构和早日实现日中关系正常化问题，但迫于美国的压力，约定的第二次会谈突然中止。[1] 这表明战后日本因实行一贯追随美国的保守性外交，已经丧失了独立把握瞬息万变之国际形势而展开多元关系的能力。

在吉田茂现实主义政治外交路线主导之下，日美两国经历了一系列"外交"努力，最终迎来了和谈的成功，日本被占领状态得以结束。1951年9月4日，有52个国家的代表汇集美国旧金山开始和平谈判。9月8日，包括日本在内的49国在对日和平条约上签字。同日，日美两国代表移师旧金山第六师团驻地，签署了《日美安全保障条约》。1952年2月28日，上述两个条约生效，日本的主权得以恢复并重返国际社会。这个在美国主导下签署的《旧金山和约》对日本十分宽容，虽有要求其承担战争赔偿的条款，但比起第一次世界大战后《凡尔赛条约》对德国惩罚性的战争赔偿要求来则轻而又轻，显然美国充分考虑了避免给刚刚复苏的日本经济造成过分压力的问题。然而，这个在当时看来对战败国日本十分有利的《旧金山和约》却存在着重大的缺失，或者说有使日本在未来的国际政治和外

---

[1] 进藤荣一：《被分割的领土》第9章，东京：岩波书店，2002年，第280—319页。

交事务中失去主导地位而常常处于不利状态的要素,那就是该条约的单方面媾和的性质。众所周知,《旧金山和约》是在东西方冷战意识形态的对抗愈演愈烈甚至导致了局部冲突(朝鲜战争)爆发的关键时刻召开的,许多社会主义国家并没有参与和谈。苏联虽然参加了但没有在条约上签字,波兰和捷克斯洛伐克亦追随其后。而第二次世界大战东方战场中受日本帝国主义破坏最为惨重的中国的代表(包括台湾),以及正处在"热战"中的朝鲜半岛的代表,都未能到会参与和谈。这给日本战后的亚洲外交带来了多重的障碍,其中的"战后处理"作为历史遗留问题,甚至成为至今影响日本与东亚关系的重要因素。从根本上讲,东亚地区的旧殖民主义体系没有得到及时有效的清除,单方面和谈掩盖了帝国主义殖民侵略的罪恶。

总之在当时,《旧金山和约》的签署使日本结束了被占领状态,亚洲的国际新秩序也得以形成。有学者将此称之为"旧金山体制":它包括日本恢复主权和一定程度上的军备,而以在日本本土和冲绳驻扎的美国军事力量为核心,形成的联合韩国、中国台湾、菲律宾、澳大利亚、新西兰的军事体制则与苏联、中国、朝鲜的军事力量构成了对峙的局面。战后日本的外交,正是在整体的世界冷战格局和此种亚洲国际新秩序之下起步的。1956年实现了加入联合国目标的日本政府,在其所发表的《外交蓝皮书》中明确阐述了战后外交三原则:以联合国为中心、与西方自由主义各国保持协调、坚持作为亚洲一员的立场。[1]这三条原则虽并非始终协调一致地获得了同等的重视,但战后日本的外交的确是在这三个方向上不断努力谋求发展的。

---

[1] 参见五百旗头真:《战后日本外交史》,第88页。

这个日本战后外交的基本原则与吉田茂的现实主义外交路线基本一致，成为日本至今为止的外交基调。

（二）20世纪50年代至60年代：日本对东南亚的"赔偿/经援外交"

日本回归国际社会之后，其外交的努力方向首先是东南亚。在冷战的背景下，在《旧金山和约》起草的阶段，美国坚持要求各国免除日本的战争赔偿，但苏联等国表示反对并拒绝在条约上签字。战争中被日军占领过的众多东南亚国家也曾反对美国的对日免除赔偿的方针，而他们最终签署了条约是因为其中增加了第十四条条款："当有个别国家希望得到赔偿之际，联合国必须予以接受。"[1]因此，根据《旧金山和约》，日本必须首先对东南亚各国履行战争赔偿的责任。同时，与东亚相比，东南亚乃是于战争期间受日本军国主义迫害较轻的地区，"战后处理"问题相对容易解决。而战后经济复兴已然基本完成的资源匮乏国日本，为了谋求经济的进一步发展必须开拓海外市场，刚刚从欧美旧殖民主义体制下获得独立的东南亚各国，则又急需外部资金和经济援助。因此，战后日本的外交重点也就自然而然地落到了东南亚地区。

经过20世纪50年代整整十年的努力，日本基本上解决了与东南亚各国的战争赔偿问题，同时顺利开启了在这个地区的经贸大发展。首先，1954年1月日本与缅甸达成协议，在签署和平条约的同时，缔结了分十年支付两亿美元的赔偿及经济合

---

[1] 小林英夫：《战后亚洲与日本企业》，东京：岩波书店，2001年，第39页。

作协议；其次，1956年5月经过一番曲折之后，日本与菲律宾达成了五亿五千万美元分二十年支付完毕的赔偿协议，并签署了《日菲和平条约》；第三，1958年1月日本与印度尼西亚签署了和平条约和十二年间支付两亿两千三百万美元战争赔款的协议；第四，由于对方自愿放弃战争赔偿，1958年和1959年日本分别与老挝和柬埔寨签署了十亿日元和十五亿日元的经济技术合作协议；第五，与越南的交涉则在1959年5月最终达成协议，日本约定在五年内支付三千九百万美元作为战争赔款。而与其他东南亚国家如泰国、马来西亚和新加坡的国家关系修复，则在60年代完成。这为日本与东南亚建立战后经济贸易关系，打下了基础。[1]

到了60年代，日本对东南亚的战争赔偿基本结束，为了继续推动因物资赔偿出现的对东南亚贸易输出的增长势头并刺激国内的经济发展，日本开始转向实施日元贷款以援助东南亚各国的基础建设，由此真正开启了战后日本的经济援助外交。成立于1966年的亚洲开发银行，就是日本投资和援助东南亚的一个重要窗口并成为两者经济关系越发紧密的一个象征。该银行以美国和日本等共同出资的十一亿美元为基本金，目的在于参与和援助东南亚各国的经济开发，其第一届总裁便由日本人担任，并一直成为日本对外经济援助的主要金融机构。在将对东南亚的赔偿与经济援助逐渐转变成一个常态化的经援外交模式方面，亚洲开发银行起到了关键的作用。当然，此种外交策略得以展开，首先由于得到了美国的有力支持。当时的美国对日经济政策受到冷战思维的影响，希望日本经济力量的复兴能够起

---

[1] 参见五百旗头真：《战后日本外交史》，第90—91页。

到稳定东南亚地区的作用，认为两者经济贸易上的密切结合可以在增加日本的出口同时又使其从该地区获得粮食和原料。代替战前的中国，该地区能够成为日本的贸易伙伴，乃是美国所希望的。换言之，在日美两国不谋而合的东南亚外交战略背后，亦有围堵社会主义中国的冷战因素存在。

自20世纪50年代开始，日本以战争赔偿和经济援助方式实施的对东南亚经济外交，乃至60年代后以日元贷款方式进行的资本与技术投入，的确促进了该地区各国的经济基础建设。例如，用赔款和经援资金兴建的缅甸大型电站，在1962年转为用日元贷款方式继续进行，而始于1960年的越南电站建设也在1965年转换成日元贷款的形式，始于1958年的印度尼西亚爪哇岛东部的河流改造工程，则在1967年由赔款援建转为贷款项目而得以持续下去。这些大型基础建设成为东南亚各国经济复兴的重要保障，如缅甸的电站发电量为八万五千千瓦，承担了全国电力需求量的60%；越南的电站规模更大，最大发电量为十六万千瓦，等等。[1]但是，随着60年代突飞猛进的经济发展并在70年代成为仅次于美国的世界经济大国，日本逐渐开始把经济援助作为推动东南亚外交的手段，使该地区成为日本企业产品输出的重要市场和原材料（自然资源）供应基地。针对日本这种经济中心主义的援助外交，有人开始质疑其缺乏理念和带附加条件的做法，批评其并非无偿赠予而是以贷款为中心的含金量不足的援助，甚至指责其为"不负责的经援大国"。70年代中期出现于泰国和印度尼西亚等国的反日暴动和学生示威游行，或许从另一个侧面反映了日本经援外交

---

[1] 小林英夫：《战后亚洲与日本企业》，第48—49页。

存在的问题：缺乏完整明确的世界战略和建构符合多方国家利益与人民精神心理需求的地缘政治关系蓝图，由吉田茂建立起来的战后日本追随美国而以经济为中心的现实主义外交路线，开始暴露出缺乏主体性和多元视野的弊端。换言之，包括更具软实力性质的文化沟通在内的"全方位外交"，已经显得更为重要而势在必行。

当然，作为战后日本亚洲外交的起点，对东南亚的赔偿/经援外交自然有其重要的历史意义和地位。在那个风云变幻而第三次世界大战随时可能爆发的紧张时代，日本的外交能够首先在东南亚顺利展开，逐渐形成了一个经济主义外交模式并在日后扩展到亚洲全域，是因为它应和了当地特殊的政治体制和经济环境，也符合日本自身的利益和发展目标。今天，我们应当从学理的立场和冷战体制下国际关系的角度，来综合地评价战后日本的东南亚外交。这里，有必要首先确认20世纪50年代以来东南亚地区所处的历史状况，以及冷战体制下美国的新殖民主义全球战略。

众所周知，东南亚地区在"二战"以前基本上都是欧洲老牌帝国主义的殖民地，到了40年代以后旧宗主国被日本帝国主义所取代。"二战"之后，战败国日本自动退出该地区，经过一段旧宗主国重返该地区试图继续实行殖民统治而民族独立和殖民地解放运动风起云涌的激荡时期，到1955年前后整个东南亚地区基本上实现了民族国家的自立。然而，殖民体制虽已瓦解但旧殖民者"光荣撤退"后留给新兴国家的则是独裁政体，以及独裁体制支配下的经济开发路线——国家资本主义。另一方面，不求有形之殖民地而强调"门户开放"的新殖民主义者美国，则通过"经济援助"的方式开始向东南亚地区渗透以建立自己的"势力范围"。始于50年代的日本战后东南亚"赔偿／经援外交"就是在这样的世界和区域关系下展开的。因此，当我们从结果上肯定日本战后的"经援外交"对该地区迅速实现经济复兴所发挥的作用，特别是在国家的基础建设如道路交通、山河治理及重工业建设方面的有力支持时，也不能不看到"经援外交"最终以资金投入的形式得以实施，不仅使复兴后的日本经济及时得到了新的市场和发展空间，而且确保了产业发展所需的自然资源和原材料供应。换言之，日本的资金和技术力量与东南亚当地的权威主义体制构成了一种隐蔽的共谋关系，给后来的东南亚经济发展带来了制约，也埋下了隐患。因此，这种战后日本的东南亚"经援外交"是否可以称为"新的经济殖民主义"暂且不论，但无疑与冷战格局下美国的亚洲新殖民主义政策是互为表里的。难怪后来有人直言不讳，认为战前日本靠军事力量没有实现的"大东亚共荣圈"，却在战后依靠经济外交而得于手中。

70年代前后日本在处理更为邻近的东亚各国关系上，同样也存在这样的现象。

（三）20世纪70年代：日本对东亚的关系正常化与"贷款外交"

20世纪50年代东南亚外交的成功，使日本的政治家有了自信和余力来处理因侵略战争产生并因冷战格局下变得更加复杂繁难的与东亚国家的外交关系问题，在这个过程中甚至可以看到政治领袖试图建构新的亚洲外交理念的意图。1969年11月，日本首相佐藤荣作在访美演说中就曾有意识地提出"新亚洲主义外交"构想。他首先用"太平洋新时代"的概念强调日本依然"要与美国合作而对亚太地区乃至全世界的和平和发展做出贡献"。这无疑是在向盟国表态：日本外交的基本路线依然是要以日美安保为中心。但是，演说中下面的一段话则表达出了日本亚洲外交的新构想："对于我国来说，作为亚洲的发达工业国家，如何与民族宗教文化各不相同的亚洲各国共享独立和自由，同时从非军事的方面予以合作，共同走向繁荣，乃是作为70年代的国家目标而去追求的任务。"[1]在这段小心谨慎的表述中有两个关键点值得注意，一个是自我定位，即日本已然成为亚洲地区唯一的工业（经济）发达国家，应在本地区与其他民族、国家在尊重独立和自由原则的前提下发展外交关系；另一个是"从非军事的方面"即"经济技术"的角度，对本地区的其他国家提供支援从而走"共同繁荣"的发展道路。这就明确与20世纪30年代日本官民乃至军国主义叫嚣一时的"大东亚共荣圈"口号做出了严格的区分，成为战后日本亚洲外交的一个新亮点。20世纪50年代以来针对东南亚的赔偿/经援外交，由此开始扩展到整个亚洲并作为一个外交理念表述出来。然而，这个"新亚洲主义"的外交理念虽有新意，但在亲美而冷战意识形态十分明显且对中国等社会主义国家持强硬姿态的岸信介及佐藤荣作内阁执政的整个60年代，日本与东亚国家的外交关系修复实际上走过的是一条十分曲折的道路。

作为东亚近邻的朝鲜半岛，对于战后日本来说，由于缠绕着更为复杂的历史和地缘政治背景，外交关系尤难处理。且不说与朝鲜民主主义人民共和国至今没有实现关系正常化，就是与作为

---

[1] 转引自入江昭：《新日本的外交》，第143页。

六 另一时代语境下的日本亚洲主义

同属于美国保护下的西方自由资本主义阵营的韩国，日本在20世纪60年代处理关系正常化问题之际亦经历了曲折反复的过程，"新亚洲主义"经济外交路线也遭遇到严峻的考验。众所周知，近代以来朝鲜半岛作为新兴帝国日本殖民亚洲经营大陆的跳板，不仅遭受到日本长达三十六年的殖民统治，而且在独立后由于未能参与旧金山和谈，故战后二十年间与日本处于没有国交的状态之下。殖民统治引发的韩国国民强烈的反日意识和战后日本政府对殖民历史罪恶缺乏反省的态度，造成了地理上最近的两国却是思想感情上最遥远的国度这样一种不正常现象。因此，虽然早在50年代日本就试图解决日韩关系正常化的问题，并举行了多次会谈，但均没有成功。进入60年代转机终于来临，坚持反日路线的李承晚政权于1960年倒台，第二年通过政变上台的朴正熙出于国家利益特别是经济发展的考虑，开始意识到改善韩日关系的重要性。因此，才有了1962年日本外相大平正芳与韩国中央情报部部长金钟泌之间就日韩关系正常化的谈判。

日韩之间的历史问题，包括清算三十六年殖民统治以及战争期间韩国的人力物力资源被征用等引起的对日赔偿申请权问题，使和谈不断陷入僵局。最后双方达成妥协：韩国放弃对日赔款要求，而作为补偿，日本提供三亿美元的无偿经济援助和两亿日元的贷款，并于1965年缔结了《日韩基本条约》。这个条约的签署是在朴正熙军事独裁政权和右倾亲美的佐藤荣作内阁共同推动下实现的，双方作为盟国美国保护下的"兄弟"，主要考虑的是冷战和经济发展的问题，殖民历史和战争责任问题则没有得到认真对待和努力解决。因此，虽然这是日本战后外交史上象征着由被动外交转向主动外交的一个重要事件，但在日韩两国却引起了国民广泛的反对声浪。韩国民众普遍认为这是一个"屈辱性"的外交条约，而包括社会党和共产党在内的日本左翼势力则批判该条约为反共军事同盟，将使朝鲜南北的分离永久化。从今天的角度来看，我们可以更进一步探查到制约这个条约的深层历史要素和问题所在。第一，第二次世界大战之后逐渐形成并持续了四十年之久的冷战格局及二元对抗的思维模式，严重阻碍了亚洲国家特别是日本与东亚各国之间建立真正和平共生的国家关系，《旧金山和约》所遮蔽的殖民主义罪恶没有得到有力的清算，这种体制至今依然影响着东亚的和平发展。第二，冷战体制下形成的日本战后亚洲外交，特别是始于针对东南亚的"赔偿/经援外交"在用于东亚时，其经济中心主义的弊端便暴露出来。就是说，经济援助并不能完全解决"历史问题"造成的日本与东亚各国之间的思想心理隔阂，日本国家需要寻求一种综合了硬实力和软实力的更为真诚而自主的外交思想和立场。

在解决中日关系正常化问题时情况也是如此。我们知道，中国大陆是日本发动的那场殖民侵略战争的最大受害者，中国台湾则遭受到日本帝国主义五十年的殖民统治，在战争期间甚至成了日军征服亚洲的桥头堡。经历了艰苦卓绝的抗战，中国人民终于迎来了1945年的胜利，但内战和国际上随之出现的冷战体制使中国形成了两个政府的局面，更由于冷战骤然升温，大陆和台湾分别成了社会主义阵营和自由资本主义阵营的成员，而且两者均未能参加1951年的旧金山和谈。美国出于冷战意识形态的考虑，在签署了《日美安全保障条约》之后又积极促成了日本与台湾国民党政府的"建交"。1952年《日华和平条约》的签署既是亲美的吉田茂政府不得已的外交行为，更是冷战体制下意识形态斗争的产物，它导致中日关系的正常化与和平友

六　另一时代语境下的日本亚洲主义

好关系的建立拖延了近三十年之久。而冷战体制下日本实行的回避殖民主义历史问题的经济援助外交路线则进一步给两国人民思想感情的深入交流埋下重重困难和障碍。

"日台关系"和国际上资本主义与社会主义阵营政治意识形态上的对抗，使20世纪50年代以后的中日两国的接触只能限定在民间贸易和文化交流的层面。从1952年到1958年双方的民间贸易团体曾缔结四个相关的贸易协定，日本的对中输出尽管受到巴黎统筹委员会禁输目录（COCOM）的限制，但依然达到了总输出额的近3%。而来自日本的进口产品对中国的重要性，在第一个五年计划期间仅次于苏联。同时，50年代中期中日两国分别派遣学术文化友好使节团互访，1956年日本成立了日中文化交流协会，在学术、文学、音乐、美术等领域扩大了两国的民间交流。可以说，在"政治与经济分离"原则下实行的民间贸易、文化交往，一定程度上推动了建交前两国关系的发展。然而，自1957年亲美亲台的日本右倾政府岸信介内阁上台之后，情形发生了重大转变。上台前的岸信介在1956年访台之际就曾发表同情蒋介石"反攻大陆"的言论而受到大陆的激烈批判，随后在第四次民间贸易协定谈判中关于在互设的贸易代表处是否悬挂国旗问题的争执，又使两国的民间贸易往来出现全面的倒退。1958年，中国外交部部长陈毅明确表态中断与日本的所有经济文化往来。[1]而岸信介内阁乃至后续的佐藤荣作内阁继续坚持"亲美一边倒"路线，致使两国关系在60年代降至冰点。虽有1962年廖承志与高崎达之助互签《中日贸易

---

[1] 参见毛里和子：《日中关系——从战后走向新时代》，东京：岩波书店，2006年，第41—42页。

备忘录》的民间努力，但冷战的白热化和中国政府鲜明的反霸权立场以及政经不可分离的态度，与日本经济中心主义（政经分离）的亚洲外交难以调和，因此，两国关系的正常化不得不等到70年代之后。

1972年中日邦交正常化的实现，无疑是日本战后亚洲外交史上一个非常重要的事件。"二战"结束以来，中日两国间没有外交关系的不正常状态持续了二十七年之久，根本原因当然是殖民侵略的战争责任和旧金山体制，而转机的到来则在于，美苏霸权集团由60年代的核军备竞赛达至顶点到70年代开始出现"缓和"的趋势。核军备竞赛达到顶点反而使美苏两国意识到必须避免足以毁灭全人类的核战争危险。因此有了1963年停止部分核试验条约和1968年核不扩散条约的签署。与此同时，美国的政治首脑鉴于核军备竞赛导致国内经济疲惫不堪的局面，开始由两极对抗的冷战思维向谋求多极力量均衡的方向转换，试图在与苏联保持核武器均势的情况下导入欧洲和中国的力量。1972年尼克松的戏剧性访华，无疑表示承认中国在亚洲的大国地位并期待中国发挥维护地区安全的作用。而1975年美军从越南撤兵和稍后《上海公报》的中美双方强调不谋求该地区霸权也反对第三国霸权，则是美国冷战思维变化的结果，也表明"二战"以后美国长期坚持的对华"围堵"政策的结束。正是在此冷战缓和的特殊时期，中日邦交正常化的交涉才现出了曙光。

早在1972年9月25日田中角荣首相访中之前，日本已开始通过各种渠道与中国政府进行了非正式接触并就下列关键问题达成妥协：第一，中国对《日美安全保障条约》不表示反对并放弃对日战争赔款要求；第二，中国坚持日本必须放弃《日

六　另一时代语境下的日本亚洲主义

华条约》而与台湾断绝"外交"关系，但考虑到问题的繁难，同意不写进联合声明而是由日本外相口头宣布；第三，在反霸权条款写入联合声明的同时，注明中日邦交正常化"不针对第三国"，以解除日方会招来苏联反感的忧虑。至此，两国首脑的会见和联合声明的公布时机已然成熟，虽然会见当中还出现了日本领导人针对侵略历史的道歉被译成"添麻烦"而招来中国领导人愤怒的插曲，但9月29日《中日联合声明》的发表无疑是两国历史上一个非常重要的事件，它不仅表明了两国之间战争状态的结束，也为六年之后《中日和平友好条约》的签署和全面交流时代的到来铺平了道路。联合声明达成共识的过程，鲜明地折射出20世纪70年代世界政治力量的重组，特别是由紧张走向缓和的时代趋势，也反映了中日之间"战争历史"问题的重大与复杂。从当时国际关系的大势出发两国外交上的努力和权重主要在现实的方面，历史问题的真正解决则留给了后世。而战后日本的经济中心主义外交战略乃至"新亚洲主义"外交理念，在后来与中国的关系上却不能不遇到严峻的考验。

例如，《中日和平友好条约》签署之后，也正是在中国实现历史性转折——由"文革"开始转向改革开放的1978年之后，日本启动了大规模的对中贷款/经济援助。1979年年底，时任日本首相的大平正芳访问北京，表明支持中国的现代化国策并提供五百亿日元的第一次贷款计划。其理由主要有三点，即支持中国的改革开放路线、回报中国的放弃战争赔款和帮助中国修复因中越战争而变得紧张的与西方国家之关系。其后，此种大规模贷款计划以每隔五年左右更新一次的进度实施，如1984年中曾根内阁时期的第二次四千七百亿日元和1988年竹下登内阁时期的第三次八千一百亿日元贷款等。如今，中国已然成为世界性的经济大国，而在20世纪80年代以来改革开放国策实施的初始阶段，这些日元贷款和经济援助的确为中国的现代化做出了贡献。

然而，经过了80年代中日关系最为稳定友好的大发展时期，进入90年代的两国关系，与经济上互补合作持续深化相反，在国民层面上的相互理解和思想沟通却不断遭遇危机。韩国的情况也是如此。就是说，日本与东亚这两个近邻的国家关系虽然已经正常化，但随后影响人们现实感情的"历史问题"的幽灵却不断出现，并困扰着日本与东亚国家的互信关系。问题的发端始于1982年的"教科书问题"。该年6月日本文部省在审查历史教科书时将过去日本对亚洲的"侵略"修改为"进出"，试图隐瞒殖民主义战争的历史，此举招来了中国和韩国政府的严厉批判。而国土厅长官松野幸泰称这种批判为"干涉内政"的发言，更使事态进一步恶化。8月，日本首相铃木善幸和官房长官宫泽喜一出面发表政府谈话，虽然在"侵略"用语上闪烁其词，但对包括中韩在内的亚洲各国之批判表示理解，并"深刻自觉"过去的战争行为给亚洲各国人民带来的巨大痛苦和损失，表态说日本政府将负责改正文部省的"检定"内容。到此，轰动一时的外交争端暂且平息。然而，日本政府这样一种对待历史问题的暧昧态度，却形成了一个后来一再出现的反应模式：暧昧的态度同时招来日本国内保守派和中韩两国的不满，日本保守势力认为政府对东亚邻国的"历史牌"的回应过于软弱，而在中韩两国民众的眼中，这却映现出一个对侵略历史不事反省而妄自尊大的经济大国日本的形象，从而进一步激发了反日情绪。这在90年代的"慰安妇"问题和2000年以后的"首相参拜靖国神社"问题上，依然在不断地反复着。而2005年在中国各地突然爆发的大规模民众反日示威游行，令人

六 另一时代语境下的日本亚洲主义

不禁想起1974年田中角荣首相东南亚五国例访之际的曼谷学生反日游行和雅加达暴动。[1]

从日本外交的角度来讲，这无疑再次暴露了战后一贯坚持的经济中心主义亚洲外交政策的根本弊端和缺欠。国际关系史学者入江昭认为，在战后日本外交史上唯一称得上"外交思想"的，是前面提到的出现于20世纪六七十年代的"新亚洲主义"。[2]然而，由于冷战格局和战后日本追随美国之外交路线的局限，这个在反省30年代导致日本走向战争深渊的"大亚洲主义"基础上建立起来的外交理念，还仅仅停留在经济上共存共生的层面而未能扩展到更为广泛的亚洲国际政治领域。"新亚洲主义"的外交理念并没有在反省侵略战争历史的前提下真正尝试与亚洲人民进行坦诚的思想心灵交流，并由此建立起"文化外交"的新理念，也未能与另一个存在于战后日本社会特别是民间基层的新亚洲主义——在冷战格局之外寻求与中国等亚洲各国建立和平友好关系——的趋势结合起来，从而为冷战体制下的国际关系提供新思维。因此，"新亚洲主义"外交虽然在五六十年代处理与东南亚的关系上发挥了积极的作用，但当试图在六七十年代将其用于与东亚的韩国、中国之外交关系上时，却没有得到预期的结果。政治性的"历史问题"和日本国家在亚洲的定位等问题，则在90年代东西方冷战格局崩溃之后迅速凸显出来。在此，我们不能不遗憾地说，日本的"新亚洲主义"外交由于没有突破冷战体制的制约，因而无法像万隆会议精神和不结盟运动或第三世界理论那样，为在二元对立结构的冷战

---

[1] 参见小林英夫:《战后亚洲与日本企业》，第77页。
[2] 入江昭:《新日本的外交》，第143—144页。

思维之外提供类似于"第三条道路"那样有益的外交思想。当然，20世纪60年代以后逐渐形成的日本经援外交模式，在其基本的理念方面也有与联合国下列思考和行动方式暗合的地方，即代替军事实力的强制而在经济方面推动新兴国家的发展才是建立和平安定之国际秩序的原动力。这一点将在后面详述。

（四）战后日本：对苏联外交的曲折与东北亚问题

"二战"以后的日苏关系以及今天的日俄关系乃是战后日本亚洲外交的一个重要方面，同时也是日本处理地缘关系和大国政治时最感棘手的部分。

1945年《雅尔塔协议》有关日本北方诸岛归属苏联的决定以及苏联没有签署《旧金山和约》等因素，使日苏关于北方岛屿领土争端的解决变得极其困难，并直接影响到战后双方国家关系的正常化乃至时至今日东北亚地区的和平发展。而追究其深层根源当然与冷战体制密切相关。众所周知，一方面日本是美国的盟国，也是西方自由资本主义阵营的一员，因此，虽然日苏关系正常化早在1956年就得以实现，但和平友好条约的签署则直到1998年才完成，而两国关系的全面发展特别是经济、文化广泛交流时代的到来至今依然遥遥无期；另一方面，自20世纪初那场东方新兴帝国打败西方老牌帝国的"日俄战争"，到"二战"临近尾声苏联撕毁《日苏中立条约》而最后击退屯驻在中国东北的两百万日本关东军，以及战后日本俘虏滞留西伯利亚问题等，日苏两国国民早在冷战之前的半个多世纪里就结下情感上的怨仇。这导致战后日本在亚洲及世界发挥了软实力作用的经济外交乃至文化外交，并没有有效地作用于与苏联关系方面，也使我们认识到"软实力"如果没有"硬实力"（军事、政治）的配合则难以达到预期的效果，而感到国际关系本身的错综复杂。如何改善与苏联/俄国的全方位关系，并在此基础上发展东北亚的多极外交以推动该地区的经济发展与和平共生的政治体系之建构，的确是日本战后亚洲外交的一个难关。

如前所述，长达四十年之久的冷战体制筑就的从政治上的意识形态对抗到军备竞赛到局部战争爆发再到重归暂时和平的冷战结构，是一个紧张与缓和往复运动的过程。受制于这种冷战结构，日苏关系的恢复和改善往往是在冷战体制下的国际关系出现缓和趋势的时期里逐步展开的。1953年斯大林逝世以后，苏联方面提出"和平共处"的新思维而美国也开始大谈"冷战的休战"，到了1957年美苏两国首脑实现互访，"二战"以来日趋紧张的冷战关系第一次出现了缓和的迹象。也正是在这样的背景下，结束战争状态、实现日苏关系正常化的交涉于1955年被提到日程上来。当时的苏联积极准备对日和谈的理念在于：西德和日本这两个曾经是战场上的敌国如今已经受到制裁（纽伦堡审判与东京审判）并重新回归国际社会，与其缔结国家关系符合维持势力均衡的目标，亦符合"和平共处"的新思维并足以改善冷战两极对抗的紧张关系。日本政府则相信，如果两国建交首先可以结束日苏之间的战争状态，并为解决两国间的遗留问题如滞留西伯利亚的日本人和渔业争端等开辟道路，甚至期待着苏联接受日本加盟联合国的要求。然而1955年6月始于伦敦的两国交涉，最终因在"北方领土"问题上分歧巨大而未能达成签署和平条约的预期。

中日间的思想

经过反复的交涉，苏联依然坚持，根据《雅尔塔协议》和《旧金山和约》只能向日本返还"北方领土"中的齿舞、色丹两岛。而时任日本外相的重光葵不得已正准备接受这一条件之际，却遭到了美国方面的阻挠。时任美国国务卿的达雷斯警告说：如果日本承认苏联对"北方领土"中的千岛群岛和南萨哈林（库页岛）拥有主权，那么，美国就可以根据《旧金山和约》的第二十六条，主张对冲绳拥有永久主权。[1]这个令人震惊的警告实际上表明了美国对日苏关系的下列态度：美国政府不反对日苏和谈，但并不赞同日本轻易妥协以实现关系正常化，尤其是日本政府不能以违背《旧金山和约》的形式而与苏联达成妥协。结果，1956年10月19日日苏双方签署关系正常化共同声明时，不得不搁置领土问题而留待未来和平条约签署之际再解决。其实，所谓"北方四岛"领土问题，即使在《日苏和平友好条约》签署多年之后的今天也还没有解决，这无疑是冷战体制以及日本战后外交缺乏独立性所造成的结果之一。而美国的干预不仅出于冷战思维，也是其处理国际关系的一贯伎俩使然，即有意识地在两国或者多国外交关系条约中留下未来争端的火种而达到自己"渔利"的目的。历史学家进藤荣一在《被分割的领土》中指出：美国通过把冲绳"永久基地化"和"北方领土"归属未定化两个条款一起塞进《旧金山和约》，目的在于以源自后者的日本人反苏情感的高涨来抵消源自前者的反美情绪的抬头，[2]而在笔者看来，这同时也反映了战后日本追随美国的吉田茂经济中心主义外交路线的重大局限。

---

[1] 参见松本俊一：《莫斯科上空的彩虹》，东京：朝日出版社，1966年。
[2] 进藤荣一：《被分割的领土》，第314页。

六 另一时代语境下的日本亚洲主义

这个重大局限在20世纪70年代冷战出现第二次"缓和"局势而日苏重启和谈的过程中，再次暴露出来。1976年日本政权更迭，新上任的福田赳夫内阁发表"全方位和平外交"的施政纲领：坚持日美安全保障体制，同时改善与中国和苏联的关系。而另一方的苏联，虽然开始时态度依然僵硬，不仅严格限制日本人到"北方领土"扫墓，而且在1977年于有争端的领土上建造了军事基地，但是，当看到日中关系迅速出现缓和与发展的趋势时，又积极邀请日本外相访苏并提出新的《日苏友好条约》草案。不过，在建立和平友好关系问题上，日本坚持领土问题解决在先的一贯立场，苏联则依然强调领土问题早已解决。结果，这次冷战缓和期的日苏外交交涉，因双方的思考仍然没有走出冷战格局无果而终。当时，福田赳夫政权外交政策的中心在于加强日美关系和改善日中关系方面，而对发展日苏关系则相对冷淡。归根结底，这是由于当时的日本政府采取了追随美国的外交战略，即改变两极世界结构而努力发展与欧洲和中国的关系以抑制苏联霸权。因此，日苏关系的新发展不得不等到冷战结束之后。

另外，如前所述，1972年中日邦交正常化的迅速实现，正反映了冷战体制由美苏两极对抗向美中苏三极势力均衡的急遽转变。日本与中国的迅速接近以及从邦交正常化到和平友好条约签署过程中始终成为争论焦点的"反霸权条款"问题，就是针对苏联的。当时，苏联看到中美、中日的关系迅速转好，曾提出"亚洲集体安全"的战略方案，在因"反霸权条款"写入《中日联合声明》而对日本明确表示不满的同时，也曾于1973年邀请田中角荣首相访问苏联，期待日本能够接受"亚洲集体安全"的构想，但终因日方坚持北方领土问题先行解决而未能将该"构想"写入联合声明。在此，我们可以清楚地感受到冷战时期大国外交的相互牵制与彼此制衡的微妙形态。

1996年出任日本首相的桥本龙太郎在内政方面遇到了前所未有的政治危机和经济混乱而没有什么突出的政绩可言，但在外交方面却施展出了构筑多角外交关系的才能。同时，冷战的结束和苏联、东欧社会主义阵营的解体，为日俄关系的新发展提供了契机。而俄罗斯加入七国集团无疑反映了国际间力量均衡的新变化，以及欧美试图怀柔军事大国俄罗斯以维护地区安全的目的。日本政府此前一直对俄罗斯参加七国集团持否定态度，但桥本龙太郎政权却一转过去的思维方式，在1997年七国首脑会议上直接向叶利钦总统表态，诚心诚意欢迎俄罗斯的加盟。之后，两人又分别在俄罗斯和日本举行首脑会谈，为两国和平友好条约的签署铺平了道路。桥本首相强调用"长期的观点"看待日俄关系的发展，北方领土的最终解决可以在日俄友好关系的深化过程中来实现，而不必强求于当下。这样一种摆脱了冷战思维的长期视角和柔性思维，最终促成了《日俄和平友好条约》达成合意。

当然，日俄之间的经济文化交流还远远没有广泛地展开，历史遗留问题和领土主权纷争依然是阻碍两国乃至东北亚地区和平发展的阻力所在。因此，20世纪90年代就浮出地表的东北亚开发合作构想，至今依然没有启动，原因就在于日俄、日朝关系依然没有得到实质性的改善。这个以图们江为中心而包含了朝鲜和韩国、中国东北以及日俄两国相关地区的区域，其经济合作有着巨大的发展前景。我们甚至可以期待它的发展将反过来促进该地区冷战遗留下来的政治问题——朝鲜半岛民族分离、日朝关系、日俄关系的进一步发展。

（五）20世纪80年代：日本"文化外交"的可能性

以上，我在两极对抗的冷战体制的大背景下，就战后日本的经济中心主义亚洲外交进行了简要的历史性梳理。这个经济中心主义的亚洲外交以《旧金山和约》和《日美安保条约》为根本，鉴于战前日本帝国主义"大东亚共荣圈"之军事侵略和掠夺的失败历史，它遵循一条"非军事的、以经济技术和贸易为手段"的外交策略，形成了一个从东南亚到东亚再到东北亚的逐渐展开的历史过程。那么，如何在20世纪后期世界范围内的大国政治外交中理解和评价日本战后的亚洲外交呢？这首先要从冷战体制和东南亚地区乃至整个亚洲的"权威主义"政治经济制度的特殊性说起。

如前所述，冷战格局是一个"二战"后笼罩全球的两极体制，这个体制极大地制约了各民族国家乃至地区的政治经济发展。但是，正如1945年出现的"雅尔塔体制"所显示的那样，两个霸权集团的势力范围并没有完全掌控世界的每个角落，始终有不透明的"中间地带"或"缓冲区域"存在。在亚洲，东亚的冷战格局壁垒森严而界限分明，但南亚和东南亚则并没有严格地划归冷战格局中的某一阵营，而是自20世纪50年代起形成了相对独立的以国家为中心推动工业化发展和民族国家建构的"权威主义开发型体制"，并且在这样的体制下创造了"新工业化"的发展奇迹。到了70年代冷战趋于"缓和"之后，它们与东亚经济腾飞的韩国、中国台湾和香港一起，汇合成所谓的亚洲新经济体。

中日间的思想

根据日本经济学家渡边利夫《新世纪亚洲之构想》一书的考察，"二战"以后亚洲"权威主义开发型体制"的出现起因于工业化水平的落后状况和急于改变这种状况以实现独立发展和确保国家安全的民族主义意识形态化目标。众所周知，19世纪以来的亚洲乃是西方殖民主义者野蛮瓜分和掠夺的新大陆，除了日本之外，亚洲国家几乎都沦为殖民地或半殖民地。从经济学的角度观之，所谓"殖民地"即作为给宗主国提供粮食和工业原料等一次性产品的场地及通过使用宗主国的资金和技术而形成的"属地"，其结构特征的关键是"单一栽培经济"和"单一输出经济"。要之，在宗主国需要的特定原始工业之外，是不允许殖民地发展真正的现代工业的，殖民地经济也即必须依靠宗主国才能存在的"非独立性"经济。[1] 为了维持这样的从属性经济结构，宗主国对殖民地有一套政治统治系统，即使有当地的人员可以成为维护该统治系统的"要员"，他们也绝不会被允许掌握统治的实权，而盘踞在这个政治统治外围的是殖民国家的军事力量，它与政治统治共同构成不可动摇的支配结构。

伴随着第二次世界大战的结束，两百年来横行世界的殖民主义体制开始瓦解并迅速退出历史舞台。这为亚洲的殖民地半殖民地的独立和民族解放提供了历史契机，到了20世纪50年代后期，始于南亚、东南亚的殖民地解放运动风起云涌，各国相继完成了民族国家的政治独立。然而，留给新兴国家的是在长期殖民统治下形成的以宗主国的存在为前提的非独立经济结构。要解决这种严重扭曲而贫弱的产业结构以早日实现"去殖

---

[1] 渡边利夫：《新世纪亚洲之构想》，东京：筑摩书房，1995年，第46页。

六 另一时代语境下的日本亚洲主义

民地化",必须调动举国的人力物力乃至国民"振兴国家"的民族主义热情,首先建立起配套的现代工业化体系。这就需要一种所谓的"权威主义开发型体制",即获得了殖民地解放斗争胜利的军政精英依靠其实际的功绩发挥强有力的指导作用,创立优秀精干的技术官僚集团并赋予其领导和管理经济建设的绝对权威。而针对技术官僚集团制订的经济开发计划,国家则"自上而下"调动所有的企业家、劳动者和经济资源来实施。这个"权威主义开发型体制"在推动国家工业化取得巨大成功之后也暴露出明显的弊端,即民主政治和大众参与的程度相对低下,因而在工业化实现之后往往有大规模的民主化社会运动的发生。

这个"权威主义开发型体制"在起动的初始阶段,最缺乏也最需要从外部引进的是资金和技术。在此,"二战"以后于美国支持下通过朝鲜战争的"军事特需"而最早实现了经济复兴的日本,其经济中心主义的赔偿/经援外交与东南亚的这种新型开发体制不谋而合,并逐渐构成了一种共谋关系。于是,以东南亚外交为起点,战后日本坚持依靠软实力逐步与整个亚洲建立起了新的外交关系,也深刻影响了该地区的经济和社会发展。如今,日本战后的亚洲外交已经走过半个世纪的历史行程,应该如何评价其成功与失败呢?我的结论是:建立在《旧金山和约》和日美同盟基础上的战后日本亚洲外交,主要遵循的是一条经济中心主义的路线,它在地缘关系中以由远及近的方式先后实践于东南亚和东北亚。冷战时期,日本归属于西方资本主义阵营,又以"亚洲一员"的身份自认为西方在本地区的"代理"。然而,《旧金山和约》本身之单方面媾和的性质在相当长一段时期里遮蔽了殖民主义侵略的罪恶历史,并使亚洲的"历史问题"和"战后处理"问题的解决被推延到了冷战结束之后。日本亦在20世纪五六十年代对东南亚实行"赔偿/贷款/经济援助"外交及70年代前后恢复与东亚的韩国和中国正常国家关系的努力之中,有意无意地避开了"反省历史"以实现根本的"战后处理"这一棘手的问题。另一方面,"二战"以后日本与苏联/俄国的外交关系因领土问题始终没有得到良好的发展与改善,这直接影响到东北亚区域经济圈的形成与和平共生之政治生态的构筑。上述情况既造成了冷战结束后日本在亚洲突然遭遇"历史问题"的危机和尴尬局面,同时也影响到该地区迅速走出冷战体制以实现亚洲一体化构想的进程。战后日本的"赔偿/贷款/经援"外交,客观上在推动东南亚从"二战"废墟中迅速恢复经济发展,推动东亚走出冷战萧条的过程中起到了一定的正面作用,也为共存共生之亚洲新经济体的迅速崛起发挥了重要的杠杆功能。但对"历史问题"包括殖民主义体制和意识形态未能及时有效地予以反省和清除,也阻碍了本区域政治统合的进程,显示出"经援外交"缺乏世界视野、文化理念和区域政治考量的局限。实际上,日本战后的经援外交与万隆会议以来所形成并在后来联合国的努力下得到发展的下列国际关系新思维亦有不谋而合之处,即代替军事实力的强制而在经济方面推动新兴国家的经济发展才是建立和平安定之国际秩序的原动力。但由于缺乏多元视野和更具软实力性质的文化外交理念的支撑,日本作为经援大国其经济主义的亚洲外交未能更充分地发挥应有的作用。

实际上,在真正成为世界经济大国的70年代后期,日本也曾产生"文化外交"的战略思考,其背景是70年代以来日美贸易摩擦引起的文化差异论争。来自美国和西欧的日本文化特殊论以及对其社会体系封闭性的批判,使日本人意识到了"文化"

问题的重要性。例如，早在1972年日本外务省就设立了下属的法人团体"国际交流基金会"。这个吸收了战争期间推动过"大亚洲主义文化外交"的"国际文化振兴会"（1934年创立）而成立的基金会，最初由政府出资五十亿日元，意在承担日本外交文化方面的功能。1973年田中角荣访美之际，通过该基金会向美国各地的十所知名大学分别提供了一百万美元的资助，以培养美国的日本研究专家。以此为开端，这种模式的学术文化资助又拓展到欧洲和东南亚，反映了日本政府和民间逐渐重视文化交流的趋向。如今，日本国际文化交流基金会的海外机构已经遍布世界各地，成为以软实力外交推动与各国文化、艺术、语言、学术等交流的窗口。[1]

到了1977年福田赳夫首相例访东南亚之际，日本政府吸取此前田中角荣访问东南亚时遭遇反日游行和暴动的教训，开始强调日本与东盟各国"相互之间真心理解的必要性"，这意味着日本政治家有了"文化外交"的意识。而1978年出任首相的大平正芳或许是真正认识到了文化外交软实力的一位重要的日本领导人。他不断强调"文化时代"已然到来，认为"把世界视为一个共同体来把握，明确日本对于世界的使命和责任"十分重要，因此，需要在文化领域推动日本的"国际化"，培养"经验丰富的国际性人才"。[2]国际关系史学者入江昭指出：总之，20世纪70年代的日本外交开始意识到文化这一新的方面，虽然在如何定位并具体实施其文化外交上还缺乏明确的思想基础，但至少当时的日本领导人的确强烈地意识到了日本在国际社会

---

[1] 入江昭：《新日本的外交》，第172页。
[2] 同上书，第174页。

中的作用和存在意义的问题,这在战后还是第一次。当福田赴夫首相明确表示"虽有制造核武器的经济技术能力"但依然要坚持非核三原则、虽为经济大国但"不走军事大国的道路"之际,还有当大平正芳首相面向21世纪宣誓要"增进地球共同体的相互理解"时,的确反映了这种自觉意识。大平强调"需要在充实防卫力量的同时建立集结了经济、外交、文化创造力的综合安全保障体制",可以说这是针对不断变化着的世界局势而做出的明确反应。[1]

大平正芳内阁之后,这种"文化外交"的理念也曾有所延伸和发展。例如,1983年日本政府提出接受十万留学生的计划,竹下登内阁期间则明确表示要积极接受亚洲发展中国家的留学生,目的在于培养技术、文化乃至国际政治方面的人才,以强化日本与亚洲各国特别是东盟国家的外交关系。1990年前后,日本社会更出现了要求进一步"国际化"的舆论。如今,进入崭新的全球化和多元文化并存融和的21世纪,日本的有识之士多对"文化"的重要性有了深入的理解。但是,我们也不能不注意到另一种倾向,即随着冷战格局的瓦解和日本经济自20世纪90年代以来遭遇长期的萧条,在民间"草根"社会出现民粹主义情绪的同时,日本的政治外交也有逐渐走向保守主义和激进民族主义的趋势。例如,曾经提出"国际化国家"外交战略的中曾根康弘,其思想根柢里却依然是传统的以民族国家为中心的思考方式,而缺乏对构成国家之民族、多元文化和多元社会的思考,因此,就是这位政治家同时也开了战后日本领导人"败战纪念日"正式参拜靖国神社的恶劣先例(1985)。到了21

---

[1] 入江昭:《新日本的外交》,第175—176页。

世纪小泉纯一郎执政的时代，这种玩弄"参拜"政治以刺激民族主义情绪的游戏被推到登峰造极的境地，不仅使战后日本的亚洲外交出现了大倒退，严重影响到日本与亚洲各国的友好关系，而且阻碍了通过"文化外交"的深入展开以修正战后日本"经济主义"亚洲外交路线的进程。

（六）简短的结论

　　无论在经济还是政治、外交方面，日本至今依然是亚洲地区的大国之一，因此，日本的亚洲外交政策走向，不仅影响着该地区的过去，也会对其未来的发展产生重要作用。战后日本的经济主义亚洲外交曾经在一个时期里为该地区共存共生经济体系的建构做出了贡献，日本能否在经援外交的时代已然过去而有必要深化"文化外交"理念的时候走出一条新的亚洲外交之路，将直接影响到21世纪亚洲的发展。

　　如果进而从民族国家软实力在国际关系中如何发挥最大作用的角度，来检讨战后日本的亚洲经援外交，也会得到诸多启发。

　　第一，战后日本的亚洲经援外交，由于缺乏深厚的文化理念和具有普世性的政治价值观的支撑，而未能发挥出应有的长久影响力。换言之，作为一种软实力单纯的经援外交是有所欠缺的。因此，它虽然在冷战时期的特殊条件下于处理地缘关系问题上取得了成果，客观上也推动了"二战"后亚洲地区的经济复兴，但同时也留下了"日本人是经济动物"、其经济援助有附加条件——实际上为日本企业确保了原材料来源和产品销售市场等非议。按照约瑟夫·奈的定义，软实力是一个国家文化与意识形态的吸引力，是"通过吸引而非强制的方式达到期望之结果的能力。它通过让他人信服地追随你，或让他人遵循某种将会促其采取你所期望的行为规范和制度来发挥作用"。[1]而我认为，外交软实力的形成需要"文化"和"政治价值观"作为根本的基础，这样才能凝聚成一个国家在国际事务中的综合影响力。就是说，这三种软实力的资源应该是一个综合有机的系统，缺少任何一方都会削弱一个国家软实力的强度。战后日本的亚洲经援外交，缺乏的正是这个"文化"和"政治价值观"的有效支撑，20世纪70年代以后日本的多位领导人也注意到了"文化外交"的重要性，但"经援"与"文化"两者始终没有有效地结合起来。

第二，从硬实力与软实力的辩证互补关系来观察，战后日本外交的最大难关便是硬实力的过分欠缺。众所周知，日本在第二次世界大战中成为战败国，1945年至1952年的七年间在被占领状态下甚至丧失了主权。《旧金山和约》的签署虽然使日本国家的主权得到恢复，但同时签署的《日美安保条约》名义上使日本成了美国的同盟国，但实际上美军驻留日本和"和平宪法"的颁布，使日本在战后相当长的时间里难以充分发展军事力量。这就造成了一个只能以经济为背景发展软实力外交以参与国际事务但同时这个软实力又缺乏硬实力支撑的悖论。可以说，战后日本的外交正是在努力克服这个悖论中展开的，其亚洲经援外交的成功与不足也都与此息息相关。日本的经验既为我们提供了克服硬实力匮乏但依靠软实力参与国际事务的可

---

[1] 约瑟夫·奈：《软实力》，东京：日本经济新闻出版社，2004年，第26页。

能途径，同时也促使我们进一步思考软硬实力的辩证关系并明确认识到：至少在民族国家这一制度安排依然有效的相当长的一段时间里，硬实力的存在依然有其必要性。

第三，经济外交和文化外交的结合，可能是未来国际关系中最可以期待发挥作用的软实力，在主权国家概念日趋淡化和传统的经济实力与军事实力之行使越来越不受欢迎的21世纪，经济外交和文化外交的综合运用将是一个民族参与国际事务、解决地区争端以实现世界协调发展、建立共存共生之政治新生态的有效途径。这是战后日本亚洲经援外交的成功与不足给予我们的重要启发。

（原题为《冷战体制下日本国家软实力的展开及其问题——战后日本的亚洲经援外交》，载《上海师范大学学报》2012年第4期）

下 编

中国与亚洲—日本

七

"亚洲主义"思潮在中国的消退及其后果

——以辛亥革命到"五四"时期为讨论中心

在世界格局发生根本改变而"亚洲太平洋时代"已然成为事实的21世纪，中国应该如何规划未来的发展战略，怎样处理与周边地区乃至全球的国际关系，人民如何彼此沟通、相互理解以谋求和平共生的全新政治生态，这是我们必须慎重面对和深入思考的政治课题。随着中国国家实力的增强和走向远海目标的实施，历史上曾经被搁置的与周边地区有关领土和领海资源的分歧和矛盾浮出水面，开始影响到区域内民众之间的交流互动。在此，亚洲意识或者区域合作主义的构想就显得十分重要。我们无法一步走向世界大同，而需要在本国发展、区域统合、世界一体化的过程中对每个部分做出合理的规划和安排。换言之，无论从国际政治还是文化交流的角度讲，区域合作主义都是非常重要的环节。在这方面，欧洲一体化——欧盟的发展为我们提供了有益的参照。

但相对来说，中国人缺乏区域主义的思考理念，历史上也少有地区联盟合作的思想资源。仅就"亚洲"而言，比起"二战"前的日本和20世纪80年代以来的韩国等，中国人的"亚洲主义"或"东亚意识"的确比较淡薄。这当然有着种种历史和现实的原因，而我在这里要提出的议题是：实际上在一百年

七 "亚洲主义"思潮在中国的消退及其后果

前的辛亥革命到"五四"运动期间，我们也曾出现过一场不大不小的讨论"大亚细亚主义"的热潮。虽然，它在中国整个近现代思想史上只是一道涓涓细流，仿佛流星划过夜空一般，没有形成系统化的观念理论。但那是于"一战"爆发而世界政治秩序发生重大改变的背景下，在与亚洲主义发源地日本既谋求交流又激烈抗争的过程中出现的议论，对于我们认识历史上日本亚洲主义的逻辑结构和政治取向，反思中国之区域合作观念的薄弱，乃至今天如何构筑全新的区域主义思想，都具有重要意义。

辛亥革命到"五四"运动时期讨论"大亚细亚主义"的热潮，大致出现在1916年至1919年之间，以《东方杂志》这一全国性大型舆论媒介为主要阵地，并有《国民》等报刊参与。稍后成为引领舆论新潮的《新青年》没有直接刊登相关的文章，但一直对"一战"后的文明冲突论、世界区域化走向和门罗主义等保持关注，而其主将之一的李大钊则是热情投身这场讨论的核心人物。这场讨论起因于积极参与第一次世界大战的日本自1916年前后开始出现新一轮有关"大亚细亚主义"的论述，这一论述的依据是旧有的处理国际关系的势力均衡论，根本目的是为"一战"中获得势力扩张并积极推进其殖民性的"大陆政策"的日本帝国主义确立舆论基础。这对当时弱势的中国构成压力和威胁，因而引起了中国知识界的关注，同时"一战"结束而世界格局面临重大重组的时势，也促使人们去思考本国、本地区和全球未来的发展走向，因而讨论中甚至出现了李大钊所代表的以殖民地解放、民族自决和世界主义为目标的"新亚细亚主义"之倡导。这在中国现代思想史上无疑具有特殊的意义。然而，这场讨论并没有充分展开，也没有收获更多足以为后人思考区域合作问题所借鉴的思想资源，反而连同晚清以来中国人积累起来的亚洲主义思想谱系一起，消失在历史的尘埃中。

那么，在欧洲大战即将落幕而世界革命已然风起云涌并促使中国社会发生深刻转型的历史当口，"五四"前后这场有关"大亚细亚主义"的讨论给我们带来了什么？其讨论的热情包括中国人亚洲意识的随后消退，又给我们的思维方式和现代学术思想带来了什么样的后果？本文试图穿越历史烟云，去追溯和钩稽中国"亚洲主义"思考的来龙去脉，分析其消失的原因及其后果。在此，我将从晚清以降中国人亚洲意识的发展演变过程、大战后的全球危机、区域联盟的新趋势、民族自决和世界革命理念的交错出现，以及中国革命与帝国主义化之日本的复杂关系等入手，运用知识考古学的方式来开掘重层的历史，以对上述问题给出分析。同时，尝试思考21世纪东亚区域合作的可能性问题。

促使我认真思考这一课题的，还有另外一个学术考虑。亚洲主义，这个最初发源于近代日本底层民间的"情绪"，后来逐渐演变为帝国主义的国家"战略"，它给周边民族乃至世界带来的灾难已是人尽皆知的历史事实。这使得东亚地区的人们对"亚洲主义"避之唯恐不及。"二战"以后，日本几代知识分子曾对此进行过艰苦卓绝的反思，其中也不乏试图对此重新加以肯定的倾向。日本知识者在20世纪六七十年代得出的基本结论是：为了突破东西方二元对抗的冷战格局而创建新的合作共生之亚洲观，必须彻底清理战前被日本帝国主义所利用和严重污染的旧亚洲主义思想，剔除其中以"日本盟主论"为核心而无视其他民族和国家独立自主原则的殖民侵略性。这个结论是不

七 "亚洲主义"思潮在中国的消退及其后果

错的,但当时并没有得到日本以外地区和国家学术思想界的呼应。实际上,日本"二战"以前的"亚洲主义"尤其是后来那个臭名昭著的"大东亚共荣圈"的口号,其最大的欺瞒性在于声称要"解放亚洲",可这个"亚洲"广大区域的人们自始至终并没有认可他们的"解放"号召。这是为什么?如果今天我们能够从日本帝国当年声称要"解放"的亚洲国家"中国"这一视角出发,挖掘中国人何以不接受日本"亚洲主义"的现实原因和历史逻辑,那将从对象的角度进一步检验日本"亚洲主义"的失败教训,从而加深我们对历史正义的理解,并为创建21世纪崭新的区域合作之亚洲观打下坚实基础。

(一) 19世纪区域主义的潮流与日本的亚洲主义

我们已知,伴随着金融资本的全球扩张、民族国家的兴起和帝国主义时代的到来,自19世纪开始,从欧洲到北美再到亚洲,世界各地出现了彼此相互抗衡的"泛……主义"的流行。例如,泛斯拉夫主义(Pan-Slavism)。早在19世纪初因受到法国大革命的影响,匈牙利以及巴尔干地区的斯拉夫人曾掀起民族解放运动,由此产生了泛斯拉夫主义。斯拉夫知识分子通过重述各民族的历史与文化,建立起团结一致共同抵御异族统治的民族意识。他们在布拉格召开代表大会(1848),呼吁实现各民族的平等并积极推动斯拉夫运动的开展。而此时的俄国也有斯拉夫派出现,他们赞美俄国传统的社会制度和文化,掀起广泛的斯拉夫运动,但后来却为向外扩张的沙皇政府所利用以缓解国内危机,成为俄国盟主论之大斯拉夫主义的思想理论基础。[1] 又如，泛美主义（Pan-Americanism）。为了抵御欧洲殖民者的入侵，号召人民团结一致建立美洲共和国联盟，拉美独立运动领袖S.玻利瓦尔曾于1826年召开巴拿马大会，呼吁各国联合起来保卫民族的独立和主权完整，由此掀起泛美主义运动。而在俄国政府于1821年宣布北美西部从白令海峡到北纬五十一度为俄属领土的两年后，美国政府则提出与之相对抗的门罗主义，宣布不许欧洲国家干涉美洲事务并强调"美洲是美洲人的美洲"，这在客观上对已独立的拉美各国免受欧洲再次殖民起到一定的保护作用。到了1890年美国在华盛顿召开第一次泛美会议，决定成立美洲共和国国际联盟，在其主导下的泛美主义则成了对拉丁美洲进行扩张的意识形态工具，这是门罗主义在帝国主义时代的发展。再如，狭义上的泛欧主义（Pan-European doctrine）。以奥地利政治家卡莱基1923年出版《泛欧》一书为标志，欧洲曾掀起"泛欧主义运动"，其直接的目标是建立联邦制的欧洲合众国。

　　从以上对发生于19世纪世界范围内的各种"泛……主义"的简要叙述中，我们可以发现这种运动的一个结构性特征，即最初处于弱者地位的民族和人群基于共同的历史文化和语言而谋求联合抵御外部势力的压迫，从而产生了民族和区域连带的解放运动。但是这种源自民间社会的运动在后续发展中往往为一个核心的强大民族或国家（帝国主义）所利用，来推行区域内的霸权和势力范围的扩张。就是说，这里存在着一个从弱小抵抗强大到强权压迫弱小的关系转换，而在此转换关系中，蕴

---

[1] 参见任光宣：《俄罗斯文化十五讲》，北京：北京大学出版社，2007年，第132—141页。

七 "亚洲主义"思潮在中国的消退及其后果

含了新的帝国主义征服与被征服的结构颠倒。从"泛……主义"后来也称"大……主义"的名称变化中,也可看出其中的消息。因此,到了"一战"结束的1918年,李大钊便明确指出:各种"大……主义"虽在范围之广狭和性质之区分上不同,但"其本专制之精神,以侵犯他人之自由,扩张一己之势力于固有之范围以外则一",乃是专制和强权的隐语。[1]

泛亚洲主义的产生为时较晚,这当然与亚洲是西方帝国主义殖民扩张的最后一块处女地有关。1840年鸦片战争爆发于中国,1853年美国佩里将军的黑船"来航"日本,西方的坚船利炮打开了东亚紧锁的门户。而沙俄帝国为了寻找不冻港出海口不断向东南扩张,也引起了东北亚地区的局势紧张和势力争夺。恐怕是由于老大中华帝国长久处于地区和世界的中心位置或者因衰败已久而觉醒缓慢,我们从一开始就缺乏联络弱小而实行周边区域联盟的亚洲意识,泛亚洲主义反而是首先产生于明治维新成功到甲午战争、日俄战争胜利期间的日本。竹内好曾提到:幕末和维新之初日本民间出现了亚洲连带意识,当时也使用过"泛亚洲主义"的称呼,后来才为"大亚细亚主义"之名所取代。[2]这也印证了日本一般辞书对"大亚洲主义"的解释:

> 主张为了抵御欧洲列强对亚洲的侵略,亚洲各国应以日本为盟主团结起来。与日本的独立问题相关联,自明治初年起便开始倡导亚细亚连带论,特别是在自由民权论者当中,其主张呈现出各式各样的差异。……进入明治20年

---

[1] 李大钊:《Pan……ism之失败与Democracy之胜利》,《太平洋》杂志1卷10号,1918年7月15日。
[2] 竹内好:《日本与亚洲》,东京:筑摩书房,1993年,第288页。

代以后，随着民权论者放弃亚细亚连带论、自由民权运动进入低潮、天皇制国家机构的确立以及面对清朝扩充军备的局势，大亚细亚主义开始抬头。……其后，大亚洲主义与天皇主义一起成为许多右翼团体的主要口号，并为企图摄取满蒙利益的日本政策服务。[1]

正如美国的门罗主义一样，"东洋是东洋人的东洋，东洋的事情由东洋人来处理"，这是亚洲主义的基本要义。所以，"亚洲主义"有时候也称亚洲门罗主义。已有学者指出，"亚洲主义"在日本的发展演变大致经历了以下三个阶段。第一，19世纪70—80年代亚洲连带论式的泛亚洲主义诞生于民间。其中，既有樽井藤吉《大东合邦伦》式朴素的由联合亚洲走向大同的"亚洲主义"，同时也出现过福泽谕吉"日本盟主论"、陆翔南"支那保全论"式的"亚洲主义"。第二，到了1895年至20世纪20年代，原初的泛亚洲主义开始向"大亚洲主义"转变。尤其是在中国发生义和团事件前后，日本出现了各式各样的"支那保全论"，民间的亚洲连带情绪逐渐被吸收到国家推行扩张的"大陆政策"中，而"一战"期间日本在"解放"与"侵略"亚洲的抉择中最终走向了后者。到了1924年美国实施排日移民法案之际，日本反欧美的声浪逐渐高涨，"大亚洲主义"开始盛行。第三，"九一八事变"之后的1933年，由近卫文麿、广田弘毅等所组织的"大亚细亚协会"则完全成为日本帝国对外侵略的"翼赞体系"之一，有关亚洲的论述的重心也从一般意义上的文明冲突论和文化连带论，转向国际关系乃至世界秩序重组的政治层面。

---

[1] 中下邦彦编：《亚细亚事典》，东京：平凡社，1959—1962年，第6页。

而在日本战前的"亚洲主义"思潮演变过程中,产生于甲午战争和日俄战争之间的"支那保全论",则成为近代日本大亚洲主义发生质变的一个转折点。同时,它也处在亚细亚主义与"大陆政策"的联结点上。[1]

就是说,发源于日本的"亚洲主义"也有一个从民间发动到国家借用最终成为争夺霸权之思想舆论的转变过程。了解到这一点非常重要,因为晚清以来一部分中国知识分子和政治家也曾抱有"亚洲主义"的情结,而其发生、发展乃至消退都与日本的"亚洲主义"息息相关。"二战"以后最早重提"亚洲主义"议题的竹内好曾经指出:日本近代的"亚洲主义"的基本特性在于内部的千差万别,它并非一种具备实质内容和可以在客观上加以限定的思想,而是一种倾向性。"亚洲主义"与民族主义不完全一样,但确有一部分与日本帝国的扩张主义相重叠。就是说,这是从明治维新后的膨胀主义中衍生出来的一个果实。竹内好还认为:"'亚洲主义'与民主主义、社会主义乃至法西斯主义等也不同,其自身不具有内在的价值,必须依靠别的思想主义才能展现出来。因此,我们无法追溯其历史上的展开过程。"[2]我理解,竹内好在此是要强调日本"亚洲主义"不具有原理性,我们难以对其进行概念史之追本溯源的考察。这个观点提醒我们,在观察这种主义乃至受其影响而发生的中国人之亚洲意识的时候,必须从具体的历史情境出发,结合当时瞬息万变的国际关系并在与其他思想观念的联系中,来分析其发展

---

[1] 参见王屏:《近代日本的亚细亚主义》,北京:商务印书馆,2004年,第333—337页。

[2] 竹内好:《日本的亚洲主义》,收《日本与亚洲》,东京:筑摩书房,1993年,第293—294页。

和消亡的轨迹。

"亚洲主义"难以定义,其历史上的逻辑展开过程不易追溯,这给我们的考察带来了重重困难。为了分析方便起见,以下再就"亚洲主义"的类型做些辨析。从思想的构成要素和逻辑依据上观之,我们可以把明治维新以来的日本"亚洲主义"分为"文化亚洲主义"和"政治亚洲主义"两大类型。"文化亚洲主义"与19世纪以来的文明论、人种学、文化传播论相关联,强调某一民族和区域的历史、文化、语言方面的共通性以谋求"同文同种"之上的连带与结盟,早期的泛斯拉夫主义也有这样的性质。在日本,这一类型以冈仓天心、中江兆民、宫崎滔天为代表。"政治亚洲主义"则与19世纪末出现的区域主义,包括政治、外交上的各种"门罗主义",以及发源于欧洲的均势论密切相关。它承认某一霸权的中心地位并以此为盟主实现超国家的区域扩张,实际上往往是某一帝国的区域霸权主义。如果说"文化亚洲主义"是朴素民族主义的一种扩展,那么"政治亚洲主义"则是建立在区域联合基础上的一种国家战略。在日本,"政治亚洲主义"以北一辉、大川周明、腊山政道等为代表。当然,这只是一种简便粗浅的分类,实际情况要复杂得多,文化和政治要素往往是缠绕在一起的。

(二)晚清至"一战"前中国人的亚洲意识

我们知道,明治时期的日本曾经是亚洲革命者的聚集地。中国"反清排满"的志士以及戊戌变法失败后的革命党人,大都有流亡日本的经验。他们在日本结识民间同情中国革命的亚洲主义

七 "亚洲主义"思潮在中国的消退及其后果

者（大陆浪人等），也感染了联合东亚以抵御西方列强这一日本版泛"亚洲主义"的思想。孙中山与宫崎滔天、宋教仁与北一辉的亲密关系，乃至日本亚洲主义者支援同盟会和援助辛亥革命，都是人们熟知的历史故事。以下，我将从"文化亚洲主义"和"政治亚洲主义"的角度，简要追溯晚清至辛亥革命前后一些中国人所怀抱的亚洲主义或东亚意识，并确认其最终消退的踪迹，以作为辛亥革命到"五四"运动期间"大亚洲主义"讨论再起的前史与背景。

据我有限的阅读范围观之，晚清以降最早萌生"亚洲意识"的重要人物是1877年随使日本的外交官黄遵宪。黄曾强烈反对日本对琉球的吞并，但对明治维新以来日本社会文化的新气象抱有好感，所著《日本国志》《日本杂事诗》详述维新后的移风易俗，期待清廷能够效仿日本实施变法。由于他出使的时期是在日本发动两场大的对外战争之前，即还没有发展到帝国主义向外扩张的阶段，当时中日两国之间的力量对比未发生根本的逆转，东亚汉字儒教文化圈的余韵犹存，两民族同时面临着来自欧美的西风东渐。黄遵宪在坚信中日"同文同种"并认可当时流行的均势论的基础上，曾以建议朝鲜使节的方式提出东亚联合以抗拒俄国扩张的设想。作于1880年9月的《朝鲜策略》，便是献给朝鲜赴日修信使金宏集的一篇策论。他首先表明，当时的沙俄帝国开疆掠地侵略成性，在西欧因英法联合维持，其侵略扩张难以得逞，故势力转向东亚。而在东亚，"俄欲略地，必自朝鲜始矣"。于是，他向朝鲜使节提出亲中、结日、联美的建议："嗟夫！俄为虎狼秦，力征经营三百余年，其始在欧罗巴，继在中亚细亚，至于今日更在东亚细亚，而朝鲜适承其敝。然则策朝鲜今日之急务，莫急于防俄。防俄之策如之何?曰亲中国,结日本,联美国,以图自强而已。"

　　细读该文,还有几点值得注意。一、在详述"结日本"的道理时,黄遵宪一边强调日韩为"辅车相依"之关系,当"修旧好而结外援,苟使他日两国之轮舶铁船纵横于日本海中,外侮自无由而入",一边为"江华岛事件"后西乡盛隆的征韩论和日本对朝鲜的窥视开脱,可见黄遵宪的天真乐观而无戒心。二、在解释"联美"之际,主要依据19世纪盛行的"均势论"而对美国多有肯定,强调西欧各国欲与朝鲜结盟,在于抑制俄国一强独大,唯有美国无图利他国的野心,故可联合。三、强调要有"稳固朝鲜乃东亚和平"的大计,可见其东亚意识十分鲜明,他说:"至于今日,防俄之策,其不得不亟亟然竭朝鲜一国之力以防俄。小固不可以敌大,寡固不可以敌众,弱固不可以敌强,而又幸有中国可以亲,有同受俄患力不足制朝鲜之日本可以结,有疏欧亲亚、恶侵人国之美利坚可以和。"[1]

　　黄遵宪应该是中国近代最早拥有"亚细亚之大局"意识的人物。他身处东亚历史发生巨变而霸权结构还没有根本转变的时刻,其思考仍然处在传统的汉字儒教文化圈和19世纪均势论的范围之内,其东亚意识也难以用"文化"或"政治"的"亚洲主义"来加以分别。而不久之后亡命日本的康有为和梁启超乃至后来的章太炎,其所感染的亚洲意识就多少有了文化与政治倾向上的分殊。1898年戊戌变法后逃亡日本的康有为,曾与日本的亚洲门罗主义倡导者近卫笃麿讨论说:"今天的东洋问题已不单纯是东洋问题,它已成为世界问题。欧洲列强都是为了

---

[1]《中国近代思想家文库·黄遵宪卷》,北京:中国人民大学出版社,2014年,第78—85页。

自己的利益而在东洋竞争。东洋是东洋人的东洋。东洋人必须有独立解决东洋问题的权利。美洲的门罗主义也是这个意思。实际上，在东洋实现亚洲门罗主义的义务就落在了贵我两邦的肩上。"[1]1823年美国总统门罗发表声明，称"今后欧洲任何列强不得把美洲大陆业已独立自由的国家当作将来殖民的对象"，并且强调：当权利受到严重威胁时，将准备自卫。[2]这就是后来概括为"美洲是美洲人的美洲，美洲的事务要由美洲人来处理"的所谓门罗主义。我们观察康有为这一段有关亚洲门罗主义的议论，感到在他的思想谱系中很是孤立。或者，他只是援引当时流行的美国门罗主义，在应酬日本政治家的谈话中，从地区政治的角度对此有所涉及而已。与晚清以来的大多数革命党人一样，康有为并没有足以称得上"主义"的亚洲思考。

同样是戊戌变法失败后亡命日本的梁启超，在肯定日本明治维新成功的同时，也曾怀抱于亚洲实现中日联合的意识。他所谓的"亚粹主义"出自《清议报叙例》(1898)所宣示的以下宗旨："(一)维持支那之清议，激发国民之正气；(二)增长支那人之学识；(三)交通支那、日本两国之声气，联其情谊；(四)发明东亚学术，以保存亚粹。"在《论学日本文之益》(1898)一文中，他更谈到"合邦"的理想："日本与我唇齿兄

---

[1]《与康有为的对话笔记》，载《近卫笃麿日记》第2卷，同刊行会编。转引自王屏：《近代日本的亚细亚主义》，第94—95页。而在日本外务省编的《日本外交文书》第31卷第1册中，则这样记述了近卫文麿的话："东洋时事日趋紧迫，东洋是东洋人的东洋，东洋的问题必须由东洋人处理，而于东洋实行亚洲门罗主义的责任则在日中两国人士的身上。"东京：日本国际联合协会，1954年，第662页。

[2] 周一良等主编：《世界通史资料选辑·近代部分》上册，北京：商务印书馆，1972年，第348—349页。

弟之国，必互泯畛域，协同提携，然后可以保黄种之独立，杜欧势之东渐。他日支那、日本两国殆将成合邦之局，而言语之互通，实为联合第一义焉。"[1]梁启超流亡东瀛期间，深受日本社会思潮的侵染，其西学也基本上得之于日本书籍的媒介，并对这个岛国抱有好感，这是学术界的共识。我们看这两篇谈到中日联谊共铸东亚文明的文章，可以知道他完全是从"文化亚洲主义"的立场出发，主张中日联谊共同保存和发扬亚洲的文化精粹的，至于"合邦"的理想只是在共同抵御西方势力"东渐"的前提下，从人种学和文明论的角度强调"协同提携"，而落脚点仍在文字语言的相互学习上。晚清以降，这种"文化亚洲主义"或者由此而来的"东亚意识"，乃是与日本有渊源关系的中国人士比较常见的一种倾向。

因《苏报》案被关押三年后同样来到日本的章太炎，曾于1907年在东京与张继、刘师培、苏曼殊、陶冶公等发起"亚洲和亲会"而倡导"亚洲亲和主义"，其出发点亦以文化和宗教相号召。但是，他明显地对于邻邦日本已经开始抱有戒心。这恐怕与其间爆发了日俄战争，日本对外扩张之民族主义高涨，同时"帝国主义论"在世界范围内开始流行有关。章太炎亲笔拟定的《亚洲和亲会约章》开宗明义亮出反帝、解放的旗帜："建亚洲和亲会以反对帝国主义，而自保其邦族。他日攘斥异种，森然自举，东南群辅，势若束芦，集庶姓之宗盟，修阔绝之旧好。用振我婆罗门、乔答摩、孔、老诸教，务为慈悲恻怛，以排摈西方旃陀罗之伪道德。……凡我肺腑，种类繁多，既未尽集，先以印度、支那二国组织成

---

[1] 梁启超：《饮冰室合集之四》，北京：中华书局，1989年，第80页。

会……一切亚洲民族，有抱独立主义者，愿步玉趾，共结誓盟。"就是说，亚洲和亲会在于"反对帝国主义，期使亚洲已失去主权之民族，各得独立"；其会员"凡亚洲人，除主张侵略主义者，皆得入会"。[1]这不仅与当时日本的"大亚洲主义"截然不同，其亚洲想象甚至跳过日本而谋求中印两大文明的直接联系。我们知道，当时在章太炎周围曾聚集了印度、越南、菲律宾等国众多的革命家，共同探讨反抗西方列强而谋求解放亚洲的计策。与梁启超等不同，章太炎对日本的扩张行为破坏亚洲安全多有批评。周作人曾有回忆：太炎先生亡命东京期间，逢有人来求字，常抄《孟子·离娄下》"逢蒙学射于羿，尽羿之道，思天下维羿为愈己，于是杀羿"以赠人，对日本欺压中国的行径表示愤慨。[2]到了1917年，章太炎又创立"亚洲古学会"，则意在叙"同洲之情谊"，联"各国之学识"以振兴亚洲文化，他的"亚洲和亲"明显是一种基于文化宗教共通性的联谊和"想象"。

汪晖通过梳理《东方杂志》创刊伊始对日俄战争和东亚问题的关注，曾得出结论：由于日本的"大东亚"思想与欧洲的"文明冲突论"之间存在着相互衍生的关系，且都具有帝国主义性质，故"1905年以后，以黄种为中心，以中日联合为内涵的亚洲论逐渐退潮。代之而起的，是用帝国主义范畴观察包括日本在内的霸权国家的扩张策略"。[3]如果说，章太炎的"亚洲意

---

[1] 转引自汤志钧：《章太炎年谱长编（增订本）》，北京：中华书局，2013年，第141页。
[2] 周作人：《日本管窥四》，收《知堂乙酉文编》，石家庄：河北教育出版社，2002年。
[3] 汪晖：《文化与政治的变奏》，上海：上海人民出版社，2014年，第48页。

识"已经包含了反抗日本帝国主义的内涵和倾向性，那么，辛亥革命之宪法的主要设计者宋教仁对日本"政治亚洲主义"的尖锐批判，就更能显示这样一种根本的变化。宋在革命前曾流亡日本六年，对其政治文化深有了解，也结识了众多同情中国革命的日本亚洲主义者，如内田良平、北一辉等。他的《东亚最近二十年时局论》（1911）一文，作于日本"合并"朝鲜的次年，可以说是革命党人中最早洞察日本巧妙利用国际法夺取中国台湾、朝鲜，最终欲扩张于大陆之帝国主义野心的人物。此文的深刻犀利，足以象征中国人与日本的"大亚洲主义"最终南辕北辙，其东亚意识在辛亥革命前后迅速衰落的轨迹。

文章中，宋教仁讨论二十年来的时局，首先认定东亚乱局的祸源在于日本："呜呼，自海通以来，东亚大地嚣然不靖者，垂百年矣！……其有假同洲同种之谊，怀吞噬中原之心，日日伺吾隙，窥吾间，以数数谋我者，此则真为东亚祸源唯一之主原因。"在历数日本历史上常有吞并东亚之野心，维新后取琉球、台湾，而自明治十四年（1881）始图谋向外发展后，结论道："而环顾四方，唯脆弱之朝鲜与老大之支那尚可问鼎之轻重，于是殿手三韩，伸足辽东，长驱以入禹域之政策，遂为彼国唯一之国是，而东亚天地无宁日焉。是日本吞并东亚政策之所由来也。"可以说，这是对日本形成于20世纪初的帝国主义"大陆政策"的最有力批判。文章第二节详述甲午战争的起因，强调日本人阴谋推动朝鲜内部的东学党运动，以诱导中国出兵而挑起战争，驱逐中国对朝鲜的影响力，为日后"合并"铺平道路。宋教仁尤其注意到，日本巧妙运用国际法而使朝鲜脱离中国藩属国地位，最终成为自己的殖民地。而导致西方列强纷纷来瓜分中国者，其实也正是日本。"夫以新兴之日本，猝得过大之势力于中国，必招他国之嫉妒干涉，或起而效尤，以致极东大局摇动，……吾固曰：日本者，实扰乱东亚和平之张本人也。"[1]就是说，日本不仅是扰乱东亚局势的罪魁祸首，同时其帝国主义行径也诱发了西方殖民者纷纷来瓜分中国。我们不能不说，唯有宋教仁这样的与日本深有渊源的革命家，其日本认识才能达到这样的思想深度。

而此时，日本民间的"文化亚洲主义"已然被吸收到政治"亚洲主义"之中，即与日本帝国的"大陆政策"合二为一，成为一种具有侵略性的"大亚洲主义"。宋教仁的深刻剖析和尖锐批判，不仅象征着晚清以来革命党人与日本亚洲主义者（大陆浪人）蜜月期的结束，更代表了中国人对日本版泛亚洲主义失去了信心和兴趣。当然，即使到1915年日本政府向中国提出强权无理的"二十一条"前后，革命韬略家孙中山依然没有放弃与日本政界、民间的广泛交往，甚至还抱有日本能够支援中国摆脱"次殖民地"状况的微弱希望（1914年5月11日致大隈重信函、1915年3月14日致日本外务省小池政务局长函）。但他临终前在神户所做的关于"大亚细亚主义"的讲演，无疑已成20世纪初中国人亚洲主义的最后绝响。

（三）日本"大亚细亚主义"论在中国的反应

就在宋教仁发表上述批判日本的文章之后不到几年，第一

---

[1]《中国近代思想家文库·宋教仁卷》，北京：中国人民大学出版社，2014年，第117—122页。

次世界大战爆发。全球局势出现有史以来不曾有过的巨变，这给新兴帝国日本提供了施展实力和谋求区域霸权的绝好时机。1914年7月28日，当奥地利向塞尔维亚宣战，旋即所有世界强国都参与到大战中的时候，人们感到的是"文明末日"的到来。英国史学家霍布斯鲍姆这样描写此次战争：对成长于1914年以前的一代而言，这个分水岭前后对照的差异实在太大，许多人简直无法把现在和过去做任何联结。而那场战争摧毁的是"19世纪崇高伟大的文明大厦"。"一战""基本上是一场欧战"，霍布斯鲍姆继续说：但是"最实际的要数日本，它几乎立即加入协约国，为的是接替德国在远东和西太平洋的地位。对于这个区域以外的事务，日本却毫无兴趣"。[1]日本的迅速宣布参战，以及阻挠邻邦中国参与欧战并提出霸道无理的"二十一条"，完全证实了宋教仁"日本者，实扰乱东亚和平之张本人也"的洞见。也由此，20世纪上半叶中日外交政治关系进入到危机不断升级的时期。

与亚洲主义问题相关联，我们注意到，随着日本的参战并开始强力推行其"大陆政策"，在其国内思想舆论界出现了新一轮有关"大亚洲主义"的论述。较之中日甲午战争后以德富苏峰《大日本膨胀论》（1894）为代表的咄咄逼人之扩张主义亚洲论不同，此次讨论中"日本盟主论"或"日本主义"的倾向比较隐蔽，且是在"一战"爆发而世界政治秩序发生重大重组、区域主义将成为未来国际趋势这一历史预测下展开的。就是说，现实世界政治的演进和日本国家战略的展开是这次讨论的直接

---

[1] 霍布斯鲍姆：《极端的年代1914—1991》，郑明萱译，北京：中信出版社，2014年，第27—29页。

七 "亚洲主义"思潮在中国的消退及其后果

背景，其理论逻辑的展开主要是以势力均衡论、门罗主义和帝国主义论为基础的，这种典型的"政治亚洲主义"论述必然成为配合日本帝国谋求扩张的言说，而其早期"亚洲主义"的文化连带要素已经不见踪影。讨论中，比较有代表性的是小寺谦吉的《大亚细亚主义论》（1916）和浮田和民的《新亚细亚主义》（1918）。

小寺谦吉（1877—1949）早年赴美，曾在耶鲁大学和哥伦比亚大学攻读政治经济学与法学，属于明治时代典型的"洋学绅士"，后从政，官至众议院议员。1916年出版的《大亚细亚主义论》（东京：宝文馆），以大量篇幅介绍了欧美的"黄祸"论，暗示将有发生人种战争的可能性，故认为有倡导"大亚细亚主义"之必要。他强调："支那其国大而武力衰落，日本其武力强大而国小。日本在政治上帮助支那，支那在经济上补日本之不足，联袂而立，则这对儿东亚双生子方能共存。然而如今列强均势之下，此法虽是胆战心惊的保独立之策，可是将来白人一旦将恐怖、嫉妒及野心并用，定将掀起一大风潮，我们不能不采用防备之策，因此不得不倡言大亚细亚主义。"[1]按照日本学者藤井昇三的观点，到了大正时期（1912—1926）随着政府"大陆政策"的实施，日本政界中出现了积极倡导"大亚洲主义"的论调，小寺谦吉就是其中代表。不过，他的"大亚洲主义论"乃是要以"防御性、消极的和平论"来对抗白人"攻击性、积极的征服论"。因为，"从明治维新到大正时期的大亚洲主义思想，与日本资本主义向帝国主义阶段的转变相呼应，

---

[1] 小寺谦吉：《大亚细亚主义论》，转引自藤井昇三：《孙文研究》，东京：劲草书房，1966年，第215页。

乃是一种积极推进大陆政策的、能动的攻击性亚洲主义,但大正三年(1914)再次复活的大亚洲主义却更带有被动的、保守姿态。因为,美国对日本移民的限制问题所导致的反美潮流乃是大亚洲主义复活的主要原因"。[1]

浮田和民(1859—1946)是活跃于明治末年到大正时期的政论家和历史学家,早年也曾留学美国耶鲁大学,后长期任职早稻田大学等,教授政治学和西洋史,也曾担任大众舆论期刊《太阳》杂志的主笔,被视为当时日本自由主义派思想的代表之一。他的《史学通论》(1898)讲义曾影响到梁启超的新史学建构。其政论著作《日本之帝国主义》《伦理帝国主义》等,主张"对外实行帝国主义,对内实行立宪主义",代表了明治末期帝国主义论形成阶段日本自由主义者最热衷的观点。浮田和民的"伦理帝国主义"论,试图通过伦理、自由、人格等文明要素将帝国主义道德化,使之成为后发达国家日本在霸权竞争中谋求发展、扩张的理论基础。1917年前后,他也参与到"大亚洲主义"的讨论中来,其论文《新亚细亚主义——东洋孟禄主义之新解释》在《太阳》杂志上发表后,立刻引起了中国舆论界的关注。《东方杂志》第15卷第11期(1918年11月)就刊出了高劳(杜亚泉)的译文,点燃中国舆论界讨论"大亚细亚主义"的直接导火索。

浮田和民首先将"亚细亚主义"分为三种:即"旧亚细亚主义""新亚细亚主义"和"新新亚细亚主义"。所谓"旧亚细亚主义"指近代以前日本、中国、朝鲜等实行的"锁国主义","新亚细亚主义"则为德富苏峰《大正之青年与帝国之前途》所

---

[1] 藤井昇三:《孙文研究》,第216页。

七 "亚洲主义"思潮在中国的消退及其后果

代表的亚细亚孟禄主义（即日本盟主论之亚洲门罗主义），而"新新亚细亚主义"才是他所要倡导的新主张。这个新主张要点有七项之多，但综合起来不外三条。

第一，"亚洲主义"的定义虽与德富苏峰相同，在于强调亚洲之事务由亚洲人自己来处理，但其范围不限于亚洲人种，只要是居住于亚洲地区者无论白人、黄种人，都可以认定为亚洲人。就是说，不再以人种、历史、语言等文明尺度，而是以国际政治上的区域概念划界。也由此，浮田和民得以避开以往"亚洲主义"那种赤裸裸的日本盟主论。他甚至认为，在"日英同盟之外，当组织巩固之中日同盟，若由此而合组三国同盟，则势力尤厚。而又加之以日法协约、日俄协约，由是东洋之平和、帝国之安宁，虽如何之势力，亦不能动摇之"。

第二，"亚洲主义"的原则在于"维持现状"，但不排除未来有变更的可能性。所谓"维持现状"，意思是并非"驱逐欧美人势力于亚细亚之外，代之以日本人而处理亚细亚，乃不愿亚细亚如非洲之为欧美列强所分割而已"。就是说，浮田试图表明，他的"亚洲主义"并非"攻击性、积极的征服论"而是"防御性、消极的和平论"。而所谓"未来有变更的可能性"，则在彰显其主义的最终目标在于世界和平。只不过，鉴于当时难以立刻实现，故"维持现状"是第一要务。浮田"维持现状"的论述，虽然遭到了李大钊等中国学人的批判，但客观地讲，他的观点也是在"一战"结束而世界之未来成为议论焦点的背景下提出的。也因此，他强调"余固深望战后世界的平和同盟之成立，然如此世界的大组织，绝非旦夕所可成。……故我辈之意见，以为世界的平和同盟未成立之先，当组织欧美亚三大陆之部分平和同盟"。

第三，对日俄战争后日本政府强硬的对华外交多有反省和批判。浮田和民承认"日本立于东洋保护者之地位，其责任至为重大"。但观日俄战争以后，日本对华所实行的外交政策，往往陷自己于不利的地位。日俄战争以前，为了牵制欧美列强对中国的瓜分，日本曾向中国提出一部分或沿岸地区不割让的方针，即"支那保全论"。然而，"日俄战争后，犹蹈袭战前之政略，殊与时势相背。盖日本既为东洋之保护者，乃向被保护者开强硬之谈判，实自杀的政策也。……故日本人对于中国之急务，宜先改自身之心理状态，勿讥詈中国人之无能无识。西洋诸国固应抛弃其瓜分中国之野心，然日本人尤宜先抛弃其以中国或数州置于日本势力范围之小政策。日本人所取之大陆政策，不特中国本部，即十八省以外之领土，亦当使之保全，向东洋全局面，宣布亚细亚孟禄主义之大义而实行之"。

以上是浮田和民"大亚细亚主义"主张的基本内涵。比之日本早期的"文化亚洲主义"和日俄战争后日本盟主论式的"政治亚洲主义"，这里的观点已经摆脱了文明论和文化连带的局限而更倾向于新的区域主义主张，其帝国主义扩张性的倾向也似乎温和了许多。但是，从当时最新的世界潮流即民族自决和殖民地解放的观点来看，他的最大问题在于没有追求民族独立和各国家彼此平等的原则，更缺乏基于世界革命理念的国际主义精神。虽然，他对日本一直以来推行的"大陆政策"多有反省，但依然是站在国家的立场上为其提供理论基础的。就是说，浮田和民的观点看似温和，但与日俄战争后成为"大陆政策"之一翼的日本"大亚洲主义"仍一脉相承，目的在于确保帝国日本在东亚的霸权地位。从接受了俄国革命影响而身处被压迫民族地位的中国视角观之，这样的问题就显得尤为突出而

七 "亚洲主义"思潮在中国的消退及其后果

不能不让人感到某种"压迫"(李大钊语)。因此,该文在中国一经介绍便招来了反对之声。例如半年后,就有署名高元者在《东方杂志》第16卷第5期发表《咄咄亚细亚主义》予以驳斥。1919年李大钊发表的《大亚细亚主义与新亚细亚主义》[1]亦直接针对德富苏峰、小寺谦吉和浮田和民的论述。到了同年《法政学报》第10期出现商榷文章,并引来李的答复《再论新亚细亚主义——答高承元君》[2],则"五四"运动前后这场围绕"大亚细亚主义"的讨论已然形成了小小的热潮。

如前所述,这场讨论大致从1916年开始,即小寺谦吉出版《大亚细亚主义论》的同年。那时,曾有章锡琛的《大亚细亚主义之运命》[3]发表,批评其徒有空洞的口号而缺乏具体的实践计划。而1916年至1919年正是欧战烽火连天的时期,大战将导致世界格局发生怎样深刻的变化?之后又将走向何方?围绕这样的问题,中国舆论界如《东方杂志》《新青年》等出现了一股讨论大战后世界走向的热潮。这也是人们关注"大亚细亚主义"更为根本的世界史背景。章锡琛此前还曾据德国人台利史文《欧亚两洲未来之大战争》[4]而预言:"今日东亚之状态,方纷纭扰攘,陷于内部之争乱,然至欧洲之战云既收,交战各国和约告成,则东亚诸邦,必将联合缔盟造成强国之浑一体。而代表黄白两人种之两种文明,必将于斯时起莫大之冲突矣。"尤其是"最近之日本已然得欧洲机械文明于手中,若与静之文明的中国联合,必将成为西欧的一大威胁"。这明显地依然有已流

---

[1] 载1919年2月1日《国民》杂志1卷2号。
[2] 载1919年11月1日《国民》杂志2卷1号。
[3] 载1916年5月《东方杂志》13卷5号。
[4] 载1916年1月《东方杂志》13卷1号。

行二十余年的"黄祸论"即东西文明冲突论的色调。而刘文典（叔雅）在同年《新青年》2卷2号上发表的《欧洲战争与青年之觉醒》，则以适者生存、优胜劣汰的社会达尔文主义的口气，指出欧战给人类带来的三大教训：和平为痴人说梦、强权即正义、黄白人种不两立。为了对抗西方的"黄祸论"，刘呼吁中国青年要有保护东洋之自觉，并主张以中国为盟主的亚洲主义。

到了欧战结束之际，上述议论更成了中国舆论界关注的切近话题。例如，《东方杂志》第16卷第1号（1919年1月）上就载有罗罗摘译自美国《亚细亚杂志》的《世界之三大势力》。文章认为，欧战后"则世界国际势力，必日趋于统合"，从而形成"三大系统"，即盎格鲁－撒克逊系统（大英帝国与美利坚合众国）、斯拉夫系统（俄国及其同种之诸小国）和东亚系统（中国与日本），可谓世界大势三分天下之论。同期的《东方杂志》还发表有译文《澳洲之孟禄主义》，介绍澳大利亚首相威廉马理斯许士和新西兰首相马舍的门罗主义主张。由此可见，1919年前后，中国舆论界关注世界未来走向的论述相当盛行，而有关"大亚细亚主义"的讨论正是在这样的舆论背景下产生的。

回到高元《咄咄亚细亚主义》的反驳文章。高元的基本判断是："亚细亚主义，就是亚细亚孟禄主义。"他援引李大钊《Pan……ism之失败与Democracy之胜利》（1918）的观点，指出："要知孟禄主义因为自己能力尚薄弱，所以只求人们不起野心，也就暂时干休。这并非不想扩张势力的好意，它的保守的态度，不过是一时的现象，并非永久的现象。故摇头一变，后身就是个'大……主义'了。"以此为前提，高元分析当时日本有两派"亚细亚孟禄主义"，他们分别以德富苏峰和浮田和民为代表，主张"亚细亚之事，当由亚细亚人处之"，不同只在是否

七 "亚洲主义"思潮在中国的消退及其后果

明确主张"日本人代表亚细亚人,亚细亚为日本所独有的势力"范围而已。因此,从批判门罗主义的立场出发,高元的结论是:"亚细亚主义者,日本独专之干涉主义也。亚细亚孟禄主义者,日本因无暇力及亚洲以外,而独称雄于亚洲,故不过为政策上之专横主义耳。苟至他日,其力已足以出于亚洲之外,将渐脱其假面,而树侵略的方策。即,浮田和民氏所谓具有现状变化的可能性也。"由此,他最后试问:"这不但是我们东亚的独立国不能忍受,就说欧洲各国,眼见日本人这么强横,可以忍受吗?"

我们不能不说这篇文章的分析是有洞见的。日本帝国主义在经过了20世纪20年代短暂的"协调外交"之后,从1931年挑起"九一八事变"到最终发动中日战争乃至太平洋战争,其大亚洲主义最终也走向了侵略扩张的深渊。不过,在当时中国舆论界有关"大亚细亚主义"的讨论中,高元的观点依然是在传统的均势论、区域联合乃至一般意义上的帝国主义批判的范围之内,而真正把全新的民主思想、世界革命的理念和民族自决的精神带到讨论中来,并从正面提出建设性的"新亚细亚主义"主张的,则要数"五四"新文化运动中最杰出的思想家李大钊了。李大钊的相关思想不仅昭示了日本帝国主义式"大亚细亚主义"在中国不被接受的历史和伦理逻辑,而且以社会革命的全新路径将世界联邦作为高迈理想高悬于他的"新亚细亚主义"之上,从而提出了完全不同于日本"亚洲主义"的新主张。这乃是此次讨论的最大收获。

（四）李大钊世界革命视野下的"新亚细亚主义"

李大钊对日本和东亚局势的关注由来已久。早在1913年至1916年留学日本期间，他就通过河上肇接触到马克思的思想，为其后来成为中国最早的马克思主义者奠定了基础；同时他也遭遇到日本"二十一条"的秘密出笼、袁世凯的复辟以及国内的反袁运动，这促使他开始关注日本乃至中日关系问题。在留日学生总会调查日本与中国政府就"二十一条"如何进行秘密交涉的过程中，李发表了代表总会的檄文《敬告全国父老书》（1915），对日本参与"一战"而争夺德国殖民地胶州的各种阴谋予以激烈批判。另据日本学者石川祯浩记述：青年李大钊在日留学期间阅读了大量日文书籍杂志，受到过包括加藤弘之、浮田和民等的影响。他虽反对日本的"大亚细亚主义"，但并不拒绝与日本的交流。例如，大正时期的自由主义思想家吉野作造组织"黎明会"时，他曾予以声援；"五四"运动导致排日浪潮高涨而影响到中日关系时，他则与吉野合作推动中日学生的交流事业。[1]

《敬告全国父老书》从当时国际上流行的均势论入手，讨论列强集体瓜分中国而为一己之私采取划分势力范围的做法，致使中国暂且免于立刻亡国的危运，但瓜分却愈演愈烈。甲午战争之后，更有日本挟战胜之余威，"索我辽东半岛，外交黑幕，

---

[1] 石川祯浩:《李大钊——中国马克思主义之父》，赵景达等编:《东亚的知识人》第3卷，东京：有志舍，2013年，第25页。

七 "亚洲主义"思潮在中国的消退及其后果

捭阖纵横"。而所谓"势力范围"者,则是列强瓜分过程中为避免纷争而划定的界线。如今,更有美国于1900年提出"门户开放,机会均等"以谋"利益均沾"的均等主义。李大钊敏锐地看到:"致中国于将亡者,唯此均势;延中国于未亡者,唯此均势;迫中国于必亡者,亦唯此均势。"就是说,在这样的均势制之下,不管中国如何获得暂时的残喘机会,但若无反抗则将来依然要亡国灭种。故环视东亚时局进而及于中东被殖民的普遍现状,他强调民国邦基未稳,国人当卧薪尝胆以抗列强。而论及此次日本秘密对中国提出"二十一条",则明确指出其欲取整个中国的巨大野心。可以说与宋教仁一样,李大钊也是最早观察到日本帝国主义征服中国野心的人士,而文章的最后更进而敦促政府顺应民意坚决拒绝日本的要求,显示出他当时的民族国家意识——主权在民思想已然形成:"盖政府于兹国家存亡之大计,实无权以命我国民屈顺于敌。此事既已认定,则当更进而督励吾政府,俾秉国民之公意,为最后之决行,纵有若何之牺牲,皆我国民承担之。"半年之后,他又著《国民之薪胆》一文,详述"二十一条"出笼的经过及关键问题所在,指出日本"对于中国,则断绝根本复兴之生机,毁灭国家独立之体面,使我永无自存图强之实力"。故警示国人必须卧薪尝胆,磨炼百折不挠的志气。

摆脱了当时国际关系理论中流行的均势论局限,到了1918年前后,李大钊最终站到马克思无产阶级革命和托洛茨基世界革命的立场上来,从而得以对日本的"大亚洲主义"给予深刻的理论批判,并提出自己"新亚细亚主义"先进理念。在此,我们需要在他《Pan……ism之失败与Democracy之胜利》(1918年7月)、《庶民的胜利》(1918年11月)、《Bolshevism

的胜利》（1918年12月）这样一个思想激越发展的脉络里，来解读其《大亚细亚主义与新亚细亚主义》一文的深意。从观察"一战"结果的角度出发，李大钊在第一篇文章中强调所谓胜利不是各种各样的"大……主义"胜利了，而是全世界劳工的民主与解放意识战胜了各式各样以一国为主体的军国主义乃至资本家阶级。就是说，民主和民族解放成为其衡量"大亚细亚主义"是否符合世界新潮流的标尺。在这样的语境下，明治维新以来的各种"亚洲主义"，无论是人种学文明论式的"文化亚洲主义"，还是以大陆政策为核心的"政治亚洲主义"，都已成为过去时代的遗物。而第二篇，则更清晰地凸显出李大钊的世界主义视野，即公理战胜强权、民主战胜专制、世界庶民战胜军国主义。他指出，"一战"引发的俄国革命乃是20世纪世界革命的先声，它将最终打破世界资本主义的全球扩张。第三篇，更进而提出"革命的社会主义"，真正打破了民族国家的界限。布尔什维的战争是阶级战争，它导致"世界无产庶民对于世界资本家的战争"。在此，李大钊思想中的全新世界图景得以呈现：自由乡—欧洲联邦民主国—世界联邦，这是一个多元递进的三级结构。他在《大亚细亚主义和新亚细亚主义》中所提出的设想，亦被置于这样的结构之中：各民族的独立解放—亚细亚联合—世界组织（联邦）。这无疑是奠基于高远的世界革命理念之上的新亚细亚主义，与梁启超、章太炎的"文化亚洲主义"乃至同盟会以来革命党人中时隐时现的亚洲意识——以民族国家为基准的"政治亚洲主义"亦有根本不同。

因此，李大钊在《大亚细亚主义与新亚细亚主义》一文中，能够对小寺谦吉、浮田和民等所代表的新一轮"大亚细亚主义"提出尖锐质疑，称其所主张者并非和平而是侵略主义。我在一

七 "亚洲主义"思潮在中国的消退及其后果

篇文章中曾指出：这代表了"五四"时期一般中国知识阶级对日本的普遍忧虑，预示了此前的"东亚意识"的根本转变。而李大钊同时提出的与日本针锋相对的"新亚细亚主义"观，其社会革命的视野、民族自决与解放的原则和世界联邦的理想，也已与源自明治维新以来的日本各种"亚洲主义"截然不同。例如他强调："看世界大势，美洲将来必成一个美洲联邦，欧洲必成一个欧洲联邦，我们亚洲也应该成一个相类的组织，这都是世界联邦的基础。亚细亚人应该共倡一种新亚细亚主义，以代日本一部分人所倡的'大亚细亚主义'。这种新亚细亚主义，与浮田和民氏所说的也不相同。浮田和民主张拿中日联盟作基础，维持现状；我们主张拿民族解放作基础，根本改造。凡是亚细亚的民族，被人吞并的都该解放，实行民族自决主义，然后结成一个大联合，与欧、美的联合鼎足而三，共同完成世界的联邦，益进人类的幸福。"[1]

李大钊这里所谓的"新亚细亚主义"中明显有来自威尔逊《十四点和平纲领》[2]的影响，并与列宁的"民族自决"理论相一致。辛亥革命之后，列宁还曾热情地预示过"亚洲的觉醒"。这个亚洲觉醒的世界史背景，正预示着波涛汹涌的民族解放和社会革命时代的到来，它给一切思想、主义提供了全新的思考

---

[1] 《中国近代思想家文库·李大钊卷》，北京：中国人民大学出版社，2014年，第237页。

[2] 威尔逊1918年1月8日在国会的演说："对所有关于殖民地的要求作出自由的、坦率的和绝对公正的调整。此项调整的基础，就是要严格遵守这样一个原则，即在决定所有这样的主权问题时，有关居民的利益必须与管治权待决定的政府的合理要求同等重视。"（译文摘自齐世荣主编：《世界通史资料选辑·现代部分》第一分册，北京：商务印书馆，1998年，第3—11页）

路径。在这样的思想路径引领下，将民主精神和世界革命作为"新亚细亚主义"的根本目标和内在逻辑归结，这是李大钊与日本"大亚细亚主义"的最大区别，也明显地不同于19世纪以来的均势论和区域联合之"泛……主义"，这使其主张得以成为一个高远的、超越了民族国家乃至区域范围的全新理念。这在中国20世纪有关亚洲论述的历史中具有特殊的价值，甚至在21世纪的今天，依然拥有指导和引领我们思考区域合作问题的纲领性意义。为了深入领会李大钊的新亚洲观，我们有必要对其回应质疑之声的《再论新亚细亚主义——答高承元君》一文再做些深入的解读。

李大钊的文章发表以后，有高承元者提出反驳的意见，即为什么不主张世界各民族直接联合起来，造成世界的联邦，却要以各洲的小联合作基础？就是说，质疑者的疑虑在于那个实现世界大同的递进式三级结构——民族解放、亚洲联合、世界联邦。我理解，高承元亦与李大钊共享着一个由"一战"和俄国革命所引发的世界革命这一大的思想史背景，所以才会有联合所有无产者或各民族直接抵达世界大同的思考方式。而李大钊从八个方面回应了质疑者的疑虑，其中最能显示其逻辑理路的是以下三条：

> 第三，我主张的新亚细亚主义是为反抗日本的亚细亚主义而倡的，不是为怕欧美人用势力来压迫亚洲民族而倡的。我们因为受日本大亚细亚主义的压迫，我们才要揭起新亚细亚主义的大旗，为亚洲民族解放的运动。亚洲民族解放运动是第一步，是对内的，不是对外的；是对日本的大亚细亚主义的，不是对欧、美的排亚主义的。……这个

七 "亚洲主义"思潮在中国的消退及其后果

责任,不只在中国人、朝鲜人身上,凡是亚细亚人——就是觉悟的日本人——也是该负起一分的。

第四,我的新亚细亚主义,不是"有亲疏差别的亚细亚主义",乃是"适应世界的组织创造世界联合一部分的亚细亚主义";不是背反世界主义的,乃是顺应世界主义的。……强权是我们的敌,公理是我们的友。亚细亚是我们划出改造世界先行着手的一部分,不是亚人独占的舞台。……

第五,我的新亚细亚主义,是"自治主义",是把地域民族都化为民主的组织的主义,不是"排外主义",不是"闭锁主义"。我们相信最善的世界组织都应该是自治的,是民主化的,是尊重个性的。凡欧美的人民在亚细亚境内生活的我们都不排斥。不但不是不让他们来讲公道话,并且愿意与他们共同生活。[1]

亚洲解放运动是第一步,世界联合是终极目标,而民主化和尊重个性则是根本的原则和目的。这是李大钊赋予其"新亚细亚主义"主张的根本内涵。明显地,这已然摆脱了19世纪以来用以处理国际关系的均势论乃至一般意义上的帝国主义论。我们已知,统治19世纪国际关系理论和区域联合思想的,是发源于欧洲的均势论。均势论借助几何学的平衡概念,试图在复数的霸权之间建立相互制衡与稳定关系,其主要功能在于防止某一国家建立全球性霸权,由此来维护国际体系的局部稳定。正如《大转型》一书的作者波兰尼所指出的那样,这个均衡制

---

[1]《李大钊全集》第3卷,北京:人民出版社,2006年,第75—76页。

也确实在国际政治中发挥了不曾有过的作用。比起20世纪发生过两次世界大战,"19世纪产生了西方文明史上前所未闻的现象,即1815年到1914年间的百年和平"。这个奇迹要归功于建立在国际金本位制度之上的均势制的运用。波兰尼说:"就其本质而言,均势制应该产生一个完全不同的结果,也即各权力单元的生存;事实上,它仅仅假设三个或更多的权力单元运用的方式一定是按着结合弱小之权力单元的力量,来对抗最强之权力单元的力量的任何增长。在世界史的领域里,均势制是和那些借此来维持独立的国家有关的。但要达到这一目的,只能依靠各国之间合纵连横的战争。"[1]然而,到了帝国主义和世界革命已经出现的20世纪初,这个均势制终于在"一战"中失去了效用。因此,当人们重新思考世界未来的发展走向、重新设计我们的生活世界之际,新的理论和逻辑起点就成为必要了。李大钊早在1915年撰写的《敬告全国父老书》中就对均势论多有质疑,而上述"新亚细亚主义"论述,则更提出了民族解放、世界主义和民主精神的核心思想。它打破了以民族国家为疆域的19世纪区域主义思维——均势论,也摆脱了日本"大亚洲主义"的根本弊端——日本盟主论。这是我们高度评价李大钊亚洲论的主要原因所在。

李大钊有关"新亚细亚主义"的思考,还暗含着一个思维模式的问题,即其思想的包容性和复杂化倾向。在二元思维中包含一个(或数个)"中间项",从而避免二元对抗和抹消他者的简单化思维。这在"五四"新文化人一般倾向于直接、对立

---

[1] 波兰尼:《巨变——当代政治与经济的起源》,黄树民译,北京:社会科学文献出版社,2013年,第54—56页。

七 "亚洲主义"思潮在中国的消退及其后果

的二元思维——东方与西方、中国与世界、本土与外来、传统与现代、光明与黑暗——的思想场域中，也具有特别的意义。由于把民主原则置于其"新亚细亚主义"的核心位置，李大钊得以从容地建立起一个包含多项选择和复杂化思维的架构。例如，民族解放、亚洲联合、世界联邦的三极递进式社会革命的构想，便是如此。又比如，在回应高承元"亲疏有别的亚细亚主义"的质疑之际，他强调我们反对日本的"大亚细亚主义"，并非因为它源自日本，"压迫亚人的亚人，我们固是反对，压迫亚人的非亚洲人，我们也是反对；压迫非亚洲人的非亚洲人，我们固是反对，压迫非亚洲人的亚人，我们也是反对"。反之，解放"亚洲民族"的责任"不只在中国人、朝鲜人身上，凡是亚细亚人——就是觉悟的日本人——也是该负起一分的"，亦如此。因此，李大钊能够在讨论中最终给出一个极具包容性的结论："世界上无论何种族何国民，只要立于人类同胞的地位，用那真正 Democracy 的精神，来扶持公理、反抗强权的人，我们都认他为至亲切的弟兄。我们情愿和他共同努力，创造一个平等、自由、没有远近亲疏的世界。这是我主张的新亚细亚主义的精神。"[1]

（五）亚洲意识在中国的消退及其启示

以上，重点考察了辛亥革命到"五四"运动时期有关"大

---

[1] 见李大钊：《再论新亚细亚主义——答高承元君》，收《李大钊全集》第3卷，第78页。

亚细亚主义"讨论的内涵，同时追溯了近代以来中国人"亚洲主义"或东亚意识发生、发展的谱系，及其最终消退的历史轨迹。我认为，李大钊的"新亚洲主义"开启了思考亚洲合作的全新路径。它不仅超越了中日两国近代以来各种"亚洲主义"的思考范围，而且对日本帝国主义式的"大亚洲主义"构成了深刻批判，也足以作为我们今天思考区域合作问题的重要参照。然而遗憾的是，"五四"以后中国知识界并未能进一步深化这种"新亚洲主义"论述，而曾经仅有的一些"东亚意识"也逐渐消退。究其根本，原因当然在于：作为新兴帝国主义的日本表面上倡导东亚联合的"亚洲主义"，实际推行的却是西方老牌帝国主义的殖民扩张逻辑，不仅对中国台湾地区、朝鲜半岛实行殖民统治，更欲蚕食和吞并整个中国。这自然造成了东亚区域内部的不平等关系结构，必然导致中国人对李大钊所言的"亚洲联盟"亦失去信心。而日本的"文化亚洲主义"在早期基本上是从文明论和区域连带情感出发而形成的一种思潮，后期则转为帝国主义殖民扩张的"政治亚洲主义"，这对开始进入到社会革命阶段的20世纪中国人来说，自然地失掉了感召力。

我还觉得，亚洲主义或东亚意识在中国20世纪初的急速消退，可能也导致了中国现代思想中有关区域主义观念的淡薄，故始终未能形成足够我们今天参照的东亚思想资源。与此相关联，我们在学术方面有关日本、朝鲜半岛等的研究成就不高，在文学艺术方面则少有涉及东亚文化和现实生活的作品出现。这恐怕也是一个令人遗憾的后果。最近有学者指出：《新青年》与《甲寅》乃至清末民初杂志的不同，在于不纠缠于具体的争论以及政治，而"更倾向于一种通过纷繁的政治现象，重新理解当时中国的总体性结构和时代精神状况，寻找解释和解决的方案"[1]。这个"总体性"体现在从全新的政治理解下囊括种种社会问题而加以讨论。而在我看来，这种对"总体性"的追求同时也铸就了"五四"一代知识人的以下思维模式，即在二元对立的关系结构中观察世界大势，以思考"文化"的总体解决。这种思维模式对后来中国的思想界学术界影响至深且广。新与旧、东方与西方、传统与现代、中国解放与世界革命……我们的观念思维中始终缺乏一个"第三维度"。从世界格局和国际关系的角度讲，是缺乏区域主义的思考；而从文化战略和思维模式的视野看，则是少有可能突破二元对立思维结构的"第三项"思考。

与此相关联的是，中国现代学科建制中一直缺乏在欧美十分发达的"区域"研究，例如欧洲的东方学、非洲学，包括"二战"之前的殖民地学。又如，日本战前的大学里殖民政策学从无到有逐渐发达成独立的学科，战后则随着时代的变化而改为"地域研究"，至今成果丰厚。这当然与帝国主义殖民扩张的政治要求息息相关。中国的问题是近代以来国力衰微，现代化的历程举步维艰，又加之新老帝国主义势力的威逼和掣肘，使之无暇顾及对外部世界特别是周边地区的观察和研究。而"五四"以来在中国与世界、东方与西方、传统与现代等二元结构中思考问题的方式，也促使我们的学科建制于"区域研究"方面发展薄弱。其中，"五四"前后"亚洲主义"或东亚意识的消退，是否也反映了这样一种思维定式的特征？在后帝国主义时代的今天，中国整体国力提升，已经到了必须真正参与到世

---

[1] 张春田：《"有以自觉而奋斗"：〈新青年〉的取态》，载《读书》2015年第8期。

界之中并与之共同发展的阶段。与此相适应，我们对外部世界的认识特别是对区域的研究，也到了势在必行而需要深入开掘的时刻。在此，回顾一百年前曾经在中国文化思想界出现的有关"大亚细亚主义"的讨论，并思考中国人东亚意识消退的后果，也就自然有其意义了。

最后，我想就观察辛亥革命到"五四"运动时期中国思想史中的东亚视角问题，再做一些赘言。以往我们注意从"一战"和帝国主义争霸世界的角度来看待"五四"以来的中国现代历史进程，而日本学者则注意到"东亚视角"的重要性。即，这个时期在日本是"大正民主主义"、在朝鲜半岛则为"三一运动"爆发的时期。东亚三国知识分子在共享由同一个欧战爆发引起的世界革命的全球背景的同时，也在本地区形成了互动和共振。其中，和平与民族自决是其共同的主流意识，而背后则包含着民众、改造、解放等更为深刻的思想底流。中国的"五四"运动和朝鲜的"三一"运动，其主体大都是留日学生，他们也共享一个日本大正民主主义时代的思想氛围。其中，"改造"的思想与社会主义、无政府主义相关联，而民本、民主的思想则是三国共同的主流。1910年辛亥革命后，中国才开始走上独自的现代化道路。[1]我们讨论"五四"时期的"亚洲主义"问题，一方面是要批判日本帝国主义称霸亚洲地区所带来的后果，反省19世纪国际关系理论中的均势论思维弊端，另一方面也是要提请注意，考察中国现代思想发展的历史脉络时也必须注重其中的东亚区域特别是日本的因素，无论是在正面还是

---

〔1〕 参见赵景达等编：《东亚的知识人》第3卷"社会的发现与变化"序言，第2—9页。

在负面的意义上。近代以来的东亚地区，其社会历史的大变动本来是在一个共同迎拒外部势力、构建民族国家乃至区域空间的大背景下发生的，其中的各民族相互渗透、彼此激荡，构成了一个你中有我、我中有他的复杂缠绕的结构关系。因此，我们有必要提倡一种观察中国现代问题的东亚同时代史视角，以丰富我们对于历史复杂性的理解。这是我在考察辛亥革命至"五四"运动期间"大亚细亚主义"论争时的另一个心得。

（原题为《从晚清到五四：亚洲主义在中国的消退及其后果》，载《学术月刊》2016年第5期）

八

在东亚历史剧变中重估鲁迅传统

——论鲁迅的"东亚意识"及其影响力

作为曾经留学日本并接触到明治维新后急速高涨之亚洲主义思潮的作家鲁迅，在其后一生的思想文学中不仅对日本基本上保持着"沉默"，而且对朝鲜半岛和台湾地区的殖民地状况也没有表露出特别的关注，可以说他的"东亚意识"是相当淡薄的。有人甚至注意到，即使在"九一八事变"以后日本帝国主义欲吞并整个中国的野心已昭然若揭之际，鲁迅也没有更多反抗抨击的文字，因此产生了鲁迅是否"抗日"的质疑。那么，是什么特殊的个人际遇和历史背景造成了这种现象呢？另一方面，在"二战"以后的日本和韩国，鲁迅的思想文学得以广泛传播并深刻影响了几代东亚知识者，他在这些国家的民族独立和民主化运动中甚至成了个性独立与反抗社会压制的精神象征。那么，又是什么社会条件和历史契机促使诞生于半殖民地半封建社会的中国作家鲁迅，在冷战体制下属于西方资本主义阵营的日本和韩国社会中发挥了如此重要的作用呢？我们又该如何解释这种罕见的跨文化传播现象？我以为，这两个构成悖论的问题都与近现代东亚的历史剧变深有关联。

因此，本文将结合一百五十年来东亚现代史演变的复杂结构，通过对鲁迅与东亚关系的史实考辨，参照日本和韩国在战

八 在东亚历史剧变中重估鲁迅传统

后对其接受的过程,来重新认识鲁迅思想、文学的特征。

(一)历史剧变与现代东亚复杂的结构关系

东亚区域晚近的历史剧变发生过两次。第一次是17世纪初期明朝的覆灭和满人入主中原建立起大清帝国,这不仅使中华文明发生前所未有的变局,更给周边地区带来巨大冲击,促使日本和朝鲜半岛的诸民族产生对"中华文物制度"的信任危机和独自发展本民族文化的自觉意识,而在"华夷变态"争论中原有的儒教文化圈出现了动摇和瓦解的趋势。这场剧变改变了以往以大陆"中华"为中心通过朝贡体系发展帝国与周边关系的历史结构,并形成了三百年清朝帝国、日本江户幕府、朝鲜李氏王朝封闭锁国与各自发展的格局。其中,中华思想对周边影响力的大大削弱自不待言,甚至为三个世纪之后的第二次剧变创造了历史条件。然而第二次剧变,即19世纪中叶以来东亚的历史转型,乃是在"资本"全球扩张格局下发生的,它与三百年前那场区域内部自我调整式的剧变完全不同。如马克思所言:"商品流通是资本的起点。商品生产和发达的商品流通,即贸易,是资本生产的历史前提。世界贸易和世界市场在16世纪揭开了资本的近代生活史。"[1]这种资本的全球扩张始于16世纪,伴随着欧洲民族国家的兴起、启蒙运动和工业革命的发展,到了19世纪中叶,又以资本主义现代化的形式渗透到世界的最后一个区域,即亚洲。于是,在即将进入帝国主义时代的

---

[1]《马克思恩格斯全集》第23卷,北京:人民出版社,1972年,第167页。

19世纪40年代，东亚各民族在此冲击下遭遇到来自西方帝国主义的殖民压迫和威逼，而被迫结束锁国的状态并开启了各自现代民族国家的建构历程。

这一场东亚的历史剧变造成了区域内部各民族间未曾有过的全新结构关系的出现。一方面，我们要共同面对来自西方列强的经济政治渗透和军事文化侵略，必须以自身的现代主权国家的建构来对抗之，结果，原有的因朝贡体系而得到维持的帝国与周边相对平等的结构关系遭到彻底的颠覆。另一方面，原有结构关系瓦解后所出现的，是因现代化进程开启之快慢不同和西方帝国主义差异化的殖民策略带来的区域内极不平衡的等级化——殖民与被殖民、征服与被征服关系。这在整个亚洲体现为南亚和东南亚的完全殖民地化，在东亚则表现为大陆中国的半殖民地化、台湾地区和朝鲜半岛遭受到区域内部新兴帝国日本的殖民统治，以及日本取代原有的"中华帝国"成为新的霸主。于是，东亚区域内部的中国，不仅面临着西方世界的压迫和威逼而失去固有的威信，同时更在日本帝国主义的持续征服过程中失去了中心地位，甚至遭遇到亡国灭种的危机。这是1840年以来东亚区域的历史剧变。就是说，中国面临着西方列强和区域内新兴日本帝国的双重压迫和宰制。

因此，我们回顾一百多年来中国抵抗的现代化进程和民族国家建构的历史时，需要在这样一种由西方外部世界和东亚区域内部共同构成的双重殖民化关系结构中来观察。讨论"五四"新文化运动及其传统的形成，包括鲁迅思想、文学的特征，同样也需要这种复线的历史视野。然而我们却发现，不仅以往中国的历史叙述缺乏"东亚区域"这一视角，"五四"以来的思想家、文学家也大都"东亚意识"淡薄，虽然有一大批从"亚洲主义"思想资源丰富的日本留学归来者活跃于中国社会政治文化各领域。鲁迅就是其中的一个典型案例。他有长达七年的青春时光留在日本，其思想的定型和文学意识的诞生包括个性主义和"改造国民性"主题的形成，也是在日本完成的。可是，与孙中山、戴季陶、李大钊等政治家曾经在某个时期关注过"亚洲主义"，还有郭沫若、郁达夫、周作人等文学家对日本深有理解且多有评论不同，鲁迅一生对日本基本上是保持"沉默"的，对东亚区域内部的各民族及其命运也很少谈论。

鲁迅的少谈"日本"和缺乏"东亚意识"，的确是一个历史之谜。而历史的蹊跷更在于，鲁迅在去世后却给东亚的日本和韩国以巨大的影响。可以说，鲁迅在异域的传播影响或曰其"世界意义"首先是体现在"东亚区域"的。这当然与"二战"以后的世界格局以及东亚区域内特殊的历史结构有关联。

我们已知，"二战"的结束虽然意味着世界反法西斯战争的伟大胜利，但19世纪以来资本主义与反资本主义意识形态的矛盾斗争并没有得到根本解决，因此导致不久之后世界冷战格局的迅速形成。而那时，刚刚从殖民压迫中获得解放的东亚区域却成了东西方两大阵营你争我夺的焦点。在苏美两个超级大国影响下，东亚区域在战后并没能朝着整个亚洲风起云涌的民族独立和殖民地解放的历史方向发展，反而形成了维持至今的冷战体制。这个东亚冷战体制不仅刺激起自由资本主义和共产社会主义之间的矛盾斗争，而且在属于西方阵营的日本和韩国乃至中国台湾地区的内部，因推行新殖民主义政策之美国霸权的存在而造成了另一种压迫与被压迫的关系，即美国扶植下的在地政府统揽经济发展的所谓亚洲"权威主义开发型体制"[1]对

---

〔1〕 渡边利夫：《新世纪亚洲之构想》，东京：筑摩书房，1995年。

民众民主化诉求的压抑，以及这些国家在政治军事上听命于美国从而形成的实质上不平等的同盟关系。这使20世纪五六十年代的日本知识分子乃至广大民众在民主化和反对《日美安保条约》的斗争中，切实感受到了被奴役甚至是被殖民的危机；在韩国六七十年代反独裁和要求民主化的运动中，韩国人体验到了美国和本国政府的双重压制。这样的历史结构乃是日本和韩国在战后积极接受鲁迅的根本契机，并使他们深切意识到一生反抗奴役、追求解放的鲁迅其思想、文学的价值意义。故而，在中国结束了半封建半殖民地状态并实现了革命建国之后，鲁迅得以真正跨出国门，其绝望反抗的斗争精神在异域得到了意想不到的发扬。

（二）鲁迅的仙台记忆与东亚意识在中国的消退

董炳月在讨论鲁迅对仙台的记忆误差和《呐喊·自序》等孤独者形象的有意塑造时，曾作如下结论："七年的留学生活中玫瑰色的记忆似乎只有'藤野先生'，可见鲁迅的留日生活即使不是不堪回首的至少也是'懒于回首'的。鲁迅不像周作人、郁达夫、郭沫若等人那样较多谈论自己的留日生活，留日生活的压抑与孤独可能是主要原因。"[1]我们遥想1904年清国留学生周树人孤身一人来到日本偏僻的东北仙台，在遭遇到种种匪夷所思的"事件"之后又悄然离去，不仅可以认同上述结

---

[1] 董炳月：《"国民作家"的立场》，北京：生活·读书·新知三联书店，2005年，第289页。

论，而且将这个"主要原因"视为导致后来鲁迅不谈"日本"和"东亚意识"淡薄的间接因素，应该也没有什么不可。不过，需要指出的是，"五四"运动以后的中国知识分子对于日本抱有矛盾复杂的心情且缺乏"东亚意识"，乃是一个普遍的现象。

实际上，在19世纪末20世纪初，日本东京曾是亚洲革命者的聚集地之一，也是晚清革命家策划"反清排满"运动乃至辛亥革命的重要聚点。那时，不仅有众多日本泛亚洲主义民间人士的参与，中国人中也不乏拥有"东亚意识"的人在，如黄遵宪、梁启超、孙中山、李大钊、戴季陶、周作人等。然而，俄国革命的爆发和第一次世界大战中日本提出霸道无理的"二十一条"，则迅速导致了中国知识阶级普遍地丧失掉联合东亚力量以抵抗西方列强的思考。其中，李大钊的有关论述最具代表性。在1919年发表的《大亚细亚主义与新亚细亚主义》[1]一文中，他针对欧战之后出现于日本，由大谷光瑞、德富苏峰等所代表的新一轮大亚细亚主义思潮提出尖锐质疑，认为实际上那是"并吞中国主义的隐语"和"大日本主义的变名"，其所主张者并非平和主义而是侵略主义。这可以说代表了"五四"时期一般中国知识阶级对日本的普遍忧虑，预示了"东亚意识"的渐趋淡化。而此刻的李大钊同时提出了与日本针锋相对的"新亚细亚主义"观，其社会革命的视野、民族自决的原则和世界联邦的最终目标，已与源自明治维新以来的日本泛亚洲主义截然不同：

> 看世界大势，美洲将来必成一个美洲联邦，欧洲必成

---

[1]《国民》杂志第1卷第2号，1919年2月1日。

一个欧洲联邦,我们亚洲也应该成一个相类的组织,这都是世界联邦的基础。亚细亚人应该共倡一种新亚细亚主义,以代日本一部分人所倡的"大亚细亚主义"。这种新亚细亚主义,与浮田和民氏所说的也不相同。浮田和民主张拿中日联盟作基础,维持现状;我们主张拿民族解放作基础,根本改造。凡是亚细亚的民族,被人吞并的都该解放,实行民族自决主义,然后结成一个大联合,与欧、美的联合鼎足而三,共同完成世界的联邦,益进人类的幸福。

李大钊这里所谓的"新亚细亚主义",明显来自列宁提出的"民族自决"理论。而列宁在辛亥革命之后还曾热情地预告"亚洲的觉醒":"世界资本主义和1905年的俄国运动彻底唤醒了亚洲。几万万被压迫的、沉睡在中世纪停滞状态的人民觉醒过来了,他们要求新的生活,要求为争取人的起码权利,为争取民主而斗争……亚洲的觉醒和欧洲先进无产阶级夺取政权的斗争的展开,标志着20世纪初所揭开的全世界历史的一个新的阶段。"[1]这无疑也是李大钊倡导"新亚细亚主义"的世界背景。汪晖在《亚洲想象的谱系》中则从列宁辛亥革命后发表的一系列文章中,梳理出"社会革命的视野"下之动态发展的亚洲观,认为孙文与李大钊的"大亚洲主义"和"新亚洲主义"其脉络与列宁一脉相承。[2]

"五四"时期的李大钊之新亚洲主义的确已与日本的泛亚洲

---

[1] 《列宁选集》第2卷,北京:人民出版社,1972年,第447—448页。
[2] 汪晖:《现代中国思想的兴起》下卷第二部,北京:生活·读书·新知三联书店,2004年,第1565页。

主义截然不同，这是由于同属于东亚区域的中国和日本，其历史地位与社会条件已大不同于从前。"五四"以后，中国知识阶级并未能进一步推动和展开这种"新亚洲主义"，反而，曾经仅有的一些"东亚意识"也逐渐消退，其根本原因依然在于：作为新兴帝国主义的日本表面上倡导东亚联合的大亚洲主义，实际推行的却是西方老牌帝国主义的殖民政策与征服逻辑，不仅对台湾地区和朝鲜半岛实行殖民统治，更欲蚕食和吞并整个中国。这自然造成了东亚区域内部的不平等关系结构，必然导致中国人对李大钊所言的"亚洲联盟"失去信心。而日本的亚洲主义在早期基本上是一个从文明论（福泽谕吉）和区域文化连带（冈仓天心）出发的思潮，这对开始进入到社会革命阶段的20世纪中国来说，已经没有了感召力。当然，即使在"五四"以后中国也曾有倾向于文明论或文化主义的亚洲连带意识，如周作人等，但已不再代表主流意识。

1908年留学归国的鲁迅，后来虽然接触到大量的日本书籍并拥有众多日本各界友人，对明治维新以来的日本新文学也有一定的吸收借鉴，但他几乎不谈论日本，更对亚洲主义不置一词而显露出"东亚意识"的淡薄，这是不争的事实。悲哀的仙台记忆、寂寞的东京生活，以及上述"五四"一代知识分子普遍缺乏"东亚意识"的现实背景，恐怕是其重要的制约因素。除此之外，青年时代的文艺救国梦想破灭后，经过十年沉寂而突然爆发的作家鲁迅，一开始便是一个立足本土、脚踏实地的中国现实之激烈批判者、一个自觉反省传统文化的知识分子。换言之，鲁迅一生的工作重心在于中国民族的自我改造，相对而言，对东亚周边事态的关注和评论较少，包括对朝鲜半岛和台湾地区的殖民状态乃至日本帝国主义对中国东北的殖民占领很少言及，则亦是情有可原。20世纪20年代，来自台湾曾任《台湾民报》汉文部编辑的青年张我军（当时在北京师范大学学习）曾拜见鲁迅，并诉说了台湾人的苦恼。鲁迅在为台湾青年张秀哲的译著《国际劳动问题》所作序言中，回忆到那时与张我军的交谈内容：

> 还记得去年夏天住在北京的时候，遇到张我权君，听到他说过这样的话："中国人似乎都忘记台湾了，谁也不大提起。"他是一个台湾的青年。
> 我当时就像受了创痛似的，有点苦楚；但口上却道："不。那倒不至于的。只因为本国太破烂，内忧外患，非常之多，自顾不暇了，所以只能将台湾这些事情暂且放下。"[1]

根据1981年版《鲁迅全集》注释，这里的"张我权"应当是张我军之误。重要的在于这段文字直接表露了20世纪20年代以后的鲁迅"东亚意识"淡薄而对台湾地区、朝鲜半岛殖民状况少有言及的直接原因。中国社会的内部改革积重难返而困难重重，对本民族因袭思想和传统文化的批判反思，更耗尽了鲁迅的主要精力。众所周知，自青年时代以来鲁迅就具备了世界视野和国际主义精神，早年对于东欧弱小民族国家遭侵略被欺凌而面临亡国灭种的命运持续地保持关注，"五四"以后对世界大潮和苏俄革命的关心更是愈发明显。然而，在文学作品和社会批判的文字里，鲁迅没有更多地表现日本乃至东亚的种种

---

[1]《鲁迅全集》第3卷，北京：人民文学出版社，1981年，第425页。

八 在东亚历史剧变中重估鲁迅传统

问题，就在于他始终把对于本国问题的观察和分析置于首要位置。正如他所谓"不革内政，即无一好现象"（1925年7月9日致景宋信），或者时时解剖别人但更注意解剖自己那样。鲁迅倾其全力关注本国的事物，甚至形成了这样一种思维定式，即在以与日本或东亚相关事件为议题的文章中，最后其笔锋所向依然常常指向对中国问题的批评，这是一种坚韧的民族自我批判精神。

例如，在《一个青年的梦》"译者序二"（1920）中，鲁迅虽然提到日本吞并朝鲜的事件，但思考的角度和重心却在批评中国人"没有诅咒战争"和仍有一些怀抱没落帝国幻影的自大之人存在："譬如现在论及日本并合朝鲜的事，每每有'朝鲜本我藩属'这一类话，只要听这口气，也足够教人害怕了。"[1]"九一八事变"爆发后，《中学生》杂志记者书面采访鲁迅，问"处此内忧外患交迫的非常时代"将对中学生讲些什么，鲁迅的回答是："第一步要争取言论的自由。"[2]同样的情形也见于"九一八事变"以后为数不多的涉及日本和东北沦陷的文章，如《"友邦惊诧"论》（1931）、《"日本研究"之外》（1931）、《九一八》（1933）等。在这里，鲁迅并没有像一般中国人那样去激烈抨击日本帝国主义的侵略行径，而是把矛头指向了本民族那不争气的奴性观念和愚昧思想。例如，《"日本研究"之外》写于事变爆发两个月后，面对书肆中"日本研究"及亡国史之类的印刷物泛滥，鲁迅就直言：

---

[1]《鲁迅全集》第14卷，第365页。
[2] 同上书，第4卷，第363页。

中日间的思想

> 在这排日声中,我敢坚决地向中国的青年进一个忠告,就是:日本人是很有值得我们效法之处的。譬如关于他的本国和东三省,他们平时就有很多的书,——但目下投机印出的书,却除外,——关于外国的,那自然更不消说。我们自己有什么?除了墨子为飞机鼻祖,中国是四千年的古国这些没出息的梦话而外,所有的是什么呢?
> 我们也无须再看什么亡国史了。
> 我们应该看现代的兴国史,现代的新国的历史,这里面所指示的是战叫,是活路,不是亡国奴的悲叹和号咷![1]

在面对帝国主义日本的殖民侵略暴力和被害一方的中国民众虚妄而过度的反应时,鲁迅宁可把批判的矛头指向后者。同样,在写给台静农的书简(1932年6月18日)中,鲁迅表示想就"一·二八事件"写点儿什么,但又感到所闻有限而报刊的传闻则多滑稽可笑者,如在银匣子上镌刻"抗日救国"的摩登式救国青年。于是,鲁迅感慨道:"至今为止,中国没有发表战死的兵丁,被杀的人民的数目,则是连戏也不做了。"[2]这或许在一般持民族主义情绪的人们会感到大失所望,或者指责鲁迅对帝国主义侵略暴力的批判不力。然而,我们不能因此就认定他缺乏"抗日"精神。实际上鲁迅在不同场合,面对不同对象而著文讲话是各有侧重的。[3]一个重要而有力的例证,就

---

[1]《鲁迅全集》第8卷,第320—321页。
[2] 同上书,第12卷,第92页。
[3]"九一八事变"后,鲁迅《答文艺新闻社问——日本占领东三省的意义》(1931)明确指出:这在一面,是日本帝国主义在"膺惩"他的(转下页)

八 在东亚历史剧变中重估鲁迅传统

是他在临终前面向日本人用日语表述时写下了如此直言不讳的文字：

> 写着这样的文章，也不是怎么舒服的心地。要说的话多得很，但得等到"中日亲善"更加增进的时光。不久之后，恐怕那"亲善"的程度，竟会到在我们中国，认为排日即国贼——因为说是共产党利用了排日的口号，使中国灭亡的缘故——而到处的断头台上，都闪烁着太阳的圆圈的罢，但即使到了这样子，也还不是披沥真实的心的时光。[1]

这是应日本改造社社长山本实彦之邀而为《改造》杂志所作《我要骗人》一文的结尾，虽然语气上还维持着礼仪客气，但不相信侵略战争一触即发下日本所叫嚣的"中日亲善"预示未来的帝国主义殖民征服之下能有相互披沥真心的时候，则直言不讳地表明了鲁迅对当时日本的严正态度。据悉，日文版发表之际，文中暗示日本国旗的"太阳的圆圈"等被删除，而鲁迅自己将其译成中文在国内发表时则恢复了这些文字。[2]这是一种态度和立场的郑重表示。鲁迅与日本各界人士多有交往是一回事，他对帝国主义日本的批判又是一回事。我们应当从个

（接上页）仆役——中国军阀，也是"膺惩"中国民众，因为中国民众又是军阀的奴隶；在另一面，是进攻苏联的开头，是要使世界的劳苦群众，永受奴隶的苦楚的方针的第一步。（《鲁迅全集》第4卷，第310页）其反抗日本帝国主义殖民侵略的态度和国际主义视野，清晰可见。

[1]《我要骗人》，1936年4月作，《鲁迅全集》第6卷，第488页。
[2] 参见《鲁迅全集》第6卷第489页注释1。

人经历和思想立场、价值判断上，对这两者加以区别，在理解近现代中日两国复杂的政治关系之后，来体会中国知识分子对日本乃至东亚的淡漠态度。这样，才能更深入地认识鲁迅在战后日本和东亚发挥巨大影响的那段传播史的特殊意义。

（三）鲁迅在战后东亚成为文化英雄

与鲁迅生前对日本保持"沉默"及缺少对东亚的关注相反，在死后他则成了这个地区的文化英雄。他那鲜明的被压迫民族作家的抵抗精神、志在改造本民族文化的革命情怀以及反现代性的现代性追求等，在东亚地区的日本和韩国得到了深远而长久的认可与传播。这当然与该地区在"二战"之后的历史结构转换密切关联。当1949年革命中国实现了伟大的建国胜利之际，日本和韩国却成为西方资本主义自由世界的成员，而美国霸权在"同盟"名义下对该地区的介入，导致了日本和韩国这一对曾经的殖民与被殖民关系国，则分别成了在外部遭受美国控制、于内部出现独裁政府与要求民主化的民众之间矛盾斗争激烈动荡的国度。在此，鲁迅那种于被压迫民族中自然生长出来的挣扎意识和抵抗精神，其思想、文学在本民族自我批判和反省中催生改革愿望和力量的特质，获得了全新的价值和意义。1949年12月，日本左翼作家中野重治（1902—1979）写下了《在纪念鲁迅先生的日子里》[1]，仿佛与1936年鲁迅所作《我要骗人》中"断头台上闪烁着太阳的圆圈"意象相呼应一般，文章表达了

---

[1] 见《中野重治全集》第20卷，东京：筑摩书房，1977年。

八　在东亚历史剧变中重估鲁迅传统

当时一般日本知识分子对中华人民共和国和鲁迅的基本态度：

> 所有的断头台都被废弃，全部成为保卫人民的堡垒，在这些堡垒的上空飘扬的不是日本的太阳旗，而是五星红旗。世界上最古老的大国成立了最新的人民共和国，战胜了帝国主义势力以及与之相勾结的买办势力，虽然经历曲折但也成了独立的国家。对于生存在动辄要陷入殖民地状态的日本的我们而言，这完全是教训性的。我想，鲁迅会对身处这样的国家的我们说："学习中国的生存之道，来扭转即将沦为殖民地的祖国的命运。"今后，我们必须在越来越多的专家帮助下学习鲁迅，这个学习的核心，是必须根据鲁迅的精神，使祖国获得完全解放，使祖国获得完全彻底的民主革命。无论如何，我们都想按这个方向去学习鲁迅先生。（此处采用朱幸纯译文）

中野重治还发现了鲁迅文学的一个显著特征，就是所有作品都有将人的内心带到故乡和祖国一方去的力量。虽然，读者面对的是黑暗与愁云惨淡的故乡与祖国，听到的是无告民众的悲惨呻吟，但也正是在这里生出了改革的愿望。这是文学，特别是19世纪以来的精英文学原本固有的力量之所在，中野重治是从一个作家的角度直觉地感知到了这一点，而其文中所言"对于生存在动辄要陷入殖民地状态的日本的我们而言，这完全是教训性的"，则道出了鲁迅在"二战"后的日本得以广泛传播的时代和历史契机。

2011年鲁迅诞辰一百三十周年之际，我曾在《活在日本的鲁迅》一文中指出：战后日本在六十年间共出版了有关鲁迅的传记和研究著作五十余部，对于一位"外国作家"而且是日本国家曾以武力征服的"落后中国"之文学家鲁迅，日本知识界及其广大民众倾注了如此的热诚和关注，这的确是少见的。我们还知道，鲁迅思想、文学在日本的接受和传播发生在相互关联的两个层面，即属于思想文化的学术层面和属于社会实践的运动层面。特别是在20世纪五六十年代发生大规模抵抗运动的时期里，鲁迅在日本的影响远远跨出了"学界"的范围，成为一些青年投身社会斗争的精神动力。

将战后日本人对鲁迅的真挚热爱放到20世纪日本和中国这种"战争与革命"时空错位的结构中来观察，我常常感到，20世纪50年代之后在中国渐渐失落的鲁迅精神的某个侧面，却在异域的战后日本得以显扬。那个充满"赎罪的心情"而执着抵抗的战士鲁迅，那个片刻不曾离开中国政治的革命人鲁迅，那个穿越对死亡的深度思考而获得新生的哲学者鲁迅，那个象征着新亚洲个人主体性原型的鲁迅，还有以"向下超越"的方式在土俗民间世界获得反现代立场的现代主义者鲁迅，以及通过对20世纪30年代上海租界文化所象征的殖民地现代性之批判而达到后现代境界的鲁迅……经过竹内好、丸山昇、木山英雄、伊藤虎丸、丸尾常喜、代田智明等几代日本知识者的不懈思考和反复阐释，其精神传统的多个方面得到了充分的开掘。这可以称为日本人想象和构建起来的活在异域的鲁迅形象。[1]

而与对日本保持"沉默"相近，鲁迅生前对东亚的朝鲜乃至中国台湾地区也没有表现出特别的关注。虽据考证，20世纪

---

[1] 赵京华:《活在日本的鲁迅》，载《读书》2011年第9期。

20年代他曾经通过未名社接触过几位朝鲜的青年[1]，1933年5月22日，也接受过《东亚日报》驻南京特派员申彦俊的采访[2]，但在著作中基本上没有谈及朝鲜，乃是不争的事实。1927年所作《无声的中国》，虽曾在列举世上被征服民族无以发出自己的声音时与埃及、印度、安南并列提到过朝鲜，但也仅此而已。然而，在经过殖民地解放而迎来军事独裁统治的20世纪60年代以后的韩国社会，鲁迅却成为民主化社会运动的思想资源。

韩国学者金良守在《殖民地知识分子与鲁迅》一文中，于叙述鲁迅与朝鲜的关系后得出结论：鲁迅对弱小民族的关心是从日本留学时开始的，且在从事作家活动期间，一直如此，但是他从未正面提出过对殖民地独立及殖民地的支持等文学主张。虽对韩国和台湾地区基本持关心态度，但对具体情况好像不是很了解。虽然如此，鲁迅仍被殖民地的百姓接受为希望之所在的原因，是他的把社会弱者的生活形象化的作品，和作为"抵抗文人"之本来形象与和殖民地独立的欲望结合在一起所形成的关于他的新的形象。在经过了日本殖民统治、解放运动、"六二五战争"、军事独裁、经济增长、民主化运动等政治、经济、外交变化频仍的八十余年的韩国现代史上，鲁迅一直是黑暗的政治现实中的希望之所在。[3]这和上述中野重治的表达遥

---

[1] 李霁野在《关于鲁迅先生与未名社》一文中曾记述：当时有个朝鲜人，因为不满意日本人的措施，脱离了日本人所办的大学来到北京，一时没有办法，就住在未名社。鲁迅先生和他谈了很多话，主要是了解朝鲜的情况。
[2] 见《新东亚》杂志1934年第4期上发表的题为《中国大文豪鲁迅访问记》。
[3] 转引自鲁迅博物馆编：《韩国鲁迅研究论文集》，郑州：河南文艺出版社，2005年，第81—82页。

相呼应,同样说明了鲁迅在经历过殖民压迫和战后民主化运动的韩国受到关注的深层社会原因。

而同样是文学家且在20世纪70年代前后成为韩国社会运动领袖的李泳禧,则在《吾师鲁迅》中谈到:"如果说我的著作和我的思想、我对人生的态度对当代青年产生了这样的影响,那么,这个荣誉应该归于现代中国作家、思想家鲁迅。""在过去近四十年的岁月中,我以抵制韩国现实社会的态度写了相当数量的文章,这些文章在思想上与鲁迅相通,当然也在文笔上与鲁迅相通。因此,如果说我对这个社会的知识分子和学生产生了某种影响的话,那只不过是间接地传达了鲁迅的精神和文章而已。我亲自担当这一角色,并以此为满足。"[1]

那么,在战后日本和韩国的影响与传播过程中所确立起来的鲁迅"抵抗文人"形象,对于今天的我们启示何在?

(四)体现于鲁迅身上的20世纪东亚精神之一侧面

从"东亚区域"复线的历史结构来看,鲁迅乃至中国一般知识分子的缺乏"东亚意识",从某个方面讲或许正反映了他们思想上的某种二元对立的片面性,即局限于在东西方关系中思考问题的时代限制。但也正因为如此,像鲁迅所代表的那样,他们在与西方直接对抗(对话)的同时得以凝聚起反省自身以谋求民族文化道德之自我改造的力量,这个力量同时带着东方半

---

[1] 转引自朴宰雨:《韩国七八十年代的变革运动与鲁迅》,收鲁迅博物馆编《韩国鲁迅研究论文集》。

八 在东亚历史剧变中重估鲁迅传统

殖民地半封建社会的特殊印记,从而形成了竹内好所谓与西方不同的"抵抗的东方现代性"。而这个抵抗的精神,包括鲁迅、孙中山和毛泽东所代表的这种源自半殖民地半封建社会革命的"抵抗"精神,在"二战"之后的东亚区域重新遭遇到新殖民主义(美国霸权)威胁的情况下,得到了普遍的认可。今天,我们若从"东亚区域"的角度着眼,通过鲁迅思想、文学广泛传播于该地区的历史现象来重估中国"五四"新文化运动的精神特征,可以得出这样的结论:"五四"新文化的反抗精神和革命取向不仅属于中国,它也代表了东亚区域在20世纪反抗殖民压迫、要求独立解放的普遍意志,虽然其中各民族国家的现代化道路多有不同。

毛泽东称鲁迅代表了"五四"以后中国新文化的方向。这个新文化也被称为"新民主主义的文化",它"属于世界无产阶级的社会主义的文化革命的一部分",这"就是无产阶级领导的人民大众的反帝反封建的文化"。[1]这是从现代中国政治革命的要求乃至世界革命的视野所做出的判断。而如果从一般思想史和"东亚区域"的社会剧变与历史发展观之,鲁迅所代表的中国新文化传统也可以具体表述为:在不屈的反抗中建构新的思想主体,于彻底否定中寻找民族重建的契机,在自觉反省之下认识自我和世界,并向着一切"自欺、欺人"的奴役世界开战,以实现人的全面解放。一个没有反省和批判力量,没有自我否定和重建精神的民族或个人,将不会创造出生生不息的新文化。正是这样一种以反抗半殖民地半封建社会所代表的制度压迫从而追求人的普遍解放的可贵精神,赢得了包括中国在内的东亚

---

[1]《毛泽东著作选读》上册,北京:人民出版社,1986年,第388页。

区域社会的普遍认可,并使鲁迅的精神具有了代表20世纪东亚精神之某个方面的特质。

鲁迅是一个革命者,正如他对中国革命伟大先驱孙中山的评价一样:"只要这先前未曾有的中华民国存在,就是他的丰碑,就是他的纪念。"而"无论如何,中山先生的一生历史具在,站出世间来就是革命,失败了还是革命;中华民国成立之后,也没有满足过,没有安逸过,仍然继续着进向近于完全的革命的工作。直到临终之际,他说道:革命尚未成功,同志仍须努力!"因此可以说"他是一个全体,永久的革命者。无论所做的哪一件,全都是革命。无论后人如何吹求他、冷落他,他终于全都是革命"。[1]鲁迅自身也正是这样的革命先行者。

鲁迅是中国传统激烈的自我批判者,所批判的重心就在于其民族卑怯软弱的一方面。如《杂忆》所言:"我觉得中国人所蕴含的怨愤已经够多了,自然是受强者的蹂躏所致的。但他们却不很向强者反抗,而反在弱者身上发泄,兵和匪不相争,无枪的百姓却并受兵匪之苦,就是最近便的证据。再露骨地说,怕还可以证明这些人的卑怯。卑怯的人,即使有万丈的愤火,除弱草以外,又能烧掉甚么呢?"而这种批判目的在于:"更进一步而希望于点火的青年的,是对于群众,在引起他们的公愤之余,还须设法注入深沉的勇气,当鼓舞他们的感情的时候,还须竭力启发明白的理性;而且还得偏重于勇气和理性,从此继续地训练许多年。"[2]

鲁迅拥有的是反抗一切形式之压迫的不屈人格,他尤其无

---

[1] 《鲁迅全集》第7卷,第293—294页。
[2] 同上书,第1卷,第225页。

法忍受殖民地由主子和奴才所构成的不平等关系。他的对于香港没有好感也盖出于此种原因："香港虽只一岛，却活画着中国许多地方现在和将来的小照：中央几位洋主子，手下是若干颂德的'高等华人'和一伙作伥的奴气同胞。此外即全是默默吃苦的'土人'，能耐的死在洋场上，耐不住的逃入深山中，苗瑶是我们的前辈。"[1]在此，鲁迅所否定的不单是受殖民统治的香港，它更象征着19世纪以来帝国主义时代之东亚各民族乃至个人之间的不平等关系结构。鲁迅是向着这种关系结构发起持久反抗的伟大思想者。

我进而认为，鲁迅这种抵抗意识和批判精神与马克思亦有共同之处，他们共同体现了人类宝贵的人道主义理想。马克思大半生漂泊异乡却始终没有放弃青年时期的道德信念："对宗教的批判最后归结为人是人的最高本质这样一个学说，从而也归结为这样一条绝对命令：必须推翻那些使人成为受屈辱、被奴役、被遗弃和被蔑视的东西的一切关系。"[2]而作为一个诞生于半殖民地半封建社会的"反抗"灵魂，鲁迅在20世纪东亚社会得到普遍传播，从一个方面显示了其思想文学的"世界意义"。

（原载《学术月刊》2015年第1期）

---

[1]《鲁迅全集》第3卷，第541页。
[2]《马克思恩格斯全集》第1卷，北京：人民出版社，1956年，第461页。

九
"五四"时期有关"道教中国"的认识互动
——鲁迅与橘朴关系考

　　鲁迅与日本的关系深厚而复杂，但终其一生，在对日本这个国家及其民族文化的学理评价方面，他基本上是保持沉默的，这给我们的研究带来了严重的障碍。不过，他接触过大量日本的书籍和各界人士，留下了通过藏书和人事交往而窥视其与日本关系的种种线索。如果我们能够对这些线索做出有深度和广度的开掘与破解，鲁迅思想文学复杂的生成过程就可以在更为广阔的背景下得到呈现，从而加深我们的理解。鲁迅与日本的关系的一个重要方面是日本人的中国研究（旧称"支那学"）如何与他的思想文学发生关联，或者反之，日本的某些中国学是否也受到过鲁迅的启发。这些问题较之鲁迅与日本文学的关系而言，在中国学术界一直没有得到深入细致的讨论。

　　简言之，近代以来的日本中国学大致可以划分为三种类型。第一，是以京都学派和东京汉学为代表的运用现代西方学术，特别是德国文献学方法来研究中国历史与文化的学院派支那学，以及后来的马克思主义学者对中国的社会学研究；第二，是迎合帝国日本对大陆的殖民扩张政策以及国民的政治文化关心而产生的所谓"支那通"趣味本位的中国论，这种中国论大都出自日本大陆浪人或新闻报刊从业人员之手，比较通俗甚至低

九 "五四"时期有关"道教中国"的认识互动

俗;第三,是同为新闻报刊的记者或日本政府各系统的情报人员,但对现代中国及其革命有深刻的了解和同情,其言论远远超越趣味本位的"支那通"而达到卓越水准的中国研究。这些不同类型的日本中国学都曾受到过鲁迅某种程度的关注,其中的很多人还与鲁迅有直接的交往。比如,属于第三类的就有两人最值得我们关注:一个是以《朝日新闻》特派记者身份于20世纪20年代末滞留上海而后因"佐尔格国际间谍案"被日本军国主义政府处以绞刑的尾崎秀实,另一个是一生大半在中国度过而以新闻评论人与中国问题专家著称的橘朴。

然而,长期以来,中国学术界对此二人缺少关注。仅就橘朴而言,直到最近依然少有人提及。1981年版《鲁迅全集》的"人物注释"曰:"橘朴(1880—1945),日本人。中国问题研究者。当时任北京《顺天时报》记者。"[1]这一条简短的注释中就出现了两个错误:此人的出生年份应为1881年,与鲁迅同年;其所任职应为日文报纸《京津日日新闻》主笔及《月刊支那研究》杂志主笔,而非《顺天时报》记者。2005年新版《鲁迅全集》的相关注释虽然纠正了出生年份的误记,但任职单位的错误依然没有改正。20世纪80年代,有中国学者朱越利曾撰文《鲁迅与橘朴的谈话》[2],根据《鲁迅日记》和橘朴的著作,大致梳理了两人1923年1月7日的会面经过,但并未做深入的比较研究。而且这篇文章收在中国中日关系史研究会的一本论文集中,故在鲁迅研究界并没有引起怎样的注意。

---

[1] 《鲁迅全集》第15卷,北京:人民文学出版社,1981年,第513页。
[2] 中国中日关系史研究会编:《日本的中国移民》,北京:生活·读书·新知三联书店,1987年。

究其原因自然在于我们对20世纪前期那个始终以中国为征服对象的日本不够了解，没有意识到"日本"之于鲁迅的深层价值和意义；同时，恐怕也是因为橘朴其人一生的波澜跌宕和死后在本国的评价毁誉参半，使日本的鲁迅研究者也未对其加以关注。实际上，战后日本主流知识界对这位随帝国之覆灭而客死（1945）于中国的另类思想评论家，基本上是持否定或默杀态度的。由于20世纪30年代以后橘朴从意识形态上积极参与日本关东军对中国东北地区的殖民地经营而被视为"满洲国理论家"，大战期间更对日本"国体"及其"大东亚建设"等大政方针多有议论，因此，日本知识界大致是将他归入"右翼"历史人物一类的。

在此，我将根据日本方面的有关文献资料和评论并结合自己阅读其著作的体会，努力从文化关系史和思想史的角度入手，来讨论鲁迅与橘朴的关联。所谓文化关系史和思想史的角度，意味着并非仅仅注意两人生前交往的事实或者彼此之间表面的互动关系，而是以有限的事实材料为线索尽可能深入到20世纪激烈动荡的中国社会文化之历史深层以及中日两国复杂的政治、文化关系中，通过对相关历史文本的解读来重建两人思想上的可能性关联。同时，还将由此延伸到近代以来日本有关中国研究的各方面，从而思考鲁迅的中国传统文化观和社会改革论与日本中国学的微妙关联。这种可能性关联的重建，将有助于理解"日本"之于鲁迅的意义，并加深了解日本战前殖民扩张背景下有关中国的知识生产的隐蔽的政治性。

九 "五四"时期有关"道教中国"的认识互动

（一）橘朴对鲁迅的访谈——有关科学与道教迷信的思考

橘朴（1881—1945）是日本著名中国问题专家、新闻记者和评论家，大分县生人。早年肄业于早稻田大学，日俄战争后不久（1906）来到中国，并长期居住在东北和京津等地。早年，曾历任《辽东新报》（大连）、《济南日报》、《京津日日新闻》等日文报纸的记者及主笔，关注中国政治、思想、社会等各种问题。俄国革命爆发后的1918年，他曾作为日军随军记者一度赴西伯利亚。1924年创办《月刊支那研究》杂志，由此展开全面系统的中国社会研究。1925年成为日本"满铁"本社调查课"嘱托"（职位），两年后转为情报课"嘱托"。1931年《满洲评论》创刊，任主编。其后，曾出任日本关东军自治指导部顾问，伪满洲国协和会理事。1945年8月在哈尔滨得知日本战败消息，逃至奉天（沈阳），后于10月病逝。

橘朴一生关注中国问题，发表了大量的有关研究著述和时事评论，也曾积极参与日本帝国对伪满洲国的经营。与日本军国主义御用学者和一般"支那通"不同，他主观上强调日本应当把中国作为平等的国家对待，改变甲午战争以后蔑视中国的态度。他一方面共鸣于陈独秀、胡适等倡导的"五四"新文化运动及其思想革命的观点，也对中国文化多有同情和肯定，认为在中国传统乡村社会和家族制度中有可以在未来得到发展应用的积极要素。他甚至发现在与西欧现代社会相去甚远的中国社会底层存在着具有强大自治能力的乡村"共同体"，并倾其全力对此加以研究，取得了重要成就。早年，他曾积极关注中国的道教传统，认为比起儒教来道教信仰才是了解中国人思想生活的根本。一个时期里，他为了解中国地租、盐税与北京政权及地方军阀的关系，曾深入到山东、河北等农村各地进行实地调查，亲身体验中国社会的实际状况，为其研究打下了坚实深厚的基础。也由此，他密切关注中国现代的社会改造运动，包括孙文的民族革命和国共两党的社会政治革命。1931年创刊《满洲评论》以后，他积极发表关于时局的评论，倡导亚洲各民族和谐自治的理念和东洋的"王道"思想，并将此作为伪满洲国"建国"的理想。这些思想基本上是围绕着日本的"国策"包括海外殖民地经营战略而展开的，但其中也不乏对"大陆政策"的反省和批判。因此，直到1945年病逝，他始终未能摆脱日本官宪对他的戒备。橘朴生前发表的著述有《支那思想研究》《支那社会研究》《支那革命史论》《支那建设论》等，另有大量未收集的时事评论和研究论文散见于当时在中国发行的日文报刊。生逢帝国主义向世界扩张和东亚地区发生历史大变局的时代，橘朴时刻关注着中国革命乃至中日关系的剧烈变动，其研究著述成为20世纪前期中国政治、经济、社会大变迁的"活的"记录。

据现有的资料来看，鲁迅与橘朴只有一面之交，但双方都给对方留下了深刻印象。1922年，受到清水安三的指点，橘朴开始计划对中国新文化运动思想领袖们——陈独秀、蔡元培、周氏兄弟、胡适、李大钊等进行系列采访[1]，而走访八道湾周宅是在1923年1月7日。当天的鲁迅日记有简短的记载："下午丸山君来，并绍介一记者桔君名朴。"丸山即日刊《新支那》

---

[1] 参见清水安三：《回忆橘朴先生》，收山本秀夫编《复活的橘朴》，东京：龙溪书舍，1981年。

九 "五四"时期有关"道教中国"的认识互动

记者丸山昏迷。以往我们不清楚这次会见的详情,1993年日本学者在天津图书馆找到了当时的《京津日日新闻》,得以发现1923年1月11日和13日连载的橘朴采访记《与周氏兄弟的对话(上、下)》[1]。这篇采访记以相当生动的笔触真实地记录了此次会面的谈话内容,是了解鲁迅和橘朴交往过程的重要文献。

在这次采访中,鲁迅谈话的重心是迷信与科学问题,这也正是当时"五四"新文化运动的核心主题。具体涉及:一、鲁迅对中国传统文化抱有悲观和彻底批判的态度,尤其是对封建家族制度的长期压迫导致中国人的"说谎"品性予以激烈抨击,其例证之一就是中医的骗人(鲁迅讲到自己父亲的病死和中医的非科学性),由此联系到科学与教育的话题。鲁迅强调通过现代教育以推广科学思想的重要性,但慨叹城市之外广大农村地区实行教育的艰难,故对改革表现出"极度悲观的态度"。二、鲁迅视道教迷信思想为中国传统及国民性的重要部分予以激烈的批判,具体涉及山东等地的扶乩和北京"道生银行"的传闻以及天津在理教问题。三、谈到对爱罗先珂性格癖好和思想立场的评价。从反传统和提倡科学民主的"五四"新文化运动这一时代大背景来解读这篇访谈记,我们不仅可以加深理解20世纪20年代鲁迅思想的基本立场和倾向,而且能够看到他批判道教迷信的独特视角与方法。同时,采访者与被采访者之间在相关问题上的认同共鸣或意见分歧,以及橘朴对鲁迅既有批评又高度评价的态度,为我们进一步考察两者的关系提供了重要线索。

橘朴的访谈首先涉及应该以怎样的"尺度"(西方的还是中国的)对中国社会文化做出基本价值判断的问题。鲁迅直截了

---

[1] 此采访记的中文版载《新文学史料》2013年第4期,赵京华译。

当地表明，中国社会的根本问题在于"家族制度压迫着其中的生活者，使他们不得不靠说谎过活"。结果，无论想什么也无论怎样的运动，最终除了"说谎"什么也做不得。而改造这种国民性，"我们的第一步就是要向青年和儿童灌输科学的精神，即实施教育"。显然，鲁迅是以西方传来的"科学"为价值标准来衡量中国社会文化，并开出药方的。谈话中他列举自己父亲被中医误诊病死的事例，从而托出中国人迷信、非科学的民族痼疾。在此我们可以了解到：上述访谈内容，与鲁迅"五四"以来倡言科学以改造国民的昏聩思想以及充满"瞒与骗"之社会现象的基本立场是完全吻合的。例如，1918年所作《热风·三十八》有云：

> 我们几百代的祖先里面，昏乱的人，定然不少；有讲道学的儒生，也有讲阴阳五行的道士，有静坐炼丹的仙人，也有打脸打把子的戏子。所以我们现在虽想好好做"人"，难保血管里的昏乱分子不来作怪，我们也不由自主，一变而为研究丹田脸谱的人物；这真是大可寒心的事。但我总希望这昏乱思想遗传的祸害，不至于有梅毒那样猛烈，竟至百无一免。即使同梅毒一样，现在发明了六百零六，肉体上的病，既可医治；我希望也有一种七百零七的药，可以医治思想上的病。这药原来也已发明，就是"科学"一味。[1]

而鲁迅在谈话中提到的父亲病死的事例，则给我们提供了

---

[1]《鲁迅全集》第1卷，第313页。

九 "五四"时期有关"道教中国"的认识互动

一条深入解读《呐喊·自序》的重要线索。我们都会记得鲁迅讲述为父亲买药而上当铺那著名的句子:"药店的柜台正和我一样高,质铺的是比我高一倍,我从一倍高的柜台外送上衣服或首饰去,在侮蔑里接了钱,再到一样高的的柜台上给我久病的父亲去买药。"[1]接下来,鲁迅讲到中医的根本是"骗人":"我还记得先前的医生的议论和方药,和现在所知道的比较起来,便渐渐的悟得中医不过是一种有意的或无意的骗子,同时又很起了对于被骗的病人和他的家族的同情。"这篇《自序》写于1922年12月3日,而在一个月后的这次访谈中,鲁迅更从科学的角度详细说明了父亲的死因和中医的非科学性:

> 例如医术。中国的医术几千年前由巫术发展而来,可至今未脱离巫术的想法。中国的医术不过是以阴阳和五行之愚昧透顶的迷信为基础,随意挽合了贫乏的经验混合而成。而现实中我的父亲等正成了这种野蛮医术的牺牲品。我父亲的病不过是牙根里生了菌而导致大病的,可中国的医生不了解其病源。他们说是我父亲有什么不道德的行为,作为报应而受到了神罚。那时,我还是个孩子,听了却极为生气。

鲁迅在《自序》中讲到了中医药引的"奇特",在回忆的叙述语境中并没有更多地涉及学理分析和思想批判。而在这次访谈中他则对中医源自巫术且以迷信为基础完全是经验性的产物等,给出了整体的否定性判断,同时,详细交代了父亲病源学上的死

---

[1]《鲁迅全集》第1卷,第415页。

因,从而对报应"神罚"说提出尖锐的批判。这使我们在时隔一个月的两次不同形式的叙述(文本叙述与口语谈话)之间,得以看到鲁迅思考的整体形态。《自序》那浓缩抒情的回忆笔调呈现的主要是"事件"的过程,而访谈则给出了鲁迅对"事件"背后深刻的社会思想根源的学理依据。他根据源自西方的"科学"观念而判断中医为"骗人",虽然至今有人依然认为鲁迅的彻底否定中医有过犹不及之处,但如果注意到此次访谈的学理分析,则可以明白鲁迅对中医的态度并非感情用事或一时的言词过激,而是"五四"新文化运动所确立的全新的"科学"观念导致的,他的目的并非单纯否定中医,而是将其视为传统中国人思想昏聩的实例之一。这是关乎中西古今价值判断的一场意识形态斗争,而非对作为一种治病手段的中医之全部否定或肯定。

我们于此了解到"五四"时期鲁迅倡言科学的基本立场十分重要,因为这同时还直接涉及他对道教迷信的态度,也与橘朴此次访谈的另一个话题,或者说主要的话题相关联,即如何理解中国文化中的道教传统及其中国人的迷信与信仰问题。这里,在讨论鲁迅的道教认识之前,首先要确认橘朴当时对鲁迅的基本评价。访谈之前橘朴就认识到,鲁迅乃"新思想运动重要的领导者"[1],而在之后更意识到"是不亚于弟弟的日本通和相当有力的评论家",甚至对清水安三说"鲁迅是头脑最优秀的人"。[2]然而,作为外国观察家和研究者的橘朴与身处反传统之

---

[1] 见《橘朴著作集》第1卷,东京:劲草书房,1966年,第49页。
[2] 清水安三说:"说到鲁迅先生,我当时并没有觉得他这个人怎么了不起,而是认为周作人更优秀,可是橘先生却说鲁迅是头脑最优秀的人,因此后来我便开始去接近鲁迅,译了一些他的文章寄给日本的报刊发表。"(《回忆橘朴先生》,收山本秀夫编《复活的橘朴》)

九 "五四"时期有关"道教中国"的认识互动

"五四"新文化运动旋涡中的本民族思想之激越批判者的鲁迅,他们在评价中国的基本立场和角度上当然会多有不同。实际上,在前面讨论科学与教育乃至对中国传统文化的基本评价上,橘朴就首先表示了自己的不同立场。他于访谈的开头直言:"如今,西洋文明支配着世界,支那人中间受过新式教育的人不知不觉中受到其感化,往往用西洋的尺度来衡量本国的事情。然而,我认为这样的态度是错误的。支那有支那的尺度。我强调,在与西洋无关涉的情况下经历四千年发展而来的文化,终究要用支那的尺度来评价吧。可是,树人先生并不认可。"就是说,作为一个外国人橘朴难能可贵地意识到要用"支那的尺度"来衡量中国,由此跳出了一般"支那通"或西方汉学家以自身标准来裁断中国文化的局限,而鲁迅则在针对国人昏聩迷信思想的意识形态斗争中全面接受了外来的"科学"尺度,或许他与"五四"思想家们一样有意无意间忘掉了"科学"的地方性(西欧)起源,而视其为普世的尺度。然而,这种看似有些错位的关系结构,正反映出鲁迅从积重难返之中国实际问题出发的现实立场和民族自我反省的批判态度。而橘朴基于中国"尺度"的中国研究则另有成就和价值在,这将在后面详述。

鲁迅和橘朴判断中国问题的不同"尺度"与态度,也反映在关于道教迷信的认识上。访谈中,橘朴首先提出"迷信"的话题,就当时山东流行的"扶乩"和北京"道生银行"开业的广告询问鲁迅的观感。鲁迅便讲到人们坚信这家"慈善银行"行长为吕纯阳仙人的可笑,橘朴则认为迷信固然滑稽可笑,但在信徒的主观上是认真的,当我们思考迷信在民间产生的原因时,对信徒们不能不产生深深的同情。因为,中国民众为数千年积累下来的政治社会性罪恶所压迫而无处逃遁,由此不可避免地孕育了这种迷信。但是，鲁迅强调这些"搞扶乩迷信的多为官吏和富人，穷人是进不到这个行列的"，而橘朴亦不得不承认。这里透露出鲁迅观察社会现象的一个重要视角，即尽管还不是后来的阶级分析方法，但已经注意从奴役与被奴役、统治与被统治、富人与穷人的关系方面来判断现象背后的不平等关系，以及这种关系导致的思想信仰和行为结果的不同。这在随后谈到以天津为基地遍布中国各地的"在理教"时，也有清晰的表现。橘朴认为，在理教是穷人的宗教信仰。鲁迅答道：

> 的确是个严守教义的宗教。禁止烟酒，厉行节约而反对浪费，加强团结以防止统治阶级的压迫。他们崇拜观音菩萨祈求现实及来世的幸福，故与迷信没有什么两样，但却是适于无助的中国劳动阶级的宗教。

我们已知，在理教（又名理教）是相传由羊来如创立于明代末年，并于清乾隆年间逐渐兴盛于中国北方的一种民间宗教。它属于宋末宗教改革者王重阳所创立的全真教中龙门派的一个分支，正如王重阳确定《老子》、《般若心经》及《中庸》为三部经典那样，其教义以儒家思想为核心而兼采佛道两家的精华。如果用现代科学理性的标准来判断，在理教无疑也是一种迷信思想。然而，从有助于劳动阶级加强团结以反抗统治阶级压迫的角度，鲁迅难能可贵地表现出了对此的同情和理解。这于我们综合认识"五四"时代鲁迅倡言科学、反对迷信的立场之复杂性，大有裨益。或许，基于激烈反传统的思想条件，作为新文化之启蒙者的鲁迅在公开场合始终坚持对迷信思想的批判，而内心对民间俗信多有同情和理解的心情未能充分表露出来也未可知。而在对待道教迷信方面与鲁迅立场基本一致的周作人那里，其从早期的道教批判到20世纪30年代以后转向对民间俗信背后的民众生活苦恼多表同情，或许能为我们提供进一步理解鲁迅的参照。

（二）"中国根柢全在道教"——鲁迅与橘朴道教观的同异

此次访谈中何以会出现扶乩和"道生银行"的话题呢？这与橘朴当时正在关注中国的民间信仰即通俗道教问题有关。两人关于道教迷信的对话虽然没有充分展开，但鲁迅的思考给橘朴留下了深刻印象，这是毫无疑问的。就在公布此次访谈记的两年后，橘朴于他关于道教研究的重要文章《通俗道教的经典〈太上感应篇〉解说》[1]中，讲到善有善报的成仙思想并谈及吕纯阳真人的时候，就再次引述了鲁迅有关"道生银行"的对话。众所周知，鲁迅对作为传统中国文化之重要组成部分的道教影响中国人精神生活的严重程度历来非常关注，对其中的迷信成分特别是道士方术思想和神仙追求的抨击不遗余力，这是他坚守科学立场、否定传统文化的一个重要象征。而橘朴作为当时关注中国道教且于学理研究方面取得重要成就的日本人，则在道教思考上与鲁迅构成了交集。尽管两人的思考不尽相同甚至多有对立，但确实为我们提供了从文化交流史角度进行"平行比较"，或在两人间重建"可能性联系"的条件。

---

[1] 载《月刊支那研究》1925年第1卷第5、6号。

橘朴的道教研究始于1916年，[1]其成果大都发表于《京津日日新闻》等日文报刊上，到1925年出版编著《道教》（支那风俗研究会丛书之一）为止告一段落。可以说，会见鲁迅的前后正是他思考道教问题最为活跃的时期。作为中国问题专家，橘朴的中国道教研究从底层社会调查和道教经典解读两个方面入手，对包括老子思想、神仙方术和民间俗信在内的各个方面进行了深入综合的考察，并与日本民俗学者中野江汉一起提出了"通俗道教"的概念，并以此构成了他中国研究的基础和后来包括中国社会论与中国改革论三足鼎立格局的研究体系。自20世纪初以来，外国汉学家和中国本国的研究者已经开始注意到道教在中国社会和文化传统中的重要地位与价值，相关的著作和论文也陆续出现。然而橘朴的道教研究，正如他自己将其定义为"通俗道教"那样，尤其关注渗透到社会底层的民间道教思想和行为，并将其提升到一般宗教信仰的层面加以分析，这一研究方式为我们了解儒教以外的中国传统提供了重要的线索，也构成了橘朴中国研究的特色。

鲁迅在思考中国传统文化的过程中，也于很早的时期便注意到道教的重要性。例如，1918年8月22日致许寿裳的信中讲道："《狂人日记》实为拙作，又有白话诗署'唐俟'者，亦仆所为。前曾言中国根柢全在道教，此说近颇广行。以此读史，

---

[1] 中野江汉回忆：将道教命名为"通俗道教"，"最初是我和朴庵（即橘朴——引用者）的合作。大正五年在北京，我们两人携手钻研道教研究之际，曾一起商量应该给道教系统的民间信仰起一个什么名称，结果我们想到了可以在道教之前冠以'通俗'二字，而公布于世。当时，还没有专门研究通俗性道教的人"。（《朴庵与我》，收山本秀夫编《复活的橘朴》）

有多种问题可以迎刃而解。后以偶阅《通鉴》，乃悟中国人尚是食人民族，因成此篇。此种发见，关系亦甚大，而知者尚寥寥也。"[1]十年之后在《小杂感》中，他依然强调"人往往憎和尚，憎尼姑，憎回教徒，憎耶教徒，而不憎道士。懂得此理者，懂得中国大半"。[2]不过，鲁迅虽然在《中国小说史略》等学术著作中有对道士神仙思想的说明，但一生中并没有像橘朴那样做过系统的学理研究，他主要是着眼于国民性批判而对道教中的方士思想和仙人迷信的部分痛加抨击，以求国人能够确立起科学的理性精神。这明显地与橘朴冷静客观的研究大不相同。例如，1918年所作的《热风·三十三》就强调："据我看来，要救治这'几至国亡种灭'的中国，那种'孔圣人张天师传言由山东来'的方法，是全不对症的，只有这鬼话的对头的科学！"[3]他尤其不能容忍道士方术思想，就在橘朴采访过后的第四天，于所作《关于〈小说世界〉》一文中便对于道士痛加讥讽："凡当中国自身烂着的时候，倘有什么新的进来，旧的便照例有一种异样的挣扎。例如佛教东来时有几个佛徒译经传道，则道士们一面乱偷了佛经造道经，而这道经就来骂佛经，而一面又用了下流不堪的方法害和尚，闹得乌烟瘴气，乱七八糟。"[4]如《吃教》一文所示，鲁迅更注意道士思想与中国历史上大事件的联系，以及道教渗透到士人思想中所造成的恶劣影响。

---

[1] 《鲁迅全集》第11卷，第353页。
[2] 同上书，第3卷，第532页。
[3] 同上书，第1卷，第301—302页。
[4] 同上书，第8卷，第111页。

其实是中国自南北朝以来，凡有文人学士，道士和尚，大抵以"无特操"为特色的。晋以来的名流，每一个人总有三种小玩意，一是《论语》和《孝经》，二是《老子》，三是《维摩诘经》，不但采作谈资，并且常常做一点注解。唐有三教辩论，后来变成大家打诨；所谓名儒，做几篇伽蓝碑文也不算什么大事。宋儒道貌岸然，而窃取禅师的语录。清呢，去今不远，我们还可以知道儒者的相信《太上感应篇》和《文昌帝君阴骘文》，并且会请和尚到家里来拜忏。

耶稣教传入中国，教徒自以为信教，而教外的小百姓却都叫他们是"吃教"的。这两个字，真是提出了教徒的"精神"，也可以包括大多数的儒释道教之流的信者，也可以移用于许多"吃革命饭"的老英雄。[1]

这已将对包括道教在内的传统批判上升到了对中国士人阶层的总体批判。鲁迅确实没有对道教本身做过一般的研究，对于底层民众的道教俗信也少有论述。相比之下，倒是周作人有更为具体而综合的批评。1925年前后，他曾提出长久以来支配中国人思想的并非作为国家宗教的儒教而是民间各种各样的萨满教式的道教，这与鲁迅的"中国根柢全在道教"的观点基本一致。周作人认为，儒教给国民的影响主要停留在上层社会和知识阶层，绝大多数的平民百姓几乎完全被道教的势力所征服。1926年所作《乡村与道教思想》则表明："所谓道教，不是指老子的道家者流，乃是指有张天师做教王，有道士们做祭司的，

---

[1]《鲁迅全集》第5卷，第310页。

太上老君派的拜物教。平常讲中国宗教的人,总说有儒释道三教,其实儒教的纲常早已崩坏,佛教也只剩下轮回因果几件和道教同化了的信仰还流行民间,支配国民思想的已经完全是道教的势力了。"[1]据周作人解释,这种道教信仰主要是由混合了儒教的祭祀、佛教的轮回报应说而构成,但其源流是往昔流行于西伯利亚和满洲、朝鲜东北亚各地的萨满教,具有浓厚的迷信色彩。它给予中国民众乃至知识阶级的最大精神危害,是使其养成相信命运、顺从环境的奴隶根性。可以说,周作人20世纪20年代的道教观与其兄鲁迅大致相同,其提倡科学理性和改造国民性的宗旨显而易见,但更趋于人类学和民俗学的分析,在这一点上和橘朴多有相近的地方。与鲁迅有所不同的是,进入30年代随着由"五四"反传统向传统回归的思想转变,周作人对于作为民间传统之道教的态度亦渐渐发生了变化。我们仔细阅读其《鬼的生长》(1934)、《刘香女》(1936)、《无声老母的信息》(1945)等文,就会发现他对道教信仰的主体——平民大众特别表示出了更多的同情与理解。

这里,我们参阅橘朴的著作,可以确认他与鲁迅的道教观在以下几个方面有相近或不同的地方。第一,他们都认为从根本上影响到传统中国人特别是底层民众思想的,并非儒教而是道教。橘朴观察中国人的宗教信仰,坚信道教是其根本。他在《中国民族的政治思想》一文中曾表示认同当时学术界的一般观点,认为"中国古来思想上有两大传统。一个是儒教,另一个则是道教……简言之,儒教乃是基于治者的利益而建立起来的教义,道教则与之相反,代表着被统治者的思想及感情。

---

[1] 周作人:《谈虎集》,石家庄:河北教育出版社,2002年,第222页。

因此，如果要问两大教义哪一方更能代表中国民族整体的思想与感情，则当然是道教"。[1] 实际上，比起儒教停留在上层社会来，道教则"打破了统治阶级和被统治阶级的界线，成为彻底渗透到中国社会各阶层并对每个人私生活产生根本影响的东西"。[2] 但与当时中外学者多重视道教在中国传统上层思想中的价值有所不同，橘朴更注重民间社会中的道教信仰。他所谓的"通俗道教"，并非指中国学者喜欢研究的哲学道教，亦非道士用以修行的道士之教，而是流行于民间的一般信仰和行为的总体，并视此为代表中国民族思想的根本传统。

第二，橘朴视道教为中国人真正的宗教信仰，虽然承认其中有部分迷信的成分并对此有所批评（这其中恐怕就有鲁迅的影响），但总体上表示出极大的同情和肯定，这与鲁迅很少直接谈及底层道教而对其中的道士方术和仙人追求持激烈批判的态度形成对照。橘朴注意到，世间所谓的"中国研究"最初发源于西方传教士，传教士在中国传播基督教曾受到道教的阻碍，便以西方标准断定中国人是非宗教的民族、道教是非宗教的迷信。橘朴认为，这完全是西方传教士的偏见。"道教包含着很多迷信的分子虽为不争的事实，但其教义的本源来自中国民族必然发生的特别属性，正所谓民族性的宗教。它虽然无法与基督教和佛教相比肩而成为人类普遍适用的，但我们有充分的理由承认它是一个卓越宏伟的宗教。"[3] 不过橘朴也承认，道教虽然在将道德实践和幸福追求置于同一层面这一点上与佛教和基督

---

[1] 《橘朴著作集》第1卷，第31页。
[2] 同上书，第11页。
[3] 同上书，第9页。

教相似，但它最大的欠缺是没有释迦和基督那样理想的人格神作为信奉者的道德模范。无论是老子、吕祖，还是张道陵、王重阳等，他们虽有超自然的风骨而被高扬，但其人性即道德价值却完全没有得到阐发。结果，道教的信徒多趋于功利的追求，为作恶入地狱的恐怖心和因果报应的道德律所禁锢，生出许多低级恶俗的成分。

第三，橘朴清晰地将"理论道教"与"通俗道教"划分开来，并将学术思考的重心落实到后者上。他视《太上感应篇》《阴骘文》等为通俗道教的经典，努力通过注释解读以抽出道教的教义及其永生观。他强调道教所反映的中国人之宿命观和迷信思想源自传统政治和社会组织造成的精神与物质的压迫，因此必须通过彻底的社会和政治改革，才能最终消除道教中的迷信宿命思想。这反映了橘朴历史唯物主义的态度，与鲁迅倡言科学和教育以消除中国人昏聩迷信思想的立场是基本一致的。[1]

（三）"比我们中国人还了解中国"——橘朴中国研究的总体风貌

如前所述，就目前掌握的资料来看，鲁迅与橘朴两人一生只有一面之交。鲁迅后来对橘朴的道教乃至整个中国研究有多大程度的接触和评价，我们还未能在他的著作中找到直接证据。不过，从鲁迅的藏书和日记以及日本学者的回忆文字中，有下

---

[1] 有关橘朴的道教研究，详情参见本书第二章"近代日本有关'中国'和'东洋'的知识生产"。

列材料值得关注。这些材料或许可以为我们提供进一步思考两人之间相互关联的一些线索。

首先，鲁迅日记1925年1月5日项下有"收《支那研究》第二期一本"的记录。而据《鲁迅手迹和藏书目录》[1]记载，鲁迅藏有该杂志共两册，且"每册书面上有蓝色'赠呈'图记"。可以推测，这两期杂志是主笔橘朴赠送给鲁迅的。《月刊支那研究》创刊于1924年12月1日，至次年9月1日停刊，共发行十期，是大连日本人"支那研究会"的机关刊物。与当时在华的政治、时事和资料性日文报刊不同，该刊为每期二百页的学术和思想评论杂志，其宗旨在于反省日本人对于中国的无知和蔑视心态，以科学方法研究中国历史和现实，为日本提供新的知识和观察视角。刊物的灵魂人物是橘朴，他所发表的文章展现了其中国研究的基本观点和总体架构，并显示他的研究已经由此前的以道教为中心转向主要考察中国社会结构和改革途径的方面。仅就"赠呈"鲁迅的第1、2期观之，其中就有橘朴《认识支那的途径》《官僚社会的意义》《支那村落及家族组织》《从民族革命到阶级斗争》《孙文的革命思想》等重要文章，而鲁迅是完全有可能阅读到这些文章的。

其次，鲁迅日记1936年8月29日项下记载："午后往内山书店。买《支那社会研究》及《思想研究》各一本，共泉九元五角。"另，该年日记书账中亦载入两书。《支那社会研究》是橘朴的代表性著作，书中各章节曾作为论文发表在《东亚》《满蒙》《月刊支那研究》等报刊上，后由其私淑弟子大塚令三、大上末广等人收集编辑，1936年6月由日本评论社出版。而《支

---

[1] 内部资料，北京鲁迅博物馆编，1959年7月。

那思想研究》则是其另一部主要著作，内容涉及中国的政治、宗教、道德、社会改革和民族思想等方面，还包括上面提到的道教研究等，同样由日本评论社于同年8月出版。就是说，鲁迅是在两书刚刚问世后就购得的，可见他对橘朴的关注程度。当然，此时的鲁迅已是临终之前，8月"他痰中见血，病状益显著"[1]，恐怕已难有仔细阅读两书的精力。

据《支那社会研究》"编辑者后记"言，橘朴的中国研究可划分为三个阶段。从明治末年到1925年为第一阶段，关注对象主要是中国农村生活中流动的各种民族思想，所采取的方法植根于日本传统支那学，同时借鉴了美国的社会学方法。1926年到1930年为第二阶段，主要关注中国社会的整体结构，研究方法也渐趋立体化。1931年以后为第三阶段，兴趣开始转向"满洲研究"。该书汇集了第二阶段有关中国社会及经济结构的研究，由六章构成。第一章"支那社会的阶级"作为绪论，分析中国社会的经济构成；第二章"支那农村及农民问题"涉及帝国主义之下中国农业经济和亚细亚生产方式问题，集中考察了中国农业人口、新开地、边疆农村社会经济等。这一章的内容后来为日本殖民者制定开发伪满洲国的农业政策提供了基础研究。第三章以下，讨论中国工业部门的基本特征——官僚体制和买办资本。构成该书核心的，是有关中国官僚阶级社会论和农村"永久饥馑论"。而从经济和民族运动的角度观察中国的方法，则打破了传统日本支那学只注意王朝兴衰史、儒释观念论的方法论局限。可以说，橘朴在那个时代按照自己的方法论路

---

[1] 曹聚仁：《鲁迅年谱》，北京：生活·读书·新知三联书店，2011年，第117页。

径达到了与后来日本马克思主义史学研究者同样的结论和境界。

《支那思想研究》由以下四章构成：第一章"关于支那思想的一般考察"，讨论中国民族、政治、道德、宗教等总体的思想传统；第二章"关于宗教及道德思想的考察"，涉及道教经典《太上感应篇》与中国民族道德形成的关系，还有《中庸》思想的本质、墨子的宗教思想、家族神即祖先崇拜等；第三章"关于支那民族性的考察"，主要探讨中国人气质的原型、利己心与国家观念、中国民族性及其对策等问题；第四章"关于社会改革思想的考察"，讨论中国的舆论形成问题、民族运动的发展，并旁及与日本王道思想的比较。该书第二章的部分内容曾以题为《通俗道教的经典》的论文形式发表，其中涉及作者橘朴1923年1月7日采访鲁迅的内容。

再次，也是最重要的一份旁证，即增田涉《鲁迅的印象》一书中讲到1931年在内山书店见到鲁迅时，曾听到他提起橘朴其人：

> 鲁迅称赞过日本中国研究者中的橘朴，说此人比我们中国人还了解中国。还说，从橘朴这个名字来看，很难知道他是中国人还是日本人，或者是中国人的笔名也说不定。内山完造在一旁插话说：他是日本人。我以前不怎么知道橘朴这个名字，只好像在哪儿见过似的。后来渐渐开始注意起这个人来。[1]

"比我们中国人还了解中国"，这无疑是相当高的肯定性评

---

[1]《鲁迅的印象》，东京：角川书店，1970年，第39页。

九 "五四"时期有关"道教中国"的认识互动

价。联系到鲁迅临终前还购买过橘朴的著作这一事实,我们有理由相信,自 1923 年见面以来鲁迅对橘朴及其中国研究一直保持着密切的关注。同时,这个重要的旁证也正是我写作此文,试图在尘封已久的历史文献中追寻两人那段淡淡的因缘关系的契机和动力。在 20 世纪前后出于种种动机和政治背景的各路日本中国研究者中,鲁迅何以唯独对橘朴有如此高的评价?橘朴那视野阔大而内涵丰富的中国研究,究竟哪些方面打动了鲁迅?这里,我想从鲁迅对外国中国通的基本态度入手,通过分析橘朴中国研究的基本立场和方法,来追寻鲁迅对其做出高度评价的内在原因。

如前所述,明治维新以后随着日本殖民主义扩张政策渗透到海外特别是中国,产生了一种有别于传统汉学的中国知识以及由各色人等组成的研究者和评论人群体,他们可以分为学者、"支那通"和中国问题专家三类。前者是以京都学派为代表的学院知识生产者,后二者则是常常被混为一谈的有关中国情报和知识的传播者与观察家。如果说"支那通"在于以浅显通俗的或刻意赞美或歪曲丑化的殖民者态度来传播和消费中国文化,那么,中国问题专家则是能够超越趣味常识的层面而科学地理解中国的少数杰出者。鲁迅对"支那通"或者包括西方旅行者在内的外国观察家是不以为然的,虽然愿意接受他们对中国的各种批评,但厌恶其殖民者居心叵测的猎奇心态。例如,《灯下漫笔》一文所讲"人肉的筵宴",其话题便来自日本评论家鹤见佑辅《思想·山水·人物》中《北京的魅力》一文提到的"川流不息地献着山海的珍味"之中国宴席。鲁迅首先批判的是中国文明赞颂者:"外国人中,不知道而赞颂者,是可恕的;占了高位,养尊处优,因此受了蛊惑,昧却灵性而赞颂者,也还可恕。可是还有两种，其一是以中国人为劣种，只配悉照原来模样，因而故意称赞中国的旧物；其一是愿世间人各不相同以增自己旅行的兴趣，到中国看辫子，到日本看木屐，到高丽看笠子，倘若服饰一样，便索然无味了，因而来反对亚洲的欧化。这些都可憎恶。"[1]

同样，在谈到安冈秀夫《从小说看来的支那民族性》中引用西方传教士对中国文化的无端推测之际，鲁迅明确表示："我自己想，我对于外国人的指摘本国的缺失，是不很发生反感的，但看到这里却不能不失笑。宴席上的中国菜诚然大抵浓厚，然而并非国民的常食；中国的阔人诚然很多淫昏，但还不至于将肴馔和壮阳药并合。'纣虽不善，不如是之甚也。'研究中国的外国人，想得太深，感得太敏，便常常得到这样——比'支那人'更有性底敏感——的结果。"[2]鲁迅并非那种排外的民粹主义者，因此对于外国人客观地批评中国往往是当作有益的借镜和促成民族自我反省的契机，但这种"批评"如果是离事实太远或者别有用心，则会为鲁迅所摒弃。

例如，日本"支那通"最典型的代表后藤朝太郎和井上红梅。鲁迅曾经购买过前者所著《支那文化研究》[3]并藏有《欢乐的支那》，对后者的率意翻译《阿Q正传》则多次表示出无可奈何。后藤朝太郎（1881—1945）是日本昭和时代广为人知的"支那通"，一生出版有关中国的书籍近百册，访问中国二十余次。早年曾做汉字音韵学的研究，后逐渐成了追随时代潮流

---

[1]　《鲁迅全集》第1卷，第216页。
[2]　同上书，第3卷，第330页。
[3]　鲁迅日记1925年10月26日项下记载："往东亚公司买《支那文化の研究》一本。"

而讲述传统中国趣味的"支那中毒"（鲁迅语）者。他时常头戴"支那帽"、身着"支那服"，或招摇过市或登台讲演。同时，以每月出书两本的速度，粗制滥造地大量生产有关中国文化风俗和生活趣味的书籍，以迎合中日开战前后日本国民对于中国的好奇心。《欢乐的支那》便是典型的"中国趣味"的通俗读本，以介绍传统琴棋书画、饮食玩乐、声色犬马为主旨，格调相当低下。井上红梅（1881—？）则是《阿Q正传》在日本的最早译者，同时又是沉溺于"支那五大嗜好——吃喝嫖赌戏"的所谓"支那风俗研究家"。鲁迅在1932年11月7日致增田涉的信中对其有如下评语："井上红梅氏翻译拙作，我也感到意外，他和我不同道。但他要译，也是无可如何。近来看到他的大作《酒、鸦片、麻将》，更令人慨叹。"

相比之下，橘朴虽也出身于新闻报刊等传播领域却能够自觉超越"支那通"的趣味本位而达到深度理解中国的卓越境界。这恐怕是鲁迅高度评价他的主要原因。这里，我将主要围绕其处于"中国研究"第二阶段的开端而为《月刊支那研究》所作的创刊词——《认识中国之途径》（1924）一文，并结合他后续的研究成果来分析其基本立场、观点和方法。这篇后来在出版三卷本《橘朴著作集》时被冠于第一卷《中国研究》卷首的文章，确实具有纲领性。它开篇便对"支那通"为世人所诟病的根源提出深刻反省，并由此触及近代以来成为帝国国民的日本人对中国的妄自尊大式的无知和偏见。橘朴认为："一般俗称有丰富中国知识者为支那通，世人一方面视他们为宝贝，另一方面又表示出轻蔑，其原因除了他们经济上、道德上的缺欠外，还在于其展示出来的中国知识的内容是非科学的。"比如，"支那通"往往以自己支离破碎的中国知识去预测中国是否会发生内乱，结果成为世间的笑柄。"他们所具有的中国知识都是片面而缺少系统性的关联，不过随机应变而撮合到一起的东西，结果不说他们完全不得要领，至少未能给听众提供可取舍的系统线索。"就是说，"支那通"的问题在于其知识的非科学性和无系统性，这无疑触及了问题的关键。

而在橘朴看来，"支那通"中国认识的非科学性和无系统性有更为深层的社会根源，即近代日本国民整体对于中国之缺乏常识性理解。此外，还有蔑视邻国的"优越感"及从西方殖民主义者学来的以"文明与野蛮"等级化标准来衡量自身与他者关系的傲慢逻辑。而橘朴则从与"支那通"不同的路径展开其中国研究，逐渐形成了从社会、经济、政治、文化和民族信仰等全方位视野论述中国的方法。

我在《近代日本有关"中国"和"东洋"的知识生产》一文中，曾经详细分析过橘朴中国社会论和改革观，指出他有三个独创的概念，即通俗道教说、官僚阶级统治论和乡村自治体论，它们构成了其基本的阐释架构。这里还要补充一点，即"方向转换"之前的橘朴还曾提出一个中国"永久饥馑论"的观点，这与"乡村自治体论"尤其相关，意在进一步聚焦现代中国社会革命的关键——农村问题。农村"永久饥馑论"是于1930年提出的。橘朴自20世纪20年代后期以来一面关注毛泽东的湖南农村调查和农民运动，一面展开自己对华北等乡村社会的调查分析。与毛泽东农村调查的目的在于寻找中国革命的根本战略不同，橘朴试图从日本人的角度出发，通过调查来研究中国社会的基本结构，这同时也与他对中国革命的思考联结在一起。从1922年到山东李庄实地调查到1930年在上海发表

《永久饥馑论》[1]，橘朴的中国农村研究基本告成。他分析中国农村社会的基本性质（村落共同体、乡绅自治、宗法组织）和当时中国各党派的农村政策之后，表示大致相信南京政府不久将建成资产阶级民主国家，并部分地解决农村长久饥馑的问题。但是，最终彻底的解决恐怕只能等到社会主义政治势力的出现。

从以上介绍和分析可以看到，橘朴是20世纪日本杰出的中国问题专家，他的中国研究完全摆脱了所谓的"支那通"气，从而构筑起了博大精深的学问体系，甚至达到了"比中国人还了解中国"的境界。可以说，他是集学者与情报分析才能于一身的大学问家和大新闻记者。而一段时间里，鲁迅曾密切关注并高度评价橘朴的成就，其原因也可以在此得到说明。

（四）后期橘朴的政治歧途与鲁迅的"相忘于江湖"

最后，我们还需要简短地了解一下1931年，即随着帝国日本迈出殖民主义和海外侵略之决定性一步——"九一八事变"爆发之后，发生在橘朴身上的重大"方向转换"。一直以来自称在野的过着"半学究生活"的橘朴，于"九一八事变"爆发一个月后突然主动到关东军司令部拜见板垣征四郎和石原莞尔，成为脱下布衣而与日本帝国共舞的"满洲国理论家"。从此，他积极参与伪满洲国的"建国"，提出以东洋的"王道"建设东亚各民族"平等而协和相处的乐土"。他在自己主办的杂志《满洲

---

[1] 曾连载于《上海日报》，后收入《支那社会研究》，东京：日本评论社，1936年。

评论》[1]上开始陆续发表相关的政治见解和理论主张，其中虽不乏对日本"国策"的批评，但那是在不违碍日本根本利益前提下的批评。到了中日开战前后，橘朴更成了日本论坛的重要角色，已然从保持一定独立性的新闻从业者和在野的中国问题专家，转变为帝国日本的国策理论家。这在他1934年8月发表的《我的方向转变》一文中，有明白无误的表达。

1931年以后，为了伪满洲国"建国"，橘朴在此前中国研究的基础上进一步提出了"王道自治论"，大战爆发后则又提出"东洋共同社会"的构想。今天看来，这些思考基本上是为日本帝国主义殖民侵略服务的意识形态言说，反映了橘朴作为战争与革命年代之历史人物的复杂性，也影响到后人对他的评价。

例如，曾任《朝日新闻》特派记者的菊地三郎对战争期间的橘朴多表同情，认为他建立起了以日本、中国、印度为轴心的独特"东洋"概念，是一位不断梦想着新"东洋社会"之实现的新闻记者；他没有学历但见识卓越，其性格恬淡而爱怜之心深厚；他同时也是"痛心日本民族堕落"而将生死托付给邻国中国的好男儿；他是与北方的中江丑吉、清水安三、中野江汉，南方的西本白川、内山完造等性格不同的在华日本人。[2]而我更认同另一位日本马克思主义左翼理论家石堂清伦对橘朴

---

[1]《满洲评论》创刊于1931年8月，是以小山贞知（满铁嘱托、满洲青年联盟理事）为发行人、橘朴和野田兰藏（满铁情报科嘱托）为编辑负责人的同人周刊杂志。直到1945年日本战败才停刊的该杂志，虽称同人杂志但无疑得到了日本关东军的首肯与支持。其创刊号所载"社告"虽称"是独立于所有政治、经济利害关系的同人，以横跨多个领域的专家之笔，为适应对支那即满洲问题给予正确认识之必要的时代要求而创刊的"，但通观其论述不能不说是为配合日本"国策"而进行学术研究和观点发表的刊物。
[2]《橘朴与〈孙文的赤化〉》，收山本秀夫编《复活的橘朴》。

九 "五四"时期有关"道教中国"的认识互动

思想"转向"的客观评价,即橘朴自称是新闻记者式的中国研究者,但他的中国研究实在高出于学院派的支那学。从广义上讲,橘朴可被视为"右翼人士",但战争期间日本内务当局始终没有放松对他的警惕与监视。"九一八事变"是日本帝国主义侵略中国的第一阶段,橘朴虽不赞成其做法,但既然没有可以直接依托的社会势力,他只好认可军部的方针,采取一种与军中一部分持有革新志向者联手,来迂回实现其意志的方法。后期的橘朴是反对马克思主义的,也不认同以"世界史"之使命为依据的阶级斗争乃至革命的道路。他构想的是渐进调和的所谓伦理革命。石堂清伦还指出:橘朴的理论有类似于民粹主义的地方。他企图靠复古的理想来抵抗帝国主义,是一个悲剧。[1]

而日本思想史学者子安宣邦最近更有深刻的批判,我愿意引用下面这一段文字以结束对橘朴后期的介绍。

> 橘朴参加作为国策研究团体之昭和研究会,使他的言论与国策逐渐建立起强固的关系。我当然认为,近代日本的学者知识人,他们对于"支那、满洲、朝鲜"所进行的研究或者调查或者评论,总之所有相关的言论都与帝国日本的大陆政策具有不可分割的关系。不论他们是马克思主义系统的社会科学学者,还是用纯粹社会学进行农村调查的人员。橘朴早期对中国社会的研究热情亦然,不管他本人是否意识到,都与帝国日本的大陆政策密不可分。近代日本一般的亚洲主义或者中国主义,均是以日本面对大陆所实施的国家战略为前提的。如果这个拥有大陆政策的日

---

[1] 见山本秀夫编:《复活的橘朴》,第37页。

本国家意识不存在的话，日本人的亚洲主义或者中国主义也便不会存在。而参加国策研究团体昭和研究会，使橘朴更加自觉到这种关系。[1]

回顾鲁迅与橘朴的交往及其思想立场的同异，足以让我们感到20世纪历史的复杂性，包括中日两国人士因政治背景和国家地位的不同而产生的思想感情差异。橘朴一生热爱中国及其文化，倾其全力加以研究而取得了杰出的成就。但是，他最终未能摆脱日本帝国殖民主义战争的逻辑，将"王道"的理想寄托于"霸道"的国家战略上。鲁迅若能看到橘朴的后来转变，也会说"他和我不同道"吧。我们钦佩橘朴在那个战争与革命的20世纪，能够做出那样杰出的中国研究，对鲁迅表示出难能可贵的关注和尊重。如果他能够超越国家的束缚，或许会给后人留下更为纯洁宝贵的思想学术遗产，并与包括鲁迅在内的中国人有更深入的思想精神交流。

在生命的最后年头，鲁迅应日本改造社社长山本实彦之邀曾作《我要骗人》一文。文章不仅表达了鲁迅对当时中日国家关系的绝望，更透露了他对人与人之间心灵难以相通的悲哀。然而，他又明确地意识到"可悲的是我们不能相互忘却"，这让我们不由得想起他赠给日本友人的诗句："渡尽劫波兄弟在，相逢一笑泯恩仇。"鲁迅在生前对推行帝国主义殖民政策的日本国家乃至太阳旗下的"中日亲善"予以否定甚至怀抱绝望，但对于每个作为个体的日本人却可以有亲密的交往沟通甚至达到"相濡以沫"的境地，这既源自鲁迅拥有的人间大爱，也是本着他

---

[1] 子安宣邦：《日本民族主义解读》，东京：百泽社，2007年，第214页。

所意识到的"我们不能相互忘却"[1]。套用一句时髦的话,即中日两国是无法搬家的邻居,更何况都在这人间里面。我们追怀往昔鲁迅和日本人交往的蛛丝马迹,回顾日本人对鲁迅的理解和尊重,目的无非是要追寻人与人之间心灵相通的可能性,也为超越民族国家的鸿沟而达到"相逢一笑"的境地架设桥梁。我想,鲁迅也是愿意做这样的桥梁的。

附录:橘朴著作单行本及著作集

1.《道教》,北京:支那风俗研究会丛书之一,1925年。

2.《支那社会研究》,东京:日本评论社,1936年。

3.《支那思想研究》,东京:日本评论社,1936年。

4.《满洲建国的现过程》,奉天:满洲帝国协和会,1938年。

5.《职域奉公论》,东京:日本评论社,1942年。

6.《中华民国三十年史》(与松本慎一合著),东京:岩波书店,1943年。

7.《支那建设论》,大连:大陆新报社,1944年。

8.《道教与神话传说——中国的民间信仰》(中野江汉编),东京:改造社,1948年。

9.《中国革命史论》,东京:日本评论社,1950年。

10.《橘朴著作集》(全三卷),东京:劲草书房,1966年。

(原题为《鲁迅与日本的中国研究——以橘朴为中心》,载《新文学史料》2013年第4期)

---

[1]《鲁迅全集》第6卷,第488页。

十

国民时代的中国文学史编撰体制之创建
——鲁迅与盐谷温的学术互动与政治歧途

（一）国民时代之"文学"历史主义研究的发生

在西方，与启蒙运动相伴而生的文学上之狂飙运动（浪漫主义）到了19世纪中叶渐趋落潮，现代意义上的"文学"观念亦开始定型。因此，福柯说"文学"观念的确立不过是19世纪后期发生的事情。而同样诞生于19世纪的以进化论和实证科学为根基的历史主义思潮，以及现代民族国家的出现，则导致了对文学加以规范化的国别文学史的大量产生。这种崭新的文学史编撰体制，意在通过回顾文学的历史以寻找"国民"的心声，从而凝聚作为民族国家之主体的国民意识。因此，我们可以说19世纪后期已然进入到一个"国民文学"的时代，而文学史书写的兴起和发展乃是适应这个时代要求必然发生的一种学术制度建构。

这种文学史制度的建构发源于欧洲，正如现代民族国家最早出现于西方一样。它的源头，大概在德国作家赫尔德的《民歌中各族人民的心声》（1779）之中。赫尔德主张，从诗歌与民族、地理、历史之间的关联入手来研究文学史。这预示了种族、时代、环境三位一体之国民文学史的诞生。如泰纳的《英国文学史》(1869)就是一部典型的寻找民族或国民精神认同的文学史,他强调一个种族具有天生和遗传的倾向,这些倾向因民族的差异而不同,体现在民族世代传承的伟大文学中,成为一国国民区别于他国他民族的标记。而时代精神和地理环境,则是铸成这种文学民族性的另外两个原因或外部压力。到了勃兰兑斯的《十九世纪文学主潮》(1890),则更明确把民族文学视为"国民性的文学",坚信"一个国家的文学,只要它是完整的,便可以表现这个国家的思想和感情的一般历史"。[1]

若以国民文学的视野来观察文学的历史,就要求建立一套全新的阐释架构。它试图颠覆以往分散的、文言的,以帝王将相、绅士淑女为主体的文学叙述,重新确立起以一个核心民族代表大多数的平民之口语化文学创作为核心的,即以戏曲、小说为主体的所谓国民文学史。这种口语白话文学对抗文言古典文学的方式,也可称为对以往雅与俗文学关系的价值颠倒。这样一种全新的文学史编撰体制诞生于19世纪后期的欧洲,传入东亚地区的日本和中国,则是在20世纪初前后。我们阅读周氏兄弟留学日本时期的文章,便可注意到他们已经接触了大量的西方文学史著作,如泰纳的《英国文学史》、勃兰兑斯的《十九世纪文学主潮》、利特耳的《匈牙利文学史》等,并且强烈地感受到了文学史背后民族精神的兴亡和国民意识的凝聚。

日本和中国同样在19世纪中叶面临西方列强向全球扩张的

---

[1] 勃兰兑斯:《十九世纪文学主潮》序言,侍桁译,北京:人民文学出版社,1958年。

冲击，而在世界进入帝国主义时代的19世纪70年代前后，开始民族独立和主权国家建构的历程。如果说，日本经历明治维新而于19世纪80年代前后其现代国家的制度建设基本成型，伴随着征兵和教育等一系列现代制度的确立以及"言文一致"运动的展开，而迎来了国民时代学术文化的大发展，那么，中国也是在稍后的时期经过戊戌变法和辛亥革命而有了现代主权国家的雏形，从而推动了"五四"新时代思想学术的兴起。仅就文学史这一编撰体制的建立而言，在日本，与芳贺矢一《日本文学史》《国民性十论》（1907）和津田左右吉《文学上所见国民思想的研究》（1916）等有关日本文学史的著作大量涌现的同一时期，也开始出现汉学家有关中国文学的历史著作，如笹川临风的《支那文学史》（1899），久保天随的《中国文学史》（1904），狩野直喜的《支那文学史》（1908年讲）、《支那小说史》（1916年讲）、《支那戏曲史》（1917）等。这期间，中日在现代化进程上的一二十年落差导致了下面这样一个特殊现象，即中国有关本国文学史的建构与先一步实现了学术之现代转换的日本汉学（支那学）几乎是同一时期发生的，并于20世纪初在彼此影响、相互切磋之中共同建构起了中国文学史的编撰体制。我们需要打破以往比较文学研究中影响比较视野下"日本影响中国"这一单线的观察视角，而看到交互影响的历史复杂性，并建立起在世界和东亚范围内观察中国文学史编撰体制建构过程的复线视角。

以中日之间有关元曲及明代以降的通俗文学研究为例，王国维的存在便是一个重要的象征。《宋元戏曲史》的单行本虽出版于1915年（商务印书馆），但王国维的元曲研究早在1907年便已开始，1911年至1916年寓居京都期间，他更与日本汉学家多有交流，甚至对京都学派产生了巨大影响。[1]

我们先来看同时代的读者傅斯年，在评王国维《宋元戏曲史》的文章中，是如何敏锐地道出了此类全新的文学专史出现于民国初年的时代意义的。这便是，发现和书写历史上的"新文学"即"国民文学"或曰"俗文学"，以呼唤时代文学的发展；同时参照中外文学的历史，根据文学史自身的"体制"撰写"科学的文学史"。傅斯年说：

> 宋金元明之新文学，一为白话小说，一为戏曲。当时不以为文章正宗，后人不以为文学宏业；时迁代异，尽从零落，其幸而存者，"泰山一毫芒"耳……
>
> 研治中国文学，而不解外国文学，撰述中国文学史，而未读外国文学史，将永无得真之一日。以旧法著中国文学史，为文人列传可也，为类书可也，为杂抄可也，为辛文房"唐才子传体"可也，或变黄全二君"学案体"以为"文案体"可也，或竟成《世说新语》可也；欲为近代科学的文学史，不可也。文学史有其职司，更有特殊之体制；若不能尽此职司，而从此体制，必为无意义之作。[2]

傅斯年所言《宋元戏曲史》的划时代意义，正道出了20世纪伴随着现代民族国家的建立而要求科学的国民文学史之出现的时代趋势。而在历史主义的科学态度和建构国民文学史这一全新意识上，王国维与日本汉学家尤其是京都学派的学者们达

---

[1] 参见黄仕忠：《宋元戏曲史·导读》，南京：凤凰出版社，2010年。
[2] 傅斯年书评，载《新潮》第1卷第1号，1919年1月。

成了一致。他寓居京都期间与日本同行的多方面交流，则象征性地呈现了20世纪初叶中日两国学者共同建构中国现代"科学的文学史"之壮丽的景观。例如，盐谷温在《支那文学概论讲话》[1]第5章讲到戏曲研究时，就提到日本学者着其先鞭而开创研究俗文学（国民文学）的新时代，中国学者王国维则出手不凡而给日本以重大影响的事实。

> 词至南宋而极盛一时，遂转而为元曲，于中国文学史上放射出灿烂光芒。世上之文学史家将汉文、唐诗、宋词、元曲相并称，赞此四者为足以代表时代之所谓"Epoch-making"的大文学。然我国历来虽于汉文和唐诗研究上十分盛行，至宋词元曲研究却付等闲。作为我国之词曲研究者则前有田能村竹田、后仅有先师森槐南博士……至近年，则中国本国亦曲学勃兴，曲话及杂剧传奇类的刊行不在少数，而吾师长沙叶德辉先生及海宁王国维君则为斯界之泰斗。尤其王氏有《戏曲考原》《曲录》《古剧脚色考》《宋元戏曲史》等有益之著作。王氏游寓京都以来，我国学界大受其刺激，自狩野君山博士始以至久保田髓学士、铃木豹轩学士、西村天囚居士及亡友金井君，均于斯文造诣极深。或对曲学研究发表卓见，或竟先鞭于名曲之翻译介绍，而呈万马奔腾之盛况。此前，明治三十年笹川临风学士刊行《支那小说戏曲小史》在先，后有幸田露伴博士之《元曲选》解说及森川竹磎学士之《词

---

[1] 盐谷温:《支那文学概论讲话》，1919年5月由东京大日本雄辩会出版。"二战"以后，该书改名为《中国文学概论》，1983年由讲谈社推出新版，内容没有改动。这里涉及该书的引文，主要依据讲谈社版。

律大成》二十卷，皆为煞费苦心之作。近又有今关天彭氏著《支那戏曲集》。[1]

据此，我们足以肯定地指出：20世纪最初20年间乃是中日学者在"国民文学"的崭新观念下共同建构全新的中国文学史编撰体制的时代。其中，思想方法上相互切磋、彼此学习和文献资料上互通有无这样一种学术交流的时代盛况值得我们记忆。同时，在考察20世纪中国文学史编撰体制的确立过程并思考其思想史意义的时候，或者研究近代中日学术交流史之际，这样一种历史大背景应该是我们思考的基点。

这里讨论的主要议题是鲁迅《中国小说史略》与盐谷温《支那文学概论讲话》之间的复杂关系。众所周知，在现代中国学术思想史上有一桩所谓"鲁迅抄袭盐谷温"的公案，自1926年初事件发生以来直到新世纪的今天，一直有人议论纷纷。但在我看来，当年与《语丝》派交恶的陈源仅凭道听途说而对鲁迅进行的诬陷，早在1927年6月君左译出盐谷温《支那文学概论讲话》中的小说部分并刊载于《小说月报》第17卷号外"中国文学研究"中，以及孙俍工的全译本于1929年出版之后，已经不攻自破。21世纪以来，虽依然有人借此话题攻击鲁迅，但也出现了一些从学术史和翻译传播等不同视角作脚踏实地之研究的论文，前者如鲍国华《鲁迅〈中国小说史略〉与盐谷温〈中

---

[1] 盐谷温：《中国文学概论》，东京：讲谈社，1983年，第142—143页。另外，仓石武四郎所著《日本中国学之发展》也有这样的表述："中国的国学先锋人物长期侨寓京都在极大程度上刺激了京都的支那学，使得诸位先学的学识日新月异。"见《日本中国学之发展》，杜轶文译，北京：北京大学出版社，2013年，第188页。

国文学概论讲话〉——对于"抄袭"说的学术史考察》[1]，后者如牟利锋《盐谷温〈支那文学概论讲话〉在中国的传播》等，都是可贵而有益的学术努力。尤其是鲍文，不仅依据新史料进一步梳理"抄袭"谣言的生成过程与复杂背景，且着力论证了两者在"概论"重文体和"史略"讲变迁的文学史编撰体式上的同异，令人耳目一新。然而，即使是鲍国华的论文也仍然没有摆脱只强调"日本影响中国"的单线思维[2]，在论述鲁迅"史略"与盐谷温"概论"在文学史体制上的不同时，并没有结合"民国文学"的时代大背景，来讨论他们如何共同颠覆了以诗文为正宗而轻视小说戏曲的传统文学观。

鉴于此，我不再纠缠于"抄袭"公案的细节本身，而将从中日学者在"国民文学"时代共建全新之中国文学史编撰体制的大视野出发，重点讨论鲁迅与盐谷温之间学术上相互认同、彼此借鉴的互动关系，在确认他们的著作分别于对方国家得到传播而产生影响的情况之际，尤其注意考察"史略"在日本翻译的过程，以立体地呈现中日两国学者相互交流的学术史盛况。与此同时，还将全面介绍盐谷温作为20世纪日本重要的汉学家其学术思想演变的内在理路，包括其政治立场上的复古之儒教意识形态与日本帝国殖民主义的内在关联，从而阐明20世纪30年代之后鲁迅何以不再与盐谷温交往并对其有所批评的深层原因。我认为，这样一种既看重其学术上的交往关系又不忘其背后之文化政治的批判性视角，对于深入理解中日近现代学术

---

[1] 载《鲁迅研究月刊》2008年第5期。
[2] 如鲍文："19世纪末到20世纪初，日本汉学家编撰了多部有关中国文学的研究著作，这些著作多采用'文学史'或'文学概论'体式，对中国学术界产生了重大影响。"

交流史乃至两国关系史，乃是非常必要的。

（二）鲁迅与盐谷温学术交往始末

盐谷温（1878—1962）出生于一个日本汉学世家，字士健，号节山。早年接受过严格的传统儒学教育，承袭盐谷家"素读"（背诵）家法，5岁起始背诵四书五经。[1]1902年毕业于东京帝国大学文科大学汉学科，1906年始任东京帝国大学副教授，成为该校"支那文学讲座"科目的最早教员。上任伊始，便得到明治政府海外留学派遣令，于年底赴德国慕尼黑大学及莱比锡大学学习。在德国期间，曾听《老子道德经》《礼记》等课程。但就后来成为其学术志向的中国通俗文学尤其是戏曲小说研究而言，盐谷温当时更多受到了英国汉学家瞿理斯和德国汉学家葛鲁贝分别出版于1901年和1902年的《中国文学史》启发。至此，形成了以德国文献校勘学和历史比较语言学为根基的汉学研究方法，以及将戏曲小说等口语俗文学置于核心位置来观察中国文学历史的"国民文学"观念。

盐谷温的海外留学时间为期四年，为了习得中国文化的必要知识，他结束在德国的留学后又于1909年秋转道赴清朝中国，先在北京进行为期一年的汉语学习。这期间，他遇到王国维并获赠《戏曲考源》《曲录》等著作，它们成为他日后完成

---

[1] 据盐谷温之子盐谷桓回忆，其父早年接受了江户时代传统的私塾教育，善于朗读背诵，且留下了当时背书吟诗的录音。（盐谷桓：《追忆父亲》，收入日本讲谈社1983年版《中国文学概论》）

博士论文《元曲研究》的重要指南。1910年冬赴长沙，拜叶德辉为师学习词曲。在湘期间，他还曾拜见硕学大儒王闿运、王先谦、瞿中唐等。王先谦劝其研究经史，盐谷温则婉拒，表明自己欲开拓中国文学研究的新生面而志在戏曲小说方面。另，他曾深入钻研《西厢记》《琵琶记》《牡丹亭》《燕子笺》《长生殿》《桃花扇》等经典曲目，奠定了其后中国文学研究的深厚基础。[1] 1912年结束留学生活回国后，在大学开设"支那文学概说""支那戏曲讲读"等课程。而1917年夏季所做大学公开讲演《支那文学概论》，后整理出版名为《支那文学概论讲话》（1919），乃其传世的学术代表作。1920年，盐谷温以《元曲研究》获得文学博士学位，并于同年晋升为教授。[2] 一般认为，东京大学中国文学之研究及教育初具规模，乃始于盐谷温。[3]

在盐谷温留学中国发现戏曲小说的文学史价值之际，鲁迅也正在默默地"钩沉"古小说材料。我们观其发表于1912年的《〈古小说钩沉〉序》，发现鲁迅在说明"余少喜披览古说，或

---

[1] 以上参见盐谷温《师友的追忆》，收入文集《天马行空》，东京：日本加除出版株式会社，1956年；以及藤井省三对盐谷温学术历程的记述，见江上波夫主编《东洋学的谱系》第2集，东京：大修馆书店，1994年。

[2] 盐谷温回忆："引导我进入支那戏曲领域的是森槐南先生，使我的研究得以大成的是叶德辉先生和王国维君。而两人均在国家变故之际横死，实在令人不可思议且痛惜不已。我最初跟随那珂先生读元朝秘史，略知蒙文一二；听槐南先生的西厢记讲义，得到元曲的启蒙。德国留学期间读到英国瞿理斯及德国葛鲁贝的支那文学史，得知西洋学者之研究更重视戏曲小说。留学北京期间主要学习汉语，转至长沙从叶德辉先生学得元曲西厢和琵琶、明曲牡丹亭与燕子笺、清曲长生殿与桃花扇，而参考王君的曲录（在北京所惠赠）始完成学位论文《元曲之研究》。"（《天马行空》，第91—92页）

[3] 参见《东京大学百年史》，东京：东京大学出版会，1986年。

见诮敓，则取证类书，偶会逸文，辄亦写出"的趣味喜好同时，也看到了小说之"况乃录自里巷，为国人所白心"[1]的性质。考虑到留学日本时期他已经大量接受西方"国民文学"的思想熏陶，我认为此时的鲁迅已经对中国小说的历史有了新的认识。当然，从20世纪全新的中国文学史编撰体制之确立过程来讲，他的小说史观乃至文学史观的体系建构，还要等到1920年开始承担北京大学的小说史课程并着手编辑教材之时。换言之，鲁迅与盐谷温治文学史的学术路径虽或有不同，但都是自20世纪初便开始着手，一样在1920年前后推出传世著作，并参与了新时代中国文学史编撰体制的建构。

这里，我们首先要以《中国小说史略》和《支那文学概论讲话》为中心，确认两作者围绕小说史研究而建立起的一段不深不浅的因缘关系。周作人曾回忆："豫才因为古小说逸文的搜集，后来能够有《小说史略》的著作，说起缘由来很有意思……那时我在北京大学中国文学系里当'票友'，马幼渔君正做主任，有一年叫我讲两个小时的小说史，我冒失地答应了，回来同豫才说起，或者由他去教更为适宜，他说去试试也好，于是我去找马君换了什么别的功课，请豫才教小说史，后来把讲义印了出来，即是那一部书。"[2]这是鲁迅编撰小说史的契机和起始。现代民族国家之基本的教育制度，特别是以培养新国民为终极目标的大学教育其科目上的需要催生了文学史编撰这样一种学术体制，这是19世纪后期以来的全新现象，各国莫不如此。

---

[1] 《鲁迅全集》第10卷，北京：人民文学出版社，1981年，第3页。
[2] 周作人：《鲁迅的青年时代》，石家庄：河北教育出版社，2002年，第121页。

中日间的思想

眼下的问题是，盐谷温《支那文学概论讲话》由东京大日本雄辩会出版于1919年5月15日，鲁迅是于何时以怎样的渠道接触到该书的？查北京鲁迅博物馆编《鲁迅手迹和藏书目录》（1959），其所藏的是该书当年的精装再版本。然而，我们在1920年前后的鲁迅日记及书账中，并没有发现任何获得此书的记录。所幸，周作人日记有两条购入该书的记录。如日记所附书账1920年6月项下有："支那文学概论讲话 盐谷温，让予遏先"；9月项下又有："支那文学概论讲话 盐谷温"的字样。而日记正文6月2日项下曰："至日本邮局取丸善十七日寄小包内梵文学史等五册以（及）英语注音字典一册"，9月17日项下则曰"往日本邮局取丸善一日小包两个内古代希腊の思想等五册"[1]。从时间和书账排列顺序等推断，可以知道周作人是通过东京的丸善书店购入盐谷温著作的，而相隔三个月两次购入同一图书，则由于第一次购得的送给了朱希祖（遏先）。从1923年"兄弟失和"之前两人的藏书时常共用的情况来看，可以推断鲁迅是通过周作人的购书而最早接触到盐谷温的著作的，或者《手迹和藏书目录》中的盐谷温《支那文学概论讲话》就是周作人9月邮购的那本也说不定。而当时正在准备《中国小说史》讲义的鲁迅，从一开始便有机会参考到该书，则是毫无疑问的。

盐谷温与鲁迅最早开始书信交往是在1926年8月。该年3月，盐谷温在日本内阁文库发现元刊"全相平话"五种，即元至治年间（1321—1323）新安虞氏所刊《武王伐纣书》《乐毅图齐七国春秋后集》《秦并六国》《吕后斩韩信前汉书续集》《三国志》，这"在小说史上，实为大事"（鲁迅语）。8月，盐

---

[1] 《周作人日记》（影印本），郑州：大象出版社，1996年。

谷温将其中一部私藏版"至治新刊全相平话三国志"制成影本，托去北京访书的弟子辛岛骁送给鲁迅。于是，鲁迅日记8月17日项下有"辛岛骁君来并送盐谷节山所赠《全相平话三国志》一部"的记载。而在这之前的8月9日，鲁迅已通过章川岛收到盐谷温的信函（《日记》曰："下午矛尘来并交盐谷节山信及书目一分。"）如今我们已无从知道信函和"目录"的详情，但可以确认这是两人通信的起始。直到1931年11月7日盐谷温的名字最后出现在《鲁迅日记》中，这期间相互往来书信及寄赠书籍的记载共9次，其内容基本上都是有关小说史文献资料的。

而两人唯一一次晤面则是在1928年2月23日，地点是上海内山书店。鲁迅当日的日记记载："晚往内山书店……遇盐谷节山，见赠《三国志平话》一部，《杂剧西游记》五部，又交辛岛毅（骁）君所赠小说、词曲影片七十四叶，赠以《唐宋传奇集》一部。"遗憾的是，两人都没有留下当时会面的个人观感的文字，其前后的通信往来也限于有关小说史的学术方面。值得注意的是，这种学术交往礼数周到，充分显示了相互之间的认可和尊敬。如在最初得到盐谷温的书信及目录之后，鲁迅便在一周之后的8月17日将刚刚由北新书局出版的《小说旧闻抄》寄赠盐谷温；与辛岛骁见面得到盐谷温所赠《全相平话三国志》后，鲁迅则于8月26日寄出答谢信；1929年2月21日，盐谷温通过内山书店转寄来宣德刊本《新编金童玉女娇红记》的新近影印本（《鲁迅日记》误记为"正德本"），鲁迅则于3月6日寄出答谢信；1931年9月，《中国小说史略》修订本出版，15日李小峰送来样书20本，鲁迅即刻于17日寄赠盐谷温3本。据悉，此赠本扉页上有"敬呈／节山先生教正／鲁迅／九月十七日"字样。[1]

鲁迅与盐谷温的直接交往始于1926年8月,这似乎另有特殊的意义。众所周知,1926年1月30日陈源在《晨报副刊》上发表文章,散布鲁迅"史略"抄袭盐谷温"讲话"小说部分的谣言,鲁迅则于2月8日刊出《不是信》一文予以反驳:

> 盐谷氏的书,确是我的参考书之一,我的《小说史略》二十八篇的第二篇,是根据它的,还有论《红楼梦》的几点和一张《贾氏系图》,也是根据它的,但不过是大意,次序和意见就很不同。其他二十六篇,我都有我独立的准备,证据是和他的所说时常相反。例如现有的汉人小说,他以为真,我以为假;唐人小说的分类他据森槐南,我却用我法。六朝小说他据《汉魏丛书》,我据别本及自己的辑本,这功夫曾经费去两年多,稿本有十册在这里;唐人小说他据谬误最多的《唐人说荟》,我是用《太平广记》的,此外还一本一本搜起来……。其余分量,取舍,考证的不同,尤难枚举。自然,大致是不能不同的,例如他说汉后有唐,唐后有宋,我也这样说,因为都以史实为"蓝本"。[2]

鲁迅的反驳有理有据且态度诚恳,而在1931年北新书局修订版中则于第十四篇和第二十一篇等处明确标出了源自盐谷温的材料出处。实际上如前所述,早在1927年君左译出"讲话"

---

[1] 见伊藤漱平:《关于盐谷温博士批注本〈中国小说史略〉》,收《伊藤漱平著作集》第5卷,东京:汲古书院,2010年。

[2] 《鲁迅全集》第3卷,第229—230页。

小说部分而公布于世的时候，陈源的诬陷便已不攻自破。那么，盐谷温是否对这桩"抄袭事件"有所知晓呢？从现有的资料来看，我们还无从判断。总之，他在与鲁迅通信之前便接触到"史略"，则是毫无疑问的。《中国小说史略》作为北京大学授课时的讲义，曾先后于1923年、1924年由北京大学新潮社分上下册印行；1925年又由北新书局合印成一册出版。而在日本，1926年7月便有盐谷温的高足仓石武四郎于《支那学》杂志第4卷第1号以"卧云"笔名发表了相关的书评。由此，日本学者伊藤漱平推测：在此之前该书就可能通过东京的文求堂输入日本，而盐谷温则最早获得此书并肯定了其价值。[1]就是说，不管盐谷温是否知晓，作为从"国民文学"立场出发而开创了中国小说戏曲研究新局面的日本学者，他对鲁迅的认可和尊敬非同一般。这不仅再次证明了陈源所言乃是诬陷不实之词，且显示了鲁迅小说史研究具有独自的学术价值而被外国同行所承认。[2]实际上，《中国小说史略》在日本还有一段中国人很少知

---

[1] 伊藤漱平:《关于盐谷温博士批注本〈中国小说史略〉》，收《伊藤漱平著作集》第5卷。

[2] 1935年12月31日鲁迅作《且介亭杂文二集·后记》，对日文版《小说史略》序文做补充，再次提及陈源的诬陷，可见其对鲁迅的打击之刻骨铭心，也可以感觉到鲁迅对日文版出版的在意："在《中国小说史略》日译本的序文里，我声明了我的高兴，但还有一原因却未曾说出，是经十年之久，我竟报复了我个人的私仇。当1926年时，陈源即西滢教授，曾在北京公开对于我的人身攻击，说我的这一部著作，是窃取盐谷温教授的《支那文学概论讲话》里面的'小说'一部分的；《闲话》里的所谓'整大本的剽'，指的也是我。现在盐谷教授的书早有中译，我的也有了日译，两国的读者，有目共见，有谁指出我的'剽窃'来呢？呜呼，'男盗女娼'，是人间大可耻事，我负了十年'剽窃'的恶名，现在总算可以卸下……"

晓的翻译传播史。

(三)《中国小说史略》在日本的译介传播

郭沫若称王国维的《宋元戏曲史》和鲁迅的《中国小说史略》是"中国文艺史研究上的双璧"[1]，我们同样也可以称盐谷温的《支那文学概论讲话》与鲁迅的《中国小说史略》为东亚草创期的中国文学史研究方面的两个高峰。而且，两书在各自的对方国家都有一段不断被翻译和传播的历史，两位作者则互相认可其价值。鲁迅不仅在著作的修订版中吸收了盐谷温所提供的有关中国小说史的新材料，而且多次对其研究的成就给予高度评价。例如，1930年所作北新书局修订版的《题记》就肯定说："盐谷节山教授之发现元刊全相平话残本及《三言》，并加考索，在小说史上，实为大事。"又如，1933年12月20日致曹靖华信曰："中国文学概论还是日本盐谷温作的《中国文学讲话》清楚些，中国有译本。至于史，则我以为可看（一）谢无量：《中国大文学史》，（二）郑振铎：《插图本中国文学史》（已出四本，未完），（三）陆侃如、冯沅君：《中国诗史》（共三本），（四）王国维：《宋元戏曲史》，（五）鲁迅：《中国小说史略》。但这些不过可看材料，见解却都是不正确的。"[2]而盐谷温，不仅以提供新史料和拜会鲁迅的方式表示尊敬，而且自1929年开始在东京帝国大学的课堂上采用《中国小说史略》为

---

[1] 郭沫若：《鲁迅与王国维》，载《文艺复兴》第2卷第3号，1946年10月。
[2] 《鲁迅全集》第12卷，第299页。

授课教材，甚至曾有组织学生一同翻译此书的计划，足见其对鲁迅著作的评价之高。盐谷温的"讲话"在中国曾有两个编译本、三个不同的翻译本，关于其译介传播过程已有学者的研究论文发表，可以参照。[1]

盐谷温于上海会见鲁迅之后，次年开始在东京帝国大学课堂上采用《中国小说史略》作为授课教材。1982年，日本著名中国文学研究家伊藤漱平（增田涉的弟子）在天理图书馆发现了盐谷温生前捐赠的这本作为教材的"史略"原本，其中有盐谷温的大量批注，版权页上则有一年授课结束之际老师及学生7人的纪念签名。以此为契机，伊藤漱平调查有关情况，撰写了详细的论文《关于盐谷温博士注释本〈中国小说史略〉——〈中国小说史略〉日译史话断章》[2]。以下，我将主要依据此论文并结合鲁迅著作等原始文献，对"史略"在日本的译介传播情况略做介绍。

盐谷温1929年度担任的东京帝国大学课程为文学部的"支那文学演习"，课堂用作教材的"史略"是1929年1月北新书局出版的第5版，即1931年修订本之前的版本。我们已知，鲁迅为撰写"史略"曾花费大量时间和心血，广泛收集辑录有关史料。在1935年所作《小说旧闻抄》"再版序言"中他回忆道："《小说旧闻抄》者，是十余年前在北京大学讲中国小说史时，所集史料之一部。时方困瘁，无力买书，则假之中央图书馆、通俗图书馆、教育部图书室等，废寝辍食，锐意穷搜，时或得之，

---

[1] 牟利锋：《盐谷温的〈支那文学概论讲话〉在中国的传播》，载《中国现代文学研究丛刊》2011年第11期。
[2] 载《咿哑》月刊1987年3月号，收入《伊藤漱平著作集》第5卷。

瞿然则喜,故凡所采掇,虽无异书,然以得之之难也,颇亦珍惜。"[1] 由于"无力买书"且时地有限,给鲁迅收集原始文献带来了种种限制,使他未能做到尽用善本。也因此,他不断增补新材料,每有再版的机会必做修改。而据曾参加盐谷温授课的学生内田道夫回忆:"演习课上的是鲁迅《中国小说史略》,老师要求所引书籍必核对原书,一字一句不可错过。"[2] 而盐谷温在书中的批注则大概有四类:1. 在原文段落之间加上小标题;2. 断句并加说明;3. 对引文中的异字等加标注,如《枕中记》的引文有"其罗者皆死",盐谷温在"其"字旁边注:"一作共","应据说荟之共罗";4. 是对《史略》表示不同意见的加注。另据记载,1935年度盐谷温曾再次采用《史略》作为课堂教材。

在课堂上,盐谷温不仅要求学生对《中国小说史略》的引文一一核对原书,而且安排学生逐字逐句翻译,因此,后来甚至有学生们以汉文训读方式合译并寻书局出版的计划。说到《中国小说史略》的日译[3],我们知道1935年东京赛棱社出版的增田涉译本是第一个在鲁迅直接指导下完成的完整译本。但实际上,在此之前还曾有两个翻译计划。一个就是盐谷温学生合译的计划,另一个则是已于1928年毕业并赴殖民地朝鲜京城大学任教的辛岛骁(1903—1967,盐谷温女婿)试图独立进行的翻译工作。如前所述,辛岛1926年曾作为盐谷温的信使于8

---

[1]《鲁迅全集》第10卷,第146页。
[2] 据伊藤漱平:《关于盐谷温博士批注本〈中国小说史略〉》,收《伊藤漱平著作集》第5卷。
[3] 实际上早在1924年北京发行的日文杂志《北京周报》曾就有以"一记者译"署名的《支那小说史略》的连载,这是最初的日文翻译。只可惜仅翻译到第十五篇前半部分,因此后来未能成书出版。

十 国民时代的中国文学史编撰体制之创建

月17日拜会过鲁迅，而查《鲁迅日记》，直到1933年为止他们之间的见面和书信往来记载竟有22条之多。其中，不仅有小说史方面资料书籍的相互馈赠，甚至有辛岛自朝鲜寄赠绢品、玩具、鱼子，而鲁迅则赠其《李卓吾墓碣》拓本、翻刻本雷峰塔砖中佛经一纸，以及两次宴请的记载，可见鲁迅对晚辈后学的关怀和两人交往的密切。

实际上，在这期间辛岛骁已经有了翻译《中国小说史略》的计划。据其子辛岛升回忆，1928年3月东京帝国大学毕业后立刻赴朝鲜京城大学任教的辛岛骁，也曾在课堂上采用鲁迅的《中国小说史略》作为教材，并在授课过程中产生翻译此书的想法。[1]1929年途经上海回东京的辛岛骁再次拜见鲁迅，《鲁迅日记》9月8日和11日也确有"上午辛岛骁来""下午往内山书店，遇辛岛、达夫，谈至晚"的记载。另据辛岛本人战后的回忆，就是在这次会面中，他就"史略"的日译征得了鲁迅的同意。[2]而如上所述，在学生们准备以汉文训读方式翻译"史略"之际，盐谷温曾派某学生去汉城（今首尔）与辛岛骁联络以探听其翻译计划的虚实。当得知他已经译出大半之后，东京方面则只好作罢。与此同时，1931年同为盐谷温学生的增田涉到上海与鲁迅联系，并在鲁迅直接讲解下开始"史略"的翻译工作。其间，增田曾致信汉城的辛岛骁，希望能将"史略"的翻译出版权让与自己。[3]结果，最后得以实现的翻译计划是出

---

[1] 据伊藤漱平文章转述。

[2] 辛岛骁：《鲁迅回忆》，1949年作，任钧译，载《鲁迅研究资料》第13辑，天津：天津人民出版社，1984年。

[3] 有关情况，辛岛骁本人在战后曾做如下追忆："《小说史》的翻译方面，曾经准备跟东京和九州的同学们共同译出；可是占重要地位的（转下页）

357

版于1935年的增田涉译本。

战后，鲁迅《中国小说史略》仍不断有新的日译本出现。1963年岩波书店出版了增田涉的新译本上卷，而下卷因其突然逝世由弟子伊藤漱平续译。1986年，日文版《鲁迅全集》由学习研究社出版，今村与志雄担任《中国小说史略》的翻译。今村还于1997年在东京筑摩书房出版了一个上下两册的单行修订本。最新一个译本则为中岛长文所译，由东京平凡社东洋文库于1997年出版的。该译者还于其后自费印行了《中国小说史略考证》这一大部头研究著作。可以说，日本两代学人兢兢业业不遗余力地移译《中国小说史略》，不仅使这部学术名著得以在日本广为流传，而且更反映了日本学者对该书的高度评价和长久不衰的敬重。这与盐谷温《支那文学概论讲话》在中国有多个译本并得到广泛传播的情形交相辉映，谱写了中日现代学术交流史的重要一页。

（四）文学史编撰体制的建构及其两人方法论上的同异

如前所述，盐谷温和鲁迅身处"国民文学"的时代，在建构中国文学史编撰体制的过程中，其最大的共同性体现在对雅

（接上页）我，对于那样的工作，还不如对于当前的朝鲜民族问题方面保持着更多的关心。在停滞期间，待在上海跟鲁迅很亲近的同学增田涉来了信，跟我商量，可否让与他来搞。增田君是我顶要好的朋友，这就使我跟东京的同学们之间陷进了进退两难，可我不吭声地交给他去努力了。这很对不起东京的同学们；但我觉得恐怕是鲁迅喜欢增田君的翻译。"（辛岛骁：《回忆鲁迅》）

俗文学关系的根本性颠覆方面。我们暂且抛开他们在处理"文学史概论"和"小说专史"方法上的不同，则可以看到他们共同把关注的焦点聚集在元明以后的通俗文学即平民文学上，由此形成了以戏曲小说为中心的文学史编撰体制。这在今天早已成为常识，但在当时的确有着革命性的意义。例如，《剑桥中国文学史》主编之一的宇文所安，在"上卷导言"中对20世纪20年代全新的中国文学史之诞生，有如下精彩的描述：

> 20世纪20年代中国的文化批评家、文学史家，将一幅语言修辞层次及其相关文体的宁静地图转变为一种对抗叙事，转变为死的"文言"与活的"白话"之间的斗争。胡适，20世纪20年代最负盛名的知识分子之一，将这场斗争的源头一直追溯到公元前一世纪。这是一种包含动机的文学史，20世纪20、30年代以降，从多部以汉语写就的文学史中，依然可见这一动机的痕迹。如果说这是一个新的中国试图脱离旧中国的时期，那么，文学史则成为一首表现抗争的史诗，由书面白话对抗文言令人麻木的统治。这个故事的结尾——20世纪20年代现代国族文学白话文最终大获全胜，是早已预先设定的。[1]

20世纪20年代前后中国文学乃至文学史观念的变革运动的确是一场颠覆性的革命，而胡适也确实是这场运动的急先锋。仅就文学史编撰而言，他与鲁迅的小说史讲义几乎同时开讲的

---

[1] 孙康宜、宇文所安主编：《剑桥中国文学史》上卷，刘倩等译，北京：生活·读书·新知三联书店，2013年，第17页。

《国语文学史》(1921),便开宗明义将白话文学置于文学史的核心位置上:"白话文学史就是中国文学史的中心部分。中国文学史若去掉了白话文学的进化史,就不成中国文学了,只可叫作'古文传统史'罢了。……我们现在讲白话文学史,正是要讲明……中国文学史上这一大段最热闹,最富于创造性,最可以代表时代的文学史。"[1]在胡适的思想观念中,对文学之人民(国民、平民)性的价值肯定和进化论的历史观是两大支柱,而其表达方式尤显得高调而激越,其观点也因此而成为一个时代文学革命的宣言。

盐谷温和鲁迅的文学史研究,自然也在这样一个大时代的发展脉络里面,虽相比之下没有胡适那么高调张扬,但人民性的视野和进化论的史观一样是他们文学史编撰体制的核心。例如,盐谷温《支那文学概论讲话》的序言,就直接将元代之后的中国文学定义为"国民文学",并把元明戏曲小说与唐诗宋词并列:

> 支那乃文学之古国,有四千年之历史,横跨四百余州县,人口众多而号称四万万。泰华巍巍千秋耸立,江河洋洋万古流淌。天地正气凝聚于此,而开三代之文化。汉唐之世,尊崇儒道且奖励文教,济济人才翱翔翰林文苑,吟诵风月而展露诗赋文章之英华。元明以降,戏曲小说勃兴,于国民文学产生不朽杰作,而其中尤推汉文、唐诗、宋词、元曲达至空前绝后之境。

---

[1]《胡适文集》第4卷,北京:人民文学出版社,1998年,第17页。

盐谷温进而称宋以后的小说为"真正的国民文学",而在狩野直喜于欧洲所见敦煌石窟经卷里的雅俗折中体之散文和韵文小说中,他甚至想象到"唐末五代之际于优美典雅之传奇体外,曾有极为俚俗且为一般下层民众所赏玩之所谓平民文学发生"[1]。他的"讲话"问世以来,得到高度评价者大概在两个方面。一是以文学体式为标准和顺序来叙述文学的发展过程;二是重视戏曲小说的考察并将其与诗文同等看待,以寻找"国民文学"的发展轨迹。孙俍工的译本前有盐谷温受业弟子内田泉之助作"内田新序",亦明确指出了上述两点。[2]

而叙述上更趋严谨内敛的鲁迅《中国小说史略》,也一样在书里书外透露出对白话文学之人民性的重视。如第十二篇"宋之话本"开篇曰:"宋一代文人之为志怪,既平实而乏文彩,其传奇,又多托往事而避近闻,拟古且远不逮,更无独创之可言矣。然在市井间,则别有艺文兴起。即以俚语著书,叙述故事,谓之'平话',即今所谓'白话小说'者是也。"[3]而 1924 年鲁迅到西北讲《中国小说的历史的变迁》,其开场白中就更为明确地表示,中国的历史包括文学史也都在人类进化的过程里[4];第四讲中,则比较士大夫的创作而明确看重白话的文学,显示出鲁迅清晰的"平民文学观":"注意创作一方面,则宋之士大夫实在并没有什么贡献。但其社会上却另有一种平民底小说,代之而兴了。这类作品,不但体裁不同,文章上也起了改革,

---

[1] 盐谷温:《支那文学概论讲话》下篇第 6 章第 4 节,东京:大日本雄辩会,1919 年。
[2] 盐谷温:《中国文学概论讲话》,孙俍工译,开明书局,1929 年,第 7 页。
[3] 《鲁迅全集》第 9 卷,第 110 页。
[4] 同上书,第 301 页。

用的是白话，所以实在是小说史上的一大变迁。"[1]

以上，我们大致确认了盐谷温和鲁迅的著作在"国民文学"时代所建立起来的以平民白话文学为中心而循进化论之历史观建构文学史的基本特征。这在当时的确于文学史编撰体制上具有革命的颠覆性和开创性。尤其可贵的是，盐谷温的"讲话"没有遵循当时一般文学史以朝代兴亡为顺序阐述文学发展的惯例，而是采取了"横向阐明文学之性质种类"，即以文体类型为中心的阐释架构，也因此得以用全书将近三分之二的篇幅来讨论戏曲小说，有力地彰显了最能代表"国民"精神的白话文学，而为中日两国学界所瞩目。鲁迅的《史略》则直接以专史的体式，为历来遭到歧视甚至被打入冷宫的小说树碑立传，其形式本身就具有革命性。

如前所述，诞生于20世纪20年代前后的盐谷温和鲁迅的文学史著作，共同参与了全新的中国文学史编撰体制的建构。尤其是在小说史方面，他们更发挥了筚路蓝缕而开创科学的阐释架构之功。《支那文学概论讲话》共有六章，虽按照文体的分类分别阐述唐代以前的文、诗、词和元代之后的戏曲、小说，但有关每种文体的说明部分又可以视为独立的文体发展略史。例如，其最后一章的"小说"如果单独抽取出来，就是一部初具规模的有关中国古代小说的略史。[2]盐谷温在这部分以四节的篇幅按如下顺序展开论述：第一节，神话传说；第二节，两汉六朝小说；第三节，唐代小说；第四节，诨词小说。内容

---

[1]《鲁迅全集》第9卷，第319—320页。
[2] 实际上，《支那文学概论讲话》最早翻译介绍到中国来的就是只选取第六章"小说"部分的节译本，并名之为《中国小说史略》，译者郭希汾（绍虞），上海：中国书局，1921年5月出版。

包括从早期的神话传说直到清代的《红楼梦》为止。而鲁迅的《中国小说史略》作为专史自然内容更为丰富细致，不仅在汉魏六朝古小说的钩沉辑录、唐宋传奇的收集整理方面厥功至伟，而且明清部分的论述一直延伸到清末的"谴责小说"，且以"通俗小说"概念统称之，显示出结构上的更加完整系统。但就总体的叙述结构与阐释架构而言，基本上与盐谷温的"讲话"相一致。这个阐释架构为后来中日两国文学史研究者所基本认可，并继承延续至今。中国有论者认为：盐谷温对中国古代小说脉络的描述"大的框架方面基本上是能成立的，因而它经鲁迅的补充与发展之后，一直到现在在大体上还能被中国当今多数的学者所接受"[1]。而我认为，鲁迅早在接触到盐谷温的著作之前就已经确立起自己的小说史观，且完全按照自己的方式收集文献史料，故两者的关系并非鲁迅"补充与发展"了盐谷温，而是殊途同归，共同建构起了中国小说史的阐释架构。

既然盐谷温的"讲话"是"横向阐明文学之性质种类"的"概论"，而鲁迅的"史略"是小说的专史，那么，他们在具体的阐释方法和立论观点上当然会有所不同。比如，在史料考证方面，鲁迅采取的基本上是目录学的方法，又因为长年积累而具备了深厚精湛的考据功夫。所以，胡适在《白话文学史》"引子"（1928）中，对盐谷温于小说史料发现上的功绩做出肯定的同时，尤其强调"最大的成绩自然是鲁迅先生的《中国小说史略》；这是一部开山的创作，搜集甚勤，取材甚精，断制也甚严，可以替

---

[1] 黄霖、顾越：《盐谷温对中国小说史的研究》，载《复旦学报》1999年第6期。

我们研究文学史的人省无数精力"。[1]后来，在致苏雪林的信中，他更重提"抄袭"旧话而为鲁迅辩护："通伯先生当日误信一个小人张凤举之言，说鲁迅之小说史是抄袭盐谷温的就使鲁迅终身不忘此仇恨！现今盐谷温的文学史已由孙俍工译出了，其书是未见我和鲁迅之小说研究之前的作品，其考据部分浅陋可笑。说鲁迅抄袭盐谷温，真是万分的冤枉。盐谷一案，我们应该为鲁迅洗刷明白。"[2]公平地讲，鲁迅的考据确实精湛，但盐谷温的著作受到叙述体式的制约，显然重点不在考据而在对各式文体的论述方面。反过来讲，鲁迅在论述上的过分严谨内敛，也使我们在理解他的"史略"时不得不常常去参考《中国小说的历史的变迁》等别的文章。总之，这是两人著作的主要差异点。

同样，源自小说史叙述体式上的制约，鲁迅和盐谷温的著作还有以下不同，这不同亦即各自的特色所在。第一，鲁迅的小说史注重小说本身的历史变迁和小说之外社会文化沿革的叙述，具有明显的"小说史意识"。中国学者鲍国华认为：盐谷温著作的小说部分，其史的意味不突出，"这并不是盐谷温的眼光或学养不足造成的，而源于该书著述体式的制约"。"鲁迅的小说史意识表现为：以小说发展的历史时期为背景，以小说类型的递变为线索，用类型概括一个时期小说发展的格局与面貌。……这是鲁迅与郑振铎及盐谷温等人在'小说史意识'上的重大区别。"[3]我完全赞同鲍文的观点，而且要进一步强调鲁迅拥有鲜

---

[1]《胡适文集》第4卷，第15页。
[2] 胡适：《致苏雪林》（1936），《胡适文集》第7卷，北京：人民文学出版社，1998年，第155页。
[3] 鲍国华：《鲁迅〈中国小说史略〉与盐谷温〈中国文学概论讲话〉——对于"抄袭"说的学术史考察》，载《鲁迅研究月刊》2008年第5期。

明独特的进化论史观,他既看到了人类进化的一般规律,更注意到中国历史进化的两种特殊现象:"一是新的来了好久之后而旧的又恢复过来;一种是新的来了好久之后而旧的并不废去,即是羼杂。"[1]鲁迅看到中国历史进化的缓慢,因此他尤其注意小说史背后各种社会、文化、心情的复杂因素如何推动或者阻碍小说的发展,这是盐谷温的著作所不具备的。

第二,基于上述对中国历史进化过程的特殊认识,鲁迅在阐述小说发展史的同时,还注意对其思想艺术做出批判性的价值判断,即剖析其中"原始人民的思想手段的糟粕"。例如,讲到《西厢记》的大团圆结局,鲁迅则强调"所以凡是历史上不团圆的,在小说里往往给他团圆;没有报应的,给他报应,相互骗骗。——这实在是关于国民性底问题"[2];论及《金瓶梅》之后的《平山冷燕》《好逑传》《玉娇梨》则批评才子佳人故事貌似有悖"父母之命",实则"到了团圆的时节,又常是奉旨成婚"[3]而落入旧套;至于清末的说部,鲁迅不仅独创"谴责小说"概念用以说明《官场现形记》等的特征,更在肯定其"命意在于匡世,似与讽刺小说同伦"的同时,指出其"辞气浮露,笔无藏锋,甚且过甚其辞,以合时人嗜好,则其度量技术之相去亦远矣"[4]。盐谷温则不同。鲁迅这种源于民族自我反省和国民性批判的对于小说"糟粕"部分的剖析,与其对传统小说思想艺术"精华"的阐发同在,共同构成"五四"中国一代批判性知识分子特有的文化政治立场和学术见识。这是盐谷温

---

[1] 《鲁迅全集》第9卷,第301页。
[2] 同上书,第301页。
[3] 同上书,第331页。
[4] 同上书,第282页。

的著作中所没有的。作为外国汉学家，盐谷温则更注意客观地呈现中华文化的光辉灿烂，在描述中国文学特别是元明以来的戏曲小说时，往往是落笔于成就和贡献及文体发展的来龙去脉，却很少做思想政治性的价值判断。面对西方人的偏见，他甚至起而为中国辩护。例如，在"讲话"第一章论述汉语的特征时，他承认欧洲人视汉语为孤立语的观点，但批评其视汉语为野蛮之物的态度，而强调汉语"实际上是很高级而实用的文字"[1]。至于对中国传统文化的核心之儒教思想更是称赞有加，这涉及日本近代汉学的儒教意识形态问题，我将在后面重点讨论。

第三，盐谷温著作的特点是从中日文化源远流长的交流关系入手，引入比较的视角来阐明中国文学的成就和特征，常常得出中国学者在本国的内部不易察觉的结论。例如，讲到宋以后的传奇志怪，盐谷温明确提示出其对日本近世小说的直接影响："这些书籍很早便传入我国，而给予浅井了意、上田秋成、龙泽马琴等小说以直接影响。尤其是浅井了意的《伽婢子》便是译自《剪灯夜话》，其中《牡丹灯记》更成为圆朝《牡丹灯笼》的蓝本。菊池三溪曾著《本朝虞初新志》，而《燕山外史》中则有一篇《燕之山蕗》的日译，《聊斋志异》亦历来多有翻刻，近年来其中的数篇又被翻译过来在杂志上刊载。实际上《聊斋》多为短篇，文章亦优美，可供文人的谈资，更是小说家的宝库。"[2]此外，盐谷温还谈到《水浒传》给日本俗文学发展的多重影响，以及《红楼梦》与《源氏物语》的比较[3]，这都

---

[1] 盐谷温：《中国文学概论》，第23—24页。
[2] 同上书，第302—303页。
[3] 参见上书，第319页。

显示出其"日本视角"的有效和中日文学比较研究的广阔天地。与此同时，盐谷温还常常援引日本学者的研究成果，使读者有可能了解到日本汉学方面的各种观点。

本雅明的《文学史与文学学》（1931）曾言：文学史"不是要把文学作品与它们的时代联系起来看，而是要与它们的产生，即它们被认识的时代——也就是我们的时代——联系起来看。这样，文学才能成为历史的机体，而不是史学的素材库，这是文学史的任务"[1]。我们回顾鲁迅与盐谷温的中国文学史研究，也可以看到他们的卓越成就之所以具有划时代的意义，根本的原因亦在于他们身处20世纪初"国民文学"的时代，能够自觉呼应历史的要求而建立起以通俗文学之小说戏曲为中心的文学史阐释架构，进而形成认识中国文学特别是小说历史的全新范式。他们学术上的历史功绩，将为后人所铭记。

（五）政治上的不同道

以上，就盐谷温《支那文学概论讲话》和鲁迅《中国小说史略》的独特价值以及两人学术上的交往事实，做了具体的梳理和分析。在此，还要对盐谷温的汉学思想取向，特别是20世纪30年代以后的政治活动——如何拥护并参与到日本帝国主义海外殖民扩张的国家行动当中，怎样在晚年继续坚持儒教复古主义思想立场等，给予简要的介绍和剖析。因为不如此，我

---

[1] 本雅明：《经验与贫乏》，王炳均、杨劲译，天津：百花文艺出版社，1999年，第251页。

们将很难理解为什么鲁迅与盐谷温的交往后来中断了,何以在1932年致增田涉的信中对其颇有微词,增田涉希望盐谷温邀请鲁迅赴日讲学疗养为何没有得到回应等具体的史实问题;更无法深入到20世纪中日关系史的深层,从而加深我们对于日本中国学的政治性格的理解。简言之,20世纪30年代之后,盐谷温和鲁迅分别身处征服和被征服、殖民与被殖民的日中两国不平等关系之中,其政治立场和文化感受是不一样的,他们走的是各自不同的政治之路。盐谷温作为东京帝国大学的教授,一直以来秉承汉学／支那学的儒教意识形态性格,对20世纪30年代前后日本国家之帝国主义性质没有批判,战后亦对战争历史不曾有反省而始终坚持复古主义的思想立场。这反映出日本近代汉学／支那学的复杂性,需要我们从文化政治的层面加以深入的分析。

所谓"儒教意识形态性格",是指近代以来日本将儒教作为建构现代国家的意识形态理论基础,借此来宣扬以天皇制为核心的"忠君爱国"思想。这影响到日本汉学／支那学的发展,使其具有了"官学"的性质。户川芳郎在《汉学支那学的沿革及其问题——近代学术的确立与中国研究的"谱系"(二)》[1]一文中曾尖锐地指出:明治十三年(1880)伴随着采用德国式兵法操练改革而实施的学制《改正教育令》,为近代日本学术发展规定了明确的国家主导方向,其作用甚至超过了战后的学制改革。教育令的实施使大学教职人员获得了国家官吏的待遇(日本的国立大学至今仍称教师为"教官")。而始于该时期的日本近代汉学／支那学作为明治儒教意识形态的理论支柱,

---

[1] 载《理想》杂志1966年6月号,东京。

在直接服务于国家对封建道德复活强化之国策的同时,也得到了国家强有力的支持和保护。就是说,"'东洋哲学'或者其变种(汉学乃至东洋学)超越了所属学术机关和研究者的个人意图——中国认识上的差异等,直到战败为止始终笼罩在高度政治化的意识形态影响与支配之下,而成为一个必须指出的特征"。也因此,1890年东京帝国大学始设"汉学/支那哲学科"以来,该学科一直有着强烈的体制教学之权威主义的味道,它与天皇制国家权力密切结合而不遗余力地用"科学方法"阐发作为国家精神支柱的儒教知识。

另一方面,在远离权力中心的京都,由对抗唯一官学东京帝国大学而形成了以东洋史/支那学乃至中国文学为中心的"京都学派"。然而,表面上的对抗官学并没有影响到京都支那学与日本国家"大陆政策"具有密不可分的政治关系。正如日本的"东洋史"作为教学科目诞生于中日甲午战争日方胜利之后(从世界史科目中分离出来),而终结于(又归到世界史科目中)太平洋战争失败之际所象征的那样,乃是伴随着日本大陆政策的推行而产生发展起来的。

户川芳郎的观点,也由下列事实得到了进一步印证。例如,京都学派史学方面的代表如狩野直喜、内藤湖南、桑原骘藏,他们或者根据清朝考据学或者依据西方实证主义方法研究中国及其周边的历史,留下了不朽的学术业绩,仿佛纯然的象牙塔学者而很少涉及国家政治和意识形态似的。然而,事实并不如此,如最早使"东洋史学"从"汉学"科目中独立出来并在东西方贸易交通史方面业绩卓著的桑原骘藏,就曾极端地蔑视中国人甚至不惜在教学和著述中加以侮辱。在19世纪末日本一跃成为新兴帝国且以西方为文明而视中国及周边诸国为野蛮的一般社会风潮中,桑原骘藏选择"中国"为研究对象,理由并非在于喜爱中国文明或者要发现对象身上的固有价值,而是要证明日本人亦有不亚于西洋人的科学研究能力。实际上,明治政府确立起来的以儒教为国家意识形态核心的大政方针,乃是日本近代汉学／支那学不言自明的前提。日本当时的大部分汉学家不仅坚信儒教对本国的重要价值,而且期待能够以儒教思想统一东亚各国民众。桑原骘藏甚至称"中国人没有头脑",要使其觉醒则需要尊奉儒教并学习大和魂。这与1914年出版《支那论》以后的内藤湖南称中国没有治理现代国家的能力,"为支那着想"建议采用国际"托管"方式的奇怪想法如出一辙,虽然内藤湖南对中国文明的偏爱与桑原骘藏的蔑视中国人大不一样。总之,即使在京都支那学派那里,我们一样可以感受到某种类似于宗主国观察殖民地那样的帝国主义视角。

盐谷温正是在近代日本这种特殊的学术脉络和政治背景下成为东京帝国大学"支那文学"科"教官"的。他出身汉学世家,青少年时期在培养皇族贵胄的学习院接受教育,任职东京帝国大学以后也始终得到了日本国家的优待。而他本人亦不讳言对国家的忠诚,在晚年回顾自己的一生时,他庆幸"依靠祖辈的积善,经历了明治、大正、昭和的盛世,身居高位,得以为国家尽其微力"[1]。他在中国文学研究上的确达到了相当高的学术境界,对于中国文明及其悠久传统的景仰亦真诚笃实。同时,他在政治思想上坚定拥护儒教文化,也是事实。对盐谷温而言,这不仅源于儒教乃中国传统思想的核心,而且在于它是近代日本立国的意识形态基础,而对苦斗中的现代中国其反儒教的思

---

[1] 盐谷温:《天马行空》,第192页。

十 国民时代的中国文学史编撰体制之创建

想政治革命,他则不曾给予了解之同情。这正是鲁迅所谓"支那中毒"或"中国迷"式的日本汉学家的根本属性。盐谷温20世纪20年代末之后的一系列不可思议的言行,也正源自这种汉学家属性。

如前所述,盐谷温与鲁迅的唯一一次会面是在1928年2月23日。而之后的26日,他所奔赴的则是山东曲阜,目的在于参加春季例行的祭孔活动。据马场春吉记述,盐谷温是跟随日本各大学及专科学校的教授们一同前往山东的。这次活动得到了日本财阀涉泽荣一的捐助和山东督办张宗昌支持,无疑是一次极具政治意味的活动,不仅当晚在济南督办府有盛大的欢迎宴会,日本陆军相板垣征四郎和参谋本部的小野中佐以及日本领事馆的多名官员出席,而且那位"连自己也数不清金钱和兵丁和姨太太的数目","把圣道看作可以由肉体关系来传染的花柳病一样的东西,拿一个孔子后裔的谁来做了自己的女婿"[1]的张宗昌督办,还为其赴曲阜安排了特别列车。27日,在孔子圣庙,盐谷温曾行礼拜祭并会见孔门后裔,包括与孔氏七十七代孙衍圣公孔德成握手结交等。回到济南之后,又于齐鲁大学医科礼堂作题为《孔教与世界和平》的讲演,演绎孔教的真精神而斥批判者为应遭天之唾弃的人。[2]

山东祭孔之后回到北京的盐谷温还另有一个行程,即赶赴天津拜会废帝宣统溥仪。我们已知,1924年溥仪出宫之后便一直得到日本使馆的保护而蛰居于天津,在华的日本侨民包括政

---

[1] 鲁迅:《在现代中国的孔夫子》,见《鲁迅全集》第6卷,第317页。
[2] 以上参见马场春吉:《参拜曲阜圣庙的盐谷先生》,收盐谷温《天马行空》。

治家、学者以及活跃于新闻界的大陆浪人、支那通等多对这位废帝表示同情，而与中国的主流民意大不相同。更有一些汉学家从儒教意识形态出发，期待中国一直维持封建帝制和礼教而对现代中国的革命运动不予赞成。周作人当时曾指出："日本除了极少数的文学家、美术家、思想家以外，大抵是皇国主义者，他们或者是本国的忠良，但绝不是中国的好友。"[1]他们相信"儒教为东方文化的精髓"，希望在大陆找到"经书中的中国"[2]。盐谷温是不是也出于这样的感情和立场而去拜谒溥仪的呢？由于没有详细的资料留存下来，我们自然不得而知。但从他赴山东祭孔的行程来看，其拥护儒教的旨意还是清晰可见的。盐谷温在自制"年谱"中称山东祭孔和拜谒溥仪为一生中值得铭记的活动[3]，也颇能说明问题。

　　实际上，盐谷温拜会溥仪不只这一次。溥杰在《盐谷师与满洲国》一文中曰："我平生最感惊奇且难忘的是盐谷先生三次拜谒我满洲国皇帝，而且三次都是在不同环境和场合之下。第一次是在昭和三年（1928）我皇还在天津行宫蛰居之中。第二次是昭和七年（1932）时值满洲建国，皇帝正在执政期间。第三次是昭和十三年（1938），此时皇帝已即位新京，拜谒场所也是在如今的皇宫内而非此前的执政府。盐谷先生每次都慷慨陈词，高谈王道政治的要义，之后亦常挥毫执笔，以诗文发表当时的感想。人们传诵这些诗文，不仅视为先生的光荣，更敬佩其热诚。"[4]原来，礼赞东方"王道"和对"满洲国"的殷殷期

---

[1] 周作人：《排日评议》，收《谈虎集》，石家庄：河北教育出版社，2002年。
[2] 周作人：《清浦子爵之特殊理解》，收《谈虎集》。
[3] 盐谷温：《天马行空》，第248页。
[4] 溥杰文章收入《天马行空》。

待，才是盐谷温不断拜会溥仪的根本原因。这已然是一位汉学家积极配合日本帝国主义"大陆政策"的政治行为了。

也因此，鲁迅在1932年5月9日致增田涉信中明确指出：

> 节山先生真不离本色。我觉得，日本人一成中国迷，必然如此。但"满洲国"并没有孔孟之道，溥仪也不是行王者仁政。[1]

这样一种政治立场上的根本不同，大概是促使鲁迅20世纪30年代以后不再与盐谷温交往的原因。前面所引日本学者伊藤漱平的文章，也曾这样推测：

> 昭和七年（1932）六月，节山博士踏上第二次外游途次，并路经刚刚发生上海事变的上海。然而，鲁迅再没有会见此博士。出身学习院大学、皇室崇拜之念甚笃且以护持孔教之儒者自认的节山博士，大概是出于曾在学习院大学教过皇帝之弟溥杰和其妃子嵯峨浩氏的缘故，而对所谓"满洲国"有特别的亲近感，似乎真的将此视为"王道乐土"而怀抱着善意的幻想。鲁迅当然是反对王道乐土论的。结果，虽然作为小说史家他与鲁迅有了交往的契机，但满洲事变后的时局终于使两者之间发生裂痕。[2]

---

[1] 《鲁迅全集》第13卷，第481页。
[2] 伊藤漱平：《关于盐谷温博士批注本〈中国小说史略〉》，收《伊藤漱平著作集》第5卷。

中日间的思想

　　1932年6月盐谷温的游历欧美，也是由日本国家派遣的。据记述此次出访经过的游记《王道始于东方》（1934）披露，此时他已"决计向西方阐明东洋政教的精粹王道论并以此贡献于世界和平"，故"有必要对标榜王道建国的满洲国实际状况进行考察"。于是，他出访欧美之前特意征得日本外务省的批准，于5月18日赶赴新京拜谒溥仪皇帝，又在郑孝胥的欢迎宴会上提议"当务之急要设立王道大学"。盐谷温对"满洲国"才是实现"王道"的乐土坚信不疑，访问更使他增强了某种使命感。这和溥杰记述的1938年盐谷温第三次拜谒伪满洲国皇帝而"高谈王道政治的要义"的思想立场前后一贯，的确反映了日本一些汉学家的"本色"。

　　1937年中日战争爆发之后，盐谷温更积极地参与日本的大东亚战争及其意识形态宣传。不仅在战争状态之下提倡"汉学的复兴"，向天皇进言欲重新提高民众的汉文修养[1]，而且出任东亚文化协议会日方代表团团长出访中国（1938），完全支持并参与到日本的战时思想体制当中。1945年日本战败后，盐谷温也没有表示出对那场侵略战争的些许反省。例如，他对自己门下的"四学士"死于战争追怀不已，曾记述道："四学士乃是大东亚战争的直接牺牲者，其死正可谓为国殉难。我在战争结束的时候曾希望给支那哲学文学科出身的所有战死者举行慰灵仪式，结果未能实行。为此，我颇感遗憾，在昭和二十一年（1946）三月汤岛圣堂孔子祭之日，曾于斯文会会议室集合同好，设立祭坛，略供薄祭，表达了内心的追悼之意。"[2]

　　这里，另有一件事情需要一提。1931年日本青年学者增田

---

[1] 见《修养讲和》，载《斯文》1938年10月号，东京：斯文会。
[2] 盐谷温：《天马行空》，第136—137页。

涉为翻译《中国小说史略》而来上海求教鲁迅,半年之后回国时鲁迅曾于12月2日赠诗送别:"扶桑正是秋光好,枫叶如丹照嫩寒。却折垂杨送归客,心随东棹忆华年。"增田涉由此诗而感觉到鲁迅有意重游青年时代留学故地,或到日本疗养。于是:

> 我学校的后辈某君来上海旅行的时候,说起九州大学没有讲授中国文学的教师,正在找人呢,于是我就想起请鲁迅去怎样。当我与鲁迅说起我的想法后,他说若是一年左右的话可以。因此我就给盐谷温博士(我学生时代的老师)写信请他介绍斡旋。该博士与鲁迅面晤过,又通过《中国小说史略》了解到鲁迅在此方面的权威,因此我想大概没问题吧。但是,盐谷温博士却始终没有回信,计划也不了了之。这是我至今仍觉遗憾的。[1]

而鲁迅1932年4月13日致内山完造信,谈及不去日本疗养的理由:"早先我虽很想去日本小住,但现在感到不妥,决定还是作罢为好。第一,现在离开中国,什么情况都无从了解,结果也就不能写作了。第二,既是为了生活而写作,就必定会变成'新闻记者'那样,无论从哪一方面看都没有好处。何况佐藤先生和增田兄大概也要为我的稿子多方奔走。这样一个累赘到东京去,确是不好。依我看,日本还不是可以讲真话的地方,一不小心,说不定会连累你们。再说,倘若为了生活而去写写迎合读者的东西,那最后就要变成真正的'新闻记者'

---

[1]《鲁迅的印象》,东京:角川书店,1970年,第140—141页。

了。"[1]鲁迅这段说明没有提到盐谷温,大概是增田涉不曾向他提起的缘故吧。这里,反映出鲁迅在20世纪30年代中日两国关系复杂变化的环境下,做出了明智的判断。一方面要在本土坚持斗争;另一方面不愿意麻烦日本的友人。而"日本还不是可以讲真话的地方",更可见鲁迅对帝国主义日本及其国内法西斯主义高压控制的警惕。至于盐谷温的不理会增田涉的请求,恐怕也与其儒教捍卫者的立场有关,这样的思想立场自然难以认同持左翼倾向的鲁迅。

"二战"以后的盐谷温依然不改战前日本汉学家的"本色",而面对天翻地覆的战后日本社会,他的思想立场越发趋于复古卫道,显得十分迂腐。其中,有两件事情最能反映其遗老的精神气象。一个是20世纪50年代中期,孔子第七十七代孙孔德成自中国台湾来日本访问,盐谷温曾全力迎接。不仅在孔德成面前行中国传统的跪拜叩头之礼,而且极力礼赞孔教对日本国体文教的功德,甚至期待漂泊台湾的孔德成能够安居日本。[2]另一个是盐谷温的临终。据其子盐谷桓1983年回忆,他的父亲晚年越发执着于儒教礼仪,1962年病重期间,孔子后裔孔德成的台湾使者李建兴来访并呈上孔的亲笔信时,盐谷温在病床上行三拜九叩之礼;而临终前,则叫人拿来彩纸、守刀和在曲阜圣庙前参拜的照片置于枕旁,写下"今临终"三字而离开人世。[3]我们不怀疑盐谷温对明治以来之日本国家的忠诚,以及对儒教乃至中国传统文化所怀抱的真挚感情,但这显然与"二

---

[1]《鲁迅全集》第13卷,第476—477页。
[2] 参见盐谷温:《恭迎孔德成公》,载《雅友》杂志第45号。
[3] 盐谷桓:《追忆父亲》,收入盐谷温《中国文学概论》。

战"以后所重建的民主日本的社会环境相脱节。

(六) 鲁迅与日本战前的中国文学研究

户川芳郎的《汉学支那学的沿革及其问题》一文，在深刻反省战前日本中国学追随儒教国家意识形态而造成的诸种政治问题的同时，也从学术传承和研究方法的角度恰如其分地肯定了京都支那学派的成就和贡献。

> 这样，京都支那学由狩野直喜等肇始，在培育出从小岛佑马、青木正儿、武内义雄到神田喜一郎、宫崎市定、吉川幸次郎、贝塚茂树等众多研究者的同时，也孕育了阿藤伯海、小林太一郎等风雅之士。在此，我只能象征性地简要介绍如下：小岛继承了其师的法国社会学方法，他的研究具有宗教社会学的倾向，而一向致力于对中国精神文化诸现象的阐发；青木尊崇实证与独创，有力发展了其师的中国戏曲研究，并对中国艺术的整体尤其是绘画音乐加以考察；武内同时接受了内藤湖南的影响而将文献批判的方法适用于先秦各种典籍，试图与津田左右吉一起探索中国古代思想史的发展历程。总之，他们在奠定了至今通用的方法论基础这一点上，与民国时代的中国学术相互竞争拮抗，而成就了足以供学术界共享的成果。[1]

---

[1] 户川芳郎：《汉学支那学的沿革及其问题——近代学术的确立与中国研究的"谱系"（二）》，载《理想》杂志1966年6月号，东京。

鲁迅在《汉文学史纲要》各章后面所附的"参考书"中，曾列出儿岛献吉郎《支那文学史纲》、铃木虎雄《支那文学研究》等，可见他的中国文学史研究，对日本学者的著作多有倚重。而在他的藏书中也可以见到京都学派乃至东京的汉学家们的各种著作，例如，狩野直喜《支那学文薮》（1927），内藤湖南《支那学丛考》（1928）、《读史丛录》（1929），武内义雄《老子原始》（1926），铃木虎雄《支那诗论史》（1925）、《赋史大要》（1936），青木正儿《支那文艺论薮》（1927）、《支那近世戏曲史》（1930）、《支那文学概说》（1935），金关天彭《近代支那的学艺》（1931），内田泉之助等编《支那文学史纲要》（1932），宫原民平《支那小说戏曲史概说》（1925），等等。

其中，宫原民平的《支那小说戏曲史概说》出版于鲁迅《中国小说史略》之后。据辛岛骁回忆，当时被认为有关小说的部分"依据"了鲁迅的《史略》，却在"序文"中不曾提及。当辛岛骁1926年第一次与鲁迅会面的时候代为"告罪"时，鲁迅的反应却很特别，不仅"一点也没有表现出好像受到损害的态度"，反而说"自己的东西还有着许多缺点，竟被加以利用，对此感到抱歉"。辛岛骁将此理解为"鲁迅式的谦虚心情的纯朴表现"。[1] 而如果换一个视角来思考，我们是不是也可以把此事与所谓鲁迅"抄袭"盐谷温的谣言一起视为一个有意味的象征——中日两国学者在20世纪前期的"国民文学"时代里，相互借鉴彼此学习而共同建构起了中国文学史的编撰体制和阐释架构呢？

至于上述这些著作如何与盐谷温的《支那文学概论讲话》

---

[1] 辛岛骁：《鲁迅回忆》，任钧译，载《鲁迅研究资料》第13辑。

一起，成为鲁迅研究小说史乃至中国文学史的参考，怎样与鲁迅的杰出成就共同构建起20世纪初东亚的中国文学史阐释架构，并成为"足以供学术界共享的成果"，则是一个更有丰富的学术史价值的研究课题，希望未来有学者对此加以关注和探索。

附录：盐谷温著译目录

1.《支那文学概论讲话》，东京：大日本雄辩会，1919年。

《支那文学概论》，东京：弘道馆，上卷1946年、下卷1947年。

《中国文学概论》，东京：讲谈社，1983年。

2.《王道始于东方》（外游纪行文集），东京：弘道馆，1934年。

3.《元曲概说》，东京：弘道馆，1940年。

4.《中国小说研究》，东京：弘道馆，1949年。

5.《天马行空》（80喜寿纪念集），日本加除出版，1956年。

6.《歌译琵琶记》，国民文库刊行会，1920年。

7.《歌译西厢记》，东京：养德社，1958年。

8.另有古典注释选本《兴国诗选》（皇朝篇）、《兴国诗选（汉土篇）》、《唐诗三百首新释》、《朗吟诗选》、《学生必吟》、《孝经大学中庸新释》、《唐宋八大家文新钞》，及汉诗集《周甲诗抄》《喜寿诗选》《节山先生诗文抄》等。

（原题为《鲁迅与盐谷温——兼及国民文学时代的中国文学史编撰体制之创建》，载《鲁迅研究月刊》2014年第2期）

十一

普罗文学的政治性和世界性

——小林多喜二、鲁迅兼及20世纪30年代中日左翼文学

诞生于80年前的普罗文学名著、小林多喜二的《蟹工船》自2008年开始再次畅销日本,受到挣扎于世界金融危机之中的青年人的欢迎,据悉,日本共产党支持率因此而亦有提升。然而笔者认为,这一现象并不意味着普罗文学的复活,而是向我们提出这样的问题:今天的文学应该以怎样的方式存在?在"娱乐至死"的时代我们是否有必要重新恢复文学所固有的批判现实社会的政治性?为了回答这样的问题,我将重返20世纪30年代的历史现场,分析小林多喜二文学从"资本的逻辑"出发揭示帝国主义时代的世界结构性病理而达到的思想政治高度,同时,通过回顾《蟹工船》在当时中国文坛的接受史,探讨20世纪30年代中日普罗文学运动的世界同时性,重估其背后的无产阶级国际主义在当今的意义。

(一)重返世界普罗文学运动的历史现场

最近,旅美学者张旭东对毛泽东的《在延安文艺座谈会上的讲话》(以下简称《讲话》)有一个很特别的解读。他在

把"中国革命"区别为先后有别的历史层面("五四"以来反帝反封建的社会、文化革命)和政治层面(共产党领导的阶级革命)的两个革命之后,强调《讲话》是要在这个交叠处和转折点上,根据一种更为明确而严格的政治逻辑,来整合一个相对混杂的文化领域。这个"政治逻辑",即"政治,不论革命的和反革命的,都是阶级对阶级的斗争,不是少数个人的行为。革命的思想斗争和艺术斗争,必须服从于政治的斗争,因为,只有经过政治,阶级和群众的需要才能集中地表现出来"。毛泽东的"《讲话》不只是呼吁新的政治和新的文艺之间的有机结合,而且是通过对这种结合的必要性和必然性的严密论述,在理论上建构出一种全新的历史意识和主体性"。张旭东认为,这对"五四"孕育出来的那一代新文化人的激动人心的划时代意义,在今天恐怕是难以想象的。当代人对《讲话》感到"隔阂",说到底,在于对当时的历史条件和思想条件已然陌生。因此,需要重新认识和理解中国革命的历史经验。[1]

实际上,不仅是中国革命,对于20世纪世界无产阶级革命及其文学运动,也应当采取这样一种历史的"了解之同情"的观察态度,尤其是在近二十年来"告别革命"不断在淡化着我们的革命记忆,而世界金融危机又猛然把"资本的逻辑"及其病理暴露在人们面前的今天。这是我重读小林多喜二及其代表作《蟹工船》的一个基本感受。我们应当冷静客观地回到30年代前后的历史现场:帝国主义之间的霸权争夺愈演愈烈、世界经济危机终于爆发,并急速进入大萧条时期、法西斯主义政治逐

---

[1] 见张旭东(访谈):《政治为文艺确立主体》,载《中国社会科学院报》2009年6月2日第6版。

渐崛起而新的世界大战已形成不可避免之势；与此同时，与之相对抗的无产阶级革命及其文化运动也遍布世界形成大潮，而且那并非"想象的革命"而是以苏联为先导的真实的行动革命……如果在这样的历史语境中来看《蟹工船》，就会发现它是在日本无产阶级运动中产生的有别于一般文学形态的特殊文本，其中包含着高度凝缩的政治性和世界性。

如今，谈论文学的政治性和世界性似乎有些不合时宜。但是，我确信《蟹工船》之所以在时隔八十年后的今天依然能再度风靡日本而受到世界的关注，关键就在于作品内在的政治性和世界性。这里所谓的"政治性"包含这样一些要素：第一，按照社会分析方法和历史唯物论，从阶级对立的逻辑出发总体把握世界的结构并发现政治斗争的途径。第二，从资本的逻辑出发分析资本主义社会及其生产关系和意识形态，在此基础上提出革命性的改革方案。以上两点综合起来，可以称之为经典马克思主义的政治经济学批判。第三，在总体把握世界结构和社会关系的基础上，对奴役与被奴役、剥削与被剥削、侮辱与被侮辱的人类关系予以揭露和批判，而且更重要的是从人之全面解放的理念出发给出价值判断。所谓"世界性"，则指超越民族国家的历史视野和政治想象。这在《蟹工船》中体现为对天皇制的政治统治、日本国家暴力维护资本家无限追求剩余价值之欲望而联手压迫劳动大众的批判，也反映在对受到殖民主义掠夺和凌辱的各国人民的同情与连带方面。而小林多喜二参与其中的日本无产阶级文学运动与世界各国的紧密联系，则从运动本身体现出"无产阶级国际主义"的倾向和普罗文学固有的世界性。以下，我将通过对小林多喜二《蟹工船》的解读，并结合对20世纪30年代前后中国与日本普罗文学运动携手并进共同奋斗的历史的回顾，重新认识这一文学的政治性和世界性以及在当今的意义。

（二）作为"科学世界观"的马克思主义与日本普罗文学的兴起

日本无产阶级文学运动的兴起和发展，无论在理论上还是在创作实践上都受到了马克思主义的决定性影响。马克思主义在20世纪20年代前后，与劳工运动和社会主义思潮一起传入日本，它不仅促成了日本无产阶级文学的出现，而且给予思想知识界以巨大的冲击。将这种冲击形容为一场"台风"的丸山真男认为：之所以影响巨大，原因在于马克思主义是以一种完整的"世界观"体系和"具有逻辑性结构的思想"第一次降临日本知识界的。他强调，"马克思主义一手独揽了代表社会科学的地位，这自有与其相应的必然性。第一，有了马克思主义，日本的知识界才开始把社会现实分别地按政治、法律、哲学、经济学等方面来把握，不仅如此，还学会了用相互联系的观点来综合地考察问题的方法"。"第二，与上述的内容相关联，马克思主义明确揭示出，任何科学研究都不可能完全没有前提，不管自己是否意识到，科学者都是站在一定的价值取向上进行理性操作的。以往只是在哲学方面，而且是极其观念地意识到了的学问与思想不可割离的关系，马克思主义则以'党派性'的过激形态，将其推到了所有科学者面前。而且，这种思想不是用来对世界作各种解释，而是把改变世界作为自己的必然任务的。认识的主体从既有的现实中隔离开来，置身于甚为紧张的关系中，逻辑地重构世界，才能使理论成为推动现实的杠杆。

这种自笛卡尔、培根以来当然地内在于近代知性中的逻辑，在日本可以说是因为马克思主义才被广泛地认识到。另外，在我国这个向来没有基督教传统的国家，也正是马克思主义在广泛的社会范围内教会了我们：'思想'不单是书斋里精神享受的对象，它肩负着作为人的人格责任。"[1]

而依据这样的马克思主义所形成的无产阶级文学理论，从一开始就确立了威力强大的"政治优先（政治价值第一）"、文学次之的原则，因此也产生了对于这个原则的"抵抗"，并在两个层面上引发了论争。一是，马克思主义者内部的"政治价值和艺术价值"关系的论争；另一个是，自由主义作家群体和马克思主义文学家之间有关"文学主义"与"科学主义"的论争。就是说，论争实际上波及了整个日本文坛和知识界。对于文学家而言，马克思主义不是任意"取长补短"的"技法"，而是深刻把握住了人类社会整体的"具有逻辑结构的思想"，它涵盖了一切来自欧洲不同背景的思想学说而成为唯一的"科学世界观"。

加藤周一在《日本文学史序说》中，也阐述了与丸山真男相近的观点。他指出，马克思主义的巨大影响力在于它给日本知识分子提供了整体把握世界和日本的有效的知识架构。面对20世纪初的一系列重大事件如世界大战与俄国革命、朝鲜"三一"事件与中国"五四"运动、日本的天皇制与资本主义，包括眼前的大萧条与劳动失业问题乃至文学艺术的发展，当时多数日本知识分子感到唯有马克思主义的历史唯物论和阶级斗争的理论，能够对上述纷繁复杂的状况给出综合的具有纵向逻

---

[1] 丸山真男：《日本的思想》，东京：岩波书店，1961年，第55—57页。

辑深度的结构性说明。"因此,马克思主义不单是一种革命思想,同时也是为说明历史和社会之整体提供了明确的带有内在整合性解释的'科学'"。在这个"科学世界观"的影响下,产生了一批站在马克思主义立场上以各种方式实现自我表现的文学家,并使两次世界大战期间的日本文学在作品题材上有了扩大,文学家也开始走出文人小集团的圈子,而把视野投向广阔的社会政治方面。他们重新"自觉地定义文学与社会的关系,并根据其定义担负起他们对社会、历史的责任,为此,使他们的关注领域向各个方面扩大开来"。[1]

丸山真男和加藤周一的历史分析,为我们理解马克思主义的传播和日本无产阶级文学兴起的关系,提供了宏大的思想文化背景。小林多喜二从向往进步和革命的青年成长为日本普罗文学最优秀的代表的过程,无疑是在这种思想文化背景下完成的。不过,我们阅读他的代表作《蟹工船》,包括在那前后创作的《一九二八年三月十五日》《为党生活的人》等作品时,既能明显感受到有自觉运用马克思主义理论、关注社会生活并开拓了小说题材上的广阔空间等这样一些普罗文学的共同特征,同时,其小说思想艺术的强烈震撼力又让我们感到其成功的原因不仅在此,应该还有更为深层的东西存在。这大概就是我前面所说的,高度凝缩的政治性和世界性。为了更好地理解这一点,这里有必要再关注一下在文学理论上直接给小林多喜二以重要影响的藏原惟人理论。

毕业于东京外国语学校俄语科的藏原惟人,1926年从苏

---

[1] 加藤周一:《日本文学史序说》,东京:筑摩书房,1980年,第448、456—457页。

联回到日本后迅速投入普罗文学运动中，其理论建树成为当时运动的主要指导思想，特别是在文艺大众化的理论建设方面尤为显著。他曾与中野重治就大众化问题展开过激烈的论争，比之中野的如何把文艺带到大众中去的问题，藏原更强调"创造怎样的适合大众的大众文艺"。在《无产阶级艺术运动的新阶段——艺术的大众化与全左翼艺术家的统一战线之结成》（1928）中，他认为：我们绝没有将我们自己的艺术强加给大众的权利，大众也没有一定要读和看我们的艺术的义务。如今，我们的运动正从前卫艺术走向大众艺术。此刻，列宁已经告诉了我们必须生产怎样的艺术，即"为大众所理解""为大众所热爱""能够结合大众的感情、思想和意志而使之提高的艺术"这三个条件。为此，我们必须描写"活的大众形象"。

在重视文艺大众化的同时，藏原惟人还通过《走向无产阶级现实主义之路》（1928）阐述了普罗文学的创作原则："无产阶级作家必须首先掌握明确的阶级观点。所说的掌握明确的阶级观点，也就是站在战斗的无产阶级的立场之上，用'瓦普'（苏联无产阶级作家同盟）的一句名言来说，就是作家要用无产阶级先锋队的眼光来观察世界，来描写世界。""无产阶级作家的重要主题是无产者的阶级斗争"，"但是，也绝不是仅仅以战斗的无产者为题材，他在描写工人的同时，还可以描写农民、小市民、士兵、资本家以及所有和无产阶级解放事业有关的各种人物。只是在这种情况下，要用唯一的客观的无产阶级观点来描写。问题是作家用什么样的观点，并不在于选用什么样的题材"。结论："第一要用无产阶级先锋队的眼睛观察世界；第二要用严正的现实主义者的态度描写世界，这就是无产阶级现实主义的道路。"[1]

藏原惟人的大众化主张和无产阶级现实主义创作理论，给予小林多喜二以更为直接的启发和指导。我们已知，小林曾接受白桦派的人道主义而同情于被侮辱和被损害的人们，转向社会主义立场之后更希望以志贺直哉式冷静的现实主义来锻造自己。因此，在开始信奉马克思主义并把共产主义的实现作为人类最终目标的同时，他注意克服知识人的弱点，志在把自己改造成共产主义者，并作为艺术家为此倾注了最大限度的努力。他早年参加了劳农党古川友一组织的社会科学研究会，开始接触《资本论》《经济学批判》《共产党宣言》等马克思主义经典著作。之后更直接地受到藏原惟人理论的启发。藏原所倡导的创作方法"前卫之眼"，即从共产党员的立场出发观察世界并忠实地履行急进地争取革命对象的使命，给小林多喜二的创作以深远的影响，这从后者致前者的信中可以得到证实。

（三）《蟹工船》对资本主义结构性批判的政治深度

小林多喜二在对当时实际发生的蟹工船"秩父号"触礁沉海事件（1926）进行了周密调查并直接接触了曾在蟹工船上作业过的渔工之后，于1929年3月完成了小说《蟹工船》的创作。在给藏原惟人的信中，他强调为了实现无产阶级文艺的大众化，他在创作方法上进行了多方面的尝试。小说的创作目的

---

[1] 刘柏青译文，见《日本无产阶级文艺运动简史1921—1934》，长春：时代文艺出版社，1985年。

并非说明蟹工船为何物,而要揭示隐藏在这种"特殊劳动形态"背后的复杂而极具普遍性的政治经济结构、殖民主义及其对未开发地区的掠夺与榨取的真实状况乃至帝国主义战争的本质。从"资本的逻辑"出发观察帝国主义时代的社会结构关系,是小林多喜二的"前卫之眼"即"共产党员之视角"的根本。他在信中这样向藏原惟人说明《蟹工船》的主题:"如果仅仅停留在描写蟹工船内部的苛酷奴役,只能唤起人道主义的愤怒,而尚未接触到他们背后的帝国主义机构、帝国主义战争的经济基础。所以必须全面地表现帝国主义—财阀—国际关系—工人四者的关系。"[1]

资本的运动以世界性的规模构筑起人类基本的"社会性关系"。马克思在比较货币储藏者和资本家的不同之际,揭示了"资本的逻辑",即为了利润和剩余价值的实现,资本自我增殖的运动将无限延续下去:"因此,绝不能把使用价值看作资本家的直接目的。他的目的也不是取得一次利润,而是谋取利润的无休止的运动。这种绝对的致富欲,这种价值追逐狂,是资本家和货币贮藏者所共有的,不过货币贮藏者是发狂的资本家,资本家是理智的货币贮藏者。货币贮藏者竭力把货币从流通中拯救出来,以谋求价值的无休止的增殖,而精明的资本家不断地把货币重新投入流通,却达到了这一目的。"[2]

"资本的逻辑"推动了商品交换在世界范围的展开,由此形成了现代资本主义的世界性或世界的资本主义化。马克思在世

---

[1] 转引自叶渭渠:《蟹工船·译序》,南京:译文出版社,2009年,第17页。
[2] 《马克思恩格斯全集》第23卷,北京:人民出版社,1972年,第174—175页。

十一　普罗文学的政治性和世界性

界市场的确立中找到了近代资本主义的"历史前提"。"商品流通是资本的起点。商品生产和发达的商品流通，即贸易，是资本主义的历史前提。世界贸易和世界市场在16世纪揭开了资本的近代生活史"。[1]所谓世界市场的形成，即以往局部性地存在于世界各地的商品经济圈获得了国际性的统合。具体而言，即靠金银建立起了国际通货体系。"世界货币"事先把各地孤立的自给自足的共同体联结在一起。这之后，不管各共同体的人们如何想，而且即使实际上还没有转化到商品经济上来，世界各地的生产物也已经潜在地被置于世界性的连锁关系中了。对于世界货币来说，超越这个世界的外部并不存在。资本主义这时作为"世界资本主义"而得以成立。[2]

《蟹工船》注意从资本的逻辑出发来分析世界资本主义的结构关系，亦即小林多喜二所谓的"四者关系"。小说不仅在场景设定、情节发展和劳工群体与资本家走狗斗争的结构安排上，呈现出资本主义到了帝国主义时代的内在的社会结构——资本无限的自我增殖把一切人类关系变成商品交换关系，利润的最大化追求造成人剥削人和人压迫人的关系。小说甚至在说明蟹工船为何物时，直接做出了这样的解释（小说第二节）：

　　蟹工船全都是报废船。丸之内的大老板对工人死在北鄂霍茨克海是不当一回事的。资本主义按照老路子去追求利润，已经行不通了。资金过剩，利润下降，他们就的的确确什么事都干得出手，无论在什么地方都要拼命杀出一

---

[1]《马克思恩格斯全集》第23卷，第167页。
[2] 参见柄谷行人:《跨越性批判——康德与马克思》，东京：岩波书店，2004年。

条血路。就拿蟹工船来说，凭一条船就可以赚到几十万元。他们当然是梦寐以求了。[1]

"丸之内"位于东京的中心地段，乃大资本集团特别是金融资本的聚集地。在20世纪20年代它已然成为以金融为中心的日本资本主义的象征。为了寻求资本的自我增殖，他们早已开始把目光投向了海外。《蟹工船》的最后一句：这是"资本主义侵入殖民地历史"的一页，可以视为小林多喜二对于20世纪帝国主义和资本的世界扩张逻辑的清醒认识，这种认识构成了小说的世界视野。它不仅推动了作者对日本天皇制和资本主义的批判意识的形成，而且由此产生了对帝国主义本身的揭露和对世界无产者的同情。如小说第六节就直白地讲道：听许多人说过，遍地黄金的堪察加和北库页岛一带，将来总要划归日本的。不仅中国和"满洲"，这里对日本的"那个"也是非常重要的。咱们公司好像和三菱一起，就这件事正在同政府加紧勾结。经理这回要是当上议员，就会进行得更顺当了。又如小说第四节这样写道：在内地，工人们的"力量大"，来硬的一套已经行不通了，资本家将大部分市场都开发了，已经到了穷途末路的地步，所以就把魔掌伸向北海道、库页岛。他们在这里，如同在朝鲜、中国台湾等殖民地一样，可以为所欲为地"虐待工人"。别人说不出口的事，资本家也干得出手。[2]

有日本学者指出，小林多喜二被害的主要原因在于他揭露"特高"（特别高等警察）的残酷逼供、抨击天皇制和反对帝国

---

［1］ 转引自叶渭渠：《蟹工船》，第26页。
［2］ 以上引文参照叶渭渠的《蟹工船》中译本。

主义战争。[1]反过来也可以说，小林多喜二具有高度的政治敏感，他抓住了当时日本的社会政治乃至世界进入帝国主义时代的核心问题：资本剥削、阶级对立、国家暴力和帝国战争。这在小说《蟹工船》中通过高超的艺术表现达到了高度凝缩的政治性和超越一国界线的世界视野。作为日本无产阶级文学的代表作，它显示出有别于18世纪以来资产阶级文学的全新形态。另外，小林多喜二是一位有信念的共产主义者和国际主义者，因此，他坚持从"资本的逻辑"出发分析帝国主义时代的社会结构，并能够从容面对法西斯化的国家暴力。日本的国家暴力虽然可以摧毁他的肉体，但他的信念以及文学则流传后世。他为推翻人类受屈辱、被奴役、被遗弃和被蔑视的一切不平等关系，为人类的全面解放而不懈奋斗，其革命精神值得纪念。

（四）20世纪30年代中日两国普罗文学的世界性

小林多喜二文学中高度凝缩的政治性和世界性，以及作为同时代作家在中国迅速受到关注等情况，让我想到20世纪30年代前后中日两国左翼文学运动的复杂关联和紧密互动。从当时无产阶级革命运动的世界性角度重新检阅历史材料，我发现以往比较文学研究中的影响比较方法严重地遮蔽了中日普罗文学的世界同时性特征，特别是其中基于共同的反战和平、反抗帝国主义和资本剥削制度、要求政治民主和世界革命的无产阶

---

[1] 参见日本小林多喜二研究会制作的纪录片《小林多喜二 生诞100年、逝世70年纪念》。

级国际主义倾向，远远没有得到人们应有的重视。从1922年日本共产党创立到1928年"纳普"（全日本无产者艺术联盟）的结成，标志着日本普罗文学形成了大潮。它与始于1928年的创造社和太阳社的"革命文学"倡导，以及1930年"左联"的成立几乎是同时发生的。尤其是考虑到从"福本主义"转到藏原惟人的"无产阶级现实主义"显示了日本普罗文学的真正成熟，而藏原惟人的重要论文都发表在1928年这一情况，我们可以肯定地讲，中日两国普罗文学运动乃是受到共产国际直接指导的，以反对帝国主义战争和资本主义压迫，最终实现全人类解放为目的的世界革命的有机组成部分。日本在理论倡导、大众化论争和运动组织等技术方面略微先行一步，而中国左翼文学运动中的骨干成员多为留日学生，他们直接参照了日本的经验，乃是不争的事实。但是，这并没有改变中日普罗文学发生的世界同时性这一事实。如果我们再注意到中日两国左翼人士相互支持、共同参与对方国家文学运动的情况，那么，这种世界同时性就会更加清楚地呈现出来。比如，1930年11月日本的无产阶级作家同盟和中国的"左联"曾同时派代表参加国际无产阶级作家联盟在苏联哈尔科夫召开的第二次大会，并成为该联盟的成员。又比如，1933年"左联"成员林焕平去日本东京恢复"左联"的支盟，就曾得到江口涣、中野重治等人的帮助。[1]而日本的左翼作家，乃至具有共产国际背景的新闻记者在上海直接参与中国的左翼文化运动等，亦充分地说明了这一点。

比较文学研究起源于19世纪末20世纪初的西欧，正如

---

[1] 参见刘柏青：《文学论集》上卷，长春：时代文艺出版社，2012年，第111页。

十一 普罗文学的政治性和世界性

1900年巴黎万国博览会上的"世界学术会议"中赫然出现"比较文学史"的议题所象征的那样，与展示西欧文明征服世界所获殖民战果的早期万国博览会一样，比较文学从一开始就带有一抹挥之不去的西方中心论或者东方主义色彩，这在法国学派的"影响研究"中表现得尤其明显。因此，虽然作为一种方法的比较文学确实开拓了人们研究文学的时空视域，但其中隐含着的进化论式线性逻辑思维模式乃至文明史观上"文明必将征服野蛮"的偏见，也的确阻碍了人们对文学现象和各国之间复杂的文学关系史的深入思考。结果，影响比较在"翻译与模仿""传播与接受""冲击与回应""影响与独创"等一系列等级化的二元论模式中来回打转，根本无法揭示彼此交叉互动的复杂文学关系。因此，我将从20世纪30年代前后普罗文学运动的世界同时性角度入手，通过对日本两位具有共产国际背景的新闻记者在上海直接参与中国左翼文学运动的情况分析，来重新认识中日两国普罗文学同呼吸共命运的国际主义特征。这两位新闻记者，一个是日本新闻联合社特派员山上正义，另一位是《朝日新闻》驻上海记者尾崎秀实。

山上正义（1896—1938）作为日本新闻联合社的中国特派员来到中国，是在1926年。早年，他曾在《播种人》上发表过题为《罢工的早晨》的俳句。日本共产党正式成立前夜，他因散发反战传单的"晓民共产党事件"而受到八个月的监禁。出狱后来到中国时正值广东起义爆发，他迅速赶赴广州，写就以起义为题材的戏曲《震撼中国的三日间》。在广州他还结识了鲁迅，并得允翻译《阿Q正传》。后来，他的采访记《谈鲁迅》在日本国内的大型刊物《新潮》上发表，被视为刊载于一般性杂志上以鲁迅为主题的最早的文章。山上正义还和后面将要详细介绍的尾崎秀实结有深交,德国记者兼苏联红军谍报员佐尔格与尾崎的结识就是由于他的牵线搭桥。在"佐尔格间谍案"的判决中,他被日本政府认定为"日本人方面负有联络责任的共产主义者"[1]。

据尾崎秀树《上海 1930 年》[2]介绍:针对国民党的白色恐怖,史沫特莱、尾崎秀实和山上正义参与了抗议活动,其中之一就是《支那小说集 阿Q正传》的翻译。该书作为"国际无产阶级文学选集"中的一册,于 1931 年在日本四六书院出版。早在广州时代,山上正义就获得了鲁迅的同意准备翻译《阿Q正传》,但到了 1931 年初才开始正式动笔,原因之一就是要以日译《阿Q正传》的出版来纪念龙华事件的牺牲者,声援中国的左翼文学运动,唤起国际舆论反抗国民党的白色恐怖。该书卷首印有:"献于因国民党的血腥政策而牺牲的同志李、徐、冯、胡、谢的灵前。献给在白色恐怖下继续果敢斗争的中国左翼作家联盟。"而且,此事也得到了鲁迅和夏衍等的支持,前者校阅了山上正义的译稿,后者则对整个小说集做了校订。可以说,这是日中两国左翼人士基于无产阶级国际主义而反抗国家暴力的一次联手行动。

山上正义因翻译过鲁迅的《阿Q正传》而在中国学界具有一定的知名度。但几乎于同时期来到上海且与鲁迅见过面的《朝日新闻》记者、后来成为战前日本最重要的中国问题专家的尾崎秀实(1901—1944),却很少为人知晓。实际上,他在上

---

[1] 参见丸山昇:《一位中国特派员——山上正义与鲁迅》,东京:中央公论社,1976 年。
[2] 尾崎秀树:《上海 1930 年》,东京:岩波书店,1989 年。

海的四年间，曾广泛接触创造社和中国"左联"的文艺工作者，并在中日两国之间传递无产阶级文学运动的情报信息，对推动彼此的文学互动发挥了重要作用。1942年，因"佐尔格国际间谍案"[1]而下狱的尾崎秀实面对检察官的质询曾有如下陈述：他到上海不久的昭和三年（1928）十二月前后，开始出入于设在当时他所居住的北四川路附近的"创造社"。创造社是郭沫若创设的左翼文化运动的机关，被称为中国的文艺左翼的人们聚集于此。在出入于创造社的过程中，他认识了左翼画家也是文笔家的叶沈，便与该人所属的左翼集团逐渐接近。当时所交际的主要文艺界左翼人士有郑伯奇、冯乃超、田汉、郁达夫、王独清、成仿吾等，曾被他们邀请出席过一次《大众文艺》杂志主办的座谈会，另外，还以白川次郎或欧佐起的笔名在该杂志上发表数篇论文。《大众文艺》于昭和四年（1929）春受到上海公安局的查封而停刊，同时创造社也被勒令关闭，为此，朋友们相继四散，他与文艺左翼的交往也逐渐中断。[2]

尾崎秀实上述供词只是他参与上海左翼文化运动的一个梗概。实际上他不仅深深介入到早期中国左翼文学运动的整个过程之中，而且在与以鲁迅为代表的进步人士同呼吸共命运的同时，也深刻认识到了帝国主义列强压迫下的中国半殖民地半封建社会的深重灾难，在民众反抗包括共产党苏区和城市左翼革命运动的高涨中，更看到了中国民族如地火熔岩一般抵抗外族

---

[1] 佐尔格（Richard Sorge，1895—1944）是德国记者兼苏联红军谍报员。1930年初在上海结识尾崎秀实，1932年尾崎奉命返回日本后，佐尔格随后也来到东京。1941年10月，两人因被怀疑将军事情报泄露给苏联而在东京遭逮捕，1944年被处以死刑。

[2] 转引自尾崎秀树：《上海1930年》，第92—93页。

侵略的主体意识之形成。他曾经通过内山书店与鲁迅有所接触。增田涉后来在《鲁迅的印象》中回忆道："鲁迅常提起有个德语很好的新闻记者尾崎，说他知识开阔，人也很坚实。"他与史沫特莱、山上正义一起关注艺术剧社的活动并在宣传报道方面倾注力量，又接受陶晶孙的请求为"左联"机关刊物《大众文艺》撰稿，介绍日本左翼运动的现状。1930年5月29日"左联"召开第二次全体代表大会，一时找不到可能容纳50余人的会场，最后是通过尾崎秀实的斡旋借到了上海的日本人俱乐部，才使大会得以成功召开。尾崎秀实还翻译过叶沈的《起义》。一段时间里，他还与中共领导下的"外国士兵委员会"的负责人杨柳青有联系，并每月捐款二三十元以支援中共的活动。[1]

1932年回国之后，尾崎秀实的思想和对中国的认识发生了重大转变。在上海四年的经历使他成为一个真正理解到中国民族抗战主体力量之存在的中国问题专家。中日战争爆发后，他积极参与国家的智库昭和研究会并成为该会中"支那问题研究会"的核心人物，暗中则积极配合共产国际谍报人员佐尔格，为实现"把帝国主义战争导向革命"的目标不懈努力。他的著作《暴风雨中的支那》《现代支那论》[2]，以及论文《学良政变的意义》和《东亚协同体的理念及其成立的客观基础》[3]等，展现了其极其独特的中国观和世界认识。尾崎秀实强调必

---

[1] 另外，尾崎秀实还翻译了好友史沫特莱的自传小说《大地的女儿》（署名白传次郎译，东京：改造社，1934年），而鲁迅一直珍藏着该书。（《鲁迅手迹和藏书目录》，北京：鲁迅博物馆，1959年）

[2] 《暴风雨中的支那——转换期支那的外交、政治、经济》，东京：亚里书房，1937年；《现代支那论》，东京：岩波书店，1939年。

[3] 分别刊载于《中央公论》1937年1月号和1939年1月号。

须建立认识中国的科学方法论，在表面上看似处于"假死状态"的背后发现中国民众反抗帝国主义列强的民族活力。他通过"西安事变"大胆预言中国的抗日民族统一战线必将结成。战争爆发之后，他提出"东亚协同体"的构想以谋求东亚新秩序的建设，强调受帝国主义列强压迫的东亚民族要自主独立。这种构想的背后，则有一个以日中苏为核心建立联合的民族共同体——亚洲社会主义圈，以对抗西方资本主义列强的梦想。[1]

尾崎秀实的弟弟尾崎秀树在1978年访问中国的时候，见到了时任中国人民对外友好协会副会长的夏衍。夏衍说："你哥哥曾对我说不管你什么时候来日本我都会帮助你的，这句话我永远忘不了。他和史沫特莱女士、山上正义先生都是有良心的进步记者。"[2]实际上，1928年秋至1932年初尾崎秀实在上海担任《朝日新闻》驻中国记者期间，不仅与鲁迅等左翼文化运动成员深有交往，而且直接投身其中，并对鲁迅作为左翼文化运动主将的地位和意义有极高的评价。在1931年5月为"国际无产阶级丛书"之一《支那小说集·阿Q正传》所作的序言《谈中国左翼文艺战线的现状》（署名白川次郎）中，尾崎秀实这样评价："鲁迅早已是声名显赫的作家，而作为自由大同盟主导者站到时代前列的鲁迅，其活动令人惊叹。众所周知，他是'左联'的主将，至今依然在果敢地不懈斗争着。"而尾崎秀树则指出：尾崎秀实从鲁迅那里学到了民族解放的斗争意识：

---

[1] 关于尾崎秀实的思想，参见本书上编第3章"社会革命与亚洲改造的大视野"。
[2] 尾崎秀树：《奇缘二三》，收《尾崎秀实著作集》第五卷所附"月报"，1979年6月。

尤其是结识鲁迅,给尾崎秀实以巨大影响。毛泽东谈到鲁迅精神,举出政治远见、斗争精神和牺牲精神三个方面。瞿秋白则提到清醒的现实主义、顽强的斗争、反自由主义反虚伪的精神,称于此可见鲁迅的革命传统。尾崎从鲁迅那里学到了什么呢?如何使为半封建残余所束缚、身处殖民地半殖民地状态下的中国民众获得解放?鲁迅以挣扎般的顽强斗争在黑暗的中国显示了一种方向,而尾崎所学到的也便是这种民族解放的斗争意志。[1]

从以上两位具有共产国际背景的日本新闻记者在上海参与中国左翼文化运动的经历来看,那已经不仅仅是作为外国记者或者同情中国革命的进步人士的一般活动,更是与中国左翼运动同呼吸共命运的、体现了无产阶级国际主义精神的左翼革命家的行为。他们的所作所为,体现了当时普罗文学运动的世界同时性和中日两国普罗文学的紧密关联。他们从阶级政治的立场出发而超越民族国家的边界,共同为反抗帝国主义战争、为抵制国家专制暴力而进行着不懈的斗争。

(五)《蟹工船》在中国的传播及普罗文学的国际主义

《蟹工船》发表于1929年《战旗》5、6月号,立刻成为日本普罗文学运动的一个重要事件。中国左翼文坛几乎在同时迅

---

[1] 尾崎秀树:《尾崎秀实与中国》,载《尾崎秀实著作集》第三卷,东京:劲草书房,1977年。

速地介绍了这部经典名著，并在后来的几十年中出现了多个中译本。《蟹工船》的创作理念和艺术方法直接刺激和启发了夏衍《包身工》的写作，这已经广为人知。然而，我们重新翻阅当时中国左翼文坛对《蟹工船》的介绍和评价，会进一步发现小林多喜二文学在中国的反响绝非一般的文学交流或外来影响所能说明得了的。实际上，当时的中国批评家对《蟹工船》的认识和评价已经达到相当高的水准。小说中对帝国主义时代的阶级社会之结构分析，对资本的逻辑之尖锐的揭露以及由此产生的高度凝缩的政治性，乃是中国批评家首先关注的焦点。

1930年1月发行的《拓荒者》第1期"批评与介绍"栏目中，有若沁（夏衍）的《小林多喜二的"蟹工船"》一文，其结尾这样概括道：

> 使一切布尔乔亚批评家也发出了惊异的叹声的这一篇作品的力量，存在于他的主题和题材里面。一定数量的利润，阻住了资本主义发展的前路，他们为着维持自己的生长，为着完成从资本主义到帝国主义的使命，"不论什么事情都做，不论什么地方都去"地，伸展到了靠近北极的海上。——这本小说，很调和地将每个工人的生活要求和历史的事件之进展，织成了一种特异的织物，而在这种纤细的经纬结合里面，就藏了无限的力量。作品里面，没有一定的主人公，没有表示出一个特异的性格，但是，我们"全体"地看时，立刻可以看出，在这种血肉相搏的斗争里面，有两个代表的典型，就是，一个是噩梦里面的魔鬼一般张牙舞爪地笼罩在北海上面的帝国主义，一个是在这种死的威胁之下不断地生长、急速地认识了自己阶级的力量

的劳动大众！许多赤裸裸的描写——例如描写那些饥渴于女性的渔夫的性生活的场面——粗俗的字句，乃至土俗的言语，这些，或许都足以使我们唯美主义批评家和绅士淑女们的文学（？）爱好者颦蹙不堪，但是，我们假使承认，艺术的使命是在鼓动读者的感情，艺术的目的是在兴奋读者的心灵，使他们获得光明、确实有益的意识，而使他们从这种意识转换到组织化了的行动，那么我们可以大胆地推荐：《蟹工船》是一部普罗列塔利亚文学的杰作。

在无限追求剩余价值的资本自我增殖逻辑的推动下，资本主义正在向帝国主义转化，这不仅带来了遍布世界的殖民主义野蛮扩张和经济掠夺，而且造成了普遍的剥削与被剥削的阶级关系。劳动大众与帝国主义的对立，必将成为颠覆这种奴役与被奴役的人类不平等关系的根本动力。无产阶级文学应该坚决揭露这种阶级对立的社会结构，从中发现革命的动力所在。应该说，若沁的上述分析已经把握到了《蟹工船》作为普罗文学经典的真正主题所在，即使放到今天来看，其认识的水准之高，依然令人惊叹。而在稍后的1930年4月发行的《大众文艺》第2卷第3期上，又有沈端先《一九二九年日本文坛》一文，其中谈到日本新近的普罗文学：

> 一方，在火一般的斗争和死一般的弹压下面，全日本普罗列塔利亚艺术团体协会的机关志《战旗》，不论在质在量，都有飞跃的进步，一年内日本文坛值得推荐的作品，《战旗》派作家占有了压倒的多数。……我们非举出小林多喜二的《蟹工船》不可。和作者自署的 Subtitle 一样，这

是"殖民地资本主义侵入史的一页"。……作品的特点，是在作家抛弃了身边杂事式的描写，而正确明快地描写出了在北极附近的海上，受着毒龙一般的资本主义的酷使而不断地和"死"争斗着的一团渔夫的生活之一点。这篇作品里面，不单单描写了劳动者生活的苦痛，而且毫不牵强地写出了渔夫们感到了组织和斗争之必要的过程。这一点，我觉得是特别应该注意的事情。

沈端先从小说的创作方法，即人物形象塑造和主题呈现方面做出了言简意赅的评论。首先，是确认了《蟹工船》不同于此前日本近代"私小说"传统的表现方法：摆脱对身边琐事的叙事而第一次塑造了劳工大众的群像，这也正是早期普罗文学追求的目标之一。其次，是提醒读者注意，小说极自然而有力地呈现了渔夫们从自发的反抗逐渐意识到"有组织之斗争"的必要性这样一种阶级斗争意识觉醒的过程。这应该就是小林多喜二自觉追求的"前卫之眼"——从自发形态的反抗行为中发现阶级斗争的动力和途径，它构成了《蟹工船》作为普罗文学经典的根本要素。

从以上具有代表性的中国左翼批评家的评论来看[1]，中日两国左翼文学阵营几乎同时意识到了小林多喜二《蟹工船》的价值所在。另一方面，我还注意到在介绍和肯定这部小说并使其在中国流传的过程中，也有日本左翼人士的参与。就在沈端先发表上述文章的同一个杂志的下一期，尾崎秀实撰写了题

---

[1] 当时比较重要的《蟹工船》评论，还有王任叔的《小林多喜二的"蟹工船"》，载《现代小说》第3卷第4期。

为《日本左翼文坛之一瞥》[1]的文章，其中谈到小林多喜二："1929年最瞩目的事情是优秀的新进作家的登场。《战旗》派有小林多喜二。在昨（去）年他差不多担负着日本文坛的荣誉。他住在北海道小樽，是个银行员。他的《蟹工船》《不在地主》等作品表示了普罗作家的非凡的手腕。但因为他缺乏普罗列塔利亚的实际斗争的经验，有人批评他的作品表现出许多尚不成自己的东西。不过至少《一九二八年三月十五日》这篇应该是他自己的东西。总之，他是将来有希望的作家。"可以说，中日两国左翼批评家联手推动了小林多喜二作品在中国的传播。

与此同时，潘念之的《蟹工船》中译本早于俄、英、德、法文本于1930年在上海大江书铺出版。这使小林多喜二与中国左翼文学运动产生了连带感。他在给中文版所作的"序言"中表达出了一种无产阶级国际主义的鲜明倾向。小林多喜二把中国人民视为"走同一条道路的中国同志"，指出："日本无产阶级在蟹工船上遭受的极其悲惨的原始剥削和从事囚犯般的劳动，难道不正是和在帝国主义的铁蹄践踏下、被迫从事牛马般劳动的中国无产阶级一样吗？""中国无产阶级的英勇奋斗，对紧邻的日本无产阶级是一股多么巨大的鼓舞力量啊！""我相信，这部粗浅的作品，虽然非常粗浅，也一定能够成为一种力量！"[2]在此，小林多喜二的感受和视野已经远远超越了民族国家的界限，他从无产阶级的立场出发向中日两国人民发出共同反抗资本家剥削、抵御帝国主义压迫的呼吁，其国际主义精神昭彰

---

[1] 载《大众文艺》第2卷第4期（1930年5月），署名白川次郎。
[2] 参见叶渭渠：《蟹工船·译序》。

于世。

而1933年2月20日小林多喜二突然被害，鲁迅立刻给其家属寄去悼词，这已经广为人知。[1]另，鲁迅还收藏有他的下列作品：《小林多喜二全集》(1935)、《小林多喜二书简集》(1935)和《小林多喜二日记》(1936)[2]，几乎囊括了当时出版的全部作品。最近，我又读到一则材料《为横死之小林遗族募捐启》[3]。该启示情真意切感人肺腑，是中日两国普罗文学作家并肩战斗、患难与共、相互连带的真实写照。全文抄录如下，以作为历史见证：

> 日本新兴文学作家小林多喜二君，自"九一八事变"后即为日本国内反对侵略中国之一人。小林君及其同志的活动，不但广布日本劳苦大众间，更深入于日本的海陆军，因此深受日本帝国主义的畏忌，必要杀之。小林君及其同志在严重的白色恐怖下犹复努力进行反抗日本军阀的工作。日本警察探网密布，终于在本年二月二十日侦得了小林潜藏的所在而加以逮捕，沿途殴打，未到警察所而小林已被打死了。小林君生前著作有《蟹工船》，中国早有译本，我

---

[1] 鲁迅悼词如下："闻小林同志之死，日本和中国的大众，本来就是兄弟。资产阶级欺骗大众，用他们的血划了界线，还继续在划着。但是，无产阶级和他们的先驱们，正用血把它洗去。小林同志之死，就是一个实证。我们是知道的，我们不会忘记。我们坚定地沿着小林同志的血路携手前进。"(见《鲁迅全集》第8卷，人民文学出版社，1981年，第337—338页)。
[2] 见北京鲁迅博物馆编：《鲁迅手迹和藏书目录》，1959年(内部发行)。
[3] 载北平左联机关刊物《文艺月报》第1卷(创刊号)，立达书局发行，1936年6月1日。

著作界同人当及久耳其为人。现在听得了小林君因为反对本国的军阀而遭毒手，想及同愤慨。小林君故后，遗族生活艰难，我们因此发起募捐慰恤小林君家族，表示中国著作界对于小林君之敬意。是为启。

发起人　郁达夫　茅　盾　叶绍钧
陈望道　洪　深　杜　衡
鲁　迅　田　汉　丁　玲

从以上小林多喜二作品在中国的传播，中国左翼批评家的恳切评价，以及对其被害的深切悼念等史实来看，当时日本与中国普罗文学运动的关系，绝不仅仅是一般所认为的那种影响与被影响的关系，它更体现为一种无产阶级革命运动固有的无国界性，而且是相互连带彼此支援，为了共同的反帝解放目标而斗争的具有世界同时性的国际主义行动。以往的影响比较研究，完全忽视甚至遮蔽了这一层面。可以说，20世纪30年代帝国主义的霸权争夺和资本的全球化，造就了与此全面对抗的无产阶级革命及其文学运动的世界性。

（六）质疑"审美优先"论与新国际主义的建构

20世纪80年代以来，在中国"审美优先"的观念逐渐成为文学艺术创造和批评的主导倾向。这当然与我们几十年来过度强调文学艺术的政治性、意识形态性有关，但"审美优先"也导致了另一种普遍的去政治化倾向，即对文学艺术所本应具有的批判社会病理、揭示背后的权力关系并追求人类全面解放的志向，也就是文学艺术政治性的放弃。今天重温 30 年代前后世界普罗文学的历史，我希望在反思后来革命运动中源自内部宗派主义、教条主义的残酷斗争乃至过度政治化之教训的同时，重新恢复文学应有的政治性和世界性，以激活 21 世纪人类的想象力。

"审美优先"论在导致文学艺术的政治性弱化的同时，某种程度上还取消了人类本应承担的"价值判断"的责任。因为，据说文学艺术之所以为文学艺术，其根本在于超功利的审美愉悦原则而排斥道德功利性的价值判断。且不说这个原则定义在推理上的逻辑循环论证弊病，实际上真正优秀的文艺作品都具有各自不同的高度政治性，这也说明"价值判断"对于文学艺术的不可或缺。我认为，推崇"审美原则"而抽掉"价值判断"，这是对文学艺术应有的政治性之根本抹消。而对"价值判断"的放弃，意味着对不合理的生活、不平等的暴力（无论是资本的暴力还是国家暴力）的视而不见。今天，19 世纪以来世界社会主义运动的最终目标——人的全面解放还远远没有实现，资本的逻辑所造成的人类不平等关系，在全球化的时代不仅没有得到改变反而越发变本加厉了。因此，从"资本的逻辑"出发分析人类社会和我们的现时代，坚持理论与实践上的批判依然必要。文学艺术，至少那些优秀的文艺应该坚持其固有的政治性。"对于宗教的批判最后归结为人是人的最高本质这样一个学说，从而也归结为这样一条绝对命令：必须推翻那些使人成为受屈辱、被奴役、被遗弃和被蔑视的东西的一切关系。"[1]青年马克思强

---

[1]《马克思恩格斯全集》第 1 卷，北京：人民出版社，1956 年，第 460—461 页。

调的这个最高道德律令，依然是我们面对人类生活做出价值判断时的基本根据。

以上，除了关注到《蟹工船》高度凝缩的政治性，还就小林多喜二文学在中国的传播与中日两国普罗文学运动的世界同时性问题，做了一定的阐发。后一个问题的提出，意在重新认识无产阶级国际主义的价值。记得2008年，日本学者木山英雄在自己的《北京苦住庵记——日中战争时代的周作人》一书中文版序言中，曾表示过中日之间没有如"欧洲精神"那样的共同文化思想基础，而难以就周作人问题与中国同行交流的苦衷。但他又觉得这种交流势在必行，因为"市场资本主义称霸世界，然而如谁也不再大谈无产阶级国际主义那样，目前还没有找到任何有效的替代方案；而我们就要在这样的状况之下直面毫不留情的全球化趋势与单个国家的民族情绪之排外性高昂所造成的恶性循环"[1]。是的，今天资本的逻辑已经渗透到世界的每一个角落，全球化带来了人类不曾有过的人员和物资的空前规模的流动，甚至有人开始预言民族国家的界限即将消失。然而，事实上新的民族之间的隔阂，各种原教旨主义意识形态和"文明的冲突"不仅没有消失，反而正在造成新的壁垒。这不能不让我们想起，历史上曾经有过的超越国界的无产阶级国际主义。

的确，无产阶级国际主义如今已成为空谷足音。20世纪90年代以来新一轮全球化时代的到来，逼使世界的每个地区都要与"国际"接轨，所有人被再一次置于"资本的逻辑"之下任其宰割。当2008年发自西方的霸权国家美国的金融海啸迅速演

---

[1] 木山英雄：《北京苦住庵记·致中文版读者》，赵京华译，北京：生活·读书·新知三联书店，2008年。

变成世界经济危机之际,除了各国各地区的"国家"急忙出面来"救市"(实际上是用纳税人的钱来隐蔽金融资本犯罪性的欺诈逻辑)外,面对巨大危机所呈现出来的现代资本主义无法自我超越的结构性病理,人们却无以提出从根本上对抗"资本逻辑"的替代方案。难道人类的想象力真的衰竭了吗?历史中的无产阶级国际主义的确未能最后战胜帝国主义,但它依靠"无祖国"的世界视野,在全球帝国主义和由"资本的逻辑"所构成的20世纪世界地图上得以画出了一条清晰的抵抗线,其革命理念和斗争精神应该成为我们今天重新认识世界的重要思想资源。重读小林多喜二的《蟹工船》并重温中日普罗文学运动中的无产阶级国际主义,我希望能够刺激起当今批判知识分子的理论想象力,去追寻新国际主义的梦想。

(原载 2009 年《中国社会科学院文学研究所学刊》,北京:中国社会科学出版社,2010 年 11 月)

十二

游走于中日间的文化人的宿命

——论周作人的民族国家意识

（一）观察周作人民族国家意识的视角和方法

中国现代作家周作人（1885—1967）因其抗战期间投敌叛国，成为历来多有争议的历史人物。以往，人们批评他的背叛国家行为甚至追究到其自身复杂的思想脉络和历史背景，但就他所背叛的"国家"本身，即作为现代民族国家的"中国"其艰难复杂的制度建构过程和不断演变的结构性特征并没有深入的认知和理解，质言之，并没有把"国家"历史化和客观化。因此，对周作人的批评也便往往流于源自革命史叙述的政治抨击和道德裁断，而少有贴近现代国家发展之历史情境和周作人政治立场之实际的冷静分析。20世纪90年代以后，随着有关民族国家理论讨论的展开和对现代中国国家体制问题认识的深化，上述情况开始发生改观。1991年上海批评家陈思和发表《关于周作人的传记》[1]，对周的"气节"说和沦陷时期的行为多有理解，其分析所采取的虽是"文化"视角，但已涉及如何认识国

---

[1] 载《中国现代文学研究丛刊》1991年第3期。

家与政府的问题；北京学者董炳月则在2000年发表《周作人的"国家"与"文化"》，正面提出文化和国家问题是分析和认识周作人附逆的两个最重要视角。他认为："国家不是一个超验的图腾，而是一个由多种不同因素构成的共同体。只有从国家的不同层面上分析抗日战争中周作人的行为，才能科学地认识周作人究竟在何种意义上成了汉奸。"[1]在此，将"国家"相对化和历史化，并从"文化国家"层面来观察周作人战争期间言行的方法，已清晰可见。这无疑是中国学者对周作人认识的一种深化和对以往学术研究盲点的突破。

实际上，得以超越民族国家历史和道德评价标准的束缚而对周作人战争期间的行为给予更多的了解之同情，这样的研究著作如日本学者木山英雄的《北京苦住庵记》(1978)，早已在海外出现。木山英雄不仅在书中对周作人战争中的"文化抵抗"多有切中肯綮的议论和理解，更在三十年后该书出版中译本之际提出"失败主义式的抵抗其思想之可能性"问题[2]，希望与中国学者讨论。作为译者，我曾指出这更是一个需要我们从单一的民族国家思维框架中跳出来，面向未来予以认真思考和回应的重大课题。[3]

受到上述20世纪90年代中国学术界新的研究动向的触动，同时有感于木山英雄所提出之议题的重大与复杂，在此我在本文中试图就以下问题进行考察：周作人一生有关民族国家问题的思考，或者说每当面对"国家"必须做出决断的时刻，他是以何种态度并根据怎样的内在思想理路进行判断的，他的民族

---

[1] 载《中国现代文学研究丛刊》2000年第3期。
[2] 木山英雄：《北京苦住庵记——日中战争时代的周作人》，赵京华译，北京：生活·读书·新知三联书店，2008年，第3页。
[3] 见《北京苦住庵记》译者后记。

国家意识是如何形成的，又呈现为怎样的逻辑结构性。这种考察未必一定要最终指向对周作人战争期间的言行做出重新解释，我的问题意识在于，综合分析作为一介文人的周作人其一生对国家的认识以及他与中国现代"国家"构成怎样一种关系。我们要反思的不仅是作为失败者之周作人的国家观，同时也要反思现代中国之"民族国家"凝聚、发展、演变的复杂过程本身，在将"国家"相对化和历史化的同时，深入理解周作人的政治立场及其思想文学活动的价值内涵。

为了讨论的展开，笔者在此要对一般的"国家"以及现代中国之"民族—国家"的基本性格做简要的梳理和交代。第一，"民族—国家只存在于与其他民族—国家的体系性关系之中"[1]。我们已知，现代主权国家最初诞生于17世纪的欧洲，法国大革命之后西欧"民族—国家"的发展形成大潮并在世界规模的殖民主义扩张过程中，促成了非西方世界民族国家的相继产生。汉娜·阿伦特曾论及帝国主义征服世界的悖论现象，她比较古代的"世界帝国"和现代"帝国主义"的不同，指出"民族国家无论在何处以征服者姿态出现时，都会在被征服民族中唤起民族意识与主权愿望"[2]。事实也是如此。我们还知道，一个国家的存在是以外部有另外的国家存在为前提的，中国自19世纪中叶以来在面对西方列强特别是新兴帝国日本不断威逼的过程中，逐渐产生了民族意识和国家观念，而统一的国家形态之完成和全民族意识的高涨，则出现于1937年抗日战争全面爆发前后。

---

[1] 安东尼·吉登斯：《民族—国家与暴力》，胡宗泽、赵力涛译，北京：生活·读书·新知三联书店，1998年，第5页。
[2] 汉娜·阿伦特：《极权主义的起源》，林骧华译，北京：生活·读书·新知三联书店，2008年，第188页。

第二，在古文明帝国向现代主权国家转变之际，有一个世界史的现象值得注意，这就是文明与国家之间关系的断裂。民族和国家原是截然不同的两样东西，民族联结着久远的历史和文化，而现代国家乃是在推翻绝对主义王权之后建构起来的以人民为主权者的全新制度。然而，在世界不同地区，建立现代国家的方式各不相同。西欧主要是以虚君共和或者暴力革命的方式，而在拥有古老文明历史且在西方殖民主义威逼下建立现代国家的地方，文明历史或者文化传统既是向现代国家转变的包袱又是反抗殖民主义统治、重建民族主体的可资利用的资源。因此，如何在建立现代国家的同时实现民族历史和文化传统的创造性转化，就成为拥有古老文明的民族的精英必须时常面对的课题。而古老文明和现代国家实质上的关系断裂，又使得知识分子在文化与国家之间，或者利用文化传统以建设民族国家的思考上，产生了诸多矛盾和困惑，甚至影响到他们对现代国家本质的理解。周作人那一代"五四"知识分子从传统中来而走向现代，多有坚持借传统文化资源以建设现代国家之道德秩序的倾向。他们基本上是"文化民族主义者"，尤其是在国家受到侵略者的蹂躏而民族到了生死存亡之际，"文化"可能成为一些知识分子唯一的精神依凭。

第三，民族主义与国家建构两者之间构成复杂的关联，且在发达国家和后发展国家有着不同的功能与形态。通过已有的相关研究[1]我们得以了解到，在西方发达国家，民族主义乃是国家治

---

[1] 参见盖尔纳：《民族与民族主义》，韩红译，北京：中央编译出版社，2002年；凯杜里：《民族主义》，张明明译，北京：中央编译出版社，2002年。

理的正当性基础和原则，依靠这个原则，发达国家适时地推动工业社会的发展而构筑起文化与社会整合为一的均质化政治结构。在后发展国家中，民族主义主要被用作民族自决和独立解放的正当性原则，其在民族国家的建构方面发挥着不可替代的功能。然而我们也应当承认，无论是发达国家还是后发展国家的民族主义，其本身都包含着强烈的排他性或民族自我中心主义的倾向，如果被极权主义意识形态所利用，也有可能转化为种族斗争的工具。在19世纪以来非西方的被殖民与被征服地区，民族主义作为反抗外来侵略与民族压迫的正当情感而具有先天的纯洁性。但它时而显露出的排他性和封闭性也会引起自由主义知识分子的注意，从而提出反思性的批评。与此相关联的，还有爱国心与乡土爱的关系、独立个体与民族国家的关系问题等，这需要我们在复杂的历史情境中做出具体的分析和判断。

第四，是如何理解中国现代民族国家建构的特殊性问题。我们已知，在20世纪前期的中国，国民特别是其中的知识分子所面对的是以辛亥革命为起源而由孙中山乃至后来的国民党所执掌并以军政、训政、宪政为阶段性目标的建国过程。中国共产党作为一支强大的政治力量逐渐成为国家意志的代表，是在抗日战争结束到建立中华人民共和国的时候。而国共两党自20世纪20年代大革命以来所形成的时而矛盾抗争时而联手合作的局面，其政党政治的结构异常复杂。大革命之后国民党大体上建成了中国的政治中心（南京政府），但是辛亥革命以来军阀割据而国家形态不够成熟的局面依然存在。这使得国民在所认同的国家与政府的执政之间常常产生乖离的感觉。另一方面，中国现代国家的建构乃是透过革命的实践，推翻传统帝制而建立共和政体，就此而言，亦如欧洲近代国家的形成一样，表现出解放专制之桎梏与建立自由宪政的意向。但是，由于当时中国处于一种"转型之社会"，其经济尚以农业为基础，缺乏足以建立自由宪政共和体制的有利条件。因此，现代国家体制的建构及其发展时常背离原先的理想；而革命是中国现代性的传承，它常常呈显出一种激进性的理念。这使得一部分温和的自由知识分子对这种未成熟的"国家"形态产生或期待或怀疑甚至游离和批判的态度，从而影响到他们对国家的忠诚与认同。

以上，是我对一般民族国家以及中国现代国家建构过程及其结构性特征的基本认识。下面，将基于上述认识从不同的层面对周作人民族国家意识的形成和特征进行剖析。

（二）"爱国心"与"乡土爱"的区别：基于个体独立的国家意识

留学东京时期的青年周作人，身处两场对外战争胜利之后明治国家民族主义高涨的情境之中，其国家意识的发生和形成首先受到来自日本的刺激。他后来回忆说："当时中国知识阶级最深切地感到了本国的危机，第一忧虑的是如何救国，可以免于西洋各国的侵略，所以见了日本维新的成功，发现了变法自强的道路，非常兴奋，见了对俄的胜利，又增加了不少勇气，觉得抵御西洋，保全东亚，不是不可能的事。"[1]的确，周作人那一代知识分子普遍拥有"救国"自强的国家意识，但是观察他后来一生的言行，我们又不能不感到他始终不是一个激进的民族主义者，其国家认同或民族意识有着复杂的构成。例如，

---

[1] 周作人：《留学的回忆》，收《药堂杂文》，石家庄：河北教育出版社，2002年。

在追求国家独立和富强的同时又关注无政府主义和社会主义对国家与资本的否定，在承认抵御西方列强和日本帝国之威逼而有强化国民统一意识之必要的同时，又曾向往过世界主义的乌托邦。"九一八事变"之后，他不断讲国家实力的重要和民族在感情上联络统一的必要，但依然警惕独立的个人及健全的理性被国家所吞噬，甚至对国家主义的盲目排他性提出严厉的批评。总之，作为自由主义知识分子的周作人在国家和个人的关系上，始终保持着一种理智与权衡的张力，他在几次历史关头所做出的人生选择，恐怕都与此有关。

首先值得注意的是，周作人早在1907年前后发表的文章中，就对现代民族国家所要求的"爱国心"和作为人类普遍情感的"乡土爱"做出了明确的区分，同时还区别了国家与政府的不同。刊载于无政府主义团体机关报《天义》上的《中国人之爱国》一文，对当时"志士"所大言的"爱国"提出质疑，认为他们讲的"爱国"实质上乃是"爱政府"，不过要号召国民支持一党之政治主张而已。在此，周作人援引俄国诗人莱蒙托夫的话，强调其爱国不同于一般志士的"兽性之爱国者"，而对"乡土爱"和"爱国心"做出辨析："夫人情恋其故乡，大抵皆尔，生于斯，歌哭于斯，儿时钓游之地，有毕生不能忘者，天怀发中然耳。……吾闻西方爱国一言，义本于父，而国民云者，意根于生，此言地著，亦曰民族。凡是爱国，国民之云，以正义言，不关政府。"然而，今日志士所言"爱国"乃是要求国民服从于政府，以国民自居的国人却"拜乞宪政于政府"。[1] 周作

---

[1] 陈子善、张铁荣编：《周作人集外文》，海口：海南国际新闻出版中心，1995年，第23—24页。

人对此大不以为然。

注意到源自人类普遍情感的"乡土爱"与作为现代民族国家所要求于国民的"爱国心"之不同,这一点十分重要。它反映出周作人早期的国家意识,已包含了对国家排他性乃至褊狭之民族主义的怀疑。如果考虑到19世纪以来西欧各民族国家的兴起形成大潮,随之而来的是欧洲内部战争频仍及殖民主义之下对外战争的多发,"乡土爱"发生变质而"爱国心"加剧了民族国家间的纷争等史实,则周作人的上述国家意识就很容易理解了。这里,我想起稍后的第一次世界大战期间,哲学家罗素所著《社会重组的原理》(1916)一文,其中对现代的"爱国心"与以往的"乡土爱"有更明确的区别:"对生养自己的土地、亲属和邻人之纯净的爱所迸发出来的家庭爱、乡土爱,其根底在于地理风土和生物学上的感情。这种朴素之爱本身并非政治和经济性的东西,思念家乡的感情也非排斥别国,故没有可以非难的地方。它与现代国家的爱国心不同。对西方的少男少女来说,他们所受的社会教育是要忠诚于国民所属的国家,国家要求他们的义务乃是按照政府的命令行动……"

"国家一定会努力使国民相信,本国发动的战争并非要占领他人的土地,而是为了传播文明和福音。为把基于此种立场的国家主义者所期望的爱国心灌输于民,国家必定要利用民众的褊狭气质和情绪。这是掌握国家利益者造出的最为恐怖的现代之恶的根源。"[1]罗素的观点,可以说代表了当时西方有识之士对导致"一战"期间西方内部国家主义甚嚣尘上而铁血战争造成大量牺牲的反思。周作人应当也是在这种思潮脉络中,注意

---

[1] 转引自高桥哲哉:《教育与国家》,东京:讲谈社,2004年,第59—60页。

到"爱国心"与"乡土爱"之间区别的。

实质上，这里同时涉及了国家和个人的关系问题。正如同时期的鲁迅确信欧洲列强的爱国包含着"兽性"而追赶欧洲的中国也难免存在"奴隶性"，必须首先"尊个性而张精神"[1]一样，周作人亦对西方"奴于主人"的爱国者之"忠爱"[2]不以为然，坚持对国家的认同必须同时确保独立健全的个人之养成。直到抗战爆发后落水附逆为止，他在处理两者关系时，基本上保持了一种理智而非偏于一端的态度。坚持个人独立和思想自由是如何的重要，我们看周作人在"五四"后"非基督教同盟"运动中的态度就可以明白。而就如何理解国家和个人的关系问题，他于1925年所著《与友人论国民文学书》中，有最清楚的表明。文章肯定提倡"国民文学"的正当，认为这"不过是民族主义思想发展到文学上来罢了"，但强调："提倡国民文学同时必须提倡个人主义，我见有些鼓吹国家主义的人对个人主义竭力反对，不但国家主义失其根据，而且使得他们的主张有点宗教的气味，容易变成狂信。这个结果是凡本国的必好，凡别国的必坏，自己的国土是世界的中心，自己的争战是天下之正义，而犹称之曰'自尊心'。"可见周作人担心的是民族主义可能走向国家主义的褊狭，而失去正义和个人的自由。因此他坚持"我们所要的是一切的正义，凭了正义我们要求自主与自由，也正凭了正义我们要自己谴责，自己鞭挞"，"这才有民族再生的希望"。[3]

可以说，对于"爱国心"的警惕和"乡土爱"的肯定，是

---

[1]　《鲁迅全集》第1卷，北京：人民文学出版社，1981年，第57页。
[2]　见《中国人之爱国》，收陈子善、张铁荣编：《周作人集外文》。
[3]　周作人：《与友人论国民文学书》，收《雨天的书》，石家庄：河北教育出版社，2002年。

十二 游走于中日间的文化人的宿命

周作人民族国家意识一以贯之的两面，这使他在和平时期既保持了思想自由的原则和对现代中国的基本认同，又不至于滑落到激进民族主义的境地。只是到了投敌附逆的40年代，周作人已然在政治上再无"爱国心"可言。不过，我感觉他在所著的大量回忆儿时记忆，记述乡土风习、传统名物的文章中，实际上是把自己对国家的情怀下沉到乡土爱的世界中，于其中寄托了自己的家国想象。[1]那么，如何理解周作人对"爱国心"之相对主义的态度？如何解释他战争期间在政治上背离基本的国家认同而在文化思想上又表现出某种"文化抵抗"式的民族意识呢？这恐怕不仅与他对国家与个人关系的认识有关，还联系着他对政治国家与"文化民族"关系的理解，需要我们做进一步深入的观察。

从整体上观之，我认为周作人这种对国家与个人相对化的理解，包括对极端民族主义的警觉，有着深刻的思想内涵。我们知道，一方面，民族主义或者"爱国心"因各国各地区历史情境的不同，曾经发挥过不同的作用。例如，"一战"之后威尔逊和列宁都曾提出"民族自决"的原则，这激发起殖民地人民的民族主义。而在"二战"后世界范围内的民族独立和殖民地解放运动中，被压迫民族所拥有的爱国心和民族主义情绪曾经发挥过巨大的解放作用。另一方面，民族主义又必然带有排他性，甚至成为极端的国家主义者消灭异己并将国家暴力正当化的工具，这也是事实。我们今天观察周作人的民族国家意识，也应该辩证地、历史地给予理解和批评。例如，周作人一

---

[1] 如《禹迹寺》(1939)、《上坟船》(1940)、《苏州的回忆》(1944)、《雨的感想》(1944)等。

贯强调个人意识和民族意识的同时发达才能造成"真正的国家主义"[1]。这样的观点具有相当的正确性，但当民族遭遇外敌侵略而面临生死存亡的时刻，该如何处置"个人"以服从国家一致对外的要求？这是个体必须面对的实际问题，周作人在这种大是大非问题上是否有判断的错误？此问题将在后面做进一步分析。

（三）外部民族国家的存在与周作人国家意识的形成

考察周作人民族国家意识的形成及其特征，还有一个方面值得关注。那便是从青年时代开始，他就始终注意到了19世纪以来欧洲大陆弱小民族包括斯拉夫民族的衰亡历史，还有新希腊的被征服命运、印度的亡国亡种，乃至朝鲜半岛的被殖民历史等，从而激发起自己的国家认同和民族意识。如前所述，一个国家的存在是以外部有别的国家存在为前提的，而霸权国家在征服世界的过程中必然要唤起被征服民族的国家意识。这也可以用来解释周作人不断关注外部的民族国家之情形的原因。另外，所谓的"外部民族国家"，还包括征服民族即帝国主义殖民国家。就是说，还有一条促使周作人国家意识觉醒的线索，即西方列强特别是帝国主义日本的存在。以往，我们多注意周作人一生对日本文化和国民性的赞美，有人甚至把他投靠日本侵略者的原因归咎于其对日本美的迷醉，却很少关注他未收入

---

[1] 参见周作人：《潮州畲歌集序》，收《谈龙集》，石家庄：河北教育出版社，2002年。

文集的大量时事评论性的日本批判的文章。其实，20世纪20年代以来日本国家及其拥有殖民主义思想之国民的种种恶劣行径，乃是激发周作人国家认同的另一源头。我们只有从这两个方面观察过去，才可能更清楚地看到他民族意识形成的轨迹。

在1908年所刊长篇论文《论文章之意义暨其使命因及中国近时论文之失》中，周作人采取的是与鲁迅基本相同的思想立场和论述角度：文学是国民精神的表征，民族复兴既靠工商也需振兴国民精神的文学。值得注意的是，文章开头周作人讲"美大"之国民的养成需要质体和精神两方面的发达，而在"国民"一词后面又特别注明为英语的"nation"并强调"义与臣民有别"。就是说，这时期他已经接触到源自西方的国民概念，此"国民"与以往君臣主奴关系之下的"臣民"不同，是暂时将自然权利让渡给政府而依然是主权在民之现代国家的国民。这一点，与前面所言周作人的民族国家意识始终保持着权衡国家与个人之关系的张力有关。正是在这样一种放眼世界的视野之下，他于讨论复兴文学以筑就新的国民精神的同时，关注到欧洲弱小民族虽国家消亡而民族精神尤在的现象。文章在论述文学为何之前，用相当篇幅历数欧洲大陆民族国家兴亡的史实，包括埃及希腊和斯拉夫系统的俄国、波西米亚、塞尔维亚、克罗地亚、波兰、保加利亚诸国，强调这些民族国号虽亡而文化犹存，故依然有拯救的希望。中国的问题则在于，自孔子删诗以来文之凋敝久矣，而国民精神的萎靡不振更是眼前的事实，因此必须振兴文学以"补救"精神的衰微。[1]

---

[1] 参见周作人：《论文章之意义暨其使命因及中国近时论文之失》，收陈子善、张铁荣编：《周作人集外文》。

同样的议论还见于以波兰、印度为例的《哀弦篇》(1908)。这里，我要强调的是，青年周作人正是在这种关注外部民族国家兴亡历史的过程中激发起自己的民族危机意识的，这成为他此后一生国家认同的坚实基础。而到了20世纪20年代以后，在中国已经具有了现代国家的基本形态而外部列强尤其是日本帝国的威逼愈发严重的时候，周作人更把目光转向与中国在文化和国土上紧密相连的被征服民族朝鲜。1926年初，看到《读卖新闻》上两则有关朝鲜人的消息，即朝鲜总督府中枢院议长李完用病逝而日本天皇赐酒慰问和欲暗杀天皇的在日朝鲜人朴烈将被审判，周作人与日本新闻的舆论调子相反，认为李完用只是将朝鲜卖给日本的逆子而朴烈才是民族的忠良。尤其是在反抗殖民统治的朴烈身上，他看到了朝鲜民族的可贵精神。周作人于表示敬重的同时，更深切地表达了对中国危机的忧虑：

> 朝鲜在日韩合并的时候固然出了不少的逆徒，但是安重根、朴烈，以及独立时地震时被虐杀的数百鲜人，流的报偿的血也已不少了，我对于这亡国的朝鲜不能不表示敬意，特别是在现今的中国，满洲情形正与合并前的朝鲜相似，而政客学者与新闻界的意见多与日本一鼻孔出气，推尊张吴，竭力为他们鼓吹宣传的时代。我相信中国可以有好些李完用，倘若日本（或别国）有兴致来合并中国，但我怀疑能否出一两个朴烈夫妇。朝鲜的民族，请你领受我微弱的个人的敬意，虽然这于你没有什么用处。[1]

---

[1] 周作人：《李完用与朴烈》，收《谈虎集》，石家庄：河北教育出版社，2002年。

十二 游走于中日间的文化人的宿命

周作人接下来补充说:"日本为生存竞争计不得不吞并朝鲜,朝鲜因为孱弱或者也总难保其独立,但我对于朝鲜为日本所凌践总不禁感到一种悲愤。中国从前硬要朝鲜臣服,现在的爱国家也还有在说朝鲜'本我藩属'的人,我听了很不喜欢。"对于民族独立的尊重和对中华帝国曾经有过的沙文主义之自我批判,都显示出周作人理性清明的态度和充分的国家认同。虽然,十几年之后他本身亦不幸而成了与李完用相仿佛的与敌合作者,但至少在当时他对殖民统治下的屈从和抵抗,是有着鲜明的道德判断的。他无疑坚定地站在为民族独立而敢于抵抗殖民者的那些人士一边。而朝鲜的命运也就预示了中国的悲观前景:在帝国主义称霸世界的弱肉强食格局中,弱势国家必然处于被征服和被殖民的境地,但如果连反抗的精神也丧失掉的话,那么亡国亡种的命运将不可避免。周作人"九一八事变"发生一个月后所写的《朝鲜童话集序》,在强调朝鲜的艺术有其研究价值时,更借题发挥讲到自己对民族—国家的危机意识:

> 中日韩的文化关系是久矣夫的事情了,中日韩的外交纠葛却也并不很近。清末章太炎先生亡命日本东京,常为日本人书《孟子》一段曰,"逢蒙学射于羿,尽羿之道,思天下唯羿为愈己,于是杀羿",可以说是中国知识阶级对于日本的最普通的感想,正如新希腊人之对于西欧的列强一样。……埃及、亚剌伯、印度、希腊、中国,都有同一的使命和运命,似乎不是新奇的偶然。日本之于德意志可以说是有杀羿的意味,对于中国仿佛暴发人家子弟捣毁多年的饼师老铺……捣毁饼店是一事实,暴发子弟与饼师的关

系也是一事实，在人智未进的现在两账只能分算，虽然这样办已经不是很容易的事情。在平壤、仁川、沈阳、锦州大暴动之后，来检点日韩的艺术文化，加以了解和赏识，这在热血的青年们恐怕有点难能亦未可知，但是我想这是我们所应当努力的。[1]

1926年前后，周作人的国家认同和民族意识达到了一个高峰。东北四省局势的骤变更使他将目光集中到被殖民的朝鲜半岛，并强烈意识到本国的危机。而无论是朝鲜被殖民的悲惨还是中国民族的危机，背后根本的原因就在于奉行殖民主义扩张政策之日本的存在。实际上，周作人在谈论朝鲜的时候已然将批判的矛头直接指向了日本帝国，甚至看到了帝国主义"为生存竞争计"必然走向对外扩张和殖民侵略的本质属性，虽然，他依然坚持在研究"日本"时，有将政治、外交上作为霸权国家的日本和文化、历史上作为艺术民族的日本分开来的必要，从而显示了他此后研究日本的基本路径。这里，有必要大致清理一下周作人20世纪20年代以来对日本国家，特别是作为其"马前卒"的大陆浪人和"支那通"的严厉批判，以便进一步理解他国家意识的形成。[2]因为对帝国主义列强征服行径的批判，作为两条关注外部民族国家的视线之一，正是周作人前期国家认同和民族意识得以凝聚和形成的关键。

现代中国的发展和国家建设始终受到日本帝国主义的压迫。

---

[1] 周作人：《看云集》，石家庄：河北教育出版社，2002年，第95页。
[2] 详细的论述，参见拙著《周氏兄弟与日本》，北京：人民文学出版社，2011年，第236—259页。

十二　游走于中日间的文化人的宿命

甲午战争的沉重打击自不待言，第一次世界大战后日本对华实行的所谓强硬政策，虽在中国的"五四"运动到大革命时期有所缓和，但1928年国民政府成立之后，其对中国强势威逼的态势愈演愈烈，直至1937年挑起全面侵华战争，进入了中日关系史上最黑暗的时期。日本的威逼使中国两次痛失现代化"崛起"的机会（洋务运动后民族工业的崛起和国民政府期间经济的大发展）[1]。周作人则自20世纪20年代以来，对在华的日本大陆浪人和"支那通"维护本国殖民主义政策并为中国腐败势力张目的言行多有批判。比起从关注弱小民族的命运所激起的爱国意识来，周作人从对日批判中所生发的中国认同感要更为深刻而理智，他甚至由此获得了对帝国主义霸权争夺世界之弱肉强食本质的认识。

所谓"大陆浪人"，是指近代以来在中国活动的一批日本民间人士，他们多为国家主义者，有的甚至从事与日本政府对华政策有关的秘密谍报工作。高柳光寿等编辑的《日本史辞典》更明确指出：20世纪20年代以后的大陆浪人多是与军部勾结而在华推行其军事行动的爪牙，他们利用日本人的特权谋取利益或进行欺诈性商业活动等，在亚洲各地随心所欲地从事犯罪行径。[2]所谓"支那通"，乃是随着日本资本进入中国和现代新闻出版业的发达应运而生的一批从事中国翻译和介绍的民间人士。他们凭借一知半解的中国知识为日本各路势力进入中国献计献策，与其说是要真正了解中国，不如说是借中国知识而达

---

[1] 参见拙文《观察中日关系的阔大视野》，收《转向记》，北京：中央编译出版社，2011年。
[2] 高柳光寿、竹内理三编：《日本史辞典》，东京：角川书店，1974年。

到谋生获利的目的。这两类人未必能代表那个时代日本国民的整体，却从一个侧面反映了日本军国主义大陆侵略政策所造成的恶果。而周作人从他们身上不仅看到了殖民主义的本质，更增强了自己作为"中国人"的自觉与自尊。例如在《日本浪人与顺天时报》一文中，周作人在揭露大陆浪人的种种恶劣行径、历数自己对日本民风习俗文学艺术的爱好后写道：

> 是的，我能够在日本的任何处安住，其安闲绝不下于在中国。但我终是中国人。中国的东西我也有许多是喜欢的，中国的文化也有许多于我是很亲密而舍不得的。或者我无意地采集两方面相近的分子而混合保存起来，但固执地不可通融地是中国的也未始没有：这个便使我有时不得不离开了日本的国道而走自己的路。这即是三上博士所说幸亏日本没有学去的那个传统的革命思想。因为这个缘故，无论我怎样爱好日本，我的意见与日本的普通人总有极大的隔阂，而且对他们的言动不能不感到一种愤恨。愤的是因为它伤了我作为中国人的自尊心，恨的是因为它动摇了我对于日本的憧憬……[1]

这里，周作人明确表达了"作为中国人的自尊心"，即对国家与民族的认同。而当1927年《顺天时报》曲解并辱骂李大钊之际，他的愤怒更达到了顶点，甚至一反自己先前对民众"排日"的怀疑态度，主张"为中国前途计，排日又别是绝对的应

---

[1] 周作人：《日本浪人与顺天时报》，收《谈虎集》。

十二 游走于中日间的文化人的宿命

该与必要了"[1]。周作人在批判日本殖民主义的同时,也加深了对中国革命的认识。1925年孙中山逝世后,他就曾发表饱含感情的悼念文章,径直称孙中山为"中国民族解放运动上"伟大的民族主义者,"中华民国"四个大字就是对他40年来革命事业"最大的证据与纪念"。[2]

而1927年8月发表的短文《可怕也》,则最直接地反映出周作人的国家危机意识。当大革命之后国民党在南京成立国民政府、南北分裂的局势愈发恶化之际,日本人却鼓动南北谋妥协以保存自己的在华利益。周作人以严厉的言辞抨击道:"日本对中国出兵,以出兵扰乱中国;日本为中国谋妥协,又即以妥协扰乱中国。中国的祸乱与和平几乎无不与日本有关系,又几乎无不于中国有害而于日本有利。日本真是可怕的国,对于中华民国与中国民族之生存真是一个极大的威吓(Menace)。"[3]如前所述,帝国主义的征服必定会激起被压迫民族的国家意识。周作人自己后来也强调:"日本的那种种行为对于中国实在也不全是无益的。一盘散沙似的中国民族近来略略养成了一点民族思想国家观念,这都是受日本之赐。"[4]

我感到,日本这个内在于周作人深层精神世界中的民族,本身不仅是一个巨大的矛盾,也造成了热爱其文化艺术与痛恨其恃强凌弱的人之一生的矛盾。一段时间里,周作人试图将日本历史上优美的文化与现实中帝国主义的行径"两账分算",在警惕和抨击它对中国的霸道行径的同时,去亲近和鉴赏它的艺

---

[1] 周作人:《排日评议》,收《谈虎集》。
[2] 周作人:《孙中山先生》,收《谈虎集》。
[3] 周作人:《可怕也》,收陈子善、张铁荣编:《周作人集外文》。
[4] 见陈子善、张铁荣编:《周作人集外文》,第466页。

术美。但这种文化与国家相割裂的态度终难以维持到底，故在抗战爆发前夕他不得不在"精神和历史相分裂的状况下"[1]中断其日本谈议。可以说，周作人的成功与失败、爱国与叛国，都与这个"日本"深深关联在一起，成为他命运里的一个符咒。需要强调的是，以往常有人批评周作人的投敌附逆在于其国家意识的淡薄和自私自利，其实直到抗战之前，他的民族意识和国家认同远远要比一般中国知识分子强烈得多。也因此，战争爆发之后他的急遽转向就特别耐人寻味，其中必有不得已的个人原因和深层的思想理路。而从"民族国家意识"的角度来思考，他对作为政治国家的中国的实力之绝望与对作为文化民族之中国的退守，恐怕是更深层的原因之一。

（四）对政治国家的失望与对文化民族的退守

日本学者西村成雄在有关20世纪中国制度史的著作中，从政治空间和国家凝聚力的视角指出：辛亥革命以来的现代中国存在两个交叉的"政治空间"和两种民族主义，在此基础上形成的国家其建构方式和建构过程与一般的民族国家多有不同。所谓两个政治空间，即以直到清朝为止的原有之疆土、文化与传统思想所构成的"中华世界"，和以辛亥革命为起点的现代民族国家之"政治空间"。所谓两种民族主义，即源自"中华世界"的"中华民族式民族主义"和源自"中华民国"的"民族

---

[1] 木山英雄：《文学复古与文学革命》，赵京华编译，北京：北京大学出版社，2004年，第356页。

国家式民族主义"。而这两个空间和两种民族主义,是贯穿20世纪中国"救亡图存"的政治动机的源泉。[1]

　　西村成雄的议论实质上涉及了民族国家建设过程中民族主义的两个来源问题。就现代中国的实际而言,其国家凝聚的基础——民族主义可以划分出两种类型,即基于对"中华民国"(现代国家)的认同和基于对"中华世界"(文化传统)的认同而产生的民族意识。按照西村成雄的理解,这两种民族主义是相互交叉、彼此通连的,但当国家民族遇到生死存亡的关头,例如在1915年前后日本对中国强迫要求"二十一条"和1931年制造"九一八事变",由此掀起"五四"运动和抗日民族统一战线两个民族主义高涨的时期,"中华民族式民族主义"乃是更具超民族、超党派政治而实现广泛的社会动员的政治力量。

　　上述议论,直接与周作人战前的国家意识和战争期间的"文化民族主义"立场相关联。如前所述,周作人在抗日战争爆发前对中华民国所代表的"国家"拥有基本的认同,其民族意识也随着对弱小民族的关注和对日本帝国主义的批判而逐步高涨。然而,无论是对辛亥革命以来军阀混战时期的各类政府,还是对南京时期的国民政府,周作人都一直保持着怀疑和批判的态度,对遭受政府压制的共产党则比较亲近。[2]这源自他一直以来既保持着对国家的基本认同,同时又坚守个人独立的自由主义立场。如前所述,现代中国的民族国家建设因外部的干

---

[1] 西村成雄:《20世纪中国的政治空间——中华民族式民族国家的凝聚力》,东京:青土社,2004年,第22—24页。

[2] 徐淦在《忘年交琐记》中提到一个传闻:抗战结束后,有人求蒋介石特赦周作人,但蒋说:"别人可赦,周作人不可赦,因为他亲共。"(陈子善编:《闲话周作人》,杭州:浙江文艺出版社,1996年,第130页)

扰和内部的混乱始终处于未成熟的状态之下，内部的军阀混战和革命的此消彼长，导致一个稳定的完整代表国家行使权力的政府难以形成。周作人于思想立场上一直对政府保持批判的态度，原因也在于此。例如，1925年前后北京发生大规模学潮而北洋政府直接介入教育，还有北方的"讨赤"和南方的"清党"等愈演愈烈的时候，周作人都坚持站在社会舆论一边，其思想自由、反抗专制的倾向影响到他对国家本身的过分接近。

"三一八惨案"发生之际，周作人致全体遇难者的挽联上甚至写道："赤化赤化，有些学界名流和新闻记者，还在那里诬陷。白死白死，所谓革命政府与帝国主义，原是一样东西。"[1] 他一方面抨击知识阶级没有起到社会良知的舆论监督作用，给国家机器以实施暴力的机会；另一方面，他也揭露由军阀政客所组成的政府没能行使正当的国家行政权力，反而把枪口对准了民众。可以说，此时的周作人对政府的失望和不信达到了相当的程度，也使他看到了现代中国"国家"的巨大缺陷。换言之，从关注外部弱小民族命运和批判日本帝国主义的视线中凝聚起来的民族国家意识，并没有通过对内部的政府之认可而稳固下来，"民族国家式民族主义"并未完全成为周作人国家意识的基础，这影响到他20世纪30年代后逐渐向"中华民族式民族主义"的靠近。

20世纪30年代的中国社会，一方面军事、经济、文化有了很大发展，国民政府成立后推行和实施了一系列发展民族经济的政策，到1936年中国的工业发展达到了近代以来的高峰。

---

[1] 见周作人:《关于三月十八日的死者》，收《泽泻集》，石家庄：河北教育出版社，2002年。

十二 游走于中日间的文化人的宿命

"南京十年"以民族经济为支撑的现代中国的主权国家建设已经初具规模,国民的国家意识也随之提高,这成为中国抗战得以坚持到底的现实基础;另一方面,自"九一八事变"之后日本侵略中国的步伐日益加快,成为中国国家建设的最大障碍。而在强大的日本面前,中国军事、经济实力的严重不足又暴露无遗。余英时指出:"在30年代国民党北伐后,好像形成了一个政治中心。那时的知识界多少也有一些共同的看法,想建立一个现代的国家和社会秩序。然而,国民党的'一党专政'和坚持'思想统一',使它和知识界的人疏离了。因此双方没有达成融合的共识。不过无论如何,朝野之间大体上有一种默契,即依照英、美的模式,在现有社会体制的基础上逐渐推动现代转化。所以不少知识领袖肯毅然到南京参加政府工作。其间有一个极重要的共识,即中国人必须团结起来,建立一个富强的国家,才能抵抗日本的侵略。"[1]

那么,周作人又如何呢?"九一八事变"一个月后,他曾到北京大学学生抗日救国会发表讲演《关于征兵》,一反平日文人谈议的作风而讲起实施征兵制度的必要。他的理由是不应相信"公理"而必须依靠"实力"才能抗御外敌,这涉及了现代民族国家的基本制度建构。众所周知,现代国家因外部有别的国家存在(威胁)而产生,对内它要求国民的均质划一,对外特别是战争爆发之际则必采取"全民皆兵"的态势,因此,征兵制乃是现代国家建制的基础之一。周作人强调,实行征兵制既有老百姓少吃苦和可以减少内乱的好处,也有需要教育制度和国

---

[1] 余英时:《现代儒学的回顾与展望》,北京:生活·读书·新知三联书店,2012年,第25页。

力等配套而难以实现的问题，但无论如何必须承认，"修武备，这是现在中国最要紧的事，而其中最要紧的事则是征兵"[1]。

然而，周作人也看到了当时国家的另一面，即面对帝国主义列强，中国是否有军事、经济上的实力与其在海上一战。1934年的《弃文从武》一文就指出："我的意思第一是想问问对于目前英日美的海军会议我国应作何感想？日本因为不服五与三的比例把会议几乎闹决裂了，中国是怎样一个比例，五与零还是三与零呢？……据我妄想，假如两国相争，到得一国的海军歼灭了，敌舰可以靠岸的时候，似乎该是讲和了罢？"[2] 这里，所谓的"五与三"是指1922年华盛顿裁军会议签署的英美日主力舰保有数5∶5∶3的比率。而始于1930年断续进行的伦敦海军会议则试图调整上述比率，结果因各方的意见分歧不欢而散。就是说，20世纪30年代以后周作人面对日本帝国主义加紧威逼的局面，开始多从国家实力的角度思考现实问题，但其结果不是增强而是弱化了他对作为政治国家之中国的期望。所谓政治国家，是指在军事经济文化实力支撑下全体国民有了强固统一的政治意识，在世界格局中能够清楚地定位自己国家的走向并获得一种文化身份的认同。然而，这一切条件在30年代的中国还远远没有具备。这是周作人抗日战争前持有"中国必败论"的根据。

从现实主义和国际上各国力量对比的角度观之，当时中国的国家实力的确还无法与列强抗衡。因此，周作人得出若海上

---

[1] 周作人：《关于征兵》，收《看云集》。
[2] 周作人：《弃文从武》，收《苦茶随笔》，石家庄：河北教育出版社，2002年。

一战则中国必败的结论，也情有可原。以往，人们认为这个"中国必败论"是导致周作人附逆投敌的政治原因。不过我要强调，这可能是一个原因，但并不说明他就此完全失去了国家观念和民族意识。例如，他在抗战爆发前夕所作《自己所能做的》一文中就明确表示："凡是中国人不管先天后天有何差别，反正在这民族的大范围内没法跳得出，固然不必怨艾，也并无可骄夸，还须得清醒切实地做下去。国家有许多事我们固然不会也实在是管不着，那么至少关于我们的思想文章的传统可以稍加注意，说不上研究，就是辨别批评一下也好，这不但是对于后人的义务也是自己所有的权利。"[1] 我的判断是，自20世纪30年代以后周作人对政治国家中国确有失望，他的国家认同和民族意识也因此开始逐渐转向了文化历史的方面，或者说他的思考从"实力国家"的角度逐渐转向了"文化国家"的方面。而战争期间，他重提儒家文化并强调汉文学的传统来抵制日本侵略者以"大东亚共荣"为目标树立"中心思想"的叫嚣，则可以视为这一转向的延伸。

周作人从"文化国家"的角度思考民族主义的凝聚，其最典型的表现是在1936年与胡适讨论国语与汉字的通信。自晚清以来作为现代民族国家建设的一环，国语改造始终是一个备受关注的问题。周作人早年也曾持有激进的语言改造论包括废除汉字、采用拉丁语乃至世界语等，但"五四"以后他又是最早意识到语言文字本身的复杂性和历史性、古文的现代价值乃至汉语在凝聚国民感情、统一思想方面之作用的一个文学

---

[1] 周作人:《自己所能做的》，收《秉烛后谈》，石家庄：河北教育出版社，2002年。

家。他1922年所著的《国语改造的意见》便指出:"到了近年再经思考,终于得到结论,觉得改变言语毕竟是不可能的事情,国民要充分的表达自己的感情思想终以自己的国语为最适宜的工具。"世界语可以作为"第二国语",但是"至于第一国语仍然只能用那运命指定的或好或歹的祖遗的言语;我们对于他可以在可能的范围内加以修改和扩充,但根本上不能有所更张"。[1]

周作人上述对于国语历史性和实用性的认识十分重要,不仅符合文明古国向现代民族国家转变之际如何重建国体、国民、国语之三位一体制度体系的要求,而且直接联系着他20世纪30年代之后以汉语来维系中国民族感情上之统一的观点,以及40年代后其"文化民族主义"思想立场的形成。这里,我们将对以下三篇重要文章做些解读,即《国语与汉字》(1936)、《汉文学的传统》(1940)与《汉文学的前途》(1943)。三篇文章的时间跨度不长,但前一篇与后两篇之间却横亘着中国现代史上最大的民族国家危机,后两篇之间则是周作人从出任伪职到被淡出伪政府官场的时期,可谓他个人经历中最为曲折也最遭人诟病的阶段。然而,三篇文章的思想观点跨越了历史时间而保持了明确的一致性,即避开政治上的"实力国家"不谈,坚持从历史、语言的"文化"角度重新定义"文化中国"的疆界,坚持从语言文字角度去维护中国历史文化的同一性和连贯性,以达到强化中国人民族国家意识的目的。实际上,这是他始终坚守的"中华民族式民族主义"的一种立场。

---

[1] 周作人:《国语改造的意见》,收《艺术与生活》,石家庄:河北教育出版社,2002年。

在致胡适的信《国语与汉字》[1]中，周作人首先提出"现在要利用国语与汉字，就是这个意思。用时髦的一句话说，现在有强化中国民族意识之必要，如简单地说，也就只是希望中国民族在思想感情上保持一种联络"。这里的"中国民族"无疑是一个新的说法，它在周作人的上下文中意味着什么？

> 我不说汉民族，因为包括用中国言语的回满蒙人在内，不说中国人，因为包括东四省台湾香港澳门的人在内。虽然有些在血统上并不是一族，有些在政治上已不是一国，但都受过中国文化的陶冶，在这点上有一种重要的联结，我就总合起来纳在中国民族这名称里面。

这正是一个"文化中国"的边界或概念，比政治国家的"中国"所及要远为广大，它并非以主权管辖的范围为疆界，而是以汉语言文字的使用为范围。这个"文化中国"超越于作为现代主权国家的"中国"之上，可以把暂时在政治上分离的中国人民联结起来，形成一种文化上的"中国"认同。在此，周作人又从政治和文化两方面进一步分析中国的现实，强调东北四省的分离与台湾一样完全是帝国主义的武力所造成的而非人民的自决，因此也只有靠武力来收复。但是，"政治上分离的，文化以至思想感情上却未必分离"。前者要靠国家的实力，而后者则作为知识分子可以从我做起。即"把诚实的自己的意思写成普通的中国文，让他可以流传自西南至东北，自西北至东南，

---

[1] 周作人：《国语与汉字》以及胡适的复信，均载 1936 年 6 月 28 日《独立评论》第 207 号。

使得中国语系统的人民可以阅读,使得中国民族的思想感情可以联络一点,未始不是好事"。周作人清楚单靠汉语言的文章未必能"替代武力而奏收复失地之功",但思想感情得到统一,就可以为国家再造打下基础。[1]

周作人政治与文化二分的方法实在是一种无奈之举,正如他对作为政治国家的中国其实力不抵强敌日本而无可奈何一样。但他并没有绝望,而是把思考的视野从政治转移到文化方面,并试图从文化的根本即语言文字上寻找"中国民族"的认同基础,这不可不谓用心良苦。换言之,周作人不但没有对"中国"失去信心,反而在文化上表现出强烈的国家观念和民族意识。尤其重要的是,这种观念和意识并没有因为1940年他成为"伪职人员"而有所改变。当然,日伪时期的周作人能否称得上"文化爱国者"或"文化抗日者"[2]另当别论,但自20世纪30年代以后逐渐转向"中华民族式民族主义"的方面,从而形成了自己一套拥有连续性的"文化民族主义"思考,则是毋庸置疑的。例如,写于40年代的《汉文学的传统》和《汉文学的前途》的两文,不仅表达了作者从汉语言文字出发建立中国文化本位的思考,而且其内在理路直接与战前的思想相联结。《汉文学的传统》开篇讲到为什么要以"汉文学"代替"中国文学"的概念:

---

[1] 胡适在同期《独立评论》的回复中,对周作人的观点表示完全赞同:"但在这个我们的国家疆土被分割侵占的时候,我十分赞成你的主张,我们必须充分利用'国语、汉字、国语文这三样东西'来做联络整个民族的感情思想的工具。"
[2] 董炳月:《周作人的"国家"与"文化"》,载《中国现代文学研究丛刊》2002年第3期。

中国人固然以汉族为大宗，但其中也不少南蛮北狄的分子，此外又有满蒙回各族，而加在中国人这团体里，用汉字写作，便自然融合在一个大潮流之中，此即是汉文学之传统，至今没有什么改变。

这与《国语与汉字》中对"中国民族"的定义基本一致。周作人所强调的依然是不以民族来划分、不以主权国家的管辖区域为疆界，而是从汉语言文字之使用范围来确定"文化中国"的内涵。由此可以把政治上暂时分离开来的中国人包含在内，从而形成文化上的一种联络和认同。他认为，这个历史上形成的以汉字为书写工具的文学传统至今没有改变，思想上之儒家人文主义，形式上之汉字书写，构成了这个文学传统的根本，它需要我们维护和发扬光大下去。而稍后他所写的《汉文学的前途》则在表达了相同意思之后，特别加了一个"附记"以说明思想动机："民国二十九年冬曾写一文曰《汉文学的传统》，现今所说大意亦仍相同，恐不能中青年读者之意，今说明一句，言论之新旧好歹不足道，实在只是以中国人的立场说话耳。"在敌寇占领的沦陷区，能从周作人口中说出"中国人的立场"来，的确难能可贵！这至少表明，在那样复杂的背景下他依然对"文化中国"有坚定不移的认同。他甚至表示"中国民族被称为一盘散沙，自他均无异辞，但民族间自有系维存在，反不似欧人之易于分裂，此在平日视之或无甚足取，唯乱后思之，正大可珍重。……反复一想，此是何物在时间空间中有如是维系之力，思想文字语言礼俗，如此而已"。可见，他对基于汉语言文字的中国文化的信心是坚定不移的。他甚至讲："中国文学要有前途，首先要有中国人。"[1]即，民族文化的身份认同至关重要。

战争时期的周作人强调"文化中国"的统一性，其"中华民族式民族主义"的倾向不仅表明他的国家观念和民族意识不但没有完全丧失，而且也是他与敌人虚与委蛇并进行消极之"文化抵抗"的基础。例如，1942年在接受日本记者采访时，他甚至把"文化"提高到"国防机关"的高度，而坚持"中国人"的身份不能人为地抹消掉。

> 故将日本人特有的心理即所谓日本精神强加于支那人，或者试图把支那人日本化，这种想法是无济于事的，反而有可能酿成弊害。……考察日本和支那的交涉史，就可以明白"唐物"的输入是如何促进了日支的亲善，包括汉字的输入给日支亲善带来的效果。经济交流与文化交流要同时进行。这里，经济交流问题暂且不论。一国文化进入他国乃是一种和平的进驻，即和平的征服。然而，这种征服因为对被征服者施有恩泽，故反而受到对方的感谢和尊敬。对方心悦诚服。从这个意义上讲，文化是最有力的国防机关。[2]

这里，虽然不免弥漫着傀儡政权教育督办的官僚口气和虚幻的"主体性"感觉，然而，面对占领者一方的日本人采访者，周作人如此强调中日两国民族性的"特异"，并坚持文化的征服

---

[1] 周作人:《汉文学的前途》，收《药堂杂文》。
[2] 后藤末雄:《访周作人》，收方纪生编:《周作人先生的事》，东京：风光馆，1944年。

必须是"和平的进驻",甚至将"文化"提升到"国防机关"的位置上,则是异乎寻常的。将此与他抗战前夕所言从语言文化上维系"中国民族"思想感情之统一的观点联系起来观之,则易见其"文化"的视角依然是他观察问题做出判断的基本逻辑起点,虽然眼下的时势与此前已大不相同。这的确可以视为一种大胆而曲折的"文化的抵抗"。假如再考虑到周作人后来所说的沦陷区人民处于"俘虏的地位上"这一事实,则将"文化"作为沦陷时期自己思想文章的议论中心,实在也是不得已而为之的文人韬略。

(五) 如何面对代表全国民的"国家之大法"

然而,文化上的中国认同不能完全代替政治上的认同,"文化的抵抗"也必须有政治上的远见卓识作为依托。换言之,一个国民的民族意识和国家观念应该包括对"政治国家"和"文化国家"两方面的判断。我们强调周作人的民族国家认同有一个将重心从"政治"方面向"文化"方面转变的过程,承认他即使到了战争时期依然没有完全丧失国家观念和民族意识,依然保持着"文化民族主义"的倾向。但是,必须指出他的认同是不完整而存在缺陷的,即没能从政治和文化两方面去辩证地认识国家的性质。从中日战争的最终结果上观之,周作人对中国人民抵御外侮的坚忍实力的确估计不足,这是他政治判断上最大的错误。而当中国历经八年浴血奋战终于获得胜利的时刻,曾经出任伪政府要职的周作人也便迎来了作为实体之中国的国家审判。

不过，在抗日战争爆发前后，一段时间里周作人对国家实力或政治的方面也不是完全没有关注。例如，1936年底发表的《谈东方文化》一文就指出，日本近代接受西方的物质文明，而现实中的中国所谓的"东方文化"也在消失，结果都只剩下了物质文明。因此周作人强调："我觉得可以声明说，东方文化是早已死绝了，在中国和日本都一样的没有，大家还是老实的凭了物质文明亦即是力来硬挺，且莫说所谓文化，强者说了是脏，弱者说了也不免是丑。"[1]在此，他似乎对"文化"也失去了信心而更强调实力的较量。抗战开始不久，他与日本两位旧友的交流也反映了这样的态度。1937年8月12日，他接受了日本改造社社长山本实彦的采访。

> 他谈到，无论哪一方的国家，如果能有一两个不为现实所束缚，具有远大谋略的政治家出现才好。我想再深入探问一下这话的含义，但立刻止住了。因为他每提到政治都是一副一言难尽的样子。不过，他却清楚地断言如今中国必须承认力之哲学。[2]

这是山本实彦的回忆。它至少可以说明在抗战之初的一段时间里，周作人不得不面对"国家"间发生的侵略与反侵略战争的现实，甚至试图从"国家"实力的角度来思考事态的发展和结局，虽然"具有远大谋略的政治家出现才好"一句，也可能是对日本访谈者的敷衍搪塞。而"如今中国必须承认力之哲

---

[1] 陈子善、张铁荣编：《周作人集外文》，第465页。
[2] 山本实彦：《周作人的心境》，收方纪生编：《周作人先生的事》。

学"又意味着什么？考虑到从"七七事变"到"八一三"上海战事发生期间中国军民浴血奋战的事实，我们可以理解为这是周作人对全国抗战的一种肯定——武力的侵略必须以武力来抵抗，文化和个人只能依靠"国家"民族共同体才能达成抵御外辱的目的。而1938年4月，当读到武者小路实笃发表于杂志上的随笔中多涉及自己时，周作人曾致函对方流露了这样的感言："现今中日两民族正在战斗中，既然别无道路，至于取最后的手段，如再讲什么别的话，非但无用，亦实太鄙陋矣。"[1]就是说，到了"取最后的手段"即战争状态下，即使是多年的旧友，周作人也只能站在本国的立场上拒绝与之多做交流。然而，遗憾的是这个"国家"的视角和立场并没有在周作人后来的言行抉择中得到贯彻，他不久便完全倾斜到了"文化"的方面。

那么，周作人是如何接受国家审判的呢？1946年，记者黄裳曾到南京老虎桥监狱采访他，当被问到何以在法庭上做那么"俗"的辩解时，周作人答曰："有许多事，在个人方面的确是不说的好，愈声明而愈糟，不过这次是国家的大法，情形便又微有不同，作为一个国民，他不能不答辩云云。"[2]这个"国家的大法"乃是作为政治国家而非"文化国家"的大法，在此，单纯以"文化"立场面对是无济于事的。日本学者木山英雄就曾严厉指出：针对"国家的大法"，作为国民必须做出申辩，这一点在区别个人之道德和政治的责任这一意义上，并没有错的。"然而，他讲'国家'的时候，并没有将其视为全国民的机关，

---

[1] 周作人：《友情的通信》，收陈子善、张铁荣编：《周作人集外文》。
[2] 黄裳：《老虎桥边看"知堂"》，收孙郁、黄乔生编：《国难声中》，郑州：河南大学出版社，2004年。

也没有意识到要面对全体同胞借此弄清楚自己的个人行为之客观上的意义。我们从他在法庭上的辩诉中，要感到他面向这种全体性而展现出来的人之某种虔诚性，是极其困难的"。[1]

就是说，这时的周作人在法庭上主要是从个人的立场出发，列举保护北大校产、支援一些人参与抗战等事实来为自己辩护，却没有对"国家"显示出更深一层的理解。这就又回到前面讨论的"国家与个人"关系的问题上来了。我们已知，自20世纪初现代民族国家建制以来，传统的绝对主义君权体制开始崩解，社会出现了明显的分层，国民作为独立的个体被置于由国家、文化和个人等因素构成的关系结构中。当国家正常运转时，这个关系结构有较强的流动性，个体在其中的自由选择度也比较大，甚至可能获得一种超越民族国家的立场而达到世界主义或比较纯粹的个人主义境界。然而，当遇到外敌入侵或爆发战争之际，社会进入战时体制，这个关系中的民族国家共同体一极得到极度强化，原有的关系结构就会失掉平衡，其流动性和选择自由度也将受到严格的限制。所谓身处"历史关头"的个体将面临抉择的危机，就是指此。实际上，经历过"五四"激烈反传统运动的周作人到了30年代，在渐渐确立起艺术审美上的闲适冲淡风度、文化政治上的自由主义立场的同时，也开始注意到这个关系结构的变化和个人抉择的问题。从始于1935年的一系列"日本管窥"的写作和与之并行的《弃文就武》《国语与汉字》等谈论时政的文章观之，周作人已然显露出一种看似文化本质主义实则悲观绝望的政治立场。他认为文人知识分子

---

[1] 木山英雄：《周作人对日"协力"的始末》，东京：岩波书店，2004年，第296—297页。

只能从语言文化上去努力维系"中国民族"在思想感情上的统一，而在此条件下力争保全个体的自由，则成为周作人在抗战爆发的"历史关头"甚至沦为"亡国奴"之际，于国家和个体之间做出抉择的重要逻辑依据。

周作人对国家和个人相对化的理解，以及在"文化民族主义"方面的艰苦努力，如果是在和平年代，将有利于他既保持对国家民族的基本认同，又能充分发挥其独立个体的价值意识，并对国家本身产生更为丰富的反思性认识。然而，他不幸遇到了中国现代历史上最严峻的民族危机，在这样的时刻国家必然要求全体国民一致对外抗敌而难以容许个人的考虑。这是现代主权国家的本质所决定的。木山英雄所谓难以看到他面向这种全体性而展现出来的人之某种虔诚性，也便是在这种意义上所做的批评吧。

（六）简短的结语

关于战争年代被占领状态下人们的生存困境与反抗的可能性，如纳粹德国侵略欧洲时期法国维希傀儡政权下人们的生活、思想等，欧美学界已有许多卓越的研究成果出现。关于朝鲜半岛被殖民的历史，以及战后"新日派"的被重用或被追究其罪责，也是韩国现代史的论争焦点之一。日本殖民朝鲜五十年，对伪满洲国实行傀儡统治十五年，在此期间与日本人抗争或者合作的朝鲜半岛人，最后分别成为战后北南朝鲜的国家精英。这一样反映了现代史的复杂性。美国学者卡明斯在《朝鲜战争》一书中指出，1994年以前的韩国精英有90%曾在殖民地时代不得已与日本人合作。[1]关于中国呢？日本学者木山英雄曾在其日伪时期的周作人研究中，提出"失败主义式的抵抗其思想之可能性"问题。我还注意到，早在20世纪末，美籍华人学者傅葆石也曾在其有关上海孤岛时期的研究中提出"经过掩饰的思想反抗"与"遮蔽的批判方式"[2]等概念，用于分析战争状态被占领地区人民生存的艰苦与复杂。这些对于深入理解20世纪中国乃至世界历史的复杂性，包括国家和个人的种种问题，都具有重要的学术思想意义。20世纪的两次世界大战几乎毁人类的文明和历史于一旦，而被占领地区包括殖民统治的"灰色地带"是这遭到毁灭的历史之不可或缺的一部分，它不该被忘却或者排除在研究视野之外，而应作为反思20世纪的重要资源。我从"国家"视角讨论了周作人一生的国家观念和民族意识，虽非针对其战争期间的思想言行，但期望能够对此提供有意义的参考。

通过以上分析，我试图强调：从国家意识的角度观之，后期周作人的国家认同和民族意识并没有完全泯灭，即使在抗战爆发之后他在对国家的政治判断上有错误，但依然勉力在文化方面维持了其对国家和民族的认同。我们在批评周作人政治上判断的错误同时，还应该谴责日本帝国主义发动那场殖民侵略战争所造成的浩劫，并反思中国积贫积弱的国家实体未能维护国民的生命安全的现实。周作人在个人性格意志和审美趣味上或者可能有未能适应时代和历史要求的地方，或者对现代民族国

---

[1] 布鲁斯·卡明斯：《朝鲜战争》，林添贵译，北京：生活·读书·新知三联书店，2017年，第37页。
[2] 傅葆石：《灰色上海，1937—1945中国文人的引退、反抗与合作》，张霖译，北京：生活·读书·新知三联书店，2012年，第9页。

家的本质未能获得更深刻的体认和理解，但即使在战争状态下不得已附逆投敌期间，他依然按照自己的逻辑和内在思想理路做了超出一般敌伪统治地区知识分子所为的抵抗。如果不是单纯将周作人与沦陷区以外的抗战知识分子比较，而是从"被占领"这一特殊政治场域来观察他的言行，我们便可以对他的失败主义式的抵抗做出更理智和客观的评价。

从中国"内部的视角"来看，周作人与敌合作而不曾更积极地参与抗战救国，他可以被视为民族的罪人，事实上他也在战后遭到了国民党政府的审判而承担了法律意义上的罪责。然而，日伪时期他坚持"文化民族主义"的中国立场，试图通过重提儒家文化的价值和意义以抵制日本侵略者树立"大东亚共荣圈"的中心思想，表明他并没有完全失去对国家和民族的认同。也因此，他最终招来了日本御用文人的抨击而发生了所谓"扫荡反动老作家"的事件。在此，我想从"外部的视角"提供一个看法，以进一步推动思考。

战争期间驻北京的日本《东亚新报》记者也是文学青年的中薗英助，1943年曾带着日本文学报国会事务局长久米正雄到八道湾周宅劝周作人参加大东亚文学者大会第二次会议，遭到婉言拒绝。中薗英助在晚年所著《我之北京留恋记》中说："对于直接与周作人有所接触的我来说，不能不承认周作人有其抵抗的风骨和气概。"中薗英助认为，1942年至1944年为战争期间中日"文化交流"的最盛期，日方最为活跃的文人是久米正雄和林房雄。而1943年周作人拒绝久米正雄参与大东亚文学者大会的邀请，并与林房雄之间发生有关"反动老作家"的争执，无疑是重要的事件。他回忆道："此时，日本文学报国会对周作人的评价似乎已经确定。而且，其评价是以相当戏剧性的方式表现出来的。……不久，在华文报纸《武德报》文艺副刊上就出现了破口咒骂周作人对日中文化交流和大东亚文化之确立不予合作的攻击性匿名短文。今天看来，这似乎留下了周作人并非所谓汉奸的证据。而在当时断定某某不合作，无疑是视其为'抗日'而要予以彻底铲除的。因此，当然地此文引起了巨大的反响。"[1]

（原题为"周作人的民族国家意识"，载《文学评论》2015年第1期；日文版载伊藤德也编《周作人与日本文化》，东京：勉诚出版，2013年）

---

[1] 中薗英助：《我之北京留恋记》，东京：岩波书店，1994年，第136、180—182页。

外编

我观"骡子文化"

李兆忠所著《喧闹的骡子——留学与中国现代文化》一书，通过对留学生文学写作的考察，讲述了一百年来中国学子从海外搬运"外来"文物制度、思想学问而移植于中土，并在这个过程中历经文化心理振荡与冲突的故事。作者注意到：一部留洋史，既是中国学子屈辱受难的历史，同时也是睁眼看世界而求得新知的过程，这决定了在"反帝"与"崇洋"之间有着一种复杂的互动关系，而其文学写作中常常呈现出的"弱国子民"心态，最是回肠荡气而感人至深。本来，现代世界的大变动始于哥伦布发现新大陆和西欧工业革命之后的全球扩张，这带来了世界范围内人员的双向互动。不过，必须看到这个互动关系的不平衡和非对称性。即从现代性的起源地西欧中心地带向非西方国家和地区的人员移动，是呈离心状态的主动向外扩张的运动，史称殖民主义和帝国主义；而从后发展国家和地区向现代性中心地带的人员移动，则是被动的呈向心状态的"取经"行为。这是一个主次分明的等级序列、征服与受动的霸权关系结构。我认为，李著所谓留学生文学中海外学子"弱国子民"心态由三种压力造成——种族歧视、现代性压迫和文化差异，概源自上述不平衡和非对称的关系结构。这在中国现代早期的

我观"骡子文化"

一大批作家如鲁迅、郭沫若、郁达夫、老舍、闻一多、张闻天等的写作中,都有曲折生动的文学表现。

如果说,"弱国子民"心态是中国学子在与西方相遇而构成的关系中产生的具有精神外伤特征的思想文化心理,那么,现代中国两大圣人鲁迅与毛泽东所谓的"假洋鬼子"和"洋奴",则是在海外归国者与本土的关系结构中,对留学生及其角色身份的某种定位,抑或否定性的称谓。中国自1896年启动官派留学生制度,并于20世纪初开始形成留学大潮而至今不衰,当初无论是政府还是青年学生本身,出国留学的目的都在于输入新知以改造中国。然而,西方文化的强势文明特征和殖民主义乃至暴力侵略的输出方式,造成了其与在地一方文化上的激烈碰撞,于是,一百余年来在中国社会特别是思想文化领域上演了一场场"外来与本土"的冲突剧。作为搬运"外来"文物制度于中土的中介者——留学生,也便处在一个尴尬的位置上。《喧闹的骡子》精彩地呈现出了这种留学带来的外来思想与本土文化冲突的普遍状况。梁启超《新中国未来记》中较早出现的留学生形象,还是一些叱咤风云的英雄豪杰角色。但到了鲁迅那里,则在于《头发的故事》中对西化精英N氏做出同情之描写的同时,又在《阿Q正传》里创造了一个极具讽刺批判意味的"假洋鬼子"形象。这个形象由于其传神的象征性,一经创出便不胫而走,成为有留学背景或与外国关联的一类中国人不光彩的代名词。而再到中国本土革命的代表毛泽东于大获全胜的1949年所著《唯心历史观的破产》,则"假洋鬼子"作为西方资产阶级在东方造成的两类人中的一类,最终被定义为"买办"和"洋奴"。一百年来从"窃火"的普罗米修斯到外来殖民者的文化帮闲,留学生即"假洋鬼子"的上下沉浮,可谓惊心

中日间的思想

动魄!

《喧嚣的骡子》积十年工夫,通过大量细致的文献爬梳和对留学生文学精彩的文本分析,从总体上有力地呈现出了以上两大方面的历史情境和文学风景——作为文学创作主要动力及展示对象的"弱国子民"的文化心理和中西方文化中介者在中国本土的尴尬位置乃至悲剧命运。不过我更感兴趣的是,李著在此基础上时常发力试图进而去触摸更深层的问题:"留学与中国现代文化"的关系乃至这个现代文化本身的非驴非马性格。中国百余年来的现代化进程与波涛汹涌高潮迭起的留学运动密切相关,这是一个不争的事实。而以留学生为中介所构造起来的现代形态的中国文化,是在外力推动下以另起炉灶的方式筑就的,其内部结构缺乏与源自久远的历史和民族固有文化的协调统一性而显露出非西方国家和地区文化上的半殖民地品格,也是一个无法否定的现象。这便是我们常常提到的中西方冲突,或者"本土与外来"矛盾对抗的问题。而且,这个问题似乎至今没有得到有效的解决,仍然在困扰着国人特别是从事思想文化工作的知识者。例如,罗志田最近就讲到中国现代史中留学生的边缘性,即在外来和本土之间找不到一个安身立命的位置,以及国人对"海归"和外来文化反而一向抱有过高的期待;[1]张鸣论"辛亥百年",结论说革命之后中国没法按自己的逻辑走,也没法完全按西方的逻辑走,中国只能貌似地学习西方,貌似地走自己的路,做成一个非驴非马之局。[2]这里所说的自

---

[1] 罗志田:《中国留美学生史》序言,北京:生活·读书·新知三联书店,2010年。
[2] 张鸣:《革命:摇晃的中国》,载《读书》2011年第1期。

然是指辛亥年间那场制度革命。其实，这"非驴非马"的性格，同时也体现在百余年来中国乃至其他非西方国家和地区的文化思想上。

作者李兆忠将此称为"骡子文化"。他说：传统的中国好比是驴，近代的西方好比是马，驴马杂交之后，产下现代中国这头骡，现代中国文化从此变成一种非驴非马、亦驴亦马的"骡子文化"。而由于此乃缺乏主体性的文化，在外部世界的影响下每每陷于非理性的狂奔，一百年来中国文化语境大起大落，外来的与本土的你来我往彼此争斗，中国人的文化处境依然令人忧虑。我完全认同这种对中国现代文化之"非驴非马"性格的判断，也理解其对文化处境的担忧。但略微不同的是，我更注意到这文化上的"非驴非马"性，其实乃是现代性发源地以外所有国家和地区所普遍存在的，与其视这个"骡子文化"为特殊现象而过分担忧，还不如将其看作普遍、常态的现象而坦然处之。简言之，西方现代文明的普世性造成了非西方国家和地区"骡子文化"的普遍性。而更为重要的是，在一百年来吸纳和迎拒西方现代性的激烈较量过程中，现代的思想观念、现代的制度文化乃至现代的社会生活方式已然成为内在于我们自身的东西，或者说"现代"已经成了我们的肉身。因此，我们有必要认可和重估现代形态之中国文化的非驴非马性。

认识到"骡子文化"的普遍性以及外来现代性已经成为我们自身之物，将更深入地理解历史并冷静地为当下和未来的"文化处境"把脉。阅读《喧闹的骡子》，我感佩于作者在绵密的文本分析中常有对历史情境或思想文化现象的独到发现和机智的评判。例如，讲到源自鲁迅小说中由低层民众口中喊出的那个"假洋鬼子"，在作者看来那虽然极具杀伤力和污辱谩骂之能事，但其实却反映出当时人们对"真洋鬼子"的敬畏和认可心理；又比如，谈起没有留学经验的毛泽东对留学生的严厉批评，作者却敏锐地指出本土派革命家毛泽东其实也仍然处于留学归国者所构筑起来的现代中国文化语境之下。或者直白地说，革命中国依然是具有世界史意义的现代性运动中的一部分，虽然它可能比较另类。

"现代"已然成为我们自身，这可以从日常生活到思想制度的所有方面得到认证。且看我们的每日起居、衣食住行、人际关系乃至不断扩大的城市化发展，世俗化的现代性标准已然渗透于社会生活的细枝末节。民族国家建设及其相应的制度安排，也更一步步向普世均等的现代型迈进。以往，人们常常看重不同于西方的中国近现代历史的"革命模式"，然而，近来有人开始提出新的阐释视角。比如，用"反现代性的现代性"概念，来解释毛泽东领导的中国革命，认为它是另一种特殊的现代民族国家建设模式。而日本也有学者如西村成雄从"中华民族式国民国家"的角度重新检阅中国现代制度史，不仅在民国政体和人民共和国制度上看到了"党国体制"的连续性，还参照沃勒斯坦"中心—半边缘—边缘"三极结构说，重新阐发了20世纪的中国从最初二十五年被动地包含在世界资本主义体制中，到中间经过社会主义体制之确立而脱离开世界主流，再到最后二十五年又成功实现了向世界资本主义体系回归并逐步走向全球经济中心的制度发展过程。[1] 至于思想文化上的"现代

---

[1] 西村成雄：《20世纪中国的政治空间——中华民族式民族国家的凝聚力》，东京：青土社，2009年。

与传统""外来与本土"的冲突,我亦觉得有一个初期激烈异常而后来逐渐弱化的趋势。在现代性和资本的逻辑已经渗透到世界的每个角落和我们日常生活各个方面的现在,换言之,在中国的现代化程度不断深化并达到足以参与世界进程的今天,"现代与传统""外来与本土"等等二元观念,是否还具有积极推动我们对生活世界进行价值判断并理性思考未来图景的功能?我甚至怀疑,在接受"现代"和"外来"的过程中人为建构起来的"传统"和"本土"这些对抗性概念,在今后是否还会具有那种借以追怀失去的往昔生活世界、想象宁静遥远的历史以抚慰现代性剧变所带来的心理紧张的作用。

如前所述,后发展国家和地区的现代性文化具有非驴非马的性格,此乃现代性发源地西欧以外的普遍现象。拉丁美洲如此,印度、东亚、中东乃至当今的非洲亦如此。以比较特殊的近邻日本为例,或者尤能说明问题。明治维新以来,日本以超乎寻常的速度和规模赶超欧美,在分别于军事和经济上(1945年军国主义惨败和1990年后步入经济长期萧条)两次达到顶峰后又跌入深渊的谋求现代性过程中,思想文化上的"现代与传统""外来与本土""西洋与东洋"的矛盾对抗也曾波澜迭起,经历过几度大规模的论争。如明治初年的"保存国粹"和"模仿西洋"之争,太平洋战争前夕以"近代的超克"命名的"日本精神"对"西洋现代"的高调议论,还有20世纪50年代美国占领期结束之后"回归传统"与"走向西方民主"的长期论争。然而,随着70年代高速经济增长的完成而再度进入发达之现代社会,日本虽然也出现过针对西方的"日本文化特殊论",但"现代与传统""外来与本土"之争渐次消失。高度现代化社会的达成使上述二元对抗的议题自然消解。在此,我想到日本批评家加藤周一早在半个世纪前发表的"杂种文化"论。

加藤周一认为，相对于英法文化为"纯粹种"，我们可以称日本文化为"杂种性"的。就是说，当讲到"日本性"时，其实在其深层有"传统古老的日本"和"西洋化之日本"两个要素纠结在一起的，故根本上的杂种性就成了"日本文化"的特征。而如此立论的前提则在于"西洋种"的文化已然渗入日本人的日常生活之中，即使欲排除之亦不可能。加藤周一强调有必要认可日本文化的"杂种性"，还基于他长期以来的一个深入观察：近代日本时常出现的"文化纯化运动"有向"将日本西洋化"和保留"纯粹日本之物"两个方向推进的类型之不同，但它们都总是以失败而告终。因此，我们不如承认日本文化之"杂种性"，在警惕和揭露"国粹化"与"西洋化"两种文化本质主义论的同时，谋求现实的变革即民主化，这才是问题的根本所在。[1]在50年代结束被占领状态的日本，国家、民族和个人面对向何处去的抉择之际，加藤周一力图摆脱一直以来"现代与传统""外来与本土"等二元对立观念的纠缠，清晰地阐明了非西方国家和地区文化上之"杂种性"的必然，不仅在当时的日本论坛引起了广泛关注，而且使后来的任何"文化纯化"的企图和论调再难猖獗。

回到《喧闹的骡子》上来。如果承认"传统"和"本土"乃是作为"现代"和"外来"的对抗性概念被创造出来的，而任何试图将"文化"予以"纯化"的努力都不会收到预期的效

---

[1] 加藤周一：《日本文化的杂种性》，收《加藤周一选集》第5卷，东京：平凡社，1999年。

果，那么，我们对现代形态的中国文化之"非驴非马"性格，也就会有一个更加宽容和理解的态度。本来，现实世界中并不存在所谓"本真"的传统文化，也少有"纯种"的驴或马。当中国自1840年开始被置于马克思所言的现代资本主义的世界性或世界的资本主义化这一历史进程中以来，我们便只能在现代性的语境下生存发展。这也许就是张鸣所强调的"中国只能貌似地学习西方，貌似地走自己的路，做成一个非驴非马之局"。当然，这样讲并非要完全否定人们文化心理和精神想象层面上曾经有过"现代与传统""外来与本土"等激烈的矛盾冲突，尤其是在现代化的早期。中国人特别是其中介乎于东西方之间的那一部分留学人员，他们首先会产生"弱国子民"心态，遭遇到边缘人的尴尬局面，甚至像李著所言他们自己亦时而挑起"寻根派"和"现代派"之争而洋腔洋调，这些都是我们经历过的历史。我阅读《喧闹的骡子》时感到兴趣盎然的，也就在于该书通过留学生文学为读者生动地描述出了这样一种丰饶的历史原生态。至于作者对现代形态的中国文化之"非驴非马"品格及其缺乏"主体性"的忧虑，我倒觉得没有那么认真的必要。尤其是近些年来看惯了文化本质主义式的"洋腔洋调"且一浪高过一浪的国学热国粹论，我更感到有为现代形态的中国文化之"非驴非马"性正名的现实性。像加藤周一所言：西欧文化是"纯种"的，我们的文化是"杂种性"的，这又有什么不好呢？而一切思想文化上的纯化运动不仅往往以无结果的失败告终，其极端化所孵化出来的民粹主义乃至文化沙文主义则更具危险性。对此，我们不能不加以特别的警惕。

（原载《读书》2011年第7期）

灾难共同体与文化国家的选择

　　向来以用多元视角关注当下文化问题并有纵深之学理剖析而著称的《文化研究》杂志，此次计划刊出日本震灾专题论坛，这对关心日本及其东亚区域历史与未来走向的人们来说，无疑是令人敬佩和心怀感激的。因为，"3·11"大地震所引发的问题复杂万端，绝不仅仅属于日本。其中，既有人类如何面对自然灾害的课题，也有核辐射所引发的核时代之危机，这又涉及地缘政治乃至现行资本主义制度的一些结构性问题，足以作为我们长久省察的思想课题。在此，我将主要就自然灾害暴露出的管理社会的结构性危机、新型共同体的建构问题，以及震后日本国家走向对东亚地区的可能影响等，陈述一些个人的感受和见解。

管理社会的结构性问题

　　回顾一年前（2011）东日本大地震，那一幕幕令人惊恐的画面依然历历在目。地震彻底震惊了世界！面对大片被黑色的海啸波涛夷为平地的渔村和沿海城镇，九级震度下超过两万人以上的人员死亡或失踪,以及福岛第一核电站全面被毁、核辐射泄漏危机千钧一发的局面,我们触目惊心、错愕不已,深感在巨大而突如其来的自然力面前人类的脆弱无奈。如今,我不断在脑海里回放3月11日下午2点46分以来一个个紧迫惊险的电视画面,感触深刻且时时在思考的首先是这样一个问题:日本这样高度制度化的科层管理社会却在大震灾处理上一再出现应对不力而措手不及的现象,其问题究竟何在?

大概是在20世纪80年代前后,日本经历了二十余年战后复苏和经济快速成长而渐次进入高度精密的现代科层管理社会。资本理性化的管理社会的一个重要特征,就是尽可能排除人为、偶然、不确定的因素乃至政治操作,社会的运转被严密地置于一整套制度安排和规范系统之下。在社会常态运行的时候,这个管理系统会发挥理性、科学的最大化功效,使一切按部就班地朝着既定的目标行进。然而,当面临巨大而无法预测的天灾人祸时,这个管理系统往往会陷入瘫痪或应对不力的局面。人类建构起来的管理社会一旦发展完善起来,也会反过来削弱甚至遏制人类自身本来具有的应变能力。这是否也是一种马克思所谓的人之自我异化现象呢?我们且看,地震海啸发生之后,人们发现福岛第一核电站大面积被毁而陷于停止运转的状态,乏燃料棒无法正常冷却甚至在次日引起了三号机组等的相继爆炸。当在核电站正门和上空检测出大量核辐射之际,其所属的东京电力公司惊慌失措且有意掩盖事实真相,没有在第一时间实施注水行动,致使机组报废。集结而来救灾的消防厅、警视厅乃至自卫队的人员亦无法靠近现场。

出现此种状况的一个重要原因就是安全作业的规则规定,人员不能在超过100毫希伏的辐射状态下作业。这使日本在全世界的众目睽睽之下错失抢救的第一时间。后来，日本政府不得已临时改变了规定而放宽限制到250毫希伏，注水的措施才渐渐奏效。另一方面，东京电力公司的隐瞒事实和抢救事故不力受到日本社会的广泛批评，菅直人政府不得不在地震发生四天之后接管事故处理的权责，并迟至3月16日才发出紧急事态宣言，展开陆空两路的大抢救。一个国家的核事故危机管理本来就不应该交给民间公司承担，而日本政府这一系列事后举措虽有亡羊补牢之效，却也深刻反映出高度发达的管理社会应对不可测灾难时的弊端，它甚至造成无法迅速及时地进行防灾避难的后果。我想，这绝非仅仅日本一个国家的问题。

现代科层管理社会的系统运作，其合理和有效的强大能力在于系统设计的可预测性。然而，这同时也是它最脆弱的地方。就是说，当遇到无法预测的天灾人祸，或者面临事先没有编入预设程序的突发事件时，这个社会管理的系统将立刻陷于瘫痪。东日本大地震再次提醒人们注意：人类不能过分迷信和依赖管理社会的系统运作，必须看到它的局限性，并重新认识人类本身千百年来在适应大自然过程中所造就的应变能力。

日本是一个整个坐落在地震带和火山之上的岛屿国家，国民自然不缺乏防灾避难的意识和训练，甚至历来习惯了以欣赏速谢的樱花来涵养随时接受自然灾变的心性。然而，这次地震和核辐射泄漏的确史无前例。地震发生六天之后，日本政府宣布此乃战后遭遇的最大自然灾害，在将福岛核电站事故的等级调高为五级的同时，甚至强调要考虑到东日本全毁的最后恶果，言下之意日本正面临着国家生死存亡的危机。而据美国高盛公司当时的评估，这次地震损失将达两千亿美元，灾后重建则至少首先需要投入十亿美元。如今一年的时间已经过去，面对史无前例的浩劫，人们还无法预估这场大难将对日本社会造成怎样深刻的影响和改变，而重建家园的复兴之路至少要十年或二十年的工夫，则是毫无疑问的。

　　与东京电力公司应对核事故的糟糕姿态相反，我们看到有五十名"留守勇士"默默地自愿在核电站里面承担事故处理的工作。而且，当我们事后知道他们的大部分其实并非东电公司的正式职工而是临时合同工的时候，崇敬之情进一步加深。还有，在人们批评日本政府与东京电力公司一道有隐瞒信息之举和应对不够及时得力的同时，我们却发现了普通百姓的刻苦忍耐与相互扶救以及地震灾区的井然有序。没有趁火打劫、你争我夺和哄抬物价，有的是在商店里、电话亭旁边排起的长长队列，这同样是令世界震惊的画面。我想，依靠这样的国民，日本灾后的复兴应该不成问题。同时，它也进一步促使我们去思考共同体如何建构乃至国家未来如何发展等深层问题。

新型共同体的建构

　　地震发生后不久曾有人估计，灾后的重建和复兴说不定还能推动日本经济的复苏。不过，看1995年阪神大地震之后并没有达到预期的振兴经济的效果，我个人对此并不乐观。从一年来灾后复兴的乏力来看，甚至让人预感到日本经济真正进入了长久的衰退期，这一点将在后面详述。然而，在地震发生后跟东京的一位日本朋友电话交谈中，我却有了另外的感受。那位朋友感慨道，如果灾后的重建和复兴能够唤起日本国民相互扶助、彼此帮衬的协调精神，改变这些年来经济萧条、政治低迷所造成的压抑心理，给社会带来新生和活力，那么，这场灾难或许会产生另一种积极的意义。

是的，从20世纪90年代以来，日本始终未能走出经济萧条的阴影，政治外交方面保守无力而不尽如人意，全球化和新自由主义造成了新一轮贫富差距的加大，而政治家却声言要每个国民个人负责。在这种情况下，社会整体上弥漫着黯淡压抑的气氛，极端个人主义大有蔓延的趋势。日本传统的集团意识和家族式的友爱互助精神受到挫伤，加之高度发达的科层管理社会的控制，致使整个社会封闭而缺乏活力。这恐怕是当今日本社会最大的问题所在。而大地震之后，也确实出现了民间自发的相互扶助、彼此帮衬的感人景观。因此，我完全同意东京那位朋友的看法，也期待着日本人民以大震灾为契机，重新创造出一个充满活力的社会和美好的明天。至于经济上能否再创世界第二大经济体的业绩并续写辉煌，我看并不特别重要。重要的是我们应当以大地震为契机去思考如何维持或者重建一个不同以往的共同体。

如果可以将地震之后东京那位朋友所期待的社会状态和人际关系称为"灾难共同体"的出现，那么，它的确展现了一种日常难以见到的人与人之间"兄弟般共同承担"的关系。震灾发生不久，我们看到有许许多多年轻的义工从日本各地赶赴地震现场，留下了相互扶助、无私奉献的感人故事；无数的人捐献钱财和物品以帮助赈灾和灾区重建，平常建立在资本的逻辑之上的商品交换关系似乎一时消失了。然而，我们也应当承认这种"灾难共同体"不可能长久存在，事实上也是如此。在这次日本地震和一年来的赈灾过程中，我们也发现一时的相互扶助高潮过去之后，就出现了对地震灾区农产品的"谣传受害"

（风传其农产品有核辐射残留而拒买），甚至发生了恶用国家赈灾和社会赔偿制度而骗取钱财的事件。日常现实中那个无孔不入的"资本的逻辑"，又卷土重来了。

一般情况下，人们相信当秩序消失之际会出现霍布斯所谓人人是一匹狼那样的自然状态，因而国家的存在将成为必要。但实际上，那些在国家秩序下互相恐惧的人们，在灾难的无秩序状态中，却可以创造出与国家秩序不同的自然生长的秩序和相互扶助的共同体。我认为，在思考日本大地震后共同体如何维持和重建时，这一点最值得关注。就是说，相互扶助的"灾难共同体"虽然不能维持长久，但其中突然闪现出来的古老而又常新的"兄弟般共同承担"的人际关系，将成为我们反思以资本的逻辑和国家"理性"为根本的现代社会问题的批判性参照。当然，正如鲍曼（Bauman）所指出的那样，传统共同体是一个"温馨的地方"，它可以给你提供确定性和安全感，但同时你也要付出代价——你的自由或者"成为自我的权利"。我们并非要简单地回到传统的共同体，也不是希望"灾难共同体"能够固定下来并维持长久，实际上这也无法做到，而是要把那难得一见的相互扶助、彼此帮衬的人际关系，那种自然生长的"兄弟般共同承担"的道德精神接续下来，去寻找和建构既保证个人自由不受挫折又能抑制自私自利之无限膨胀的新型共同体。

文化国家的可能性

第二次世界大战以后，在文化人类学和社会学领域人们对共同体乃至民族国家多有反省和批判，这让我们认识到传统共同体的封闭性和排他性。而从传统共同体演变而来的现代主权国家，就其针对其他国家的存在而存在或以国家间的"敌意"为前提这一点来看，它依然没有消除原有共同体的封闭性和排他性。如上所述，"灾难共同体"的相互扶助和"兄弟般共同承担"的精神可以为今天的我们所用，但这并不意味着要回到传统共同体本身。有关国家的问题，也是一样。"3·11"日本大地震后一年多的社会恢复和经济重振举步维艰，有人甚至指出灾后复兴的漫长跋涉才刚刚踏出门槛。在如此巨大的自然灾害过去之后，作为我们的邻国和东亚区域重要成员的日本，在未来十年二十年中会成为怎样一个国家，这是我在不断思考的另一个问题。

自然灾害突如其来而不可预测，但灾害给社会造成的冲击及未来的发展走向，却可以在以往的历史中找到思考的线索。回顾近代日本一百五十年来的发展历程，可以看到这个国家曾以两种面貌或性质显露于世人的面前。一个是作为后发展资本主义国家经过明治维新和第一次世界大战而迅速跻身于霸权国家的行列，并在20世纪30年代世界政治秩序发生重大重组的过程中，成为深深介入其中的帝国主义的一极。就是说，直到1945年战败，日本在世人面前是一个咄咄逼人的新兴政治国家。政治国家，不仅意味着主权的完全独立自主，还包括有强大的经济军事力量作为支撑，可以在国际事务中依据自己的政治道德逻辑行事。另一个是作为"二战"战败国，经历了主权遭到剥夺的被占领时期而于50年代后期迅速复兴，并成为强大的经济国家。这个经济国家或经济强国的形象，一直维持到80年代结束。此间，日本在因《美日安保条约》而国家主权受到限制的情况下，艰苦奋斗努力实现经济上的战后复兴，在短短的二十年间不仅成为仅次于美国的世界第二大经济体,而且,战前以帝国主义和殖民侵略方式没能实现的势力扩张,却在战后的经济发展和亚洲经援外交推动下得于手中。可以说,作为亚洲乃至世界的经济强国,日本的霸权地位虽于20世纪80年代末开始衰退,但真正被取代乃是在1997年亚洲金融风暴发生之际。

那么,在政治国家和经济国家之后,日本会以什么面目出现于世人面前呢?大震灾之后的复兴将会再造一个怎样的日本?它会不会在未来以"文化国家"的面貌重新回到亚洲区域中来?

在东日本大地震一周年之际,作家高村薰依然有面对如此巨大的震灾而深感失语的痛苦,同时她强调,灾后复兴应该是怎样一种"复兴"谁也说不清楚(2012年3月9日NHK访谈)。的确,观察一年来的灾后复兴历程,给我留下的一个深刻印象是日本国家主导的灾后重建严重滞后。据2012年3月5日NHK公布的民调结果,有81%的民众对复兴的进度感到不满,认为国家的举措过于缓慢,更不必说规划出一个未来社会的理想蓝图了。这与高村薰的感受完全一致。这种情况的出现原因可能有多种,比如地震破坏程度巨大而无从着手,核泄漏事故前所未有的严重而必须慎重处理,日本东北偏远地方多是老龄化社区,人手和资本短缺,政府和民间资本内心里也不愿意把资金大量投放到没有发展前景的地区。而更根本的原因,在我看来,是"经济国家"日本的经济实力真正衰落了,因而灾后复兴的力度不够和进度缓慢也是情理之中的事情。野田内阁成立后立刻着手制定社会保障和消费税的一体化改革,甚至出现了削减公务员薪俸的呼声,也说明经济实力下滑到了相当严重的程度。

另据报道，2011年日本贸易出口逆差达到80年代以来的最高水平，这对这个长期以来坚持贸易立国的国家来说无疑意味着经济衰退已成定局。1995年阪神大地震的时候，日本还有借灾后复兴以重振经济雄风的主张而"新自由主义政策"也是从那时开始全面贯彻开来的。然而十几年过去了，这样的理想光景没有出现。而这次与地震同时发生的核事故，更使问题进一步复杂化了。拥有世界上十分之一核电站的日本，其核能利用乃是该国经济产业的重要根基，而在国民普遍反对的情况下，若走上完全废除核能的道路，其能源短缺将给实体经济造成的影响，是可想而知的。

千头万绪归结为一个更根本的问题：日本这个国家未来将如何发展变化？我认为有一种可能性，即建设文化国家并通过重返亚洲以实现自身的再造。我们观察历史上的霸权国家如18世纪的荷兰和19世纪的英国，它们在失去政治经济上的优势之后，依然可以实现文化上的成熟发展并以此自立于世界之林，成为拥有文化软实力而影响地区和世界的重要国家。在政治国家和经济强国的日本已经成为历史的今天，震灾后的重建将朝文化国家的方向发展，自然是一种可能性。实际上，日本不仅拥有建构文化国家的民族传统和现代化方面的经验与资源，在国家设计和管理的政治层面，也早有政治家于经济高速发展的70年代后期提出过文化国家的理念。

例如，在70年代日美贸易摩擦引起文化差异论争的背景下，来自美国和西欧的日本文化特殊论以及对其社会体系之封闭性的批判，使日本人自身意识到了"文化"问题的重要性。1978年出任首相的大平正芳，就是真正认识到文化国家软实力的一位重要领导人。他不断强调"文化时代"的到来，认为"把世界视为一个共同体来把握，明确日本对于世界的使命和责任"十分重要，因此，需要自身的文化建设。国际关系史学者入江昭在《新日本的外交》一书中指出：20世纪70年代的日本国家开始意识到文化这一新的方面，虽然在如何定位并具体实施其文化国家建设的方面还缺乏明确的思想基础，但至少当时的领导人确实强烈地意识到了国际社会中日本的作用和存在意义的问题，这在战后还是第一次。如今，这种"文化国家"的理念已经成为日本一部分国民的共识。[1]

"3·11"东日本大地震对包括经济在内的日本各方面无疑是一次重创，同时复兴过程的举步维艰也如实反映了其经济实力的衰退。但另一方面，震灾后一时出现的"灾难共同体"又表现出日本民族具有厚重的道德情操与文化精神传统。我们可以相信，如果在战后确立起来的和平宪法基础上，充分发挥日本民族注重文化创造、讲究道德审美的性格特征，并将在共同体内部善于相互扶助、彼此帮衬的传统发扬光大，同时把一百五十年来现代化过程中积累下来的经验和教训创造性地转化为建构文化国家的资源，那么，就有可能在不远的将来创造一个新的文化日本。

而上面我所说的"重返亚洲以实现自身的再造"，是指日本如果能够反省和改变明治维新以来崇拜西洋、"二战"之后追随美国而轻视亚洲地区的一贯态度和做法，重返亚洲并与本地区民众共同反思和分享现代化的经验教训，那么，就有可能在抚平历史创伤并达成相互之间真正和解的过程中实现文化国家的

---

[1] 参见本书上编第6章"另一时代语境下的日本亚洲主义"。

再造。在这样一个文化国家日本出现的同时，我们也需要相应地调整以往对日认识和交往的方式。

　　总之，以上分析与其说是"3·11"大地震后日本国家必然的发展走向，不如说是我作为一个关心邻国和东亚地区未来发展的人对日本的殷切期待。而在主权国家概念日趋淡化和传统的经济实力与军事实力之行使越来越不受欢迎的21世纪，这种文化国家的再造具有深远的意义，尤其是在美国高调"重返亚洲"有可能给该地区造成新的麻烦的今天，文化国家日本或者对和平共生之区域政治生态的建设将发挥新的作用，亦未可知。

（原载台湾《文化研究》2012年春季号论坛"核寓／预言：反思核子现代性"）

鲁迅后期的国际主义问题

日本学者长堀祐造近来出版的《鲁迅与托洛斯基》(日本平凡社，2011年)一书，引起了东亚读书界的关注。作者以二十年实证研究的功力重返历史现场，试图证明鲁迅至少在1925年至1932年期间对托洛斯基的文学与革命论有密切的关注和认同。后来他不再引用托洛斯基的文字，恐怕是因为瞿秋白的影响所致。鲁迅与托洛斯基的关系是一个悬而未决的历史课题，涉及鲁迅后期的文学观乃至对社会革命的态度。长堀祐造以世界史的视野和反思革命的强韧信念挑战这个难题，并提出有必要深入开掘"鲁迅基于阶级论的国际主义精神"在当今的价值这一重大议题。这促使我开始思考鲁迅后期的国际主义问题。

基于阶级论的国际主义，这是否指20世纪20年代以来以共产国际为主导的无产阶级国际主义，或者托洛斯基以世界革命(不断革命论)为宗旨而否定一国社会主义论的国际主义？长堀祐造在他的著作中文版序言[1]中提出此议题时，并没有给出明确的说明。我理解，他是在更宽泛的意义上，就19世纪

---

[1] 长堀祐造：《鲁迅与托洛茨基》序言，王俊文译，台北：人间出版社，2014年。

以来世界社会主义运动中的那个国际主义而言的。那么，这与我们学界基本认可的鲁迅之世界主义是怎样一种关系？或者说，从早期确立起"立人"思想和"世界人"的立场，到1928年"向左转"而参与到中国左翼文学运动中来，鲁迅思想中是否存在着从世界主义向无产阶级国际主义的转变，或者两种"主义"交互共存的现象？这些基本问题，我们以往并没有深究过。

实际上在中国，鲁迅的国际主义一般是在讲其爱国主义或民族精神时并列提到的，但没有深入的探讨。例如，胡愈之在1936年10月22日鲁迅葬礼上代表主席团所宣读的《哀辞》，其中就有这样的表述："鲁迅先生不单是伟大的作家和思想家，而且是世界劳苦大众之友，青年的导师，中国民族解放的英勇斗士。鲁迅先生一生所企图的，是人类社会自由解放与世界和平，所教导我们的，是为和平自由而艰苦斗争。"[1]而胡风则在发言中直接称鲁迅为伟大的"国际主义者"。直到1981年鲁迅诞生一百周年纪念大会上胡耀邦的讲话，这种表述依然如此："鲁迅是伟大的爱国主义者，又是伟大的国际主义者。他十分重视中外文化的交流，用很大精力吸收外国的进步文艺。他关心和支持世界上被压迫民族和人民的解放斗争，在30年代国际反法西斯斗争中，他是一个英勇而坚定的国际主义战士。"[2]然而，胡耀邦在这篇发言中，比之前面上千字的谈论鲁迅爱国主义的部分，仅以百余字来阐述其"国际主义"。就是说，这里还存在着一个更根本的民族主义与国际主义的关系

---

[1] 转引自曹聚仁：《鲁迅年谱》，北京：生活·读书·新知三联书店，2011年，第122页。

[2] 《胡耀邦文选》，北京：人民出版社，2015年，第311页。

问题。

　　这种强调鲁迅爱国主义之"民族魂"的一面而对"国际主义"精神不予深究的情况,在中国民族解放运动乃至中华人民共和国成立后相当长的一段时间里一直存在。而新时期以来情况似乎发生了变化。但最近三十余年来中国的鲁迅研究界又出现了另一种态势,即在认同鲁迅为民族精神代表的同时,更强调其世界主义的一面。毫无疑问,这与冷战结束和社会主义阵营解体乃至全球化时代到来等一系列世界史的变化息息相关。20世纪20年代以来影响了世界反法西斯阵线的形成并推动了"红色30年代"出现的国际共产主义运动中的那个"国际主义",如今已被人们所遗忘。我们最近更多讨论的是鲁迅与世界的关系,而这个"世界"主要是指近代以来的西欧世界和东亚区域,我们所看重的鲁迅之世界主义,也基本上意味着起源于法国大革命而以启蒙和普遍人性为基础的那个世界主义。直白地说,那是与后起的无产阶级国际主义性质不同的、以资本向世界扩张之帝国主义时代为背景的所谓自由民主的世界主义。在我们的视野里,30年代盛行一时的无产阶级国际主义已然消失得无影无踪。因此,当我读到长堀祐造"基于阶级论的国际主义"的提法时,甚至有陌生之感。

　　在20世纪的中国,鲁迅是一个特异的不断反抗现存状况的孤独个体,同时又是始终关注世界潮流并在其中思考个人和人类命运的思想家。如果说,鲁迅在早期确立起的世界主义立场,到了1928年"向左转"成为中国左翼文学运动盟主后而有了变化,我认为,那也不是完全抛弃前者而投向无产阶级国际主义,毋宁说他是以独自的理路在传统的世界主义基础之上更倾向于新的国际主义。鲁迅没有直接加入共产党或者共产国际组织，他以自己的方式通过文学和思想理论接触到了苏俄革命后的新思潮，包括在东西方迅速传播开来的无产阶级文化运动，而逐渐形成了其国际主义的思想倾向。因此，我们不能用一般国际主义的政治定义去衡量他。鲁迅后期的国际主义，可以从以下两方面来观察。

第一个方面，鲁迅首先是一个文学家。他在坚持早期以人道主义为基础的世界主义立场的同时，于文学中看到了这个世界上压迫与被压迫的社会结构关系，并在后期上升到阶级关系的认识高度。例如，后来他在《祝中俄文字之交》（1932）中这样回顾了当时对俄国文学的观感："那时就知道了俄国文学是我们的导师和朋友。因为从那里面，看见了被压迫者的善良的灵魂，的酸辛，的挣扎；还和四十年代的作品一同烧起希望，和六十年代的作品一同感到悲哀。我们岂不知道那时的大俄罗斯帝国也正在侵略中国，然而从文学里明白了一件大事，是世界上有两种人：压迫者和被压迫者！"[1]而到了30年代，鲁迅更从压迫者与被压迫者，或者压迫民族与被压迫民族的结构关系中，看到了阶级关系的存在。1934年，在回答国际革命作家联盟机关刊物《国际文学》的提问（苏联的存在与成功，对于你怎样？）时，鲁迅明确表示了对社会主义革命的肯定："先前，旧社会的腐败，我是觉到了的，我希望着新的社会的起来，但不知道这'新的'该是什么；而且也不知道'新的'起来以后，是否一定就好。待到十月革命后，我才知道这'新的'社会的创造是无产阶级……。现在苏联的存在和成功，使我确切的相

---

[1]《鲁迅全集》第4卷，北京：人民文学出版社，1981年，第460页。

信无产阶级社会一定要出现。"[1]从始终期待"联合世界上的一切人——尤其是被压迫的人们"[2]而不曾放弃解放全人类的理念这一角度观之,可以说,后期鲁迅的确具有了"基于阶级论的国际主义"倾向。

文学家鲁迅在具备了国际主义精神和视野之后,更从先前的旨在民族文学的创生进而开始追求"无祖国的文学"和"用文艺来沟通"世界的人心。1933年在为曹靖华译高尔基《一月九日》所作的小引中,鲁迅肯定高尔基是代表"底层"的无产阶级作家并慨叹中国因教育落后而一时难以产生这样"伟大的作者"。但他同时强调:"不过人的向着光明,是没有两样的,无祖国的文学也并无彼此之分,我们当然可以先来借看一些输入的先进的范本。"[3]我理解,这"无祖国的文学"也正是20世纪30年代鲁迅所追求的新的文学理想,与他《〈呐喊〉捷克译本序言》(1936)中所表明的"人类最好是彼此不隔膜,相关心。然而最平正的道路,却只有用文艺来沟通"[4]的想法形成互为表里彼此呼应的关系,最终目的在于"联合世界上的一切人——尤其是被压迫的人们",以实现平等自由和普遍公正的社会。这是鲁迅从文学的角度确立起了新的国际主义视野的体现。

鲁迅还不遗余力地向国外介绍中国左翼文学新近的作家和作品,如协助山上正义、尾崎秀实等编辑校订"国际无产阶级文学丛书"之一的《支那小说集〈阿Q正传〉》在日本出版,参与伊罗生编译中国现代短篇小说选《草脚鞋》的工作。这也

---

[1]《鲁迅全集》第6卷,第18页。
[2] 同上书,第8卷,第402页。
[3] 同上书,第7卷,第395页。
[4] 同上书,第6卷,第524页。

是他"无祖国的文学"和"用文艺来沟通"之国际主义精神的实践之一。在30年代,鲁迅认同罗曼·罗兰、巴比塞、德莱赛、辛克莱等国际反法西斯进步作家的立场,对帝国主义战争和专制政治势力的迫害人权与言论自由表示抗争,同时不惮于激烈批评在本国实行白色恐怖的国民党专制政府,这也是一种典型的国际主义之体现。而1931年"左联五烈士"被害之后,鲁迅迅速写就的《中国无产阶级革命文学和前驱的血》及《黑暗中国的文学界的现状》等,则通篇贯穿着阶级论和无产阶国际主义的连带精神。

第二个方面,是积极参与实际的社会斗争和政治团体的活动。与此前不同,鲁迅在30年代以后直接参与到社会政治运动中来,成为广泛地发挥文化政治影响力的人士。这一方面是由于他作为文学家思想家的声望不断升高,成为国内和国际进步势力的关注对象,另一方面也是因为在"向左转"的过程中获得了反帝反专制的社会改造之新目标,从而更积极地付诸实践。例如国际上,1931年在美国纽约召开了工人文化联合大会,据戈宝权讲,大会上鲁迅和苏联的高尔基、列宁夫人克鲁普斯卡娃,法国的巴比塞,德国的雷恩,美国的德莱赛、辛克莱等人,都被推选为大会的名誉主席[1]。而在国内,鲁迅后期主要参与了三个大的社会组织,即中国自由大同盟(1930)、中国左翼作家联盟(1930)、中国民权保障同盟(1933)的运动。这些组织或者是中国共产党直接号召组织的外围团体,或者是根据共产国际的授意而成立的同盟,具有明显的政党色彩和国际主义倾向。我相信,鲁迅是在了解了这些组织的政治背景下参与其

---

[1] 参见《戈宝权集》,北京:中国社会科学出版社,2009年,第258页。

运动的，是在自觉实践反抗法西斯和专制政治的国际主义路线。

关于中国民权保障同盟，作为组织核心的执行委员之一的鲁迅的活动经历，包括他与同盟负责人宋庆龄以及史沫特莱、伊罗生等的关系，我们以前也曾有过研究和高度评价。而朱正先生最近在《鲁迅的人际关系》一书中，通过参照"共产国际、联共（布）与中国革命档案资料丛书"等新近公开的文献，为我们重新钩稽了宋庆龄及几位美国记者与共产国际的关系，由此给鲁迅与当时的国际主义运动之关联提供了新的认识线索。朱正先生还提到1933年9月在上海举行的远东反战会议，这也是在共产国际布置下，由世界反对帝国主义战争委员会筹备举行的。鲁迅没有直接参会，但自愿捐款以示支持，而且秘密会见了共产国际派来的代表——法国作家伐扬·古久烈和英国工党的马莱。[1]

不过，朱正先生在他的著作出版后又表示了这样的看法：鲁迅晚年参加的自由大同盟、左翼作家联盟和民权保障同盟，我们不能一概而论。比如"左联"尽管是左翼组织，但也是作家联盟，鲁迅作为一个文学家参加作家组织是顺理成章的事。可为了营救外国间谍牛兰，参加民权保障同盟，这绝对不是鲁迅的光荣。[2]这就让人费解了。我们如果不是从今天对苏联革命和共产国际的认识出发，而是从历史上的无产阶级国际主义及世界反法西斯同盟运动的视角来看，鲁迅参与民权保障同盟正是他努力实践其思想理念的行为，也是其国际主义精神的反

---

[1] 朱正：《鲁迅的人际关系》，北京：中华书局，2015年，第288—320、第357页。
[2] 见微信公号"朱正、陈子善谈鲁迅的教育文化军政人脉"，2015年9月20日于上海古籍书店。

映。尽管与第三国际没有直接的组织关系，但鲁迅在后期的确如长堀祐造所言，坚持的是基于阶级论的国际主义精神，同时也不排除19世纪以来形成于欧洲的"进步"之世界主义。或者说，在一生坚持民族立场和世界视野的鲁迅身上，后期更包含了以共产国际为中心所形成的国际主义内涵，这体现了历史中的鲁迅思想意识的丰富性。

我们今天重提鲁迅后期的国际主义，并不是要掩盖他作为20世纪中国革命之伟大民族魂的一面。就是说，讨论鲁迅后期的国际主义势必还要处理其与民族主义的关系问题。我的基本认识是，从20世纪世界历史的大视野观之，可以看到殖民地半殖民地国家的民族解放运动，从一开始就是与反抗资本之跨国运动——帝国主义全球扩张的世界社会主义运动紧紧联系在一起的。无论是"一战"之后以国际联盟为中心的国际主义，还是20世纪20年代以后出现的以共产国际为核心的无产阶级国际主义，从根本上讲都是针对19世纪资本从其民族基础上独立出来并向全球扩张的时代而形成的对抗运动。正如资本的扩张是全球性的，每个民族的独立解放斗争也必然是全球连带的。

1936年10月19日鲁迅逝世，人们在他身上覆盖了"民族魂"的旗帜，他成为中国民族解放斗争的象征。这在当时中日战争一触即发、民族危亡在即的现实形势下，实属自然而然。但是，我们不能忽视鲁迅的民族精神是建基于世界主义乃至无产阶级国际主义基础之上的。后期鲁迅激烈批评国民党专制政府，置身于世界无产阶级文化运动之一部分的中国左翼文学阵营的指导地位上，坚持用文艺与世界人民特别是被压迫民族实现沟通。这些都不是一个单纯的民族主义者所具有的品格。实际上，第一次世界大战结束后世界各地出现了民族自决的潮流，而发生于殖民地或半殖民地的民族解放斗争必然和世界社会主义运动联结在一起，不如此就无法突破帝国主义式的民族主义（德、意、日法西斯主义）压迫。社会斗争的情形是这样，民族解放斗争的象征性人物也是如此，他们必定同时是伟大的民族主义者和国际主义者。我甚至想到，鲁迅临终前依然感到"外面的进行着的夜，无穷的远方，无数的人们，都和我有关"[1]，就在于他青年时代便培养起世界主义立场，晚年则进一步有了明晰、具体、充实的全新内涵。他所言"无穷的远方"和"无数的人们"，应该是指涉全世界和一切被压迫、被侮辱、被损害的人们。

而环顾当今世界，全球化并没有给我们带来世界大同的图景，世界秩序，即资本主义经济政治制度反而遇到全面的危机。与此同时，世界财富的两极分化、区域主义、民族主义、原教旨主义、各种国族复兴的浪潮此起彼伏，我们的世界变得更加不安而人心越发难以沟通。历史上，在敌对的民族和国家之间，人们可以依托某种超越性的"共同精神"比如国际主义等，构筑起反抗法西斯和专制统治的跨国、跨民族的国际联合现象，在今天这个全球化时代反而不再容易见到。因此，我们有必要重提国际主义。虽然它在历史上未能最终阻止资本的全球扩张与帝国主义战争，其本身在体制和组织上亦有种种问题，但它试图联合世界被侮辱与被损害的人们以实现民族解放并最终达成世界革命，包括扶贫济困、同情弱小，以反抗斗争实现人

---

[1]《鲁迅全集》第6卷，第601页。

类自由平等和普遍公正的高迈理想，作为一种精神遗产，是可以帮助我们破解今日之种种狭隘的民粹主义壁障，并获得追寻"新国际主义"远景的灵感的。这是我在此重新检讨鲁迅后期国际主义问题的主要目的。

（原载《探索与争鸣》2016年第7期）

被遗忘的那一代学人

刘柏青先生以九十二岁高龄谢世，其人生与学问可以用"质朴无华"四个字来概括。我作为他的受业弟子，三十年来每每回想起先生，最深切的印象依然是"质朴无华"，无论音容笑貌还是思想学问。2016年4月的一天，我忽然收到靳丛林师兄的短信，惊悉柏青先生与世长辞，悲痛默然之余浮现于脑际的，还是那学问质朴与人生淡泊的印象。我甚至想，那是属于前一个世纪遥远时代的谦卑内敛之士的面影，早已不见于当今的浮华之世。

刘柏青先生出生于辽宁沈阳市，读过伪满洲国和国民党所办大学的法学院，甚至加入过国民党，但未到毕业就迎来了东北的解放，于是他投奔东北行政学院即后来的东北人民大学，也就是今天的吉林大学。那是一个天翻地覆的大时代。全国解放及大学院系调整后，他成为中文系现代文学专业的教师。在我的印象中，他很少谈及那段历史特别是伪满洲国那一段，即使谈到也语焉不详。后来知道，他的上述经历也成为其后政治上要求进步的隐隐障碍。然而，像那个新旧交替时代的青年一样，刘柏青先生热烈拥抱中华人民共和国，积极学习马克思主义和社会科学理论。如其自述：在直到"文革"前的十几年岁月里，他一面于学术思想上努力摆脱庸俗社会学的影响，一面认真地将文学研究纳入马克思主义的轨道。[1]逐渐地，他掌握了灵活运用马列主义理论来辩证地处理文学与政治、文学与革命关系的方法，以及研究文学历史的实证主义态度。这个过程十分重要，使中华人民共和国初期成长起来的、亦即中国现代文学学科的第二代学人铸就了质朴内敛"守正纳新"的特别品格，而与后来"文革"前后成长起来的一代明显区分开来。也因此，他们在改革开放和多元时代到来的20世纪80年代，能够发挥自身独特的学术特长。然而不能不说，这一代学人在中国当代学术史上的特殊贡献不仅没有得到应有的估价，反而有渐渐被人们所遗忘的趋向。

刘柏青先生的学术贡献，大致体现在鲁迅与日本文学及中日文化关系史研究两方面。就专著的数量而言，他生前只有《鲁迅与日本文学》(1985)和《日本无产阶级文艺运动简史》(1985)两部，而且都是二十万字以内薄薄的小书。2012年出版的《刘柏青文学论集》(时代文艺出版社)是其一生论文著作的结集，也不过上下两卷而已。这让我想起自己曾经供职的中国社会科学院文学研究所的樊骏先生。这位对现代文学学科建设和老舍研究做出了重大贡献的学者，晚年出版的论文结集《中国现代文学论集》[2]也不过上下两册罢了。刘柏青和樊骏两先生是同代人，谦卑内敛的性格与几乎宗教禁欲似的严谨学风，都具有楷范的性质。他们筚路蓝缕为学科的发展奠基，又自觉

---

[1] 刘柏青：《文学的宽容》，收《文学论集》上卷，长春：时代文艺出版社，2012年。
[2] 樊骏：《中国现代文学论集》，北京：人民文学出版社，2006年。

开拓研究新领域而贡献卓著,这一点绝不是如今每年都有著作问世的一些所谓学者能够比肩的。

"鲁迅与日本文学",如今已是广受关注并在中日两国有大量成果出现的研究课题,但在20世纪80年代初它的确还是一个未开垦的领域。文学界前辈锡金先生当时就明确指出其"开拓性":不仅在于考察了鲁迅所受日本文学的影响以及对其做出的选择、综合与发挥,而且还探讨了鲁迅给予日本文学的影响包括其中出现的误解和歪曲。由此,"数十年来'鲁迅学'的'原地踏步'现象获得了推进的力量"[1]。如今,我们可以用跨文化传播、关系史和接受美学等概念来界定这样的研究路数,但刘柏青先生在那时并没有提出方法论上的进一步阐释,他只是基于"事实",本着摈弃庸俗社会学而灵活运用马克思主义社会历史批评及实证主义的方法来观察鲁迅与日本文学的关系问题。他认为,大体而言鲁迅留日时期接触了明治时代的日本文学,"五四"运动以后与大正时代的文学有关联,而20世纪30年代则主要与昭和时期的文人作家有更多的交流。因此,他按照日本近代文学发展的顺序,逐次讨论了鲁迅与夏目漱石、白桦派作家、厨川白村、芥川龙之介等新思潮派文人以及无产阶级文学的关系。同时,又另辟四个章节讨论20世纪20年代以来直至战后的日本鲁迅研究,包括正宗白鸟和野口米次郎对鲁迅的误解,以及鲁迅的反驳。这样,就建构起了一个立体的有关鲁迅与日本文学相互关系性的阐释架构。

---

[1] 锡金:《〈鲁迅与日本文学〉序》,见刘柏青《鲁迅与日本文学》,长春:吉林大学出版社,1985年。

这个看似"质朴无华"的研究体系,其实包含了丰富的方法论内涵和学术增长点。从事实和文本出发,紧贴着中日两国近现代文学的历史演进过程,对其交流互动现象进行科学的实证研究,这是刘柏青先生的基本立场。不同国家和地区的文学,其交往应该是自然发生和双向互动的,研究这一现象的学术则应当关注其复杂性,而避免比较文学研究中影响比较的单向狭隘视野,这在今天已经成为常识,但在80年代初期的确具有开拓学术新天地的功效。或者反过来说,今天我们从事鲁迅与日本关系研究的后来学者的跨文化传播和关系史研究的视野,包括思想史等新方法,虽然在课题的纵深度和具体史实上有所扩展,但基本的研究格局和阐释架构依然是在刘柏青先生当年所开拓的那个研究路径上。

我是1984年入刘柏青先生门下攻读硕士学位的。记得第一次见面谈起鲁迅及中国现代文学与日本的关系这个课题,柏青师就提到早在1981年他发表于《文学评论》第6期、后收入中国社科院编《文艺思潮与流派》一书中的《中国左翼文学所受日本无产阶级文艺运动的影响》一文,并且低调地说,此文只是文学比较研究的一个粗浅尝试,但能在北京的中国社科院所编书刊上发表,至少说明它得到了学术界的认可。今天,重读这篇当时在国内外学术界产生了重要影响的论文,我十分惊讶于其学术视野的开阔和方法论意识的前瞻性。自己年轻的时候偷懒没有细心阅读,也无从理解其学问方法上的价值。实际上,这是一篇典型的比较文学研究之影响比较的范文。文章以30年代中国左翼文学所受日本无产阶级文学理论的影响为探讨对象,在对一个历史事实——中国左翼文学并非日本的一个支流,但确实受到过不小影响——做出准确判断基础上,提出了影响与被影响双方的革命文艺运动产生之历史条件上的六点相似性，然后详细分析了1926年青野季吉的目的意识论、1927年前后福本和夫的理论斗争和分离结合论、1928年以后藏原惟人的文艺大众化及无产阶级现实主义创作方法论所给予中国左翼文学的积极与消极两个方面的重大影响。论文的结论说：上述日本左翼文艺思潮三阶段的发展均对中国发生了影响，并且是与苏俄文艺理论的影响同时发生的，其时间大致在1928年到1932年期间。[1]

可以说，这篇论文基本上解决了中国左翼文学所受日本影响的问题，三十五年后的今天也依然没有出其右者。我惊讶的是刘柏青先生掌握史料的丰富和做出判断的史识眼光，要知道，那是1981年中国学术刚刚迎来"科学的春天"，人们对日本、对比较文学还一片茫然的时代。我还记得乐黛云先生主编的《国外鲁迅研究论集》（北京大学出版社）也出版于这一年。至今，我还保存着大学时代的王云龙老师特意从北京为我代购的此书，也依稀记得读后的兴奋。它不仅让我们了解到久违了的外部世界对于鲁迅的学理探索，更推动了比较文学特别是中国现代文学与西方现代性关系研究的热潮。而今天看来，刘柏青先生的上述论文绝不逊色于这本译文集里外国研究者的议论。重要的是，如果说乐黛云先生等在北京带动起了80年代比较文学研究的兴起，那么，刘柏青先生则在外省的东北开拓出了中日文学关系研究的新领域。只不过，人们在回顾历史

---

[1] 刘柏青：《中国左翼文学所受日本无产阶级文艺运动的影响》，载《文学评论》1981年第6期，收刘柏青《文学论集》下卷，长春：时代文艺出版社，2012年。

的时候，往往只盯着思想文化的中心而容易忽略边缘外省的存在。

此后，刘柏青先生继续以"守正纳新"的态度扩展自己的研究领域，在推出上述两书的同时，又积极吸纳1985年前后兴起的"文化热"潮流而在文学研究中引入"文化视角"，于"五四新文学与中国现代化"，尤其是"中外文学关系研究"方面提出新思考。这就是他的另一个学术贡献——基于"文化互补说"的中日文学文化关系史研究。这期间，刘柏青先生还先后两次访学日本，积极推动中日两国学界的实质性交流。1983年他访问日本东京女子大学等校，不仅开启了鲁迅与日本文学的研究课题，而且与时任该校教授的伊藤虎丸先生商定《日本学者研究中国现代文学论文选粹》（吉林大学出版社，1987）的翻译出版事宜。这本《选粹》与上述乐黛云编《国外鲁迅研究论集》相映生辉，成为我们当时了解东西方学者研究鲁迅和中国现代文学成果的重要窗口。他1989年访日，则是客座北冈正子先生所在的关西学院大学，进一步深化了其中日文学文化交流史研究的思考。我后来的留学日本也是柏青师此时帮助促成的，这虽为个人私事，却也是至今铭记在心的。

发表于1992年，后来被《新华文摘》转载的《浅谈中日文化交流》一文，反映了刘柏青先生对交流史研究的总体思考。首先，他认为文化交流中存在着一种"势差现象"，即发展程度较高的文化对较低的文化会产生更大的影响，也就是"水往低处流"。一般来说，中日两国的文化交流在近代以前，主要是日本从中国的文化中摄取养分，近代以后则是中国较多地向日本借鉴现代化的经验。其次，从"现代化不等于西化"的观点出发，刘柏青先生不同意下面这种对中日现代化成败原因的分析：即日本全面吸收了西方故获得了现代化的成功，中国因分阶段地学习欧美而现代化的进程始终缓慢。他强调，即使在中国主要向日本学习的近现代，两国现代化的成败也是各有千秋。日本早期现代化成功了，却曾带来侵略战争的恶果，而中国的现代化过程虽曲折迂回但最终找到了符合国情的社会主义现代化道路。第三，未来两国的文化交流，关键在于不忘侵略战争的历史并在相互尊重的原则下实现长久的发展，而两国以往对待"传统文化与西方文化"的态度，则是各有经验教训，可以相互借鉴的。[1]

从以上简要的介绍中，可以充分地看到始于1985年的"文化热"，即有关东西方文化、传统与现代、文化与政治等问题的思想大讨论所给予刘柏青先生的积极影响。正如他自己所回顾的那样，受到文化热的启发，他开始注意从民族文化心理的视角观察文学，并形成了"文学的现代化"这一新的研究课题。而现代化的文学，其确立离不开近代以来发生的东西方文化交流与汇通，其中也包括同一地区的中日两国文化文学的交流。[2]这样，渐渐地就形成了上面提到的"文化互补说"，也使其中日文学关系研究具有了牢固的根基和比较宽广的视野。遗憾的是，随着90年代中期从教学科研岗位上退下来，又遇上眼疾等健康问题的干扰，刘柏青先生逐渐远离了学术界，中日文

---

[1] 刘柏青：《浅谈中日文化交流》，载《东北亚论坛》1992年第3期，收刘柏青《文学论集》下卷。

[2] 刘柏青：《文学的宽容》，收《文学论集》上卷。

学、文化关系史研究的宏大构想，在其后未能取得深入的进展。早年，在他指导下由靳丛林、李冬木完成的《中日文学交流史稿（1840—1949）》也只有一个"初稿纲要"，后因弟子们纷纷去了日本而告中断。

那么，如何理解刘柏青先生的学术个性乃至他那一代学人特殊的历史贡献呢？这里，我想试谈两点。

第一点，就是前面一再提到的质朴内敛而"守正纳新"的品格。从中国现代文学的学科建设角度讲，柏青师属于上承王瑶、唐弢、李何林等第一代学科代表性人物而于20世纪50年代形成自己学术个性的第二代学人。我们知道，50年代前期苏联成为我们与外部世界联系的唯一窗口，对斯大林时代马克思主义哲学社会科学的大量引进，造成了国内机械唯物论和教条主义的盛行。而在"反右"斗争爆发之前的中国，曾经有一个短暂的"百花时代"出现。虽然，这只是一个历史的瞬间，但对经历了战乱和解放而成长起来的那一代中国学人来说，这的确是思想学术上的一个幸运时期。在那个时期，他们一边真诚学习马克思主义，一边努力清除庸俗社会学的影响，从而养成了特有的"守正纳新"、不断进取的品格。

"守正纳新"的品格，这是我的另一位硕士导师刘中树先生概括自己学术道路的词语，同样可以用来描述刘柏青先生那一代学人。这就是，要以马克思主义的基本原理来认识和解决现实生活中的精神、物质和政治文明建设当中提出的理论问题和具体的实践问题；信守由历史实践证实了的具有真理性的已有思想理论成果。[1]我想，这应该是经历了 50 年代苏联教条主义理论的泛滥而在反省庸俗社会学影响之后铸就的那一代学人的思想品格。守正，就是坚守自己认可的基本原理；纳新，乃是基于这种自信而向新的科学领域进军的勇气和智慧。这样的品格，看上去有些坚硬、质朴和内敛，但实际上并没有那么故步自封，而是一种脚踏实地、步步为营地接纳和开创新事物的胸襟。以这样的特殊品格，那代学人在 1976 年中国又一次经历社会大转型之际，为将"五四"以来科学进步的学术传统接续到改革开放的多元时代，做出了重要的贡献。他们没有提出更多的新观念新口号，像新一代年轻学人那样，但是，他们为中国现代文学研究在新时代的稳步发展，提供了坚实的基础。当我们回顾 20 世纪后半叶中国学术史特别是现代文学学科发展的历史时，这一代人的特殊品格和学术贡献应该得到中肯的评价。

第二点，是刘柏青先生供职的吉林大学所象征的外省边缘的位置。这里所说的"外省边缘"，当然是针对北京、上海那样的思想文化中心而言的。正像近代以来随着历次社会转型而来的思想文化新潮首先发生在中心一样，80 年代以后的思想解放、文化热乃至中国现代文学学科的大发展也首先始于北京、上海。走向世界与 20 世纪中国文学、比较文学与中国文学的现代性、重写文学史、去政治意识形态化而回到文学本身，等等，这些新观念都首先产生于文化中心，而后影响逐渐及于全国各地。在回顾历史的时候，源自中心的观念与范式转变，容易引起人们的关注，而外省边缘脚踏实地的工作往往被低估甚至忽

---

[1] 刘中树：《治学之道》，长春：长春出版社，2014 年，第 4 页。

视。就中国现代文学研究而言，实际上，在80年代前后有一批活跃于东北、华北、西北乃至华中等地的优秀学者存在，他们在学科建设和人才培养与输送方面贡献巨大。

比如，在东北除了刘柏青先生之外，同代人中还有任职于东北师范大学的孙中田先生。他1950年毕业于东北师大，后留校任教并成为现代文学学科创始人之一，早在20世纪80年代初就有《鲁迅小说艺术札记》《论茅盾的生活与创作》等著作出版；在华北有薛绥之先生，他1946年毕业于北京大学，1955年调入山东师院，后成为该校中国现代文学与鲁迅研究的学科奠基人，自20世纪70年代后期起相继出版《鲁迅杂文选讲》《鲁迅作品教学手册》乃至二百五十万字的《鲁迅生平史料汇编》，被王瑶先生称为"成绩卓著，誉闻遐迩"；在西北，支克坚先生执教于西北师大，1979年发表《关于阿Q的"革命"问题》，后出版有《冯雪峰论》《胡风论》《周扬论》等专著，并于1978年开始招收研究生；在华中则有陆耀东先生，从1955年毕业于武汉大学后便留校任教，努力开创中国现代文学学科，1980年前后有《鲁迅及其作品》《20年代中国各流派诗人论》等专著问世……

以上，只是我一时想到的外省学者中的代表。他们历经战争与革命的大时代，又穿越"反右"和"文革"等严酷政治运动的惊涛骇浪，最终炼就了质朴内敛而守正纳新的学术品格。在稍后到来的那个改革开放继往开来的80年代，他们上承第一代学人的学术血脉，下开怀揣"走向世界"梦想的一代新人之荆棘路。至少，这一代人在确立科学的实证方法、坚守文学研究的社会历史原则而为学科奠基以及从外省向中心输送大批优秀人才这两方面的贡献是非凡卓著的。这样的历史功绩，包括那代人的局限，应该留在我们的记忆里，成为未来现代文学学科乃至中国学术健康发展的有益资源。而刘柏青先生，无疑是这第二代学人中重要的一位。

（原载《读书》2017年第3期）

后记
构筑中日间的东亚同时代史

本书是我十年来学术成果的结集。自 2007 年出版《日本后现代与知识左翼》一书后，我的思考重心发生了大的转变，从单纯讨论日本当代问题转移到中日间的思想关联方面。渐渐地，形成了一个比较清晰的总体目标，这就是努力构筑中日间的"东亚同时代史"。当然，由于专业和学养的关系，主要还是局限于两国近代以来的思想史包括思潮、文化、学术和文学方面的关联。这期间，给予我思考灵感和方法论上重要启发的有两位日本学者，一位是始终不渝地以日本人的观感和视角在广阔的亚洲现代史语境下通过文学来观察中国革命的木山英雄，另一位是同样从日本的位置出发在庞大的文献考证和实证分析基础上提出观察亚洲的"思想连锁"方法的山室信一。

木山英雄在其《人歌人哭大旗前——毛泽东时代的旧体诗》（岩波书店，2015）一书的序言中，曾经谈到他为什么要研究早已被"五四"新文学边缘化了的当代中国旧体诗，称"通过自己的阐释和评价，试图重新思考直到后来才见到其终结的同时代史的意义"，而对文学固有的一些问题虽然也有所涉及，但那"仍属于亚洲在 20 世纪经历了怎样的经验这种一般性的探寻之内"。书中还提到，"毛泽东的革命深深植根于亚洲的历史与现实之中"等，把当代旧体诗里的"中国革命"作为日本人的"同时代史"来认识和体察，强调毛泽东的革命有深远的亚洲历史和现实的渊源。这和中国学者在本国历史内部或者世界革命的大范畴里，来谈论20世纪中国现代史大不一样。我在当初阅读此书的时候并没有怎么注意到，而在后来翻译过程中则渐渐对于"亚洲"或者缩小范围为"东亚同时代史"的观念意象有了比较清晰的印象。

就是说，20世纪是一个非常特殊的年代。资本主义世界体系的形成、帝国主义征服战争与被压迫民族的反抗和社会革命，导致东亚各民族国家在不曾有过的程度上紧密捆绑在一起，成为矛盾抗争乃至休戚与共的利益攸关方。这段历史，也就成了你中有我、我中有你而缺少任何一方都无法叙述的历史。试想，谈论明治维新以来的日本近代史，如果排除了中国和朝鲜半岛的存在，能够讲清楚吗？反之亦然。而作为经历过战争年代又曾憧憬过中国革命的日本学者，木山英雄在观察对象国家的思想文学时自然会有一种虽身在其外而又感同身受的意识，这促使他时时去注意作为"同时代史"的中国革命。认识到这一点，我大有醍醐灌顶眼前一亮的感觉。中国学者难道不应该也意识到这一点吗？我们不能只在东西方之间或者一国的内部谈论中国现代史，更不能因侵略战争导致的仇恨而忽视或者蔑视中日乃至东亚区域内彼此纠缠在一起的种种复杂关联。换言之，在思考20世纪中国和中日关系问题的时候，我们同样需要这样一种"同时代史"的感受视角和关怀向度，这样才能深入到历史机理的细微处，发现原本存在而长期被忽略的种种"关系"。

另一位山室信一，是京都大学人文科学研究所教授。他长期致力于以日本为原点来考察近代"亚洲"空间意识和同一性归属感在该区域内的形成和扩散，试图建立起一个有关亚洲叙述的思想史阐释架构。2001年出版的《作为思想课题的亚洲——基轴、连锁、投企》（岩波书店），就是其多年研究成果的结晶。我当初接触到此书并没有怎么深入的领会，后来几次学术会议上直接倾听到他的论述，才感觉到其研究的重要和思考的深入。正如该书序章所强调的：在20世纪，日本既是创造出"亚洲"的动因，而在给予亚洲以巨大冲击的同时又曾被亚洲所拒绝，日本与亚洲乃至世界是怎样联结在一起的，这是作者要探讨的基本课题。与木山英雄以中国文学为主要研究对象不同，山室信一的专业为日本政治思想史，然而他们在拥有日本立场的同时又自觉到"亚洲"的存在，尤其关注这一区域空间之于自身的思想史意义，在这方面他们是一样的。恐怕是日本特殊的近代境况（创造了"亚洲"同时又被亚洲所拒绝）造就了日本学者这样特别的思想敏感和知识背景。

山室信一的著作，其贡献除了大量丰富的有关"亚洲"叙述之思想史个案考察和实证分析外，还有在此基础上所提出的三个概念或方法论视角：基轴、连锁、投企（project）。第一个"思想基轴"，是认识和感受作为一个整体之亚洲区域空间的基本概念。作者在书中选取的是文明、人种和文化、民族这样两对儿词语，作为认识亚洲的基轴，由此来把握日本人如何认识亚洲并在此找到自身位置的。第二个"思想连锁"，讨论与现代民族国家的建构相伴而生的知识和制度怎样在亚洲间循环往复地移动，由此形成了有关区域社会的同一与差异的意识，进而推动了各国各民族的国体及其知识的制度化。第三个"思想投企"，作为改变现状而投向未来的言行，主要是用以讨论作为日本的独创思想和国家战略（对外政策）的"亚洲主义"的实践过程，力图阐明日本在既有的区域社会制约中如何提出有关区域秩序的构想并深深介入其中。而在这三个方法论视角引领下展开有关近代日本亚洲论述的概念、思想、话语实践分析，也便构成了全书的三个部分。

我理解，这里所谓的"思想基轴"相当于人们常说的概念史，即一个时代有一个时代的关键词或核心概念，这些词语、概念的组合建构和交叉扩散推动着人们认识自身与世界的思想观念的形成。19世纪后期以来，人们借以谈论民族国家归属和划定区域空间界限的，主要是文明、人种和文化、民族这样一些基本概念。而且，这两对儿概念分别又是可以相互阐发、彼此互换的。"文明与人种"常常联系着强调亚洲共通命运并以此对抗欧美的思想主张，而"文化与民族"则通过关注共通性中的差异而将不同民族国家等级化，从而实现对区域秩序的重构。因此，它们是讨论作为思想史的亚洲区域时必须首先阐明的。所谓"思想投企"，如果按照作者"改变现状而投向未来的言行"这一解释，我们可以理解为一般而言的思想话语实践，也就是一种思想观念如何通过社会运动和制度安排而成为改造现实的行动。这当然也是思想史要处理的题中应有之义。

而在我看来，山室信一的最大贡献还是在于"思想连锁"概念的提出，以及书中第二部分对于区域内部有关亚洲的思想如何彼此联结和交叉互动的精彩分析。这里，有几个要点值得注意。第一，"思想连锁"即把亚洲这一区域性的政治社会放到全球结构中，来观察其思想空间的位置，在一体化的世界中定位思想并关注其各种交涉的同时性。这将有助于我们把握区域空间意识和归属感得以形成的契机，同时发现"思想连锁"如何传递了这样一种逻辑：身处近代世界体系中必须谋求国家独立以免受被殖民被征服的命运。第二，日本是亚洲与西方"连锁"的一个"环节链"。山室信一认为，近代以来"日本的冲击"对亚洲的影响远比"西方的冲击"强烈，而这种"冲击"也并非单方面的，其中包含了日本与亚洲内部各政治社会（民族国家）的彼此冲击、反抗和相互反作用。例如，日本在成为"环节链"之前，曾受到《海国图志》和《万国公法》的强烈冲击，那时形成了以晚清中国为"环节链"的思想连锁。又比如，日本的亚洲主义曾经是唤起本地区各国民族意识和区域共同体想象的催化剂，同时因其后来的帝国主义殖民扩张性，而遭到亚洲各国的拒绝，其中同时包含了思想的连锁与中断。第三，思想连锁的方法论视角还要有意识地去发现那些"失掉的环节"，即原本存在而未能发挥其连锁功能的思想。通过发现这些环节，将进一步加深对拥有不同传统的政治社会的特性、深层意识和思维方式等的理解。

　　从以上简单的梳理介绍我们可以看到，"思想连锁"既可以指示某种状态——亚洲区域内的近代思想原本是彼此联通而相互间构成网络状态的，更意味着思想史研究的一种方法——有意识地去联结被一民族的国史所遮蔽了的各种思想，包括未能发挥连锁功能的那些"失掉的环节"。这样，一种全新的亚洲区域史同时也是国与国之间的关系史——东亚同时代史，就可以得到强有力的呈现。它超越了以往常见的一民族的国史叙述，展现出了一个广阔的区域动态历史的新天地。而在我，通过接触山室信一的著作，那来自木山英雄的有关"东亚同时代史"的观念意象，也渐渐有了清晰的轮廓和可操作的方法论途径。十年来，我穿梭于中日两国近现代的思想场中间，正是要寻找一个个"思想连锁"的"环节链"以及"失掉的环节"。虽然成就并不那么丰硕，但一些属于两国所共有的原本相互关联着的思想问题已经逐渐浮出水面。我于努力追踪其彼此"连锁"的来龙去脉同时，也尝试从亚洲的历史和现实出发去思考其思想史的意义。总而言之，我所注意到的是下面这样一些思想史中带有共通性的议题，它们集合起来构成了一个初具规模的"东亚同时代史"。

第一，在福泽谕吉倡导的文明观和脱亚论推动下形成于日本的"脱亚入欧"国家战略或曰现代化模式，从观念形成到思想话语实践怎样曾经为东亚三国所共有，对其中的历史必然性契机和隐含的问题如何在21世纪予以重新认识并努力加以破解，这是我在研究中试图从各种思想角度来关注的核心问题。与此相关联的还有福泽谕吉的"文明等级论"与19世纪西方的欧洲中心文化传播主义的关联，以及这种思想在东亚的传播与"连锁"。而"近代的超克"论作为看似"脱亚入欧"的反题实则一个硬币之两面的问题，也在这个思想连锁的系列里。文明与野蛮、西洋与东洋、现代与传统这样一些相互联结着的思想，始终激荡于20世纪东亚的思想世界中，它们构成了理解东亚及其各国现代进程的思想史"基轴"。

第二，"亚洲主义"这一诞生于日本，旨在谋求区域内各民族国家相互连带的区域主义思潮，怎样从早期朴素的文化亚洲主义转化成后来为殖民扩张意识形态服务的政治亚洲主义，它在中国"五四"运动之前曾得到某种程度的响应而后来又被人们所抛弃，其中的原因何在。这里，通过"亚洲主义"的连锁和中断，我们得以看到同样在一个区域内部因为社会革命的历史条件和外来思想冲击的不同，如何形成了中日之间有关亚洲区域主义想象的差异。与此相关联的还有日本战后的亚洲经援外交,其成功在某种意义上意味着实现了战前试图以军事方式来获取的"大东亚共荣"的目标,这其中隐含着怎样"历史的狡黠"或建设性的意涵;同时,中国在"二战"后曾经出现过第三世界乃至亚洲社会主义的构想,其中是否存在着基于亚洲历史和文化的某种"思想连锁"?这是我在研究中不断追问的另一个课题。历史中的那个"亚洲主义"今天已经不复存在,但人们谋求"东亚命运共同体"的意识和愿景依然没有消失,尤其是在看到欧洲实现了联盟的时候。我们如何从思想的历史中吸取经验和教训,去重构一个没有文明等级化和压迫与宰制的新亚洲主义,这是我关注此问题并寻找思想史之借镜的目的所在。

第三,包括战前东洋学/支那学和战后中国学研究在内的日本近代有关中国的知识生产,一百多年间取得了举世瞩目的辉煌成就。这样一种制度化的知识生产,在东亚区域内或中日两国间发挥了巨大的认识他者而照见自身的"思想连锁"功能。然而,相较于日本中国学的卓越成就,中国的日本研究却始终贫瘠薄弱。这种非对称性或者中国在认识他者之知识生产中的缺席,原因何在?我们应该怎样认识日本中国学背后的政治动力之所在,如何在对战前日本的东洋学/支那学所带有的帝国主义殖民学色彩进行有效解构之后,重新评价其在文化交流和"思想连锁"中的价值。对于这些纷繁复杂的问题,我在书中以较大的篇幅展开讨论,目的在于从东亚同时代史视角去发现和建构可以真正实现知识"共享"和思想"连锁"的途径。

第四,随着资本主义世界化和帝国主义对全球的殖民征服,19世纪中叶以来的亚洲作为世界体系的一个组成部分,已经形成了与此前汉字儒教文化圈截然不同的思想文化全方位交叉互动的区域空间，其中各民族国家间的思想连锁和文化交涉，早已形成双向互通，彼此冲击、对抗乃至融合的形态。山室信一称"日本的冲击"对于亚洲的影响远比"西方的冲击"来得强烈，我想这只是针对"二战"以前的情况而言的。实际上，20世纪20年代之后的中国大革命乃至1949年中华人民共和国的成功建立，从孙中山、鲁迅到毛泽东的民族革命和社会改造的思想与实践，也强烈地"冲击"了亚洲乃至世界。而中国现代作家鲁迅则是思想相互连锁、文化彼此交涉的典型个案。他早年从日本留学中获得大量近代知识和思想，在后来参与革命及其文学写作中形成了代表中国革命总体特征的反抗精神和主体化的现代性品格。逝后，他作为被压迫民族的文化英雄反过来强烈影响了战后的日本、韩国。作为最能显示东亚"思想连锁"之双向互动形态的个案，我在书中对此也做了比较多的考察。

本书在结构上分为上下两编。上编以日本与亚洲—中国的思想关联为主要议题，下编则以中国与亚洲—日本的互动交流为讨论对象。这样一种结构安排，也是在努力实现中日间的"思想连锁"和东亚同时代史的构筑。其中的"亚洲"，既是作为思想传播之媒介的实体空间，也是作为方法论视角的想象空间。正如我们不能在一国内部讨论近代历史一样，中日之间的思想史也难以只在两国之间叙述。因此，在追溯近代日本中国学的谱系时，我同时注意到日本人是在怎样的新亚洲观之下重新定义"中国"，又是如何借助中国的思想资源来思考亚洲的。此外，中日两国因同处于一个近代亚洲思想场域中，故思想的连锁和互动往往同时发生。我在书中有一章讨论30年代中日普罗文学的政治性与世界性，目的就在于试图摆脱以往比较研究中那个等级化的影响比较方法，而重视其相互之间的"同时代性"。自 20 世纪 60 年代西方现代化理论出现以来,中国学术思想界不知从何时也开始形成了在与西方比较或者从西方乃至日本的"冲击"下来思考 20 世纪中国问题的思维定式。东亚同时代史的构筑,则是要改变这种思维定式,以还原 20 世纪亚洲历史的原生态。

东亚三国的 20 世纪史是紧密相连、密不可分的一段共享的历史。但是,由于知识和学养的关系,更因为朝鲜半岛的政治特殊性,它的很多方面还遮蔽在意识形态的"铁幕"后面而难见其真面目。因此,我的东亚同时代史也只能是"中日间"的东亚同时代史。关于朝鲜或者"二战"后的韩国,我只是在讨论"脱亚入欧"现代化模式、日本战后的亚洲经援外交和鲁迅在东亚传播过程的时候,浅尝辄止地有所涉及。这一方面,还有待深入的开掘。

在本书的写作过程中,我还尝试引入全球史的视野以考察福泽谕吉文明论的发生、传播与"思想连锁"的世界背景。全球史创始人麦克尼尔认为,在人类历史上处于中心位置的是各种相互交往的网络,而推动这一网络形成的动力则在"合作与竞争"。人类早期的交往,主要是因瘟疫的流行和战争的发生而导致的(《全球史》)。我们知道,瘟疫在 19 世纪末随着城市下水道系统的治理和医疗制度的建立,基本得到了抑制,而战争包括革命则成为 20 世纪人类交往的主要推动力量。我甚至有一种感觉:比起人们物质交往极其发达而精神心理却越发陌生化的 21 世纪,那充满战争与革命暴力的 20 世纪,反而使人们更紧密地联系在一起,有时甚至令人产生一种休戚与共的感觉。然而,我们对于战争特别是战争下的伦理观念和修辞方式的巨大改变,却没有给予应有的关注。这恐怕和单纯拘泥于战争的正义与非正义判断及战争给文明带来的毁灭，而没有细致入微地去体察战争中人的内在体验有关。今天，我们需要在承认20世纪战争的帝国主义非正义性的同时，从战争揭开了全新的竞争与合作的人类交往形式这一角度入手，去体察其中的伦理冲突和隐微修辞。我在书中对于抗日战争期间最卓越的中国论者尾崎秀实的研究，就是这方面的初步尝试。这其中，包含着东亚同时代史特别是"思想连锁"中的许多"失掉的环节"。而这些"环节"的重新拾得，将进一步丰富东亚同时代史的内涵。

本书写作过程中曾得到多方友人的支持，深致谢忱。特别是在日本大学任教的挚友张明杰先生，他在文献资料和历史线索方面为我提供了有求必应的帮助，使我得以完成有关橘朴、尾崎秀实等人的日本中国学的研究。同时，感谢生活·读书·新知三联书店接受这部书稿，使之得以问世。

此外，本书的出版得到了北京第二外国语学院"博士生导师学科建设提升经费"的资助，特此鸣谢！

2017年8月22日完稿，2019年6月10日改定
于北京太阳宫寓所三杨斋